Marx · Steuern in der
externen Rechnungslegung

Rechnungswesen und Steuern

Steuern in der externen Rechnungslegung

Abbildungsregeln, Gestaltungsaspekte und Analysemöglichkeiten

Von
Steuerberater Professor Dr. Franz Jürgen Marx

nwb
Verlag Neue Wirtschafts-Briefe
Herne/Berlin

Die Deutsche Bibliothek – CIP-Einheitsaufnahme
Marx, Franz Jürgen:
Steuern in der externen Rechnungslegung: Abbildungsregeln,
Gestaltungsaspekte und Analysemöglichkeiten / von Franz Jürgen Marx. –
Herne ; Berlin : Verl. Neue Wirtschafts-Briefe, 1998
  (Rechnungswesen und Steuern)
  ISBN 3-482-48511-9

ISBN 3-482-**48511**-9

© Verlag Neue Wirtschafts-Briefe GmbH & Co., Herne/Berlin 1998

Alle Rechte vorbehalten.

Dieses Buch und alle in ihm enthaltenen Beiträge und Abbildungen sind urheberrechtlich geschützt. Mit Ausnahme der gesetzlich zugelassenen Fälle ist eine Verwertung ohne Einwilligung des Verlages unzulässig.

Druck: Griebsch & Rochol Druck GmbH, Hamm

> *"Wüßt ich genau, wie dieses Blatt aus seinem Zweige herauskam,*
> *Schwieg ich auf ewige Zeit still: denn ich wüßte genug."*
>
> Hugo von Hoffmannsthal

Vorwort

Das vorliegende Buch behandelt Probleme der Abbildung von Steuern in der Rechnungslegung nach Handelsrecht. Beantwortet werden Fragen der zweckadäquaten Bilanzierung von Steueraufwendungen, Steuerzahlungsverpflichtungen und Steuerrisiken in Einzel- und Konzernabschluß sowie in ergänzenden Rechnungslegungen.

Adressaten dieses Werkes sind Steuerberater und Wirtschaftsprüfer, Führungskräfte im Finanz- und Rechnungswesen von Unternehmen und deren qualifizierte Mitarbeiter. Darüber hinaus ist das Buch auch an Studenten der Betriebswirtschaftslehre mit den Schwerpunkten Rechnungswesen und Betriebliche Steuerlehre gerichtet.

Die Monographie entstand während meiner Tätigkeit am Fachbereich Wirtschaftswissenschaften der Universität - Gesamthochschule Siegen. Sie beruht auf dem Rechts- und Literaturstand November 1997.

Meinem wissenschaftlichen Mitarbeiter Herrn Dipl.-Kfm. Michael Mainhardt danke ich herzlich für die tatkräftige Hilfe bei den Abschlußarbeiten. Danken möchte ich auch meinen studentischen Hilfskräften, Herrn cand. rer. pol. Marco Klübenspies und Frau stud. rer. pol. Stefanie Klemmer, für deren Mitarbeit. Alle verbliebenen Fehler gehen zu meinen Lasten. Für Anregungen und Verbesserungen aus dem Kreis der Leser bin ich dankbar.

Das Buch widme ich in Liebe und Dankbarkeit meiner Frau Erika Simon, die mich in meiner Arbeit immer wieder neu motiviert, und meinem Sohn Simon (* 14.10.97).

Siegen, im Dezember 1997　　　　　　　　　　　　　　　　　　Franz Jürgen Marx

Inhaltsübersicht

Vorwort V

Inhaltsverzeichnis VIII

Abbildungsverzeichnis XV

Abkürzungsverzeichnis XIX

1. Kapitel:
Grundlagen und Grundfragen 1

2. Kapitel:
Bilanzierungsgegenstand und denkbare Abbildungsformen 32

3. Kapitel:
Grundsätze ordnungsmäßiger Bilanzierung von Steuern 44

4. Kapitel:
Die Abbildung von Steuern im handelsrechtlichen Einzelabschluß 65

5. Kapitel:
Steuerumlagen bei erfolgsteuerlicher Organschaft 196

6. Kapitel:
Sonstige Berichtspflichten und freiwillige Informationsvermittlung 235

7. Kapitel:
Steuern im Konzernabschluß 261

8. Kapitel:
Die Abbildung von Besteuerungsvorgängen
in anderen nationalen Rechnungslegungen 282

9. Kapitel:
Die Abbildung von Besteuerungsvorgängen
in der internationalen Rechnungslegung 313

10. Kapitel:
Zusammenfassung der Ergebnisse 334

Quellenverzeichnis 339

Stichwortverzeichnis 385

Inhaltsverzeichnis

Vorwort V

Abbildungsverzeichnis XV

Abkürzungsverzeichnis XIX

1. Kapitel: Grundlagen und Grundfragen

11. Problemstellung, Zielsetzung und Gang der Untersuchung 1

12. Rechnungslegungszwecke und -ziele

    12.1 Grundlegung 16

    12.2 Jahresabschlußadressaten 19

    12.3 Rechnungslegungsziele 20

    12.4 Einwände 21

    12.5 Tendenzen zur internationalen Harmonisierung
         der Rechnungslegung 25

13. Begriffsexplikationen 29

2. Kapitel: Bilanzierungsgegenstand und denkbare Abbildungsformen

21. Kategorien von Steuern 32

22. Denkbare Abbildungsformen
    von Steuern im externen Rechnungswesen 38

23. Mögliche Abbildungszeitpunkte 41

3. Kapitel: Grundsätze ordnungsmäßiger Bilanzierung von Steuern

31. Rechtsnatur der GoB 44

32. Ermittlungsmethoden für GoB und Systematisierung 46

33. Bilanzierungsgrundsätze für Steuern

    33.1 GoB-Systematik 51

    33.2 Dokumentationsgrundsätze 52

33.3 Rahmengrundsätze

    33.31 Richtigkeit 53

    33.32 Vergleichbarkeit 54

    33.33 Klarheit und Übersichtlichkeit 55

    33.34 Vollständigkeit 60

    33.35 Wirtschaftlichkeit 61

33.4 Konzeptions- und Gewinnermittlungsgrundsätze 63

4. Kapitel: Abbildung von Steuern im handelsrechtlichen Einzelabschluß

41. Steuern als Teil der Anschaffungs- oder Herstellungskosten

    41.1 Vorbemerkungen 65

    41.2 Anschaffungskosten

        41.21 Anschaffungspreis und Umsatzsteuer 67

        41.22 Steuern als Anschaffungsnebenkosten 71

        41.23 Anschaffungskosten und Investitionszulagen 73

        41.24 Anschaffungspreisänderungen 74

    41.3 Herstellungskosten 75

42. Steuererstattungsansprüche als Forderungen

    42.1 Vorsteueransprüche 79

    42.2 Steuerliche Anrechnungsansprüche aus

        Beteiligungserträgen 80

43. Steuern als Rechnungsabgrenzungsposten und als Posten eigener Art

    43.1 Vorbemerkungen 83

    43.2 Steuern als Rechnungsabgrenzungsposten i.e.S. 84

    43.3 Abgrenzungen für Zölle und Verbrauchsteuern 87

    43.4 Abgrenzungen für Umsatzsteuer auf Anzahlungen 90

    43.5 Aktive Steuerabgrenzung 91

44. Steuerrückstellungen

    44.1 Allgemeine Charakterisierung von Verbindlichkeitsrückstellungen 92

    44.2 Ansatz und Bewertung von Steuerrückstellungen 92

    44.3 Rückstellungen für Betriebsprüfungsrisiken 94

    44.4 Rückstellungen für latente Steuern 97

    44.5 Ausweis der Steuerrückstellungen 98

45. Steuerverbindlichkeiten 99

46. Steuern in der Gewinn- und Verlustrechnung

    46.1 Steuern vom Einkommen und vom Ertrag

        46.11 Vorbemerkungen 100

        46.12 Gewerbeertragsteuer

            46.121 Gewerbeertragsteuerermittlung bei Kapitalgesellschaften .. 101

            46.122 Gewerbeertragsteuerrückstellung bei Personengesellschaften 105

        46.13 Körperschaftsteuer

            46.131 Charakteristik der Körperschaftsteuer 108

            46.132 Einkommensermittlung 110

            46.133 Körperschaftsteueraufwand und Gewinnverwendung 113

            46.134 Abbildung des verwendbaren Eigenkapitals 121

            46.135 Informationspflicht im Rahmen der Hauptversammlung 124

        46.14 Solidaritätszuschlag 128

        46.15 Erfassung der Steuerwirkungen verdeckter Gewinnausschüttungen 130

        46.16 Steueraufwand nach Publizitätsgesetz 156

    46.2 Sonstige Steuern

        46.21 Allgemeine Charakterisierung 159

        46.22 Abbildung im Gesamtkostenverfahren 161

        46.23 Abbildung im Umsatzkostenverfahren 162

46.3 Steuerliche Nebenleistungen

    46.31 Allgemeine Kennzeichnung 162

    46.32 Kategorisierung steuerlicher Nebenleistungen 165

    46.33 Lösungsansätze im Schrifttum 166

    46.34 Abbildungslösungen 168

    46.35 Zusammenfassung 173

47. Latente Steuern

    47.1 Grundkonzeption der Steuerabgrenzung 174

    47.2 Methodische Überlegungen 182

    47.3 Ursachen für aktive Steuerlatenzen 189

    47.4 Ursachen für passive Steuerlatenzen 192

    47.5 Berechnungsschritte 194

    47.6 Ausweis latenter Steuern 195

    47.7 Gesamtbeurteilung 195

5. Kapitel: Steuerumlagen bei erfolgsteuerlicher Organschaft

51. Vorbemerkungen 196

52. Rechtfertigungsgründe für die Erhebung von Steuerumlagen

    52.1 Rechtsfolgen der gewerbe- und
    körperschaftsteuerlichen Organschaft 201

    52.2 Öffentlich-rechtliche Rechtfertigung für Steuerumlagen 206

    52.3 Aktienrechtliche Zulässigkeit 207

    52.4 Ökonomische Berechtigung 212

53. Bemessung

    53.1 Vorbemerkungen 216

    53.2 Bemessung von Gewerbesteuerumlagen 217

    53.3 Bemessung der Körperschaftsteuerumlagen 226

54. Abbildung

    54.1 Denkbare Abbildungsformen 228

    54.2 Abbildung bei der Organgesellschaft 231

54.3 Abbildung beim Organträger 232

55. Zusammenfassung.. 234

6. Kapitel: Sonstige Berichtspflichten und freiwillige Informationsvermittlung

61. Bilanzvermerke 235

62. Pflichtangaben im Anhang

    62.1 Allgemeine Pflichtangaben 236

    62.2 Steuerrechtliche Ergebnisbeeinflussung

        62.21 Vorbemerkungen 238

        62.22 Systematisierung der Ergebnisbeeinflussungen 241

        62.23 Ermittlung der Ergebnisbeeinflussung... 244

        62.24 Angabe der Ergebnisbeeinflussung.. 246

    62.3 Ertragsteuerspaltung

        62.31 Vorbemerkungen 249

        62.32 Das außerordentliche Ergebnis gemäß § 277 Abs. 4 Satz 1 HGB 250

        62.33 Verfahren der Ertragsteuerspaltung 251

        62.34 Ausweis der Ertragsteuerspaltung... 254

    62.4 Zusammenfassung.. 254

63. Steuerliche Angaben im Lagebericht.. 254

64. Externe Ermittlung des Steuerbilanzergebnisses.. 256

7. Kapitel: Steuern im Konzernabschluß

71. Vorbemerkungen 261

72. Aggregation des Steueraufwands der in den Konzernabschluß einbezogenen Unternehmen.. 267

73. Erstellung der HB II.. 268

74. Latente Steuern i. S. v. § 306 HGB

    74.1 Grundkonzeption 270

    74.2 Kapitalkonsolidierung 272

    74.3 Schuldenkonsolidierung 273

    74.4 Eliminierung von Zwischengewinnen 275

    74.5 Latente Steuern bei der Aufwands- und Ertragskonsolidierung 275

    74.6 Anzuwendender Steuersatz 278

75. Ausweis der Steuerabgrenzung in Bilanz oder Anhang 280

76. Gesamtbeurteilung 281

8. Kapitel: Die Abbildung von Besteuerungsvorgängen in anderen nationalen Rechnungslegungen

81. Vorbemerkungen 282

82. Zwischenberichterstattung

    82.1 Allgemeine Kennzeichnung 282

    82.2 Berücksichtigung der Besteuerung 284

83. Ergebnis nach DVFA/SG

    83.1 Allgemeine Kennzeichnung 286

    83.2 Berücksichtigung der Besteuerung 290

84. Segmentberichterstattung

    84.1 Allgemeine Kennzeichnung 293

    84.2 Berücksichtigung der Besteuerung 295

85. Cash-flow-Rechnungen

    85.1 Allgemeine Kennzeichnung 296

    85.2 Berücksichtigung der Besteuerung 300

86. Wertschöpfungsrechnungen

    86.1 Allgemeine Kennzeichnung 303

    86.2 Berücksichtigung der Besteuerung 306

87. Zusammenfassung 312

9. Kapitel: Die Abbildung von Besteuerungsvorgängen in der internationalen Rechnungslegung

91. Vorbemerkungen 313

92. Steuern in der US-amerikanischen Rechnungslegung

    92.1 Überblick über die Regelungen zur Rechnungslegung in den USA 315

    92.2 Steuern in der Gewinn- und Verlustrechnung (income statement) 317

    92.3 Bilanzierung latenter Steuern nach SFAS No. 109 319

    92.4 Ausweis und Berichterstattung 321

93. Steuern in der Rechnungslegung nach IAS

    93.1 Überblick über die Regelungen zur Rechnungslegung nach IAS 324

    93.2 Allgemeine Regelungen 326

    93.3 Latente Steuern nach IAS 12 (revised) 327

    93.4 Ausweis und Berichterstattung 330

94. Zusammenfassung 332

10. Kapitel: Zusammenfassung der Ergebnisse 334

Quellenverzeichnis

1. Literaturverzeichnis 339

2. Sonstige Quellen 374

3. Rechtsprechungsverzeichnis 376

4. Rechtsquellen der EG 379

5. Verzeichnis der Parlamentaria und Verwaltungsanweisungen 379

6. Verzeichnis der Gesetze 381

Stichwortverzeichnis 385

Abbildungsverzeichnis

Abbildung 1:   Steuerlastquoten westdeutscher Unternehmen 1987 - 1996 11

Abbildung 2:   Ausgewählte Jahresabschlußdaten westdeutscher Unternehmen 1971 - 1991 13

Abbildung 3:   Steuerlastquoten der DAX-Werte im Geschäftsjahr 1996 14

Abbildung 4:   Ausgewählte Steuerlastquoten 1996 15

Abbildung 5:   Auswirkungen der erfolgswirksamen Abbildung von Steuern auf die Jahresabschlußfunktionen 24

Abbildung 6:   Unternehmen nach Rechtsformen 1994 30

Abbildung 7:   Steueraufkommen 1995 und 1996 33

Abbildung 8:   Einteilung von Steuern 34

Abbildung 9:   Steuern im Rahmen betrieblicher Prozesse und Funktionen 36

Abbildung 10: Vier Falltypen der Abbildung von Steuern 38

Abbildung 11: Zeitpunkte der erfolgswirksamen Abbildung von Steuern 41

Abbildung 12: Anschaffungskostenermittlung gem. § 255 Abs. 1 HGB 67

Abbildung 13: Herstellungskostencharakter von Steuern 79

Abbildung 14: Einkommensermittlung bei Kapitalgesellschaften 112

Abbildung 15: Gewinnverwendung und EE-Steuern... 117

Abbildung 16: Abweichungen zwischen Gewinnverwendungsvorschlag und -beschluß 119

Abbildung 17: Multiplikatoren bei Verwendung verschiedener Teilbeträge des verwendbaren Eigenkapitals 122

Abbildung 18: Typologie verdeckter Gewinnausschüttungen 134

Abbildung 19:	Fallkonstellationen bei unterschiedlichen Eigenkapitalstrukturen und einzubeziehenden Steuerarten	138
Abbildung 20:	Divergenzeffekte bei verschiedenen Fallgruppen	148
Abbildung 21:	Divergenzeffekte einschließlich Umsatzsteuer	151
Abbildung 22:	Teilsteuersätze bezogen auf Bardividendenteile aus unterschiedlichen Eigenkapitalparten	153
Abbildung 23:	Steuerliche Nebenleistungen	166
Abbildung 24:	Abbildungslösungen für steuerliche Nebenleistungen	174
Abbildung 25:	Ursachen relevanter Abweichungen zwischen Handels- und Steuerbilanz	176
Abbildung 26:	Zwei Konzepte der Bilanzierung latenter Steuern	184
Abbildung 27:	Passive Steuerlatenz und Verlustrücktrag	187
Abbildung 28:	Passive Steuerlatenz bei Verlustrücktrag und -vortrag	188
Abbildung 29:	Ursachen für aktive Steuerlatenzen	191
Abbildung 30:	Ursachen für passive Steuerlatenzen	193
Abbildung 31:	Berechnungsschritte der Steuerabgrenzung	194
Abbildung 32:	Anzahl und Rechtsform der körperschaftsteuerlichen Organgesellschaften 1986, 1989 und 1992	199
Abbildung 33:	Ausgangsdaten eines Organkreises mit zwei Tochtergesellschaften	222
Abbildung 34:	Gewerbesteuer ohne Organschaft	223
Abbildung 35:	Gewerbesteuerliche Organschaft	224
Abbildung 36:	Berechnung der Steuerumlagen	225
Abbildung 37:	Belastungsmethoden	226

Abbildung 38:	Denkbare Abbildungsformen für Steuerumlagen bei Organgesellschaft und Organträger	229
Abbildung 39:	Ausweis der Steuerumlagen bei ausgewählen Konzernen (Geschäftsjahr 1994)	230
Abbildung 40:	Fallkombinationen von a.o. Ergebnis und Ergebnis der gewöhnlichen Geschäftstätigkeit	251
Abbildung 41:	Ergebniswirkung latenter Steuern	261
Abbildung 42:	Arbeitsschritte zur Berechnung der Steuerabgrenzung im Konzernabschluß	266
Abbildung 43:	Arbeitsschema zur Ermittlung des Ergebnisses nach DVFA/SG (verkürzt)	289
Abbildung 44:	Steuerliche Qualifikation des Bereinigungssaldos	292
Abbildung 45:	Segementinformationen	294
Abbildung 46:	Vorschlag einer Cash-flow-Ermittlung auf direktem Weg	298
Abbildung 47:	Ermittlung des Cash-flow nach der indirekten Methode	299
Abbildung 48:	Subtraktive Wertschöpfungsrechnung (Wertschöpfungsentstehungsrechnung) auf der Grundlage der Gewinn- und Verlustrechnung nach dem Gesamtkostenverfahren für große Kapitalgesellschaften	305
Abbildung 49:	Additive Wertschöpfungsrechnung (Wertschöpfungsverwendungsrechnung) auf der Grundlage der Gewinn- und Verlustrechnung nach dem Gesamtkostenverfahren für große Kapitalgesellschaften	306
Abbildung 50:	Verteilung der Wertschöpfung	311
Abbildung 51:	Ergänzende Rechnungslegung und Abbildung von Steuern	312
Abbildung 52:	Income Statement	318
Abbildung 53:	Überleitung vom erwarteten Erfolgsteueraufwand zum tatsächlichen Erfolgsteueraufwand der Deutschen Telekom 1996 (Konzern)	322

Abbildung 54: Überleitung vom erwarteten Erfolgsteueraufwand zum ausgewiesenen Erfolgsteuerertrag des Daimer-Benz Konzerns 1996 324

Abbildung 55: Consolidated Income Statement 326

Abkürzungsverzeichnis

a.A.	anderer Ansicht
Abl. EG	Amtsblatt der Europäischen Gemeinschaften
Abs.	Absatz
Abschn.	Abschnitt
Abt.	Abteilung
ADS	Adler/Düring/Schmaltz
AEAO	Anwendungserlaß zur Abgabenordnung
AG	Aktiengesellschaft / Die Aktiengesellschaft (Z)
AK	Anschaffungskosten
AktG	Aktiengesetz
Anm.	Anmerkung
AO	Abgabenordnung
APB	Accounting Principles Board
Art.	Artikel
AStG	Außensteuergesetz
BayOLG	Bayerisches Oberlandesgericht
BB	Betriebs-Berater (Z)
BBankG	Bundesbankgesetz
BBK	Buchführung, Bilanz, Kostenrechnung (Z)
Bd.	Band
BeckHdR	Beck'sches Handbuch der Rechnungslegung
BewG	Bewertungsgesetz
BFH	Bundesfinanzhof
BFuP	Betriebswirtschaftliche Forschung und Praxis (Z)
BGB	Bürgerliches Gesetzbuch
BGBl.	Bundesgesetzblatt
BGH	Bundesgerichtshof
BiRiLiG	Bilanzrichtlinien-Gesetz
BMF	Bundesministerium der Finanzen
BörsG	Börsengesetz
BörsZulVO	Börsenzulassungsverordnung
BoHR	Bonner Handbuch der Rechnungslegung
BrantwMonG	Branntweimonopolgesetz
BR-Drs.	Bundesratsdrucksache
bspw.	beispielsweise
BStBl	Bundessteuerblatt (Z)
BT-Drs.	Bundestagsdrucksache
Buchst.	Buchstabe
bzw.	beziehungsweise
ca.	circa

DAX	Deutscher Aktienindex
DB	Der Betrieb (Z)
DBW	Die Betriebswirtschaft (Z)
ders.	derselbe
d.h.	das heißt
DM	Deutsche Mark
DStR	Deutsches Steuerrecht (Z)
DSWR	Datenverarbeitung, Steuer, Wirtschaft, Recht (Z)
DVFA/SG	Deutsche Vereinigung für Finanzanalyse und Anlageberatung e.V./ Schmalenbach-Gesellschaft - Deutsche Gesellschaft für Betriebswirtschaft
EE	Einkommen und Ertrag
EEV	Einkommen und Ertag und Vermögen
EFG	Entscheidungen der Finanzgerichte (Z)
EG	Europäische Gemeinschaft(en)
EGAO	Einführungsgesetz zur Abgabenordnung
EK	Eigenkapital
EStG	Einkommensteuergesetz
EStR	Einkommensteuer-Richtlinien
etc.	et cetera
EU	Europäische Union
EuGH	Europäischer Gerichtshof
evtl.	eventuell
FAS	Financial Accounting Standard
FASB	Financial Accounting Standards Board
f.	folgende
ff.	fortfolgende
FG	Finanzgericht
FIFO	first in - first out
FinMin	Finanzministerium
FN	Fußnote
FördG	Fördergebietsgesetz
FS	Festschrift
G	Gewinn
GbR	Gesellschaft des bürgerlichen Rechtes
GE	Geldeinheiten
GEFIU	Gesellschaft für Finanzwirtschaft in der Unternehmensführung
GewStG	Gewerbesteuergesetz
ggfs.	gegebenenfalls
Gj	Geschäftsjahr
GmbH	Gesellschaft mit beschränkter Haftung
GmbHG	GmbH-Gesetz

GmbHR	GmbH-Rundschau (Z)
GoB	Grundsätze ordnungsmäßiger Buchführung
GuV	Gewinn und Verlust
H	Hebesatz
HB	Handelsbilanz
HdB	Handwörterbuch der Betriebswirtschaft
HdJ	Handbuch des Jahresabschlusses in Einzeldarstellungen
HdR	Handbuch der Rechnungslegung
HdRech	Handwörterbuch des Rechnungswesens
HdU	Handbuch der Unternehmensbesteuerung
HdWW	Handwörterbuch der Wirtschaftswissenschaften
HFA	Hauptfachausschuß
HGB	Handelsgesetzbuch
HK	Herstellungskosten
h.M.	herrschende Meinung
Hrsg.	Herausgeber
HS	Halbsatz
HURB	Handwörterbuch unbestimmter Rechtsbegriffe im Bilanzrecht
IAS	International Accounting Standards
IASC	International Accounting Standards Committee
i.d.F.	in der Fassung
i.d.R	in der Regel
i.e.S.	im engeren Sinne
IDW	Institut der Wirtschaftsprüfer in Deutschland e.V.
INF	Die Information über Steuer und Wirtschaft (Z)
insb.	insbesondere
InvZulG	Investitionszulagengesetz
IOSCO	International Organization of Securities Commissions
i.S.v.	im Sinne von
IÜS	Internes Überwachungssystem
i.V.m.	in Verbindung mit
i.w.S.	im weiteren Sinne
Jg.	Jahrgang
JoA	Journal of Accountancy (Z)
JoF	Journal of Finance (Z)
k.A.	keine Angabe
KG	Kommanditgesellschaft
KGaA	Kommanditgesellschaft auf Aktien
KapAEG	Kapitalaufnahmeerleichterungsgesetz
KRP	Kostenrechnungspraxis (Z)
KStG	Körperschaftsteuergesetz

KStR	Körperschaftsteuer-Richtlinien
KWG	Kreditwesengesetz
li.	links/linke
LIFO	last in - first out
Mio.	Million(en)
Mrd.	Milliarde(n)
MStB	Mitteilungsblatt der Steuerberater (Z)
m.w.Nw.	mit weiteren Nachweisen
N.F.	Neue Folge
no.	number
Nr.	Nummer
NRW	Nordrhein-Westfalen
NWB	Neue Wirtschafts-Briefe (Z)
NYSE	New York Stock Exchange
o.a.	oder andere
o.ä.	oder ähnliches
OFD	Oberfinanzdirektion
OHG	Offene Handelsgesellschaft
o.V.	ohne Verfasserangabe
p.a.	per annum
p., pp.	page(s)
PublG	Publizitätsgesetz
RAP	Rechnungsabgrenzungsposten
rd.	rund
re.	rechts/rechte
RegE	Regierungsentwurf
Rn.	Randnummer
Rz.	Randziffer
S.	Seite
SABI	Sonderausschuß Bilanzrichtlinien-Gesetz
SEC	Security and Exchange Comission
SKR	Spezialkontenrahmen
sog.	sogenannte
SolZ	Solidaritätszuschlag
SolZG	Solidaritätszuschlagsgesetz
Sp.	Spalte(n)
St.	Stellungnahme
StB	Steuerberater

StÄndG	Standortänderungsgesetz
StB	Steuerbilanz
StbJb	Steuerberater-Jahrbuch
StuW	Steuer und Wirtschaft (Z)
Tz.	Textziffer
u.a.	unter anderem; und andere
UKV	Umsatzkostenverfahren
US	United States
UStG	Umsatzsteuergesetz
US-GAAP	United States Generally Accepted Accounting Principles
u.U.	unter Umständen
v.	vom
vEK	verwendbares Eigenkapital
Verf.	Verfasser
VG	Vermögensgegenstand
vGA	verdeckte Gewinnausschüttung
vgl.	vergleiche
Vj.	Vorjahr
Vol.	Volume
VSt	Vermögensteuer
WiSt	Wirtschaftswissenschaftliches Studium (Z)
WISU	Das Wirtschaftsstudium (Z)
Wj	Wirtschaftsjahr
WPg	Die Wirtschaftsprüfung (Z)
WPH	Wirtschaftsprüfer-Handbuch
WPK-Mitt.	Wirtschaftsprüferkammer-Mitteilungen (Z)
Z	Zeitschrift
z.B.	zum Beispiel
ZfB	Zeitschrift für Betriebswirtschaft (Z)
ZfbF	Schmalenbachs Zeitschrift für betriebswirtschaftliche Forschung (Z)
ZHR	Zeitschrift für das gesamte Handels- und Wirtschaftsrecht (Z)
Ziff.	Ziffer
ZIP	Zeitschrift für Wirtschaftsrecht und Insolvenzpraxis
ZonenRFG	Zonenrandförderungsgesetz
z.T.	zum Teil

1. Kapitel: Grundlagen und Grundfragen

11. Problemstellung, Zielsetzung und Gang der Untersuchung

Handels- und steuerrechtliche Rechnungslegung sind im Wandel begriffen. Während insbesondere Konzernabschlüsse nach HGB, aber auch handelsrechtliche Einzelabschlüsse an internationalen Rechnungslegungsstandards gemessen werden und der verstärkte Wettbewerb um Kapital und die Integration der Märkte (weitere) Harmonisierungen fordern[1], zielen Änderungen in der steuerrechtlichen Rechnungslegung vor allem auf einen Abbau subventioneller Steuervergünstigungen und eine Verbreiterung der Bemessungsgrundlage, um Raum für Steuersatzsenkungen zu schaffen.

Vor diesem Hintergrund befaßt sich die vorliegende Arbeit mit der Abbildung von Steuern in den handelsrechtlichen Jahresabschlüssen. Sie fragt nach Grundsätzen ordnungsmäßiger Bilanzierung solcher öffentlich-rechtlicher Abgaben, also danach, ob und in welcher Form Steuern als Strom- und Bestandsgrößen in den Einzel- und Konzernabschlüssen nach geltendem Handelsrecht erfaßt werden (sollen). Die vorrangige Zielsetzung der Arbeit liegt somit in der Formulierung GoB-konformer Abbildungsregeln für Steuern, die den spezifischen Informationsansprüchen der Rechnungslegungsadressaten genügen sollten.

Im Blickpunkt stehen einerseits die realwirtschaftlichen Vorgänge und Zustände, die zur Besteuerung, zur Steuerdeklaration und -entrichtung führen, andererseits denkbare und tatsächliche Abbildungsformen in den Jahresabschlüssen nach Handelsrecht. Die Auseinandersetzung mit diesen - soweit ersichtlich noch nicht umfassend monogra-

---

[1] Vgl. statt vieler Schildbach, BB 1995, S. 2635; Busse von Colbe, in: Ballwieser (1996), S. 301; Ballwieser, in: FS Beisse (1997), S. 25.

phisch behandelten - Bilanzierungsproblemen[2] erfolgt ausgehend von den gesetzgeberischen Zweckrichtungen der externen Rechnungslegung. Ausgangspunkt der Überlegungen sind daher Ziele und Zwecke des Jahresabschlusses (vgl. Abschnitt 12).

Bislang dominieren Untersuchungen zu Teilaspekten der Abbildung von Steuern im Rechnungswesen, etwa der Bilanzierung latenter Steuern[3], zum Kostencharakter von Steuern[4], zur Anpassung der Rechnungslegung an die Körperschaftsteuerreform 1977[5] oder zur wechselseitigen Verknüpfung von Handels- und Steuerbilanz.[6] Demgegenüber setzt die vorliegende Arbeit mit der Ausrichtung auf Abbildungsregeln für steuerliche Geschäftsvorfälle in der handelsrechtlichen Rechnungslegung einen davon abweichenden Schwerpunkt. Zugrunde liegt eine Bilanzierungsauffassung, welche - Informations- und Zahlungsbemessungsfunktion des Jahresabschlusses bündelnd - in der objektivierten Erfolgsermittlung die maßgebende Aufgabe sieht.

Bilanzieren muß als zweckgerichtetes Abbilden der ökonomischen Realität, also von Vorgängen innerhalb eines Geschäftsjahres und Zuständen am Abschlußstichtag, verstanden werden.[7] Dem handelsrechtlichen Jahresabschluß kommt die Aufgabe[8] zu, Außenstehenden vertrauenswürdige Informationen über die wirtschaftliche Situation der Unternehmung im abgelaufenen Geschäftsjahr zu geben und einen - gemessen am Ziel der (nominellen) Kapitalerhaltung - unmittelbar oder später ausschüttungsfähigen

---

[2] Zur Bilanzierung und Erläuterung steuerlicher Sachverhalte im handelsrechtlichen Jahresabschluß der Kapitalgesellschaft vgl. Roebruck (1984) mit eingeschränktem Untersuchungsziel auf der Grundlage des AktG 1965 und der Vorentwürfe des Bilanzrichtlinieniengesetzes. Die von Roebruck aus Gründen sprachlicher Vereinfachung vorgenommene Gleichsetzung der „Bilanzierung steuerlicher Sachverhalte" mit der „Bilanzierung von Steuern" führt zu inhaltlichen Mißverständnissen, was sich in einer inkonsistenten Abgrenzung des Untersuchungsgegenstandes zeigt. So behandelt Roebruck auch Bilanzierungsfragen bei Sonderposten mit Rücklageanteil (S. 88 - 114) und die Bestimmung des Eigenkapitalanteils von Rücklagen (S. 192 - 213).

[3] Vgl. statt vieler nur die Monographien von Merl (1979); Hille (1982); Hennig (1982); Wenzel (1987); Karrenbrock (1991); Neumann (1992); Bömelburg (1993); Berlage (1993); Lührmann (1997).

[4] Vgl. Döring (1984); Wagner/Heydt, ZfbF 1981, S. 922 - 935; Schmid, KRP 1991, S. 311 - 315. Zu Steuern in der Preispolitik und Preiskalkulation vgl. Tischer (1974) und Lange (1989).

[5] Vgl. Wimmer (1982).

[6] Vgl. die Arbeiten von Wittig (1988), Haeger (1989), Vogt (1991), Stobbe (1991).

[7] Vgl. Marx, BB 1994, S. 2379 f.

[8] Vgl. Moxter, in: FS Goerdeler (1987), S. 361 - 374; Streim (1988), S. 20 ff.; Baetge (1994), S. 29 - 38; Schildbach (1997), S. 32 - 73; Busse von Colbe, ZfbF-Sonderheft 32/93, S. 14 f.

Gewinn zu ermitteln, wobei de lege lata dem Einzelabschluß, nicht dem Konzernabschluß die Ausschüttungsbemessungsfunktion zukommt.[9]

Beiden Zweckrichtungen ist gemeinsam, daß die produzierten Zahlen intersubjektiv nachprüfbar sein sollen, also Objektivierungserfordernissen Rechnung tragen müssen. Die Aufgabe handelsrechtlicher Rechnungslegung erschöpft sich nicht etwa in komparativer Statik zwecks Feststellung einer auf den Konfliktfall bezogenen Schuldendeckungsfähigkeit. Ziel ist vielmehr die Generierung einer objektivierten Erfolgsgröße, das heißt die Ermittlung eines intersubjektiv nachprüfbaren Gewinns oder Verlusts als Ergebnis ökonomischer Aktivität in der abgelaufenen Rechnungsperiode. Gesetzlich eingeräumte Gewinnermittlungswahlrechte und vor allem das bereitwillige Öffnen des Handelsbilanzrechts im Hinblick auf die Nutzung steuerrechtlicher Wahlrechte ermöglichen allerdings den Ausweis niedrigerer oder höherer Gewinne; dies soll der Anhang als Informationsinstrument bei Kapitalgesellschaften aufdecken, was jedoch derzeit nur unzureichend gelingt. Daß der Periodengewinn nur eingeschränkte Indikatorfunktion für die Unternehmensentwicklung einnimmt[10], ändert nichts an diesem Paradigma, dem auch die Bilanzierung von Steuern zu folgen hat.

Der Generalnorm zum handelsrechtlichen Jahresabschluß von Kapitalgesellschaften zufolge sollen Bilanz, Gewinn- und Verlustrechnung und Anhang ein den tatsächlichen Verhältnissen entsprechendes Bild der Vermögens-, Finanz- und Ertragslage vermitteln (§ 264 Abs. 2 HGB). Über die Informationsfunktion hinaus, die hier im Hinblick auf steuerliche Sachverhalte zu prüfen ist, besteht für den Einzelabschluß eine Ausschüttungsbemessungsfunktion, das heißt die Aufgabe, Bemessungsgrundlagen für erfolgsabhängige Zahlungen an Anteilseigner und Dritte vorzubereiten. Steuern, die erfolgswirksam erfaßt werden, verringern die Basis für die Vornahme von Ausschüttungen, wobei im deutschen Körperschaftsteuersystem Entlastungen oder zusätzliche Belastungen an die Ausschüttung geknüpft sind.

---

9 Zur Diskussion de lege ferenda vgl. Schildbach, WPg 1993, S. 53 - 63, S. 94 - 98; Busse von Colbe, ZfbF Sonderheft 32/93, S. 26.
10 Vgl. Moxter, in: HdB (1993), Sp. 507.

Der handelsrechtliche Einzelabschluß verarbeitet steuerliche Vorgänge allerdings nicht lediglich passiv, sondern beeinflußt selbst die Erfolgsteuerzahlungen. Nach § 5 Abs. 1 Satz 1 EStG ist in der Steuerbilanz das Betriebsvermögen anzusetzen, das nach den handelsrechtlichen Grundsätzen ordnungsmäßiger Buchführung auszuweisen ist (sog. Maßgeblichkeitsprinzip). Die Steuerbilanz ist zwar ein eigenständiges Rechenwerk, dennoch abhängig von der Handelsbilanz. Die Steuerbilanz produziert erst die Bemessungsgrundlagen für Erfolgsteuerzahlungen, die wiederum von der handelsrechtlichen Rechnungslegung (antizipierend, zeitgleich oder reagierend) verarbeitet werden müssen.

Während bei Einzelunternehmen und Personengesellschaften die Einheitsbilanz - das heißt die Aufstellung einer Handelsbilanz, die zugleich als Steuerbilanz akzeptiert wird - dominiert, korrespondieren bei den hier vorrangig interessierenden Kapitalgesellschaften ausgewiesener Erfolg vor Steuern einerseits und Steueraufwand andererseits nur selten; es gibt permanente und zeitlich bedingte Differenzen, denen die handelsrechtliche Rechnungslegung mit dem Instrument der Steuerabgrenzung mehr schlecht als recht begegnet (vgl. Abschnitt 47).

Auch die Verknüpfung beider Rechenwerke steht immer wieder im Blickpunkt der Diskussion, dennoch ist das Maßgeblichkeitsprinzip seit mehr als einhundertzwanzig Jahren wesentlicher Pfeiler des deutschen Steuerbilanzrechts.[11] Das Handelsbilanzrecht ist danach materiell maßgeblich für die Steuerbilanz. Darüber hinaus wirkt der konkrete Handelsbilanzansatz für die Steuerbilanz maßgebend, was als formelle Maßgeblichkeit bezeichnet wird. Die höchstrichterliche Finanzrechtsprechung muß daher regelmäßig zunächst das Handelsbilanzrecht interpretieren, wenn steuerbilanzielle Fragen zu beantworten sind. Die Abbildung von Steuern in der Steuerbilanz ist allerdings nur in ganz eingeschränktem Maße von Bedeutung, denn materiell gewichtige Perso-

---

[11] Zum derzeitigen Diskussionsstand vgl. Robisch/Treisch, WPg 1997, S. 156 - 169; Siepe, in: FS Kropff (1997), S. 619 - 638.

nensteuern stellen nicht abzugsfähige Ausgaben im Rahmen der Gewinnermittlung dar (§ 12 Nr. 3 EStG, § 10 Nr. 2 KStG).

§ 5 Abs. 1 Satz 2 EStG bestimmt für die nach dem 31.12.1989 endenden Wirtschaftsjahre, daß „steuerrechtliche Wahlrechte bei der Gewinnermittlung in Übereinstimmung mit der handelsrechtlichen Jahresbilanz auszuüben (sind)" und verankert damit den Grundsatz der umgekehrten Maßgeblichkeit (der Steuerbilanz für die Handelsbilanz). Mit dem Steueränderungsgesetz 1992 hat der Gesetzgeber die Reichweite der Maßgeblichkeit noch um ein weiteres Rechenwerk erweitert. Seit dem 1.1.1993 werden die Steuerbilanzwerte grundsätzlich auch in die Vermögensaufstellung - die Gegenüberstellung von Rohbetriebsvermögen und Schulden gemäß § 98a BewG - übernommen. Danach sind die zu einem Gewerbebetrieb gehörenden Wirtschaftsgüter bei Steuerpflichtigen, die ihren Gewinn nach § 4 Abs. 1 oder § 5 EStG ermitteln, vorbehaltlich bestimmter Ausnahmen mit den Steuerbilanzwerten anzusetzen. Bedingt durch die weitgehende Übernahme der Steuerbilanzwerte hatte die Bilanzpolitik eine neue Dimension gewonnen: Es mußte auch darauf geachtet werden, welche Wirkungen eine bilanzpolitische Maßnahme auf die Belastung mit periodisch anfallenden Substanzsteuern entfaltet.[12] Bedingt durch den Wegfall der Vermögensteuer und die Abschaffung der Gewerbekapitalsteuer zum 31.12.1997 konzentriert sich die Blickrichtung allerdings jetzt auf die situativ einsetzende Erbschaft-/Schenkungsteuer. Im folgenden werden die rein steuerlichen Rechenwerke aus der Betrachtung ausgeklammert und ausschließlich die Abbildung von Steuern in den handelsrechtlichen Jahresabschlüssen betrachtet.

Vom handelsrechtlichen Einzelabschluß strikt zu trennen ist der Konzernabschluß im Sinne der §§ 290 - 315 HGB, die Rechnungslegung aus der Sicht des Mutterunternehmens für die wirtschaftliche Einheit Konzern. Auch hier werden steuerliche Sachverhalte verarbeitet. Das inländische Subjektsteuerprinzip macht an der zivilrechtlichen

---

[12] Vgl. StÄndG v. 25.2.1992, BGBl I, S. 297 ff.; Herzig, DB 1992, S. 1053; Teß, BB 1992, S. 1692; Heinhold, DBW 1993, S. 331; Dautzenberg/Heyeres, DB 1993, S. 1729.

Rechtsform, also an den einzelnen Unternehmen des Konzernkreises, fest und berücksichtigt die wirtschaftliche Einheit nur mittels des Rechtsinstituts Organschaft; eine Konzernbesteuerung fehlt.[13] Grundsätzlich faßt der Konzernabschluß die steuerlichen Sachverhalte der einbezogenen Tochterunternehmen mit denen der Mutter zusammen. Effektiver Steueraufwand, Steuerabgrenzungen auf der Ebene der Töchter und die latenten Steuern aus Konsolidierungsvorgängen müssen verarbeitet werden (vgl. hierzu Kapitel 7).

Uns interessiert im folgenden, ob und wie die handelsrechtlichen Rechenwerke vor dem Hintergrund der gesetzgeberischen Zielvorstellungen Steueraus- und einzahlungen, Steueraufwendungen und -erträge und nicht zuletzt Steuerzahlungsverpflichtungen als eigenständige Geschäftsvorfälle oder verknüpft mit anderen Vorgängen verarbeiten. Schon an dieser Stelle sei angemerkt, daß eine Vielzahl von Steuervorgängen in der externen Rechnungslegung zwar erfaßt, nicht aber zum Abschlußstichtag in Bilanz, Gewinn- und Verlustrechnung oder Anhang als solche auch abgebildet werden. Nur zu schnell wird das Blickfeld verengt auf die in der Bilanz auszuweisenden Steuerrückstellungen und auf die GuV-Posten „Steuern vom Einkommen und vom Ertrag" und „sonstige Steuern", deren Inhalt zudem rechtsformbedingt variiert. In einer Vielzahl verschiedener Geschäftsvorfälle werden Steuern verarbeitet, ohne als solche sichtbar zu werden. Deshalb wird in Abschnitt 21 eine an den betriebswirtschaftlichen Prozessen und Funktionen der Unternehmung orientierte Systematik vorgestellt, um danach Grundsätze ordnungsmäßiger Bilanzierung von Steuern der weiteren bilanz- und GuV-orientierten Analyse voranzustellen.

Folgende **Leitgedanken** werden der Untersuchung vorangestellt:

1. Die Abbildung von Steuern kann die Informations- und Zahlungsbemessungsfunktion des Jahresabschlusses berühren. Das erhebliche quantitative Gewicht der Be-

---

[13] Vgl. Harms/Küting, BB 1982, S. 445 - 455; Pullen (1994).

steuerung legt eine detaillierte Analyse des Besteuerungseinflusses auf das externe Rechnungswesen nahe.

2. Der handelsrechtliche Jahresabschluß hat den Steuereinfluß auf das Periodenergebnis (Jahresüberschuß/-fehlbetrag) weitestgehend und differenziert sichtbar zu machen. Die Informationslage hat sich im Vergleich zum Aktiengesetz 1965 zwar dadurch verbessert, daß erfolgsabhängige und erfolgsunabhängige Steuern nunmehr getrennt auszuweisen sind. Auch der vorgeschriebene separate Ausweis von Steuerrückstellungen und Steuerlatenzen erhöht die Transparenz. Andererseits führt das körperschaftsteuerliche Anrechnungsverfahren zur generellen Frage, ob die Ausschüttungskörperschaftsteuer aufwandswirksam abzubilden ist und wie Steueränderungen infolge von Gewinnverwendungsentscheidungen erfaßt werden sollten.

3. Latente Steuerguthaben oder -nachforderungen - resultierend aus Komponenten des verwendbaren Eigenkapitals - werden dem externen Bilanzleser nicht offengelegt. Schwächen bei der konzeptionellen Umsetzung der Steuerabgrenzung im Einzel- und Konzernabschluß sind zu konstatieren.

4. Das Ergebnis der gewöhnlichen Geschäftstätigkeit sollte zum Zwecke der Ergebnisspaltung als Bruttogröße vor Steuern ermittelt werden. Es umfaßt Betriebs- und Finanzergebnis des Unternehmens vor Berücksichtigung des außerordentlichen Ergebnisses und des Steueraufwands und bildet eine für die Jahresabschlußanalyse wichtige Erfolgsgröße.

5. Die erfolgsabhängigen Steuern müssen im handelsrechtlichen Jahresabschluß möglichst exakt berechnet werden; eine Aufgabe, die angesichts der Verkürzung der Jahresabschlußerstellung immer größere Bedeutung gewinnt. Eine pauschale, vereinfachte Quantifizierung ist - nicht zuletzt angesichts des materiellen Gewichts der Besteuerung - abzulehnen. Dies gilt auch für Steuerumlagen, das heißt für Beträge, die in Organschaftsverhältnissen den Organgesellschaften in Rechnung gestellt werden, um diese wirtschaftlich mit unverbundenen Unternehmen gleichzustellen.

6. Anhand der Rechnungslegungszwecke ist zu prüfen, ob Vereinfachungsregelungen des Steuerrechts bei der Abbildung von Steuern in der Gewinnermittlung auch im Handelsbilanzrecht Gültigkeit haben. Dies wird beispielsweise bei der Regelung zur

Qualifikation nichtabziehbarer Umsatzsteuer (§ 9b EStG), der Vorsteuerkorrektur und bei der Bemessung der Gewerbesteuerrückstellung (R 20 Abs. 2 Satz 2 EStR 1996) hinterfragt.

7. Die Vorherigkeit der Handelsbilanz zwingt zu einer Vorsorge vor Steuerrechtsrisiken. De lege lata besteht nur mittelbar die Möglichkeit zur Risikovorsorge, indem Passivierungswahlrechte - beispielsweise Aufwandsrückstellungen im Sinne des § 249 Abs. 2 HGB - zur Bildung von Reserven genutzt werden. Allein bei Vorliegen konkreter Steuernachzahlungsrisiken können nach der Rechtsprechung des Bundesfinanzhofs Rückstellungen für Betriebsprüfungsrisiken gebildet werden. Ob diese restriktive Auffassung auch für die Handelsbilanz Gültigkeit hat, wird zu prüfen sein.

8. Gespaltener Körperschaftsteuersatz, Vollanrechnung der Ausschüttungskörperschaftsteuer und Gliederungsrechnung als intertemporaler Speicher für latente Körperschaftsteuerminderungen und -erhöhungen machen insbesondere bei Publikumskapitalgesellschaften eine zusätzliche Rechnungslegung erforderlich, um der Informationsfunktion des Jahresabschlusses gerecht zu werden.

9. Ergänzende Rechnungslegungsinstrumente - etwa Wertschöpfungs- und Cash-flow- und Kapitalflußrechnungen - und externe Analysen sind auf die Genauigkeit der Bilanzierung dem Grunde und der Höhe nach angewiesen. Im Hinblick auf die unterschiedlichen Rechnungsziele solcher Rechnungslegungselemente wird die Behandlung von Steuern als Strom- und Bestandsgrößen zu prüfen sein.

10. Die Abbildung von Steuern in der internationalen Rechnungslegung zeigt Möglichkeiten der Informationsverbesserung auf.

Die Untersuchung gliedert sich in zehn Kapitel. Im Anschluß an eine Abgrenzung des Untersuchungsfeldes und der Vornahme notwendiger Begriffsexplikationen werden zunächst Jahresabschlußzwecke und -ziele vor dem Hintergrund internationaler Entwicklungen diskutiert. Das **zweite Kapitel** skizziert den Bilanzierungsgegenstand, denkbare Abbildungsformen und -zeitpunkte im Jahresabschluß und zeigt eine funktions- und prozeßbezogene Systematik, um dann Grundsätze ordnungsmäßiger Bilanzierung von Steuern im **dritten Kapitel** zu formulieren.

Das **vierte Kapitel** beschäftigt sich mit der bilanziellen und GuV-orientierten Abbildung von Steuern im handelsrechtlichen Einzelabschluß. Neben den Fragen, ob Steuern Bestandteile der Anschaffungs- oder Herstellungskosten darstellen können, ob Steuererstattungsansprüche als Forderungen und -zahlungsverpflichtungen als Rückstellungen bzw. Verbindlichkeiten ausgewiesen werden, wird detailliert auf Berechnung und Ausweis der erfolgsabhängigen Steuern in der Gewinn- und Verlustrechnung eingegangen. Dies umfaßt auch die Analyse sonstiger Steuern, steuerlicher Nebenleistungen und latenter Steuern im Einzelabschluß.

Das **fünfte Kapitel** ist der Problematik von Steuerumlagen gewidmet, die angesichts der zunehmenden Verflechtung von Unternehmen immer größere Bedeutung erlangen. Mit dem **sechsten Kapitel**, das „Sonstige Berichtspflichten und freiwillige Informationsvermittlung" erörtert, wird die Betrachtung des handelsrechtlichen Einzelabschlusses abgeschlossen. Die quantitative und verbale Berichterstattung über Steuern ist denkbar in Form von Bilanzvermerken, Anhangangaben und der Lageberichterstattung. Komplexität der Besteuerung, Änderungsgeschwindigkeit des Rechts und Besteuerungsunterschiede bei Rechtsformen und im internationalen Vergleich veranlassen zu der Frage, ob darüber hinaus freiwillig Bericht erstattet werden kann.

Obgleich der Konzernabschluß nach geltendem Recht keine Zahlungsbemessungsfunktion, sondern (nur) eine Informationsfunktion besitzt, wächst die Bedeutung der Berichterstattung über die wirtschaftliche Einheit Konzern. Das **siebte Kapitel** zeigt die Abbildungsprobleme von Steuern im Konzernabschluß, um im Anschluß daran im **achten Kapitel** den Blick auf ergänzende Rechnungslegungen zu richten. Im **neunten Kapitel** wird auf die Problembehandlung in der internationalen Rechnungslegung eingegangen. Eine thesenförmige Zusammenfassung der Ergebnisse schließt die Untersuchung mit dem **zehnten Kapitel** ab.

Die jeder wissenschaftlichen Untersuchung voranzustellende Frage nach der Problemrelevanz kann aus empirischen Daten abgeleitet werden, die das materielle Gewicht der Unternehmensbesteuerung dokumentieren. In der von der Deutschen Bundesbank vorgenommenen Auswertung der Jahresabschlüsse westdeutscher Unternehmen von 1971 bis 1991[14] wird die Größenordnung der in der Erfolgsrechnung abgebildeten Steueraufwendungen sichtbar. Einbezogen wurden jeweils zwischen 45.000 und 70.000 Jahresabschlüsse von Unternehmen verschiedener Wirtschaftsbereiche mit unterschiedlichen Rechtsformen.[15] Daraus folgt, daß die Einkommensteuer von Einzelunternehmern und Gesellschaftern von Personengesellschaften nicht enthalten ist, somit Unternehmen, deren Ertragsteueraufwand nur die Gewerbeertragsteuer umfaßt und Kapitalgesellschaften, die die Körperschaftsteuer aufwandswirksam erfassen, in die Auswertung einbezogen wurden.

Infolge der Änderungen durch das Bilanzrichtlinien-Gesetz ist erst seit 1987 ein getrennter Ausweis von erfolgsabhängigen und erfolgsunabhängigen Steuern (sonstige Steuern und Verbrauchsteuern) gewährleistet.

Trotz dieser Einschränkungen zeigt die Zeitreihe das in der Vergangenheit gewachsene materielle Gewicht der Steuern in den Erfolgsrechnungen auf. Umsätze und Jahresüberschüsse sind zum Zwecke der Vergleichbarkeit angegeben. Ausgehend von 44 Mrd. DM im Jahre 1971 steigen die Steueraufwendungen der Unternehmen bis auf 140 Mrd. DM an. Erfaßt sind als Gewinnsteuern die Körperschaft- und Gewerbeertragsteuer, als sonstige Steuern die Gewerbekapital-, Grund-, Kraftfahrzeug- und Vermögensteuer. Die Verbrauchsteuern beinhalten im wesentlichen die Mineralölsteuer, die Branntweinmonopolabgabe, Bier- und Tabaksteuer.

---

[14] Vgl. Deutsche Bundesbank (1993).
[15] Das Bilanzmaterial stammt aus der Verpflichtung der Bundesbank zur Prüfung der Bonität von Wechselverpflichtungen (§ 19 BBankG). Unternehmen der Landwirtschaft und der Dienstleistungsbereiche einschließlich des finanziellen Sektors sind nicht enthalten. Größere Unternehmen, vor allem in der Rechtsform der Aktiengesellschaft, sind stärker vertreten als es ihrer Bedeutung im gesamten Untenehmensbereich entspricht; vgl. Deutsche Bundesbank (1993), S. 9.

Gemessen am Umsatz, der allerdings keine adäquate Referenzgröße darstellt, beträgt der Anteil der Steueraufwendungen in diesem Zeitraum jeweils ca. 3 %. Der Vergleich zum Jahresüberschuß zeigt indes eine überproportionale Steigerung. Ein adäquater Vergleich sollte allerdings auf Vor-Steuerbasis erfolgen. Der Anteil der Steuern vom Einkommen und Ertrag am Jahresüberschuß vor EE-Steuern - die Steuerlastquote - beträgt im Zeitraum 1987 - 1991 rd. 39 %. Sonstige Steuern sind hier noch nicht berücksichtigt. Die Fortsetzung der Zeitreihe macht eine zunächst auf rd. 35 % rückläufige Steuerlastquote deutlich, was auf die geringeren steuerlichen Bruttoergebnisse, die reduzierten Körperschaftsteuersätze und auf eine gezielte Schütt-aus-hol-zurück-Politik vor Zwangsumgliederung der hochversteuerten Rücklagen zurückzuführen ist.[16]

Ab 1995 trägt die Wiedereinführung des Solidaritätszuschlags zu einem Anstieg der prozentualen Belastung des Bruttoergebnisses durch Steuern bei. Erreicht wird wieder das Niveau von 1991.

Jahr	Steuerlastquote westdeutscher Unternehmen									
	1987	1988	1989	1990	1991	1992	1993	1994	1995	1996
Anteil der EE-Steuern am Jahresüberschuß vor EE-Steuern in %	37,31	37,45	39,22	37,51	38,79	42,16	36,82	33,44	36,67	38,46

Quelle: Deutsche Bundesbank (Hrsg.): Jahresabschlüsse westdeutscher Unternehmen 1971 bis 1991, Frankfurt a. M. 1993, S. 21; dies. (Hrsg.): Monatsberichte November 1994, 1995 u. 1996, Frankfurt a. M. 1994, S. 32; 1995, S. 46; 1996, S. 38; 1997, S. 34 (hochgerechnetes Ergebnis).

Abbildung 1: Steuerlastquote westdeutscher Unternehmen 1987 - 1996

---

[16] Vgl. Deutsche Bundesbank (Hrsg.), Monatsbericht November 1994, S. 25; Monatsbericht November 1995, S. 39 f.

Während die Daten der Deutschen Bundesbank eine Aggregation von bis zu 70.000 Jahresabschlüssen darstellen, zeigt eine Untersuchung der 30 DAX-Werte für das Geschäftsjahr 1996 beachtliche Unterschiede in den Steuerlastquote einzelner Unternehmen. Der Anteil der EE-Steuern am Ergebnis vor Steuern variierte in den Konzernabschlüssen zwischen 10 und 70 % (vergleiche Abbildungen 3 und 4).

1. Kapitel: Grundlagen und Grundfragen

Jahresabschlußdaten westdeutscher Unternehmen											
Jahr	1971	1973	1975	1977	1979	1981	1983	1985	1987	1989	1991
GuV-Posten in Mrd. DM											
Umsatz	1.426,46	1.703,79	1.893,43	2.244,38	2.569,41	2.977,00	3.145,01	3.505,23	3.490,05	4.003,93	4.674,99
Steueraufwand	43,75	53,74	54,00	68,05	54,00	77,51	76,89	80,54	98,72	117,09	140,20
davon EE-Steuern	.	.	.	.	.	.	.	.	42,83	53,34	57,60
sonstige Steuern	.	.	.	.	.	.	.	.	55,89	63,75	82,60
darunter Verbrauchsteuern	.	.	.	.	.	.	.	.	43,14	49,97	63,59
Jahresüberschuß	46,81	44,19	41,64	54,86	62,99	48,66	56,98	66,81	71,99	82,67	91,20

Quelle: Deutsche Bundesbank (Hrsg.): Jahresabschlüsse westdeutscher Unternehmen 1971 bis 1991, Frankfurt am Main 1993, S. 20 - 21.

Abbildung 2: Ausgewählte Jahresabschlußdaten westdeutscher Unternehmen 1971 - 1991

Geschäftsjahr 1996	Konzernabschluß			Einzelabschluß		
Gesellschaft	Jahres-überschuß	EE-Steuern	Steuer-last-quote in %	Jahres-überschuß	EE-Steuern	Steuer-last-quote in %
Allianz Holding AG	2.237,75	1.720,13	43,46	601,58	59,22	8,96
BASF AG	2.838,70	1.575,00	35,68	1.700,70	2.214,90	56,57
Bayer AG ***)	2.747,00	1.717,00	38,46	1.361,00	736,00	35,10
Bayerische Hypotheken- und Wechselbank AG	714,95	366,50	33,89	522,73	93,52	15,18
Bayerische Motorenwerke AG	820,00	714,00	46,54	554,00	331,00	37,40
Bayerische Vereinsbank AG	868,89	629,12	42,00	575,51	352,60	37,99
Commerzbank AG	1.214,00	479,00	28,29	740,00	293,00	28,36
Daimler Benz AG ****)	2.689,00	745,00	21,69	1.253,00	54,00	4,13
Degussa AG *)	301,81	111,50	26,98	131,52	3,53	2,62
Deutsche Bank AG	2.403,00	1.660,00	40,86	1.700,00	1.046,00	38,09
Deutsche Lufthansa AG	558,07	127,86	18,64	190,80	94,38	33,10
Deutsche Telekom AG	1.921,00	1.385,00	41,89	k.A.	k.A.	k.A.
Dresdner Bank AG	1.579,90	1.076,40	40,52	1.174,40	517,50	30,59
Henkel KGaA	515,00	260,00	33,55	254,00	46,00	15,33
Hoechst AG	2.774,00	2.506,00	47,46	k.A.	k.A.	k.A.
Linde AG	395,92	240,08	37,75	204,54	125,06	37,94
Karstadt AG	k.A.	k.A.	k.A.	k.A.	k.A.	k.A.
MAN AG *)	330,42	172,00	34,23	205,04	98,29	32,40
Mannesmann AG	603,00	394,00	39,52	431,09	111,03	20,48
Metro AG	717,21	274,49	27,68	233,00	242,00	50,95
Münchener Rück AG *)	595,00	539,00	47,53	232,54	236,49	50,42
PREUSSAG AG *)	273,59	156,30	36,36	182,55	125,36	40,71
RWE AG *)	1.562,00	1.798,00	53,51	831,00	1.153,00	58,11
SAP AG	567,54	382,41	40,26	304,53	207,09	40,48
Schering AG ***)	366,86	246,90	40,23	210,68	195,23	48,10
Siemens AG	2.987,00	767,00	20,43	1.586,00	442,00	21,79
Thyssen AG *)	350,00	304,00	46,48	k.A.	k.A.	k.A.
VEBA AG	2.634,00	1.801,00	40,61	1.720,20	514,10	23,01
VIAG AG	1.059,99	1.290,15	54,90	438,00	212,42	32,66
Volkswagen AG	678,00	1.294,00	65,62	k.A.	k.A.	k.A.
Summe	37.303,60	24.731,86		17.338,42	9.503,74	
Durchschnitt	1.286,33	852,82	39,87	693,54	380,15	35,41

*) Geschäftsjahr 1995/96 **) Konzernzahlen der Deutschen Bank AG nach HGB
) dualer Abschluß nach IAS und HGB *) Konzernzahlen der Daimler Benz AG nach HGB
Quelle: Geschäftsberichte 1996

Abbildung 3: Steuerlastquoten der DAX-Werte im Geschäftsjahr 1996

1. Kapitel: Grundlagen und Grundfragen 15

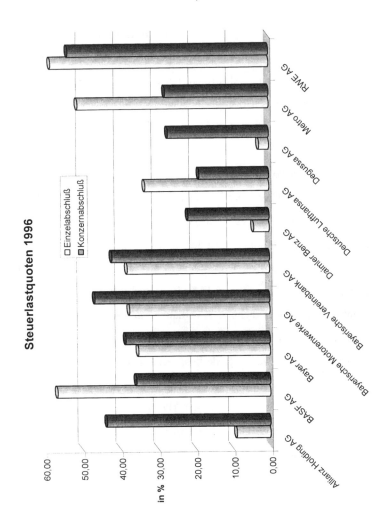

Abbildung 4: Ausgewählte Steuerlastquoten 1996

12. Rechnungslegungszwecke und -ziele

12.1 Grundlegung

Globalisierung der Märkte, Intensivierung des Wettbewerbs um Kapital und internationale Entwicklungen der Rechnungslegung haben die Diskussion um Zwecke und Ziele des kodifizierten Bilanzrechts neu belebt. Im Zuge der Transformation der Vierten und Siebten EG-Richtlinie in nationales Recht hat es der Gesetzgeber versäumt, explizit zu den Zweckrichtungen des handelsrechtlichen Einzel- und Konzernabschlusses Stellung zu nehmen.

Die Vierte Richtlinie des Rates vom 25.7.1978 weist in der Präambel auf die Notwendigkeit der Koordinierung einzelstaatlicher Vorschriften über die Gliederung und den Inhalt des Jahresabschlusses und des Lageberichts sowie über die Bewertungsmethoden und die Publizität hin, der insbesondere bei der Aktiengesellschaft und bei der Gesellschaft mit beschränkter Haftung im Hinblick auf den Schutz der Gesellschafter sowie Dritter besondere Bedeutung zukommt.[17] Sodann wird insbesondere gefordert: „Der Jahresabschluß muß ein den tatsächlichen Verhältnissen entsprechendes Bild der Vermögens-, Finanz- und Ertragslage der Gesellschaft vermitteln.... Die verschiedenen Bewertungsmethoden müssen, soweit erforderlich, vereinheitlicht werden, um die Vergleichbarkeit und die Gleichwertigkeit der in den Jahresabschlüssen gemachten Angaben zu gewährleisten."[18] Mit der am 13.6.1983[19] verabschiedeten Siebten EG-Richtlinie wurden die Mitgliedstaaten der Europäischen Gemeinschaft verpflichtet, ihre nationalen gesetzlichen Regelungen der Konzernrechnungslegung zu vereinheitlichen.

Während sich die Vierte EG-Richtlinie ausschließlich auf die Rechnungslegung von Kapitalgesellschaften bezieht, hat der nationale Gesetzgeber mit dem ersten Abschnitt

---

[17] Vgl. Vierte Richtlinie des Rates vom 25.7.1978, ABl. EG Nr. L 222 v. 14.8.1978, S. 11 - 31.
[18] Ebenda, S. 11.
[19] Vgl. Siebte Richtlinie des Rates vom 13.6.1983, ABl. EG Nr. L 193 v. 18.7.1983, S. 1 - 17.

des dritten Buches des HGB ein für alle Kaufleute geltendes Bilanzrecht geschaffen, das im zweiten Abschnitt um rechtsformspezifische Vorschriften für Kapitalgesellschaften ergänzt wird. Die Generalnorm des § 264 Abs. 2 HGB, die in § 297 Abs. 2 Satz 2 HGB geforderte Informationsfunktion des Konzernabschlusses über die wirtschaftliche Einheit Konzern und die Begründung des Rates liefern noch keine befriedigende Deduktionsbasis.[20]

Daher müssen Zwecke und Ziele des handelsrechtlichen Jahresabschlusses durch Auslegung der handelsrechtlichen Rechnungslegungsnormen (§§ 242 -289 und §§ 290 - 315 HGB[21], §§ 150 - 160 AktG, §§ 29, 42 GmbHG und § 1 PublG) ermittelt werden.[22] Es erscheint sinnvoll, zwischen Zwecken, Aufgaben bzw. Funktionen einerseits und Zielen, den Ergebnissen andererseits zu unterscheiden.[23]

Allgemein ist anerkannt, der externen Rechnungslegung die Funktion des Kapitalgeberschutzes zuzuordnen. Der handelsrechtliche Jahresabschluß verfolgt die Zweckrichtung, Außenstehenden, das heißt vorrangig aktuellen oder potentiellen Kapitalgebern, vertrauenswürdige Informationen über die wirtschaftliche Situation der Unternehmung im abgelaufenen Geschäftsjahr zu geben und einen auf der Basis nomineller Kapitalerhaltung errechneten unmittelbar oder später ausschüttungsfähigen Gewinn zu ermitteln.[24] De lege lata kommt nur dem Einzelabschluß die Ausschüttungsbemessung zu, und für den Konzernabschluß verbleibt bislang (lediglich) die Information über Vermögens-, Finanz- und Ertragslage.[25] Die Informationsfunktion kann einerseits auf Investitionsentscheidungen der Kapitalanleger (Informationsfunktion im engeren Sin-

---

[20] Vgl. Schildbach (1997), S. 107.
[21] Darüber hinaus im vierten Abschnitt des dritten Buches die branchenspezifischen Vorschriften für Kreditinstitute und Versicherungsunternehmen, §§ 340 - 340o, §§ 341-341o HGB.
[22] Vgl. statt vieler Baetge/Kirsch, HdR, 4. Aufl., Bd. Ia, Art. 4, Rn. 264.
[23] Vgl. D. Schneider (1987), S. 405 ff., S. 407.
[24] Vgl. Moxter, in: FS Goerdeler (1987), S. 361 - 374; Bareis u.a., DB 1993, S. 1249 - 1252, insb. S. 1251; Busse von Colbe, in: Ballwieser (1996), S. 221 - 237.
[25] Allerdings hat der deutsche Gesetzgeber das aus dem angelsächsischen Raum stammende true and fair view-Postulat nicht als „overriding principle" umgesetzt. Der Generalnorm kommt nach h.M. nur subsidiäre Bedeutung zu; vgl. Streim, in: FS Moxter (1994), S. 391 - 406.

ne), zum anderen auf die Kontrolle des Managements durch die Kapitalgeber (Rechenschaftslegung) bezogen werden.[26]

Das Ziel, Ausschüttungsmöglichkeiten und -grenzen aufzuzeigen, wird zur Zahlungsbemessung erweitert, indem an die Jahresabschlußgröße Gewinn weitere Zahlungsansprüche, etwa Vergütungsbestandteile des Managements[27] oder der Mitglieder von Überwachungsorganen, gerichtet werden können. § 86 AktG sieht die Möglichkeit zur Gewinnbeteiligung der Vorstandsmitglieder vor, § 113 Abs. 3 AktG regelt dies für Mitglieder des Aufsichtsrates.[28] Erfolgsabhängige Vergütungsbestandteile werden regelmäßig auch mit leitenden Angestellten des Unternehmens vereinbart. [29]

Informationsvermittlung im Sinne von Rechenschaftslegung und Hilfe für Investitionsentscheidungen sowie Zahlungsbemessung können somit unabhängig von Rechtsform und Unternehmensgröße als Ziele des handelsrechtlichen Jahresabschlusses verstanden werden. Bezeichnet Information zweckorientiertes, handlungsrelevantes Wissen[30] oder anders gefaßt eine Nachricht, durch die das Wirtschaftssubjekt veranlaßt wird, seine subjektiven (a-priori-)Wahrscheinlichkeiten für die verschiedenen Umweltzustände zu ändern oder zu bestätigen[31], so wird deutlich, daß auf die Entscheidungsrelevanz für den Empfänger abzustellen ist.

---

[26] Vgl. Busse von Colbe, ZfbF-Sonderheft 32/1993, S. 14 f.
[27] Die wertorientierte Unternehmenssteuerung hat Konzepte zur erfolgsabhängigen Vergütung des Managements neu belebt; vgl. Becker, in: Scholz/Djarrahradeh (1995), S. 185 ff., 188; Wössner (1993), S. 2. Zur formalen Abbildung von Managementanreizen durch das Vorsichtsprinzip vgl. Wagenhofer, ZfbF 1996, S. 1051.
[28] Die empirische Studie von Knoll/Knoesel/Probst, ZfbF 1997, S. 236 - 254, zeigt allerdings, daß bestehende Vergütungsformen in unzureichendem Maße an die Erfüllung finanzwirtschaftlicher Ziele der Anteilseigner geknüpft sind.
[29] § 86 Abs. 2 und § 113 Abs. 3 AktG legen exakt fest, wie die Berechnungsbasis zu ermitteln ist. § 86 Abs. 2 AktG: Jahresüberschuß vermindert um Verlustvortrag aus dem Vorjahr und um die Beträge, die nach Gesetz oder Satzung aus dem Jahresüberschuß in Gewinnrücklagen einzustellen sind. § 113 Abs 3 AktG: Bilanzgewinn vermindert um einen Betrag von mindestens vier vom Hundert der auf den Nennbetrag der Aktien geleisteten Einlagen. Demgegenüber soll es nach herrschender Auffassung zulässig sein, die Interdependenzen zu vernachlässigen. Vgl. IDW, 1985, S. 1362 ff.; IDW 1996, Bd. I., S. 1457 f.; dagegen zu Recht Coenenberg (1997), S. 357.
[30] Vgl. Wittmann (1959), S. 17; Berthel, HdB (1974), Sp. 1866 - 1873, 1866.
[31] Vgl. Bössmann, HdWW (1976), S. 184 - 200, S. 195; Volk (1990), S. 30.

Die Heterogenität möglicher Informationsempfänger öffentlich bekanntgemachter Jahresabschlußdaten erschwert jedoch die Beantwortung der Frage, welche Informationen gewünscht werden.

12.2 Jahresabschlußadressaten

Die Literatur krankt bislang an der mangelnden Eingrenzung der Jahresabschlußadressaten[32], die mit unterschiedlichen Informationswünschen der externen Rechnungslegung gegenüberstehen. Die Adressaten des Jahresabschlusses werden auf der Grundlage der Koalitionstheorie bestimmt: Neben Eigentümern und Gläubigern werden Überwachungsorgane, Arbeitnehmer, Lieferanten und Kunden, der Fiskus, Gewerkschaften und die sonstige interessierte Öffentlichkeit genannt.[33] Es ist unbestritten, daß diese Personengruppen an Rechnungslegungsdaten (potentiell) interessiert sind.

Im Rahmen von Zweckmäßigkeitsanalysen sollten wir uns aus dem Kreis möglicher Interessenten der externen Rechnungslegung allerdings auf die aktuellen oder potentiellen Kapitalgeber als Adressaten konzentrieren, die der Gesetzgeber mit der Implementierung von Rechnungslegungsnormen schützen will. Dabei liegt die Vorstellung einer von angestellten Managern geführten Unternehmung zugrunde, die in der Unternehmensrealität immer stärker die klassische Eigentümerunternehmung verdrängt hat. Gleiches gilt bei Personenhandelsgesellschaften mit von der Geschäftsführung ausgeschlossenen Gesellschaftern.

§§ 170, 175 und 337 AktG, §§ 42, 52 GmbHG nennen als Adressaten der Einzel- und Konzernabschlüsse Aufsichtsrat und Haupt- oder Gesellschafterversammlung. Für Personenhandelsgesellschaften legen die §§ 120 - 122 und §§ 167 - 169 HGB den Jahresabschluß als Informations- und Gewinnverteilungsgrundlage für die Gesellschafter

---

[32] Vgl. Schildbach/Feldhoff, HdRech (1993), Sp 30 - 36; Bauch/Oestreicher (1993), S. 45 f.
[33] Vgl. Scheibe-Lange, in: Baetge (1983), S. 47 ff.; Küting/Weber (1994a), S. 9 – 16; Bitz/Schneeloch/Wittstock (1995), S. 26 –33.

fest. Der von der Geschäftsführung ausgeschlossene Gesellschafter einer OHG und der Kommanditist üben Kontrollrechte mit Hilfe des Jahresabschlusses aus (§§ 118, 166 HGB). Daß der Jahresabschluß aus Sicht des Gesetzgebers einen Informationswert für Fremdkapitalgeber hat, zeigt sich beispielsweise bei der für Kreditinstitute geltenden Vorschrift des § 18 KWG.[34]

12.3 Rechnungslegungsziele

Im Anschluß an die Bestimmung der Rechnungslegungsadressaten kann die Frage nach der Erreichung des Jahresabschlußzwecks „Kapitalgeberschutz" - also der Abbildung des Zwecks in den Zielen (Funktionen) - beantwortet werden.[35] Die Zahlungsbemessungsfunktion basiert auf einem nach dem Grundsatz nomineller Kapitalerhaltung nicht zu optimistisch ermittelten Jahresergebnis, so daß dem Unternehmen durch Ausschüttungen bzw. Entnahmen und Tantiemen einerseits sowie durch die Besteuerung andererseits nur das periodische Mehr entzogen werden kann.

Der Informationsfunktion wird der Jahresabschluß gerecht, indem sämtliche Geschäftsvorfälle zeitnah und objektiviert in der Buchführung dokumentiert und später dann verdichtet in Gewinn- und Verlustrechnung und Bilanz abgebildet werden. Objektivierung bedeutet ein Festmachen an allgemeingültigen Regeln. Dabei stehen die Abbildungsregeln nicht im Belieben des Bilanzierenden, sondern sind als allgemeingültige Normen dauerhaft vorgegeben. Das Jahresergebnis ist die Zentralgröße der In-

---

[34] Vgl. Busse von Colbe, ZfbF-Sonderheft 32/1993, S. 17 f., der zusätzlich auf die rechtsformunabhängige Verpflichtung von Kreditinstituten und Versicherungsunternehmen, ihre Jahresabschlüsse dem jeweiligen Bundesaufsichtsamt einzureichen, hinweist.

[35] Von D. Schneider (1987), S. 409, als Aufgabe einer metrisierenden Theorie der Rechnungslegungszwecke bezeichnet.

formation,[36] der Jahresabschluß (von Kapitalgesellschaften) als Einheit aus Bilanz, GuV und Anhang der Informationsträger.[37]

12.4 Einwände

Gegen beide Aufgaben unter dem Paradigma des Kapitalgeberschutzes wurden im Schrifttum beachtliche Einwände vorgebracht. Dies betrifft zum einen die doppelte Veralterung der Jahresabschlußinformationen angesichts nahezu effizienter Kapitalmärkte und zum anderen die Ausschüttungssperren im Gewinnermittlungs- und -verwendungsrecht, die einer optimalen Kapitalallokation im Wege stehen (können).

Kapitalmärkte sind dann informationseffizient, wenn sie sämtliche Informationen[38] ohne zeitliche Verzögerung verarbeiten, so daß für keinen Marktteilnehmer ein Informationsvorteil entstehen kann. Die Finanzierungstheorie hat in den siebziger Jahren ein Kapitalmarktgleichgewichtsmodell entwickelt, das unter restriktiven Voraussetzungen für jedes Wertpapier den Marktwert als Kombination von Ertrag und Risiko bestimmt. Empirische Aussagen über die Informationseffizienz von Kapitalmärkten können nur unter der Annahme der Richtigkeit dieses Modells getroffen werden.[39] Informationseffizienz wird hier mit Testmethoden geprüft, die an das Kapitalmarktmodell im Gleichgewicht gebunden sind. Empirische Tests kranken an diesem methodischen Fehler.

---

36 Vgl. Schildbach (1997), S. 67. Zur Informationsfunktion der Rechnungslegung auf nahezu effizienten Kapitalmärkten vgl. die Beiträge von Ballwieser, Schmidt u. Wagner, ZfbF 1982, S. 728 - 793, sowie Schildbach (1986). Ob die Tendenzen zur internationalen Harmonisierung der Rechnungslegung einen Paradigmenwechsel auslösen, wird zur Zeit intensiv diskutiert. Stellvertretend hierzu Schildbach, in: FS Moxter (1994), S. 699 - 721.
37 Zur Verlagerung der Informationsfunktion auf den Anhang vgl. Moxter (1986), S. 67 (sog. Abkoppelungsthese). Dagegen Streim, in: FS Moxter (1994), S. 403.
38 Sog. strenge Informationseffizienz, alle öffentlich verfügbaren Informationen (halbstrenge Informationseffizienz).
39 Vgl. Berlage (1993), S. 11 - 15.

Im Kapitalmarktgleichgewicht benötigen Marktteilnehmer Tatsachenwissen, das sie durch Auswertung der Rechnungslegung erlangen.[40] Welcher Prognosegehalt Jahresabschlüssen zukommt, wird seit etwa dreißig Jahren empirisch untersucht.[41] Inzwischen werden Jahresabschlußanalysen mit Hilfe mathematisch-statistischer Methoden im Hinblick auf die Früherkennung negativer Unternehmensentwicklungen erfolgreich durchgeführt.[42]

Bei Publikumsaktiengesellschaften sind die Kapitalgeber allerdings nicht unbedingt auf den veröffentlichten Jahresabschluß angewiesen, denn das Unternehmen versorgt den Markt bereits freiwillig oder gesetzlich erzwungen[43] zu früheren Zeitpunkten mit Informationen.

Der Jahresabschluß liefert Tatsachenwissen über die abgelaufene Rechnungsperiode erst geraume Zeit nach Abschluß des Geschäftsjahres, wenngleich ein Trend zur freiwiligen Verkürzung der Zeiträume bis zur Veröffentlichung festzustellen ist. Trotz des Zeitverzugs verbessern veröffentlichte Jahresabschlüsse den Informationsstand der Empfänger, da es sich um geprüfte Angaben handelt. Allerdings werden im Schrifttum - ausgelöst durch spektakuläre Haftungsfälle - seit geraumer Zeit Maßnahmen zur Qualitätssteigerung der Prüfungsaktivitäten diskutiert.

Hinsichtlich der Ausschüttungsbemessungsfunktion haben Gläubiger und Gesellschafter prinzipiell unterschiedliche Interessenlagen. Während Gläubiger das Ausschüttungsvolumen im Hinblick auf zukünftige Nutzungsentgelte und Entfinanzierungen begrenzen möchten, streben Gesellschafter beliebig hohe Ausschüttungen an. Gewinnthesaurierungen verbessern jedoch nicht immer die Position der Gläubiger.[44]

---

[40] Vgl. D. Schneider (1994), S. 255.
[41] Vgl. Beaver (1965); Altmann, JoF 1968, S. 589 - 609.
[42] Vgl. statt vieler: Hauschildt, in: Hauschildt (1988), S. 41 - 59; Baetge, ZfbF 1989 S. 792 - 811; Krause (1993) und Rehkugler/Poddig (1993), S. 295 ff. Neben multivariater Diskriminanzanalyse, RSW-Verfahren und Capitalyse sind heute sog. Künstliche Neuronale Netze im Einsatz.
[43] Vgl. § 44 a BörsG für Ad-hoc-Informationen; § 44 b BörsG und § 53 BörsZulVO für die Zwischenberichterstattung.
[44] Vgl. Ewert (1986), S. 64 - 73, S. 180 - 194, S. 386.

Denkbar sind Situationen, in denen durch Gewinnthesaurierungen notwendige Anpassungsmaßnahmen - etwa die Stillegung unrentabler Produktionszweige - verhindert oder verzögert werden.[45] Andererseits sind ebenso auf der Anteilseignerebene unterschiedliche Zielvorstellungen bei Kleinanlegern und wesentlich beteiligten Gesellschaftern gegeben. Ausschüttungsbemessung an der Periodenüberschußgröße und Kompetenzverteilung sind zu differenzieren.

Zusammenfassend bleibt festzuhalten, daß der Informationsfunktion des Jahresabschlusses ungeachtet des Vergangenheitsbezugs und des time lags bis zur Veröffentlichung der Daten entscheidende Bedeutung zukommt.[46] Dabei erscheint es zutreffend, im Periodengewinn die Zentralgröße zu erblicken[47], so daß Informations- und Zahlungsbemessungsfunktion zusammengeführt werden können. Wird die Periodenüberschußgröße zur zentralen Information erhoben, setzt dies deren objektivierte Ermittlung voraus. Die handelsrechtliche Rechnungslegung hat daher ein Normengerüst vorzugeben, bei dem entweder überhaupt keine Wahlrechte existieren oder aber der Wahlrechtsspielraum und das jeweilige Ausschöpfen von Wahlrechten offengelegt wird, so daß der Jahresabschlußadressat einen normierten Gewinn ableiten kann.

Ermessensspielräume des Bilanzierenden liegen in der Natur der Sache und können nicht ausgeschlossen werden. Beispielsweise sind Rückstellungen in Höhe des Betrags anzusetzen, der nach nach vernünftiger kaufmännischer Beurteilung notwendig ist (§ 253 Abs. 1 Satz 2 HGB). Nach § 253 Abs. 4 HGB sind Abschreibungen außerdem im Rahmen vernünftiger kaufmännischer Beurteilung zulässig. Die Schätzung der wirtschaftlichen Nutzungsdauer von Anlagegegenständen bildet ein weiteres Beispiel für einen Ermessensspielraum des Bilanzierenden. Es wird im folgenden zu prüfen sein, inwieweit bei der Abbildung von Steuern im handelsrechtlichen Jahresabschluß

---

[45] Vgl. Berlage (1993), S. 24.
[46] Vgl. Pellens (1989) mit einer empirischen Untersuchung zur Messung des Informationswertes von Konzernabschlüssen.
[47] Vgl. Schildbach (1997), S. 67.

Wahlrechtsspielräume existieren und wie diese bei akzeptierter Informationsorientierung und Objektivierung auszuschöpfen sind.

Die Auswirkungen der erfolgswirksamen Abbildung von Steuern auf Informations- und Ausschüttungsbemessungsfunktion zeigt die folgende Abbildung.

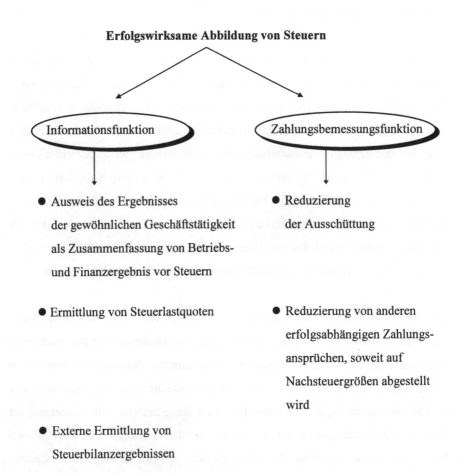

Abbildung 5: Auswirkungen der erfolgswirksamen Abbildung von Steuern auf die Jahresabschlußfunktionen

12.5 Tendenzen zur internationalen Harmonisierung der Rechnungslegung

Angesichts des Zusammenwachsens der Märkte ist die nationale Rechnungslegung unter weiteren Reformdruck geraten. Der deutschen Rechnungslegung wird insbesondere im Hinblick auf eine Überbetonung des Vorsichtsprinzips und der damit möglichen Legung stiller Reserven, der Nutzung von Wahlrechtsspielräumen, aber auch aufgrund der Beeinflussung durch das Steuerbilanzrecht - der Steuerneutralität des Bilanzrichtliniengesetzes und der umgekehrten Maßgeblichkeit - mit starken Vorbehalten begegnet.[48] Diese richten sich nicht nur gegen die bestehenden Optionen, sondern auch gegen die mangelnde Offenlegung der ausgeübten Bilanzpolitik. Ein anderer Aspekt besteht in der starken Differenzierung von interner und externer Rechnungslegung mit unterschiedlichen Steuerungsgrößen, die beachtlichen Erläuterungsbedarf nach sich zieht.[49]

Harmonisierungen können auf verschiedenen Ebenen in unterschiedlicher Intensität erfolgen. Denkbar sind erstens freiwillige Anpassungsmaßnahmen der Unternehmen, ohne daß der Gesetzgeber aktiv wird. Zunächst kommt die fakultative Ausweitung der Berichterstattung in Betracht. Zum anderen haben Unternehmen mit sog. dualen Konzernabschlüssen, die sowohl den deutschen Rechnungslegungsvorschriften als auch internationalen Rechnungslegungsnormen entsprechen, in der jüngeren Vergangenheit schon ihre Berichterstattung auf freiwilliger Basis ergänzt. Zweitens sind Anpassungen des nationalen Rechnungslegungsrechts und drittens internationale Harmonisierungen denkbar. Tatsächlich vollzieht sich in dieser Dreiteilung ein Anpassungsprozeß in der externen Rechnungslegung.

Ergänzungen des handelsrechtlichen Jahresabschlusses von großen börsennotierten Unternehmen sind im Hinblick auf die Veröffentlichung von Cash-flow-Statements,

---

[48] Vgl. die empirische Studie von Förschle/Glaum/Mandler, BFuP 1995, S. 392 - 413.
[49] Vgl. Ziegler, ZfbF 1994, S. 175 - 188; Pfaff, ZfbF 1994, S. 1065 - 1084; Coenenberg, DB 1995, S. 2077 - 2083.

Segmentberichterstattungen und anderen verbalen und quantitativen Zusatzangaben seit geraumer Zeit festzustellen.[50]

Mit dem Listing an der New Yorker Stock Exchange (NYSE) am 5.10.1993 war die Daimler-Benz AG das erste deutsche Unternehmen, das sich den direkten Zugang zum wichtigsten Kapitalmarkt der Welt verschafft hat. Sie ist seitdem verpflichtet, jährlich einen Bericht nach Form 20-F und halbjährlich einen Zwischenbericht zu erstellen, der den Rechnungslegungsnormen für börsennotierte Unternehmen (US-GAAP) entspricht. Daimler-Benz hat 1993 die Verpflichtung erfüllt, indem Ergebnis und Eigenkapital des deutschen Konzernabschlusses auf die US-amerikanische Rechnungslegung übergeleitet wurden mit der Folge, daß die erheblichen Bewertungsunterschiede offengelegt wurden.[51]

Mit dem Halbjahresbericht 1996, der auf der Grundlage von § 44b BörsG i.V.m. §§ 53 - 56 BörsZulV - nach handelsrechtlichen Vorschriften, § 54 Abs. 1 BörsZulV - zu erstellen ist, berichtete Daimler-Benz erstmals anstelle eines Abschlusses nach deutscher Rechnungslegung und einer Überleitung ausschließlich aus einem vollständig nach US-GAAP erstellten Abschluß, um die internationale Vergleichbarkeit und den Informationswert zu erhöhen.

Erstmals für das Geschäftsjahr 1994 haben unter anderem Bayer und Schering ihren Konzernabschluß nach den Vorschriften des HGB und in Übereinstimmung mit den International Accounting Standards des IASC aufgestellt. Die Bayer AG begründete die erstmalige Anwendung der IAS zum einen mit der verbesserten Information über die Vermögens- und Ertragslage des Unternehmens und zum anderen mit der über den nationalen Rahmen hinausgehenden Vergleichbarkeit des Jahresabschlusses.[52] Die nach HGB bestehenden Ansatz- und Bewertungswahlrechte wurden so ausgeübt, daß

---

[50] Vgl. Busse von Colbe, BFuP 1995, S. 378.
[51] Vgl. Geschäftsbericht 1993, S. 73.
[52] Vgl. den Bericht des Vorstandsvorsitzenden Manfred Schneider, Geschäftsbericht 1994, S. 7.

sie den IAS entsprechen; auf die Beachtung des Vorsichts- und Realisationsprinzips wurde im Grundlagen- und Methodenteil explizit hingewiesen.[53]

Am 6.3.1997 hat die Bundesregierung dem Parlament den Entwurf des Kapitalaufnahmeerleichterungsgesetzes zugeleitet.[54] Die exakte Bezeichnung lautet: „Entwurf eines Gesetzes zur Verbesserung der Wettbewerbsfähigkeit deutscher Konzerne an internationalen Kapitalmärkten und zur erleichterten Aufnahme von Gesellschafterdarlehen (Kapitalaufnahmeerleichterungsgesetz - KapAEG)".[55] Gegenstand des Gesetzentwurfs ist die Anwendung internationaler Bilanzierungsstandards in den Konzernabschlüssen deutscher Mutterunternehmen. Deutschen Konzernen, die zum Zwecke der Kapitalbeschaffung an ausländischen Kapitalmärkten einen Konzernabschluß nach internationalen Rechnungslegungsgrundsätzen oder ausländischem Recht aufstellen, wird gestattet, auf die gesonderte Aufstellung eines den deutschen Konzernrechnungslegungsbestimmungen entsprechenden Konzernabschlusses zu verzichten. Dies führe - so der Gesetzentwurf in seiner Zielsetzung - zu einem spürbaren Einspareffekt durch den Wegfall der doppelten Konzernrechnungslegung und vermeide die Mißverständnisse, die aus der Vorlage unterschiedlicher Konzernabschlüsse resultieren.

Anstelle einer Adaption deutscher Bilanzierungsvorschriften mit dem Ziel einer verbesserten Kapitalmarktorientierung der Rechnungslegung für alle Unternehmen ermöglicht der Entwurf die Anwendung internationaler oder ausländischer Regelungen. Dem Vorzug der Distanz zu den deutschen Bilanzierungsvorschriften steht der Nach-

---

[53] Vgl. hierzu auch Arbeitskreis „Externe Unternehmensrechnung" (1997) zur Vereinbarkeit internationaler Konzernrechnungslegung mit handelsrechtlichen Grundsätzen.
[54] Vgl. BT-DrS. 13/7174.
[55] BT-Drs. 13/7141, S. 1. Zum vorausgegangenen Referentenentwurf vgl. die Literaturbeiträge von Strobel, BB 1996, S. 1601 - 1607; Ordelheide, WPg 1996, S. 545- 552; Busse von Colbe, WPK-Mitt. 1996, S. 137 - 143 und zwei Stellungnahmen des IDW (WPg 1996, S. 593, S. 596). Eine Anhörung hat am 15.7.96 in Bonn stattgefunden. Das Gesetzgebungsvorhaben ist in Zusammenhang mit anderen Reformvorschlägen (durch EU erzwungener Einbezug der GmbH & Co. KG in die Rechnungslegungspflichten für Kapitalgesellschaften) zu bringen, deren Konkretisierung im Herbst zu erwarten ist, nachdem die Frist zur Umsetzung der GmbH & Co.-Richtlinie schon vor mehr als drei Jahren und die Frist zur erstmaligen Anwendung der Richtlinie vor mehr als einem Jahr abgelaufen ist.

teil gegenüber, die Weiterentwicklung internationaler oder ausländischer Regelungen nicht kontrollieren zu können.[56]

Es bestehen gewichtige europarechtliche und verfassungsrechtliche Bedenken, etwa durch partielle Abtretung der Rechtsetzungsbefugnis an ausländische Behörden (SEC) oder private Verbände (IASC), ob der vorgezeichnete Weg - zweifelsohne in kürzerer Zeit umsetzbar als eine Anpassung einzelner nationaler Rechnungslegungsnormen - überhaupt gangbar ist.[57]

Auf europäischer Ebene ist die neue Strategie der EU-Kommission von Bedeutung, die im Zuge der fortschreitenden europäischen Einigung darauf abzielt, die gegenwärtig vorhandenen nationalen Unterschiede in der Rechnungslegung durch eine Überarbeitung der Richtlinien oder auf anderem Wege zu verringern und mit dem internationalen Harmonisierungsprozeß Schritt zu halten.[58] Dabei hat der Kontaktausschuß bei der EG-Kommission festgestellt, daß die Vorschriften der EU-Richtlinien weitgehend kompatibel mit den zur Zeit gültigen IAS sind.[59] Andererseits muß auf das Bestreben der IOSCO, der weltweiten Vereinigung der Börsenaufsichtsbehörden, hingewiesen werden, die bis 1999 eine weltweit gültige harmonisierte Rechnungslegung für alle börsengängigen Unternehmungen schaffen will.[60] Ob sich die IAS im Harmonisierungsprozeß gegenüber den US-GAAP durchsetzen werden, ist derzeit noch offen.

Es läßt sich somit zeigen, daß die Rechtsangleichung auf unterschiedlichen Ebenen voranschreitet und die nationale Rechnungslegung unmittelbar oder mittelbar verändern wird. Auch die Abbildung von Steuern ist hiervon betroffen; die Hinweise auf eine erweiterte Berichterstattung und auf die unterschiedlichen Konzepte der Steuerabgrenzung mögen an dieser Stelle genügen. Im neunten Kapitel wird auf die Besonder-

---

[56] Vgl. Ordelheide, WPg 1996, S. 546.
[57] Vgl. jüngst Grund, DB 1996, S. 1293 - 1296; vgl. auch Busse von Colbe, WPK-Mitt. 1996, S. 138.
[58] Vgl. Buhleier/Helmschrott, DStR 1996, S. 354, 356.
[59] Vgl. Strobel, BB 1996, S. 1603, mit Hinweis auf Dok XV/7003/96-DE Rev. 2 v. 1.4.96 und einer Unterscheidung in Konfliktfälle, Problemfälle, Wahlrechtsfälle und Formulierungsfälle.
[60] Vgl. Dörner/Schwegler, DB 1997, S. 285.

heiten der Erfassung und des Ausweises von Steuern in den Rechnungslegungen nach IAS und US-GAAP eingegangen.

Dabei darf aber nicht verkannt werden, daß die Öffnung in Richtung internationaler Bilanzierungsstandards mit den großen börsennotierten Gesellschaften derzeit nur einen kleinen Teil der rechnungslegungspflichtigen Unternehmen betrifft. Mittel- oder langfristig sollte eine einheitliche Rechtslage für alle Kaufleute bestehen.

13. Begriffsexplikationen

Die Arbeit befaßt sich mit der Abbildung von Steuern in der externen Rechnungslegung, die hier umfassend definiert wird als erzwungene, periodisch wiederkehrende und auf der Finanzbuchhaltung basierende Rechenschaftslegung mittels Einzel- und Konzernabschlüssen, Lage- und Zwischenberichten, ad-hoc-Informationen und freiwilligen Zusätzen.[61]

Unsere Betrachtung begrenzt sich auf die Rechnungslegung nach Handelsrecht und klammert somit (1) das interne Rechnungswesen und (2) die steuerrechtliche Gewinnermittlung als Rechenwerk aus, berücksichtigt allerdings Verknüpfungen zwischen beiden Rechenwerken, die Auswirkungen auf die handelsrechtliche Rechnungslegung haben (können). Nach § 242 Abs. 1 Satz 1 HGB ist jeder Kaufmann zu Beginn seines Handelsgewerbes und für den Schluß eines jeden Geschäftsjahres verpflichtet, einen das Verhältnis seines Vermögens und seiner Schulden darstellenden Abschluß (Eröffnungsbilanz, Bilanz) aufzustellen. Das Jahresabschlußrecht für das einzelne Unternehmen ist im dritten Buch des Handelsgesetzbuchs - §§ 238 - 289 HGB - geregelt.

Die abstrakte Pflicht zur Rechnungslegung trifft damit Unternehmen unabhängig von ihrer Rechtsform und Größe. Über die Verbreitung der unterschiedlichen Rechtsfor-

---

61 So umfassend bspw. Busse von Colbe, in: Ballwieser (1996), S. 301 - 318.

men existieren nur eingeschränkt zeitnahe empirische Daten.[62] Eine aktuelle Übersicht läßt sich aus der Umsatzsteuerstatistik 1994 - wenngleich mit gewissen Einschränkungen[63] - entnehmen.

Unternehmen nach Rechtsformen 1994	
Rechtsform	Anzahl
Einzelunternehmen	2.018.431
Gesellschaften bürgerlichen Rechts, Offene Handelsgesellschaften	230.547
Kommanditgesellschaften	88.581
Aktiengesellschaften, Kommanditgesellschaften auf Aktien, bergrechtliche Gewerkschaften	2.253
Gesellschaften mit beschränkter Haftung	400.723
Erwerbs- und Wirtschaftsgenossenschaften	8.178
Betriebe gewerblicher Art von Körperschaften des öffentlichen Rechts	5.918
Sonstige	32.443
Gesamt	**2.787.074**

Quelle: Statistisches Bundesamt (Hrsg.): Fachserie 14, Reihe 8, Umsatzsteuer 1994, Wiesbaden 1997, S. 37.

Abbildung 6: Unternehmen nach Rechtsformen 1994

Erkennbar ist die zahlenmäßige Dominanz von Einzelunternehmen und Personengesellschaften, deren Bedeutung - nimmt man die Unternehmensgröße und Beschäftigtenzahl als weiteres Kriterium hinzu - allerdings gegenüber den Kapitalgesellschaften deutlich nachläßt.

---

[62] Vgl. bspw. Wöhe (1996), S. 321 - 327 mit Angaben aus der Arbeitsstättenzählung 1987 und der Umsatzsteuerstatistik 1992.
[63] Die Umsatzsteuerstatistik grenzt Kapitalgesellschaften, die als Organgesellschaften einem Organkreis angehören, aus. Daß nur Unternehmen mit einem Jahresumsatz von mehr als 25.000 DM erfaßt werden, kann nicht als bedeutende Einschränkung gewertet werden.

Neben dem Einzelabschluß wird auch der Konzernabschluß i.S.v. § 290 HGB für die umfassendere wirtschaftliche Einheit in die Betrachtung einbezogen; die zusammengefaßte Rechenschaftslegung für Mutterunternehmen und in- und ausländische Tochterunternehmen gewinnt immer größere Bedeutung für shareholder und stakeholder - trotz fehlender Zahlungsbemessungsfunktion. Konzerne werden definiert als hierarchisch organisierte Netzwerke von Unternehmen mit in ihrer graduellen Ausprägung bewußt gestalteter und variabler Semi-Autonomie, die eine faktische oder zumindest potentielle strategische Handlungseinheit bilden.[64] Konzernabschlüsse sind nach dem in der Europäischen Union harmonisierten Recht erstmals für das nach dem 31.12.1989 beginnende Geschäftsjahr aufzustellen. Der deutsche Gesetzgeber hat die Siebte EG-Richtlinie (Konzernbilanzrichtlinie) ebenfalls mit dem Bilanzrichtlinien-Gesetz vom 19.12.1985 in nationales Recht umgesetzt (vgl. §§ 290 - 341o HGB)[65].

---

[64] Vgl. Goebel (1995), S. 5, in Anlehnung an Teubner (1989), S. 203 f.
[65] Einschließlich der ergänzenden Vorschriften für Kreditinstitute und Versicherungsunternehmen.

2. Kapitel: Bilanzierungsgegenstand und denkbare Abbildungsformen

21. Kategorien von Steuern

Nach § 3 Abs. 1 Satz 1 AO sind Steuern Geldleistungen, die keine Gegenleistung für eine besondere Leistung darstellen und von einem öffentlich-rechtlichen Gemeinwesen zur Erzielung von Einnahmen allen auferlegt werden, bei denen der Tatbestand zutrifft, an den das Gesetz die Leistungspflicht knüpft; die Erzielung von Einnahmen kann Nebenzweck sein. Zölle und Abschöpfungen, das sind Abgaben bei der Einfuhr landwirtschaftlicher Waren in die Europäische Union, gelten nach Satz 2 der Norm als Steuern im Sinne der Abgabenordnung.

Das Steueraufkommen des Jahres 1995 von rd. 814 Mrd. DM und von 849 Mrd. DM im Jahr 1996 wurde gespeist von ca. fünfzig Einzelsteuerarten, von denen eine Vielzahl den unternehmerischen Bereich durchlaufen (können). Abbildung 7 zeigt, daß rd. 90 % der Steuereinnahmen aus nur sieben Steuerarten stammen. Die Aufzählung weist allerdings Lohnsteuer, Kapitalertragsteuer und Zinsabschlagsteuer - obgleich Erhebungsformen der Einkommensteuer - separat aus.

Aus Unternehmenssicht sind insbesondere Umsatzsteuer, Körperschaftsteuer nebst Solidaritätszuschlag und Gewerbesteuer zu beachten.[1] Darüber hinaus interessiert uns die Frage, in welcher Form Verbrauchsteuern, die das Unternehmen als Produzent verbrauchsteuerpflichtiger Güter entrichten muß, abgebildet werden. Hier sind neben der Mineralölsteuer die Tabak-, Kaffee-, Bier- und Branntweinsteuer von erheblichem materiellen Gewicht.

---

[1] Die Vermögensteuer wurde nur noch bis 31.12.1996 erhoben, die Gewerbekapitalsteuer zum 1.1.1998 abgeschafft; vgl. Gesetz zur Fortsetzung der Unternehmenssteuerreform, BR-DrS 583/97, Art. 4.

Steueraufkommen in Mrd. DM		
Steuerart	1995	1996
Lohnsteuer	282,7	294,6
Umsatzsteuer	234,6	237,2
Mineralölsteuer	64,9	68,3
Gewerbesteuer	42,2	45,9
Solidaritätszuschlag	26,3	26,1
Tabaksteuer	20,6	20,7
Körperschaftsteuer	18,1	31,4
Kapitalertragsteuer	16,9	16,1
Versicherungsteuer	14,1	14,3
Einkommensteuer	14,0	12,3
Kraftfahrzeugsteuer	13,8	13,7
Grundsteuer	13,7	14,7
Zinsabschlagsteuer	12,8	12,1
Vermögensteuer	7,9	9,0
übrige Steuern	31,6	32,3
gesamt	814,2	848,7

Quelle: Statistisches Bundesamt (Hrsg.): Finanzen und Steuern, Fachserie 14, Reihe 4: Steuerhaushalt, 4. Vj. u. Jahr 1995, Wiesbaden 1996, S. 46; 4. Vj. u. Jahr 1996, Wiesbaden 1997, S. 46.

Abbildung 7: Steueraufkommen 1995 und 1996

Die Systematisierung von Steuern kann nach verschiedenen Gesichtspunkten erfolgen. Stellt man auf die Beantwortung der Frage ab, ob Steuerschuldner und Steuerträger identisch oder verschieden sind, lassen sich direkte und indirekte Steuern unterscheiden. In einer nächsten Stufe können sodann Personen- und Realsteuern sowie Verkehr- und Verbrauchsteuern differenziert werden. Das nachfolgende Schaubild (Abbildung 8) führt relevante Beispiele in dieser Systematik auf. Die Vermögensteuer ist noch unter den Personensteuern ausgewiesen, obwohl sie nur noch bis zum 31.12.1996 erhoben wurde. Hinsichtlich der Gewerbesteuer muß berücksichtigt werden, daß die Steuer auf das Gewerbekapital nur noch bis zum 31.12.1997 erhoben wird. Die Umsatzsteuer ist unter den Verkehrsteuern erfaßt, obgleich sie aus steuerjuristischer Sicht eine allgemeine Verbrauchsteuer darstellt.[2]

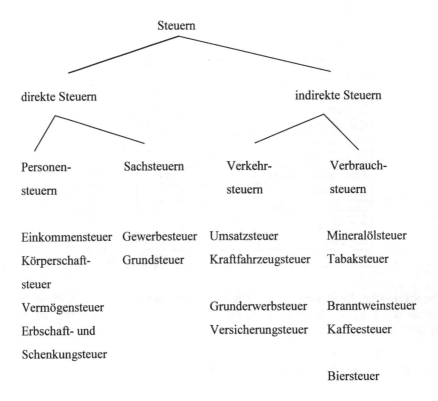

Abbildung 8: Einteilung von Steuern

Gegenüber Steuern kennzeichnen Gebühren und Beiträge die kausale Verknüpfung mit öffentlichen Leistungen. Während Gebühren für die tatsächliche Inanspruchnahme öffentlicher Einrichtungen, Anlagen oder besondere Leistungen der Verwaltung erhoben werden, sind Beiträge auferlegte Aufwendungsersatzleistungen für (1) die Herstellung, Anschaffung oder Erweiterung öffentlicher Einrichtungen und Anlagen oder (2) die Verbesserung von Straßen, Wegen und Plätzen, nicht für deren laufende Unterhaltung

---

[2] Vgl. bspw. D. Schneider (1994b), S. 64 ff., 67 ff.

und Instandsetzung. Die mögliche Inanspruchnahme solcher Einrichtungen reicht aus.[3] Beide Abgabenformen werden für die vorliegende Untersuchung ausgeklammert. Neben Steuern, Gebühren und Beiträgen werden außerdem parafiskalische Abgaben festgesetzt. Sonderabgaben, mit deren Abbildung sich die Untersuchung ebenfalls nicht befaßt, werden von bestimmten Gruppen von Bürgern zur Finanzierung besonderer Aufgaben erhoben und Sonderfonds außerhalb des Haushaltsplans zugeleitet. Das Bundesverfassungsgericht stellt an solche Abgaben erhöhte Anforderungen und läßt sie nur als seltene Ausnahme zu.[4] Die Abbildung von Gebühren, Beiträgen und Sonderabgaben ist nicht Gegenstand der Arbeit.

Aufgrund ihrer kausalen Verknüpfung mit Steuern sind allerdings steuerliche Nebenleistungen in der Analyse zu berücksichtigen. Nach § 3 Abs. 3 AO zählen dazu Verspätungszuschläge, Zinsen, Säumniszuschläge, Zwangsgelder und Kosten. Abschnitt 48 wird sich der Frage widmen, wie steuerliche Nebenleistungen in der externen Rechnungslegung abgebildet werden.

Betriebswirtschaftlich orientierte Systematisierungen von Steuern machen an ökonomischen Vorgängen und Zuständen fest. Aufbauend auf Darstellungen von Wöhe/Bieg[5] und Selchert[6] können Steuern im Rahmen betrieblicher Prozesse und Funktionen gemäß Abbildung 9 wie folgt eingeteilt werden.

---
[3] Vgl. Tipke/Lang (1996), S. 48 - 50.
[4] Vgl. Tipke/Lang (1996), S. 50.
[5] Vgl. Wöhe/Bieg (1995), S. 4.
[6] Vgl. Selchert (1996), S. 22.

Vorgang und Zustand	Steuergegenstand im ökonomischen Sinne	Beispiele
Beschaffung und Investition	Anlage- und Umlaufvermögen	Verkehrsteuern[7] (z.B. Grunderwerbsteuer), Zölle und Abschöpfungen, Umsatzsteuer als Vorsteuer, Einfuhrumsatzsteuer, Erwerbsteuer
Finanzierung	Strom- und Bestandsgrößen des Eigen- und Fremdkapitaleinsatzes	Erfolg- und Subjektsteuern (Körperschaft- und Gewerbeertragsteuer)
Produktion	Faktorbestand und -einsatz	Objektsteuern (Grundsteuer, Gewerbekapitalsteuer[8]), Vermögensteuer Versicherungsteuer
	Produktionsergebnis	Verbrauchsteuern[9] (Mineralöl-, Bier-, Branntwein-, Kaffee-, Tabak-, Schaumweinsteuer)
Absatz	Absatzleistung	Umsatzsteuer

Abbildung 9: Steuern im Rahmen betrieblicher Prozesse und Funktionen

Während Abbildung 9 Steuern anhand betrieblicher Prozesse und Funktionen klassifiziert, macht die Differenzierung von erfolgsabhängigen und -unabhängigen Steuern

---

[7] Andere Verkehrsteuern wurden inzwischen abgeschafft: Die Börsenumsatzsteuer zum 1.1.1991, die Gesellschaftsteuer und die Wechselsteuer mit Wirkung vom 1.1.1992.
[8] Die Gewerbekapitalsteuer ist mit Wirkung zum 31.12.1997 abgeschafft worden.
[9] Leuchtmittel-, Salz-, Zucker- und Teesteuer wurden mit Wirkung vom 1.1.1993 abgeschafft.

daran fest, ob sich die Bemessungsgrundlagen ganz oder teilweise aus dem betrieblichen Erfolg ermitteln lassen. Die Steuern auf den Erfolg sind mit der Körperschaft- und Gewerbeertragsteuer erfaßt; sie knüpfen an dem errechneten und gegebenenfalls modifizierten Periodenerfolg (Gewinn oder Verlust) an. Derzeit wird mit dem Solidaritätszuschlag eine Zuschlagsteuer auf die Körperschaftsteuer erhoben.

Erfolgsunabhängige Steuern machen an Vorgängen (Verkehr- oder Verbrauchsteuern) oder an der Substanz (Objektsteuern) fest.

Das geltende rechtsformabhängige Steuerrecht erhebt bei Einzelunternehmen und Personengesellschaften Einkommen- und Vermögensteuer bei der natürlichen Person (Unternehmer, Gesellschafter). Wenn Aus- oder Einzahlungen für diese Steuerarten die Unternehmung durchlaufen, dann müssen sie als Privatentnahmen bzw. -einlagen erfolgsneutral abgebildet werden. Auf das besondere Problem der Abbildung von anrechenbaren Steuern auf Beteiligungserträge wird in Abschnitt 42.2 eingegangen. Die Gewerbesteuer ist hingegen auch bei Personengesellschaften als betriebliche Steuer erfolgswirksam zu erfassen. Ausnahmen gelten für diejenigen Einzelunternehmen und Personengesellschaften, die nach den Vorschriften des Publizitätsgesetzes verpflichtet sind, ihren Jahresabschluß zu veröffentlichen (vgl. Abschnitt 46.16).

Im Anschluß an die Kennzeichnung der zu beobachtenden Elemente des Untersuchungsgegenstandes und der Informationsträger werden im nächsten Abschnitt denkbare Abbildungsformen und -zeitpunkte diskutiert.

22. Denkbare Formen der Abbildung von Steuern im externen Rechnungswesen

Ausweisform	Erfolgswirkung	
	erfolgsneutral	erfolgswirksam
isoliert als Steuern	(1)	(2)
verknüpft	(3)	(4)

Abbildung 10: Vier Falltypen der Abbildung von Steuern

Im externen Rechnungswesen werden nicht nur diejenigen Steuern erfaßt, bei denen das Unternehmen die Position des Steuerschuldners innehat und die in der Gewinn- und Verlustrechnung als Steuern vom Einkommen und vom Ertrag und sonstige Steuern erfolgswirksam abgebildet werden (Typ 2).

Vielmehr kommt den Unternehmen auch die Funktion des Steuerentrichtungspflichtigen und des Haftungsschuldners zu; Buchführung und Jahresabschluß müssen auch diese Vorgänge verarbeiten. Die bei Lieferungen und Leistungen relevante Umsatzsteuer ist in der Gegenleistung des Empfängers enthalten und wird vom Unternehmen an die Finanzverwaltung nach Verrechnung mit der von anderen Unternehmern in Rechnung gestellten Steuer (Vorsteuer) im Rahmen der periodischen Voranmeldungen abgeführt. Auf den unternehmerischen Erfolg wirkt sie sich regelmäßig nicht aus; dennoch ist die häufig benutzte Kategorisierung als durchlaufender Posten - das sind Beträge, die in fremdem Namen für fremde Rechnung vereinnahmt und wieder verausgabt werden - unzutreffend, denn Steuerschuldner der Umsatzsteuer ist der Unternehmer. Inwieweit Unternehmer Steuerzahlungen auf den Abnehmer überwälzen können, ist eine interessante (steuer-)ökonomische Fragestellung.[10]

---

10 Dazu ausführlich Schneider (1994b), S. 58 - 69.

Ergeben sich am Abschlußstichtag Überhänge aus der Umsatzsteuer (Zahlungspflichten oder Erstattungen), so sind diese in der Bilanz als sonstige Verbindlichkeiten bzw. als sonstige Vermögensgegenstände (Vorsteuerüberhänge) auszuweisen. Dies gilt auch hinsichtlich der am Stichtag offenen Abzugsteuern (Lohnsteuer, Lohnkirchensteuer, Kapitalertragsteuer), bei denen der Kapitalgesellschaft die Verpflichtung zukommt, diese für Rechnung eines Dritten (Arbeitnehmer, Anteilseigner) an den Fiskus abzuführen (Typ 1). Für große und mittelgroße Kapitalgesellschaften besteht nach § 266 Abs. 3 Buchst. B Nr. 8 HGB die Verpflichtung, die in den sonstigen Verbindlichkeiten enthaltenen Steuerverbindlichkeiten gesondert zu vermerken.

Es muß festgehalten werden, daß Steuern beispielsweise im Rahmen von Beschaffungsvorgängen bereits unsichtbar im Anschaffungspreis enthalten sein können, so etwa bei den beschafften verbrauchsteuerpflichtigen Vorräten. Steuern können als Anschaffungsnebenkosten im Sinne von § 255 Abs. 1 HGB zu qualifizieren sein und werden in der Folgezeit nicht getrennt, sondern gleichsam unsichtbar in der Bewertungsausgangsgröße mit den anderen monetären Äquivalenten für den betreffenden Vermögensgegenstand aktiviert. Dies gilt beispielsweise für die entrichteten Einfuhrzölle.

Die beim Grundstückserwerb fällige Grunderwerbsteuer wird zwar als solche separat sichtbar, stellt aber Anschaffungsnebenkosten des Grundstücks i.S. v. § 255 Abs. 1 HGB dar. Gleiches gilt für diejenigen Umsatzsteuerbeträge, die vom Vorsteuerabzug ausgeschlossen sind. Eine mittelbare Erfolgswirkung tritt hier erst im Zeitablauf und nur in Höhe der anteiligen Abschreibung des Vermögensgegenstands ein, bei nichtabnutzbaren Vermögensgegenständen also erst bei deren Veräußerung, Entnahme oder bei Liquidation der Unternehmung (Typ 3 und 4).

Für die Umsatzsteuer ist jedoch die steuerrechtliche Vereinfachungsregelung zu beachten. Nach § 9b Abs. 1 Satz 1 EStG gehört der Vorsteuerbetrag nach § 15 UStG, soweit er bei der Umsatzsteuer abgezogen werden kann, nicht zu den Anschaffungs- oder Herstellungskosten des Wirtschaftsgutes, auf dessen Anschaffung oder Herstellung er entfällt. Dies betrifft die Vorsteuerbeträge im Sinne des § 15 Abs. 1 Nr. 1, Nr. 2 (Einfuhrumsatzsteuer) und Nr. 3 UStG (Erwerbsteuer). Die Frage der Abzugsfähigkeit beantwortet sich dabei allein nach den Regelungen des Umsatzsteuergesetzes.[11]

Ist die dem Unternehmer in Rechnung gestellte Umsatzsteuer ganz oder teilweise vom Abzug ausgeschlossen, so stellt sie einen Teil der aktivierungspflichtigen Anschaffungs- oder Herstellungskosten dar, und zwar unabhängig davon, ob dies Wirtschaftsgüter des Anlage- oder Umlaufvermögens betrifft. Allerdings läßt § 9b Satz 2 EStG unter bestimmten Voraussetzungen den sofortigen Betriebsausgabenabzug zu. Ob dieses Wahlrecht auch in der handelsrechtlichen Rechnungslegung gilt, wird zu prüfen sein.

Auch bei den Herstellungskosten ist zu differenzieren. Während die erfolgsabhängigen Steuern durchgängig nicht einzubeziehen sind, rechnen die erfolgsunabhängigen Steuern des Unternehmens (Grundsteuer, bislang Gewerbekapital- und Vermögensteuer) insoweit zu den Herstellungskosten, als sie anteilig auf die Fertigung entfallen; für solche als Fertigungsgemeinkosten zu kategorisierenden Elemente gilt jedoch nach § 255 Abs. 2 Satz 3 HGB allgemein ein Wahlrecht zum Einbezug in die Herstellungskosten (Typ 4). Der überwiegende Teil der Unternehmen bestimmt den Umfang der einzubeziehenden Kosten jedoch nach Maßgabe des Steuerrechts, läßt mithin die Option, nur mit den Einzelkosten zu aktivieren, ungenutzt. Es stellt sich daher die Frage, in welchem Umfang die erfolgsunabhängigen Steuern in die Herstellungskosten einzubeziehen sind (vgl. Abschnitt 41.3).

---

[11] Vgl. Schmidt (1997), § 9b Rz. 3: Dabei kommt es auf die Berechtigung zum Vorsteuerabzug, nicht hingegen auf das tatsächliche Geltendmachen an, FG München v. 15.11.1977, EFG 1978, S. 110.

23. Mögliche Abbildungszeitpunkte

Bei erfolgswirksamen Steuern (EE-Steuern, sonstige Steuern) muß entschieden werden, zu welchem Zeitpunkt das Rechenwerk die Belastung widerspiegelt. Prinzipiell sind in Abhängigkeit von Zahlung und Periodenbezug vier unterschiedliche Zeitpunkte denkbar.

---

(1) antizipierend (Erfolgswirkung vor der Zahlung)

    (2) zeitgleich (Erfolgswirkung mit der Zahlung)

        (3) reagierend (Erfolgswirkung mit der Nachzahlung)

            (4) transitorisch (Erfolgswirkung erst nach der Zahlung)

Abbildung 11: Zeitpunkte der erfolgswirksamen Abbildung von Steuern

Aufwandsantizipation wird in der handelsrechtlichen Rechnungslegung mit dem Instrument der Rückstellungsbildung geleistet. Nach dem Prinzip der wirtschaftlichen Zugehörigkeit ist Aufwand in der Rechnungsperiode auszuweisen, zu der er wirtschaftlich gehört. Damit koppelt man sich von mehr oder weniger zufälligen Zahlungszeitpunkten ab. Steuerrückstellungen sind als Rückstellungen für ungewisse Verbindlichkeiten im Sinne des § 249 Abs. 1 Satz 1 HGB verpflichtend auszuweisen - als wirtschaftliche Belastung des Unternehmens, die dem Grunde und/oder der Höhe nach unbestimmt ist. Die spätere Zahlung beeinflußt dann in Höhe der gebildeten Rückstellung den Periodenerfolg nicht mehr.

Ergibt sich indes zu einem späteren Zeitpunkt eine höhere Zahlung(sverpflichtung), als mit dem Instrument der Rückstellung bereits vorweggenommen, so ist der Differenzbetrag dann - spätestens bei Zahlung selbst - als Steueraufwand abzubilden; eine niedrigere Zahlung(sverpflichtung) kompensiert den Steueraufwand des laufenden Jahres;

nur soweit es zu echten Überhängen kommt, werden diese dann als "sonstige betriebliche Erträge" erfaßt. Dies ist denkbar bei Erstattungen aufgrund eines Verlustrücktrags oder durch Körperschaftsteuer-Minderungen aufgrund von Ausschüttungen aus versteuerten Rücklagen bei fehlendem steuerlichen Periodengewinn.

Das Risiko, im Anschluß an eine steuerliche Außenprüfung Nachzahlungen für vorangegangene Rechnungsperioden leisten zu müssen, ist nur bei Vorliegen konkreter Einzelsachverhalte rückstellungsfähig.[12] Nach ständiger Rechtsprechung des BFH[13] reicht es für eine Rückstellungsbildung nicht aus, daß Betriebsprüfungen im allgemeinen zu Steuernachforderungen führen. Insofern handelt es sich um ein dem allgemeinen Unternehmer- und Branchenrisiko vergleichbares Risiko. Vielmehr müssen danach konkrete Einzelsachverhalte oder entschiedene bzw. laufende Musterverfahren die Inanspruchnahme mit Steuernachforderungen begründen, die das Unternehmen betreffen.[14]

Die Rechtsprechung des BFH betrifft lediglich die abzugsfähigen Steuern, also insbesondere die Gewerbesteuer. Für nichtabziehbare Steuern besteht steuerrechtlich keine Veranlassung zu Bilanzierungsrestriktionen. Handelsbilanziell ist das Problem noch nicht gelöst. Den Unternehmen bleibt es jedoch unbenommen, beispielsweise unter Nutzung von Passivierungswahlrechten mittelbar Vorsorge für solche Nachzahlungen zu leisten. Problematisch ist ebenfalls die Antizipation von Nachzahlungsrisiken bei Einzelunternehmen und Personengesellschaften und bei personenbezogenen Kapitalgesellschaften mit der Gefahr verdeckter Gewinnausschüttungen (vgl. Abschnitt 46.15).

---

[12] Vgl. BFH v. 18.7.1973, BStBl II 1973, S. 860.
[13] Vgl. BFH v. 10.1.1966, BStBl III 1966, S. 189; BFH v. 18.7.1973, BStBl II 1973, S. 860. So auch H 20 EStR 1996. Folgerichtig werden auch Rückstellungen für zusätzliche Buchführungsarbeiten oder für Betriebsprüfungskosten abgelehnt, solange keine Prüfungsanordnung vorliegt, vgl. BFH v. 21.8.1972, BStBl II 1973, S. 55; H 31c (3) EStR 1996.
[14] Vgl. Clemm/Nonnenmacher, Beck'scher Bilanzkommentar, § 249 Anm. 100.

Eine Rückstellungsbildung ist dann entbehrlich, wenn wirtschaftliche Belastung und Zahlung zeitlich und betragsmäßig zusammenfallen. Bezahlte Kostensteuern mit Bezug zum nächsten Geschäftsjahr, beispielsweise die Kraftfahrzeugsteuer, werden mit dem Instrument der aktiven Rechnungsabgrenzung auf denjenigen negativen Erfolgsbeitrag reduziert, welcher dem Geschäftsjahr entspricht. Die externe Rechnungslegung erlaubt die Rechnungsabgrenzung nur bei transitorischen Vorgängen.

Zusammenfassend bleibt festzuhalten, daß die Probleme der Abbildung von Steuern im handelsrechtlichen Jahresabschluß mit denjenigen anderer Bilanzierungssachverhalte durchaus vergleichbar sind. Allerdings können besondere Erfassungs- und Periodisierungsprobleme, insbesondere bei den Veranlagungssteuern auftreten. Periodengerechter Ausweis und hohe Abbildungsqualität sind als Zielsetzungen nur bei profunder steuerlicher Sachkenntnis der Bilanzierenden zu verwirklichen. Die These, daß die Informationsfunktion der Jahresabschlüsse im Hinblick auf die Abbildung von Steuern verbessert werden kann, indem Wahlrechte begrenzt, ausgeschöpfte Wahlrechtsspielräume offengelegt und eindeutige Ausweisregeln bestehen, ist im folgenden zu überprüfen. Das nachfolgende Kapitel 3 befaßt sich zunächst mit der Formulierung allgemeingültiger Grundsätze ordnungsmäßiger Bilanzierung von Steuern.

3. Kapitel: Grundsätze ordnungsmäßiger Bilanzierung von Steuern

31. Rechtsnatur der GoB

Das Ziel der Abhandlung, zweckkonforme Abbildungslösungen für Steuern zu erarbeiten, ist nur zu erreichen, wenn mit den Grundsätzen ordnungsmäßiger Bilanzierung[1] allgemeingültige Regeln für alle Kaufleute[2] existieren, die auf den spezifischen Untersuchungsgegenstand übertragen werden können. Deshalb wird im Anschluß an eine allgemeine Kennzeichnung in diesem Kapitel ein Systematisierungsansatz vorgestellt. Danach sind einzelne Grundsätze auf die Abbildung von Besteuerungsvorgängen zu beziehen.

§ 238 Abs. 1 Satz 1 HGB verpflichtet den Kaufmann, Bücher zu führen und in diesen seine Handelsgeschäfte und die Lage seines Vermögens nach den Grundsätzen ordnungsmäßiger Buchführung ersichtlich zu machen. § 243 Abs. 1 HGB zufolge ist der Jahresabschluß nach den Grundsätzen ordnungsmäßiger Buchführung aufzustellen. Nach § 264 Abs. 2 Satz 1 HGB hat der Jahresabschluß der Kapitalgesellschaft unter Beachtung der Grundsätze ordnungsmäßiger Buchführung ein den tatsächlichen Verhältnissen entsprechendes Bild der Vermögens-, Finanz- und Ertragslage zu vermitteln. Für den Konzernabschluß legt § 297 Abs. 2 Satz 2 HGB ebenfalls die Beachtung der GoB fest. Darüber hinaus finden sich im Dritten Buch des HGB zahlreiche weitere Verweise auf den unbestimmten Rechtsbegriff.[3]

Des weiteren ist zu berücksichtigen, daß § 5 Abs. 1 Satz 1 EStG mit dem steuerrechtlichen Maßgeblichkeitsgrundsatz den Ansatz des Betriebsvermögens fordert, das nach

---

[1] Im folgenden werden die beiden Begriffe „Grundsätze ordnungsmäßiger Buchführung" und „Grundsätze ordnungsmäßiger Bilanzierung" synonym verwendet und identisch abgekürzt. GoB umfassen damit die gesamte Buchführung und den Jahresabschluß, vgl. Ballwieser, BeckHdR, B 105, Rz. 2.

[2] Zusätzlich zu den rechtsformunabhängigen GoB existieren weitere rechtsform- oder rechnungslegungsspezifische Grundsätze, beispielsweise Grundsätze ordnungsmäßiger Konsolidierung im Rahmen der Konzernabschlußerstellung.

[3] Vgl. nur § 241 Abs. 1 Satz 2 HGB für Inventurvereinfachungsverfahren; § 256 HGB für Bewertungsvereinfachungsverfahren; § 257 Abs. 3 Satz 1 HGB für die Aufbewahrung von Unterlagen; §§ 317 Abs. 2, 322 Abs. 1 HGB für Prüfung und Bestätigungsvermerk.

den Grundsätzen ordnungsmäßiger Buchführung auszuweisen ist. Damit entsteht für die Erfolgsteuern eine Art doppelte Beachtung der GoB; die Bestimmung ihrer Bemessungsgrundlagen und ihre Abbildung selbst muß den GoB entsprechen.

Grundsätze ordnungsmäßiger Buchführung sind ein System von Regeln, das - abgeleitet aus den Zwecken des Jahresabschlusses - die gesamte externe Rechnungslegung aller Kaufleute[4] umfaßt, also neben Buchführung und Inventur auch die Bilanzierung[5], so daß formelle GoB, die die Dokumentationsaufgabe der Rechnungslegung betreffen, und materielle GoB, die sich auf die Meßaufgabe der Rechnungslegung beziehen, unterschieden werden können.[6] Die besondere Problematik besteht darin, daß sie nur teilweise gesetzlich geregelt sind, zudem noch interpretationsbedürftige Begriffe verwenden und ihr Rangverhältnis zueinander offen ist. Der Begriff „GoB" ist selbst der zentrale unbestimmte Rechtsbegriff des Bilanzrechts.[7]

Angesichts des Fehlens einer Legaldefinition haben sich Wissenschaft und Praxis seit langem um eine Klärung bemüht, ohne das Ziel einer knappen, durchgängig anwendbaren und dennoch aussagekräftigen Definition einerseits und einer allgemein akzeptierten Systematik andererseits zu erreichen.[8]

Im Zuge der Transformation der Vierten und Siebten EG-Richtlinie in nationales Recht wurden ein Teil der bis dahin allgemein als materielle GoB anerkannten Regeln in das Gesetz - insbesondere in den Katalog der Bewertungsprinzipien des § 252 HGB[9] -

---

[4] Vgl. Leffson (1987), S. 152 ff.
[5] Vgl. Leffson (1964), S. 2; Budde/Raff, in: Beck'scher Bilanzkommentar, § 243 Anm. 1. GoB umfassen damit nicht nur die laufende Aufzeichnung von Geschäftsvorfällen (Grundsätze ordnungsmäßiger Buchführung i.e.S.), sondern auch die Inventur und den Jahresabschluß (Grundsätze ordnungsmäßiger Bilanzierung), vgl. Lang, HURB (1986), S. 222.
[6] Vgl. D. Schneider (1994a), S. 143 f.
[7] Vgl. Lang, HURB (1986), S. 233.
[8] Vgl. ADS, 5. Aufl., § 243 Tz. 2.
[9] § 252 HGB entspricht Art. 31 Abs. 1 Buchst. a,b,c Unterbuchstaben aa, bb und Buchstaben d bis f der Vierten Richtlinie. Auf die Übernahme von Art. 31 Abs. 1 Buchst. c Unterbuchstabe cc der Vierten Richtlinie, der vorsieht, daß Abschreibungen und Rückstellungen unabhängig vom Ergebnis bereits bei der Aufstellung des Jahresabschlusses zu berücksichtigen sind, wurde verzichtet; vgl. Biener/Berneke (1986), S. 92.

aufgenommen, so daß nun die Auslegung in den Vordergrund rückt.[10] Andere Normen des dritten Buches beinhalten lediglich einen Hinweis auf den unbestimmten Rechtsbegriff. Strittig ist, ob bestimmte Normen den Charakter von GoB besitzen.[11] Schließlich sind allgemein akzeptierte Bilanzierungsweisen vorhanden, die sich nicht aus dem Gesetz ableiten lassen. Die externe Rechnungslegung muß diese Öffnungen aufweisen, da eine vollständige Regelung die Anpassungsfähigkeit an veränderte ökonomische und rechtliche Rahmenbedingungen beeinträchtigen würde. Auf die Bilanzierung im Rahmen der DM-Eröffnungsbilanz, die Bewertung von Finanzderivaten und Umstellungen von Jahresabschlüssen durch Einführung des Euro sei nur hingewiesen. Im Zusammenhang mit der Übernahme internationaler Bilanzierungsstandards in die deutsche (Konzern-)Rechnungslegung könnten beispielsweise zukünftig IAS als spezielle GoB für Zwecke internationaler Börsennotierung anerkannt werden.[12]

32. Ermittlungsmethoden für GoB und Systematisierung

Fehlt somit bislang ein geschlossenes und geordnetes Normengefüge, wird es seit geraumer Zeit als interdisziplinäre Aufgabe angesehen, aus den Zwecken der Rechnungslegung GoB zu gewinnen (deduktive Methode) und bei neuen Entwicklungen in der betrieblichen Realität und bei besserer fachwissenschaftlicher Erkenntnis weiterzuentwicklen.[13] Die früher vorherrschende induktive Methode - das heißt die Ableitung von GoB aus dem Bilanzierungsverhalten ordentlicher und ehrenwerter Kaufleute - wird heute einhellig abgelehnt.[14] Neben GoB sollten auch Grundsätze ordnungsmäßi-

---

[10] Vgl. ADS, 5. Aufl., § 243 Tz. 10.
[11] Vgl. Ballwieser, BeckHdR, B 105, Rz. 17 mit Hinweis auf das Saldierungsverbot des § 246 Abs. 2 HGB.
[12] Vgl. Biener, in: FS Ludewig (1996), S. 85 - 115.
[13] Vgl. Baetge/Kirsch, HdR, 4. Aufl., Bd. Ia, I, Art. 4, Rn. 243.
[14] Problematisch an der Ermittlungsmethode ist der zugrundeliegende Zirkelschluß: Es muß zunächst festgelegt werden, wer ordentlich und gewissenhaft handelt, um dann aus der Praxis dieser Kaufleute GoB abzuleiten. Nach Döllerer, BB 1959, S.1220 sollen GoB nicht durch statistische Erhebungen, sondern durch Nachdenken ermittelt werden. Die Rechtsprechung des BFH hat diese Sichtweise schon früh übernommen: „Grundsätze ordnungsmäßiger Buchführung und Bilanzierung sind die Regeln, nach denen der Kaufmann zu verfahren hat, um zu einer dem gesetzlichen Zweck entsprechenden Bilanz zu gelangen, nicht aber die Regeln, die tatsächlich eingehalten werden."(BFH-Urteil v. 31.5.1967, BStBl III 1967, S. 607).

ger Gewinnverwendung aus der Zwecksetzung externer Rechnungslegung abgeleitet werden.

Mit einer Ableitung von GoB-Systemen aus den Rechnungslegungszwecken haben sich in der jüngeren Vergangenheit sowohl Juristen als auch Betriebswirte[15] befaßt. Leffson legte 1964 erstmals seinen Systementwurf vor und verfeinerte ihn dann in der Folgezeit.[16] Sein Vorschlag, der auf der von Eugen Schmalenbach begründeten dynamischen Bilanzauffassung basiert, differenziert neben den Dokumentationsgrundsätzen Rahmen- und Abgrenzungsgrundsätze sowie ergänzende Grundsätze als obere GoB. Zentrale Bedeutung kommen den Abgrenzungsgrundsätzen - dem Realisationsprinzip, der Abgrenzung der Sache und der Zeit nach und dem Imparitätsprinzip - zu.

Bilanzansatzfragen werden nur indirekt mit Hilfe von GoB beantwortet. Das Vorsichtsprinzip wird vorrangig als Bewertungsregel interpretiert. Das System fügt sich nur eingeschränkt in den von § 252 HGB genannten Katalog ein; es fehlen die Prinzipien der Einzelbewertung und der Unternehmensfortführung.[17] Das Going-concern-Prinzip werde - so Leffson - „...wegen seiner wenigen und klaren Wirkungen..." nicht als GoB interpretiert, vom Grundsatz der Einzelbewertung gebe es mancherlei Ausnahmen und seine Verfolgung sei zur „...Vermittlung eines angemessenen Bildes der Unternehmung und ihrer Vermögens- und Ertragslage nicht notwendig, teilweise sogar hinderlich...".[18] Beide Begründungen können nicht überzeugen.

Im Unterschied zu Leffson richtet sich Moxter an der Bilanzrechtsprechung des BFH aus, der handelsrechtliche GoB auslegt. Moxter's GoB-Entwurf besteht aus rechtsprechungsgeprägten Fundamentalprinzipien, die durch Folgeprinzipien konkretisiert werden: Realisationsprinzip und Imparitätsprinzip, die vom Vorsichtsprinzip überlagert werden, Objektivierungs- und Vereinfachungsprinzip. Das Vorsichtsprinzip bestimmt

---

[15] Vgl. nur Döllerer, BB 1959, S. 1220; Leffson (1964); Kruse (1970); Beisse, StuW 1984, S. 1 - 14 und Euler (1996).
[16] Vgl. zuletzt Leffson (1987) unter Berücksichtigung der Änderungen durch das Bilanzrichtlinien-Gesetz.
[17] Vgl. Ballwieser, ZfB-Ergänzungsheft 1/1987, S. 12
[18] Leffson, Lexikon des Rechnungswesens (1993), S. 284.

Ansatz und Bewertung; ihm kommt - im Gegensatz zu Leffson, der hierin einen die Abgrenzungsgrundsätze ergänzenden GoB sieht - zentrale Bedeutung zu, was auch durch den Wortlaut von § 252 Abs. 1 Nr. 4 HGB gestützt wird. Informationsgrundsätze werden von Moxter weitgehend verdrängt, das System hält für den Anhang keine GoB bereit. Die 1996 von Euler vorgelegte Arbeit zu den Grundsätzen ordnungsmäßiger Bilanzierung folgt dem Ansatz von Moxter. Euler stellt ein GoB-System vor, das durch zwei Strukturprinzipien - das Vermögensermittlungsprinzip und das Gewinnermittlungsprinzip - geprägt ist und von Rahmenprinzipien - dem Prinzip wirtschaftlicher Betrachtungsweise, dem Vorsichtsprinzip und dem Objektivierungsprinzip - präzisiert wird. Der handelsrechtlich entziehbare Betrag ist danach die objektivierte, verlustfreie und umsatzgebundene Vermögensänderung.[19] Beiden Ansätzen gemeinsam ist die Orientierung an der höchstrichterlichen Finanzrechtsprechung, das heißt der Ermittlung einzelner GoB durch die Bilanzrechtsprechung in einer hermeneutischen Rechtsauslegung. Indem der Gewinn als entziehbarer Betrag in den Vordergrund rückt, wird die Informationsfunktion des Jahresabschlusses zurückgedrängt.[20]

Ein dritter Ansatz zur Systematisierung von GoB stammt von Baetge[21], der zunächst die Frage nach dem methodischen Vorgehen stellt. Baetge unterscheidet mit der betriebswirtschaftlich deduktiven Methode und der handelsrechtlich deduktiven Methode zwei Ansätze zur Gewinnung von GoB. Er führt aus, daß deren jeweilige Voraussetzungen nicht erfüllt seien und gelangt zur Erkenntnis, die in der Jurisprudenz übliche Auslegungsmethode, die Hermeneutik, heranzuziehen.[22]

„Die Voraussetzung für die betriebswirtschaftliche Deduktion eines betriebswirtschaftlichen GoB-Systems ist indes nicht erfüllt, da nicht auf ein allgemein anerkanntes, widerspruchsfreies und eindeutiges betriebswirtschaftliches Zwecksystem zurück-

---

19 Vgl. Euler, in: FS Beisse (1997), S. 171 - 188.
20 Vgl. die Kritik zu den Ansätzen bei Moxter, in: FS Ludewig (1996), S. 921 - 943.
21 Vgl. z.B. Baetge, HdRech (1993), Sp. 860 - 870.
22 Vgl. Baetge (1996), S. 68.

gegriffen werden kann... . Über die Rechnungslegungszwecke und darüber, welche Zwecke dominant sind, besteht in der Betriebswirtschaftslehre keine Einigkeit."[23]

„Anstelle der betriebswirtschaftlich-deduktiven Mehtode wurde bisher die handelsrechtlich deduktive Methode herangezogen, die von den Gesetzeszwecken ausgeht, um GoB zu gewinnen. Die auf diese Weise gewonnenen GoB genügen oft nicht den betriebswirtschaftlich-theoretischen Ansprüchen, sondern sie spiegeln notgedrungen die Kompromißlösung im gesetzlichen Zwecksystem wider; sie sind daher als handelsrechtliche GoB zu bezeichnen. Hierbei sind Wissenschaft, Rechtsprechung und Bilanzierungspraxis auf eine gesetz-entsprechende Konsensbildung über die Zwecke angewiesen und müssen das Gesetz so auslegen und die GoB so gewinnen, daß die divergierenden Interessen der Jahresabschlußadressaten tatsächlich (fair) ausgeglichen werden, um den bereits im AktG 1965 und nun auch im HGB verfolgten Bestreben des Gesetzgebers nach einem Ausgleich dieser divergierenden Interessen zu entsprechen...".[24] Drei Rechnungslegungszwecke, nämlich Dokumentation, Rechenschaft und Kapitalerhaltung, bilden nach Baetge zusammen ein ausgewogenes Zwecksystem, das durch Ausgleich unterschiedlicher Interessen der Jahresabschlußadressaten einen relativen Schutz jedes Adressaten schafft.[25] Wer Adressat des Jahresabschlusses ist, wird indes nicht festgelegt.[26] GoB werden mit Hilfe der Hermeneutik überwiegend im Wege der Gesetzesauslegung und darüber hinaus auch als nicht kodifizierte, aber HGB-konforme Grundsätze ermittelt.[27]

Hiergegen ist folgendes einzuwenden: (1) Die Gewinnung von GoB ist eine interdisziplinäre Aufgabe[28], so daß die Differenzierung von betriebswirtschaftlicher und handelsrechtlicher Methode nicht zweckmäßig erscheint. (2) Es ist allgemein anerkannt, der externen Rechnungslegung die Funktion des Kapitalgeberschutzes zuzuordnen.

---

23 Baetge/Kirsch, HdR, 4. Aufl., Bd. Ia, I, Art. 4, Rn. 250.
24 Baetge/Kirsch, HdR, 4. Aufl., Bd. Ia, I, Art. 4, Rn. 251.
25 Vgl. Baetge, HdRech (1993), Sp. 864.
26 Selbst in der Monographie Bilanzen, 4. Aufl. 1996, findet sich kein (befriedigender) Hinweis.
27 Vgl. Baetge (1996), S. 70 - 75.
28 Vgl. Lang, HURB (1986), S. 238.

Aktuellen oder potentiellen Kapitalgebern sollen mit dem handelsrechtlichen Jahresabschluß vertrauenswürdige Informationen zur Verfügung gestellt und - hinsichtlich des Einzelabschlusses - zugleich die Zahlungsbemessung vorbereitet werden. Da der Periodengewinn die Zentralgröße der Information darstellt, können Informationsfunktion und Zahlungsbemessungsfunktion insoweit zusammengeführt werden. (3) Der Vorstellung von einer Konsensbildung über die Zwecke und von einem fairen Ausgleich divergierender Interessen muß entschieden entgegengetreten werden.

Das von Baetge vorgestellte GoB-System zeichnet sich dadurch aus, daß die Grundsätze nicht in einem Über-Unterordnungsverhältnis stehen, sondern sich gegenseitig abstützen (Eiffelturmprinzip) und ergänzen.[29] Es basiert auf den drei genannten Rechnungslegungszwecken Dokumentation, Rechenschaft und Kapitalerhaltung mit dem Ziel, einen relativierten Adressatenschutz durch Interessenausgleich zu erreichen. Aus der hier vorgetragenen Sicht ist die Dokumentation kein Zweck des Jahresabschlusses[30], sondern Voraussetzung zur Erfüllung von Zwecken der Information und Zahlungsbemessung. Gleichwohl ist es sinnvoll, allgemeingültige Dokumentationsgrundsätze für Buchführung und Jahresabschluß zu formulieren. Kapitalerhaltung wird von Baetge einseitig als Eigenkapitalerhaltung verstanden.

Er differenziert Dokumentationsgrundsätze, Rahmengrundsätze, Systemgrundsätze, Definitionsgrundsätze für den Jahreserfolg, Ansatzgrundsätze und Kapitalerhaltungsgrundsätze. Auf einzelne Prinzipien der jeweiligen Kategorien ist hier nicht einzugehen. Neben der Tatsache, daß dieses System zweckpluralistisch angelegt ist, fällt die starke Differenzierung in sechs Kategorien und die nicht überschneidungsfreie Zuordnung auf. Realisationsprinzip (innerhalb der Definitionsgrundsätze für den Jahreser-

---

[29] Vgl. Baetge (1996), S. 75.
[30] A.A. Baetge/Kirsch, HdR, 4. Aufl., Bd. Ia.,I, Art. 4, Rn. 265, Rn. 277.

folg) und Imparitätsprinzip (als Kapitalerhaltungsgrundsatz) sind getrennt, was nicht einleuchtet.[31] Das Fehlen einer eindeutigen Bezugsstruktur ist als Nachteil zu werten.[32]

33. Bilanzierungsgrundsätze für Steuern

33.1 GoB-Systematik

Ausgehend von den zuvor skizzierten Ansätzen werden im folgenden Grundsätze ordnungsmäßiger Buchführung in einer eigenständigen Systematik vorgestellt und auf die Abbildung von Besteuerungsvorgängen bezogen. Deduktionsbasis ist die vorrangige Zweckrichtung des handelsrechtlichen Jahresabschlusses, Kapitalgeber zu schützen, indem ihnen vertrauenswürdige Informationen zur Verfügung gestellt werden. Die Systematik umfaßt neben den formellen GoB, die vollständig dem Ansatz von Baetge entstammen, Rahmengrundsätze mit genereller informationsökonomischer Ausrichtung, Konzeptionsgrundsätze, welche die Art der Rechenelemente und die Bewertungsprinzipien beinhalten, sowie Gewinnermittlungsgrundsätze. Die Rahmengrundsätze sind unabhängig von den Rechenelementen und den Informationsträgern.

(1) Dokumentationsgrundsätze (formelle GoB)
- Systematischer Aufbau der Buchführung
- Sicherung der Vollständigkeit der Konten
- Vollständige und verständliche Aufzeichnung der Konten
- Beleggrundsatz und Einzelerfassung
- Einhaltung der Aufbewahrungs- und Aufstellungsfristen

---

[31] Vgl. Ballwieser, ZfB-Ergänzungsheft 1/1987, S. 14.
[32] Vgl. Ballwieser, ZfB-Ergänzungsheft 1/1987, S. 14.

- Sicherung der Zuverlässigkeit und Ordnungsmäßigkeit des Rechnungswesens durch ein in der Art und Größe des Unternehmens angemessenes Internes Überwachungssystem (IÜS)
- Dokumentation des IÜS

(2) Rahmengrundsätze

- Richtigkeit (Objektivität und Willkürfreiheit)
- Vergleichbarkeit
- Klarheit und Übersichtlichkeit
- Vollständigkeit
- Wirtschaftlichkeit, Relevanz (materiality)

(3) Konzeptionsgrundsätze

- Pagatorik
- Unternehmensfortführung
- Einzelbewertung
- Stichtags- und Periodisierungsprinzip
- Stetigkeit

(4) Gewinnermittlungsgrundsätze

- Vorsichtsprinzip
- Realisationsprinzip
- Imparitätsprinzip

33.2 Dokumentationsgrundsätze

Die genannten Dokumentationsgrundsätze, die zum Teil in §§ 238 und 239 HGB benannt sind, beziehen sich vorrangig auf die Ausgestaltung der Buchführung. Zentrale

Bedeutung kommen dem Beleggrundsatz[33] und dem Grundsatz der Einzelerfassung zu. Die Erfassung und Abbildung steuerlicher Sachverhalte sollte auf separaten Konten durchgeführt werden, die aktivierungspflichtige Steuern, Aufwandssteuern, Privatsteuern und durchlaufende Steuern differenzieren. Der Industriekontenrahmen weist in der Kontenklasse 7 „Weitere Aufwendungen" Unterklassen für Betriebliche Steuern (70), für Steuern vom Einkommen und vom Ertrag (77) und für sonstige Steuern (78) aus. Im Datev-Kontenrahmen SKR 04 sind für EE-Steuern und sonstige Steuern die Unterkontenklassen 7600 ff. und 7650 ff. vorgesehen.

Bindeglied zwischen Geschäftsvorfall und Buchung ist der Beleg, der Nachweis über die buchungsrelevante Vermögensänderung, der zeitlich und sachlich geordnet sein muß.[34] Die Aufbewahrungsfrist für Belege beträgt sechs Jahre (§ 257 Abs. 4 HGB, § 147 Abs. 3 AO). Als Fremdbelege kommen insbesondere Steuerbescheide und Vorauszahlungsbescheide in Betracht.

33.3 Rahmengrundsätze

33.31 Richtigkeit

Die Rahmengrundsätze zielen auf die Erfüllung des Informationszwecks der Rechnungslegung gegenüber den Kapitalgebern. Sie werden im folgenden - beginnend mit dem Grundsatz der Richtigkeit - hinsichtlich der Auswirkung auf die Bilanzierung von Steuern näher erläutert.

§ 239 Abs. 2 HGB führt den Grundsatz der Richtigkeit auf, wobei nicht die absolute, sondern die relative Richtigkeit im Sinne einer intersubjektiven Nachprüfbarkeit ge-

---

[33] Unabdingbare Voraussetzung einer ordnungsmäßigen Buchführung, vgl. BFH v. 30.5.1962, DB 1962, S. 1029; Leffson (1987), S. 149.
[34] Vgl. Budde/Kunz, Beck'scher Bilanzkommentar, 3. Aufl., § 238 Anm. 68.

fordert ist.[35] Nur bei Kenntnis der anzuwendenden Regeln sind Buchführung und Jahresabschluß nachvollziehbar.[36] Eine Konkretisierung erfährt die Richtigkeit durch die Grundsätze der Objektivität und der Willkürfreiheit. Diese substituieren den Grundsatz der Wahrheit, der einen Absolutheitsanspruch beinhaltet und daher nicht relativiert werden kann.[37]

Bezogen auf die Abbildung von Steuern im Jahresabschluß bedeuten Objektivität und Willkürfreiheit die zutreffende steuerliche Rechtsanwendung. Einerseits sind Steuern zu berücksichtigen, deren Bemessung vom Ergebnis der wirtschaftlichen Aktivität abhängt. Die Berechnungen müssen bei der Jahresabschlußerstellung auf der Grundlage von kasuistischen Veranlagungssimulationen unter Zugrundelegung der konkreten steuerlichen Sachverhalte und der gültigen handels- und steuerrechtlichen Normen erfolgen. Andererseits sind diejenigen Steuern zu erfassen, deren Bemessung nicht ergebnisabhängig ist, sondern von anderen Berechnungsgrundlagen - Umsatzgrößen, Bestandsgrößen - abhängt. Will der Kaufmann diesen Grundsatz erfüllen, muß er umfassende steuerliche Kenntnisse besitzen oder sich bei der Erfüllung fremder fachkundiger Personen bedienen.

33.32 Vergleichbarkeit

Der Grundsatz der Vergleichbarkeit, der hier ausschließlich formelle Stetigkeit beinhaltet, soll Zeit- und Betriebsvergleiche durch externe Jahresabschlußleser ermöglichen. Die in § 252 Abs. 1 Nr. 1 HGB formulierte Bilanzidentität und die in § 243 Abs. 2 HGB implizit geforderte Bezeichnungs-, Gliederungs- und Ausweisstetigkeit konkretisieren den Grundsatz der Darstellungsstetigkeit, der sich auf Bilanz und Gewinn- und Verlustrechnung bezieht. Der unmittelbare Vergleich von aktuellen Jahres-

---

[35] Vgl. Baetge, HWRech (1993), Sp. 865.
[36] Vgl. ebenda.
[37] Vgl. Siener (1991), S. 5.

abschlußdaten mit den Vorjahreswerten wird bei Kapitalgesellschaften durch § 265 Abs. 2 HGB sichergestellt. Abweichungen gegenüber dem Vorjahresabschluß sind zu erläutern.[38]

33.33 Klarheit und Übersichtlichkeit

Bezeichnung, Gliederung und Ordnung von Geschäftsvorfällen und von Posten in der Gewinn- und Verlustrechnung und der Bilanz sollen eindeutig bezeichnet und so geordnet sein, daß sachkundige Dritte sich einen Einblick in die Lage des Unternehmens verschaffen können. Der in § 243 Abs. 2 und für den Konzernabschluß in § 297 Abs. 2 Satz 1 HGB kodifizierte Grundsatz zielt auf die Aussagefähigkeit und die Lesbarkeit des Jahresabschlusses ab.[39] Nach § 256 Abs. 4 AktG ist ein Jahresabschluß einer Aktiengesellschaft nichtig, wenn seine Klarheit und Übersichtlichkeit wesentlich beeinträchtigt sind.[40]

Bilanz- und GuV-Gliederungsnormen sind im zweiten Abschnitt des dritten Buches des HGB enthalten und betreffen die Rechnungslegung von Kapitalgesellschaften.[41] Andere Kaufleute müssen dagegen nur die wenigen in § 247 Abs. 1 und Abs. 3 HGB genannten Sammelposten ausweisen und hinreichend aufgliedern.[42]

Für den Konzernabschluß sind die Vorschriften der §§ 266 und 275 HGB ebenfalls zu beachten (§ 298 Abs. 1 HGB). Als Bilanzposten stehen „Forderungen", „Steuerrückstellungen" und „Verbindlichkeiten" zur Verfügung. Das Gesetz fordert keine Untergliederung der Steuerrückstellungen nach Steuerarten oder Fristigkeiten und überläßt es dem Bilanzierenden, auf freiwilliger Basis eine Differenzierung vorzuneh-

---

[38] Vgl. Weber, HdR, 4. Aufl., Bd. Ia, § 265 Rn. 1.
[39] Vgl. Knop, DB 1984, S. 574.
[40] Vgl. Hüffer, AktG, § 256 Anm. 24. Die Wesentlichkeit der Verletzung des Aufstellungsgrundsatzes kann nur im Einzelfall beurteilt werden.
[41] Darüber hinaus gelten für Genossenschaften, Banken oder Versicherungsunternehmen ähnlich detaillierte Gliederungsvorschriften.
[42] Vgl. Budde/Karig, Beck'scher Bilanzkommentar, 3. Aufl., § 243 Anm. 56.

men (§ 265 Abs. 5 Satz 1 HGB).[43] Hier wäre eine Differenzierung wünschenswert. Nicht sachgerecht erscheint es, Steuerzahlungsverpflichtungen in sichere und strittige Teilbeträge aufzuteilen und nur den ungewissen Teilbetrag als Steuerrückstellung auszuweisen.[44] Diese Bilanzierungsfrage ist nach den allgemeinen Regeln zu beantworten, für Steuerverpflichtungen gelten keine Besonderheiten.

Ob passive latente Steuern unter den sonstigen Rückstellungen oder unter den Steuerrückstellungen erscheinen, ist umstritten.[45] Ein gesonderter Ausweis oder ein „Davon-Vermerk" wird vom Gesetz nicht gefordert; es genügt eine Anhangangabe.[46] Nach der hier vertretenen Auffassung sind latente Steuerverpflichtungen unter den Steuerrückstellungen auszuweisen. Dafür spricht zum einen die konzeptionelle Ausrichtung der Steuerabgrenzung als Anpassung des Steueraufwands an das handelsrechtliche Periodenergebnis und die Interpretation passiver Latenzen als künftige Steuerzahlungsverpflichtungen und aktiver Latenzen als zukünftige Erstattungsansprüche. Zum anderen sollten Steueraufwand der GuV und Bilanzausweis korrespondieren. Der Klarheit und Übersichtlichkeit entspricht es nicht, daß das Gesetz trotz asymmetrischer Lösung eine Gesamtdifferenzbetrachtung anstellt und Bilanzierungsfolgen nur an den Saldo aktiver und passiver Latenzen knüpft.

In der Gewinn- und Verlustrechnung sind Steuern im Anschluß an das Ergebnis der gewöhnlichen Geschäftstätigkeit und dem außerordentlichen Ergebnis auszuweisen. Das HGB nimmt im Unterschied zum AktG 1965 eine Trennung in „Steuern vom Einkommen und vom Ertrag" und „Sonstige Steuern" vor und hat damit die Informationslage verbessert. Beim Gesamtkostenverfahren sieht § 275 Abs. 2 HGB hierfür die Posten Nr. 18 und 19 vor. Beim Umsatzkostenverfahren sind die Posten Nr. 17 und 18 vorgesehen (§ 275 Abs. 3 HGB).

---

[43] Vgl. Dusemond/Knop, HdR, 4. Aufl., Bd. Ia, § 266 Rn. 137.
[44] Zu Recht Dusemond/Knop, HdR, 4. Aufl., Bd. Ia, § 266 Rn. 131.
[45] Für die Erfassung unter den Steuerrückstellungen plädieren Clemm/Nonnenmacher, Beck'scher Bilanzkommentar, § 266 Anm. 202; für den Ausweis unter den sonstigen Rückstellungen Dusemond/Knop, HdR, 4. Aufl., Bd. Ia, § 266 Rn. 139.
[46] A.A. Baumann, HdR, Bd. Ia, § 274 Rn. 51: entweder gesonderter Ausweis innerhalb des Postens Rückstellungen oder Anhangangabe!

Nicht als Steuerrückstellungen, sondern als sonstige Rückstellungen auszuweisen sind Steuerzahlungsverpflichtungen des Unternehmens aus der drohenden Inanspruchnahme als Haftungsschuldner. Ebenso sind ungewisse Verpflichtungen zur Zahlung steuerlicher Nebenleistungen als sonstige Verbindlichkeiten auszuweisen.[47] Dafür ist maßgebend, daß die Dotierung von Steuerrückstellungen über Steueraufwand erfolgt und dies bei Haftungsschulden und steuerlichen Nebenleistungen den Erfolgsausweis in der GuV beeinträchtigen würde.

Mittelgroße und große Kapitalgesellschaften müssen Steuerverbindlichkeiten als „Davon-Vermerk" gesondert ausweisen (§ 266 Abs. 3 Buchst. C Ziff. 8 HGB). Steuererstattungsansprüche werden indes im Sammelposten „sonstige Vermögensgegenstände" erfaßt[48] und sind damit für Externe nicht sichtbar. Diese asymmetrische Abbildung in der Bilanz kann nach der hier vertretenen Ansicht nicht überzeugen, wenngleich die Bedeutung von Steuerforderungen regelmäßig nicht besonders groß ist.

Das Verrechnungsverbot, das mit § 246 Abs. 2 HGB die Saldierung von Aktiv- und Passivposten, von Aufwendungen und Erträgen verbietet, kann sowohl als Ausfluß des in § 243 Abs. 2 HGB genannten Gebots der Klarheit und Übersichtlichkeit als auch des Vollständigkeitsgrundsatzes interpretiert werden.[49] Ein unsaldierter Ausweis erleichtert den bei Kapitalgesellschaften geforderten Einblick in die Vermögens-, Finanz- und Ertragslage.[50] Auch bei der Abbildung von Steuern soll das Saldierungsverbot in bestimmter Weise durchbrochen werden. Diese Ansicht wird im folgenden dargestellt und mit dem hier vertretenen Anspruch an eine objektivierte Rechnungslegung verglichen.

Die Abbildung von Ansprüchen aus dem Steuerschuldverhältnis führt regelmäßig zu Posten mit Verbindlichkeitscharakter und seltener zu Ansprüchen mit Forderungscha-

---

[47] Zur Charakterisierung und zum Ausweis steuerlicher Nebenleistungen in Bilanz und GuV vgl. Abschnitt 46.3.
[48] Vgl. Dusemond/Knop, HdR, 4. Aufl., Bd. Ia, § 266 Rn. 87.
[49] Vgl. Budde/Karig, Beck'scher Bilanzkommentar, § 246 Anm. 79.
[50] Vgl. ADS, 5. Aufl., § 246 Tz. 220.

rakter.[51] Dennoch können sich am Abschlußstichtag Forderungen und Verbindlichkeiten aus dem Steuerschuldverhältnis gegenüberstehen, die verschiedene Steuerarten und/oder Veranlagungszeiträume betreffen. Für die Bilanz dürfen am Abschlußstichtag Steuerforderungen und Steuerverbindlichkeiten nach herrschender Ansicht dann saldiert werden, wenn sie gegeneinander aufgerechnet werden können[52], was nach den Vorschriften der Abgabenordnung zu beantworten ist.

§ 226 Abs. 1 AO verweist seinerseits auf die Normen des bürgerlichen Rechts zur Aufrechnung und meint die §§ 387 - 396 BGB. Danach müssen vorliegen: (1) Gegenseitigkeit der Forderungen, (2) Gleichartigkeit der Forderungen, (3) Fälligkeit der Aktivforderung und (4) Erfüllbarkeit der Passivforderung. Nach § 226 Abs. 3 AO gilt die Besonderheit, daß gegen Ansprüche aus dem Steuerschuldverhältnis nur mit unbestrittenen oder rechtskräftig festgestellten Gegenansprüchen aufgerechnet werden kann. Absatz 4 der Norm nennt hinsichtlich der Gegenseitigkeit die Erweiterung, daß als Gläubiger oder Schuldner eines Anspruchs aus dem Steuerschuldverhältnis sowohl die ertragsberechtigte Körperschaft als auch die Körperschaft gilt, die die Steuer verwaltet. Die Aufrechnung bewirkt das Erlöschen der gegenseitigen Forderungen zu dem Zeitpunkt, an dem sie sich zum ersten Mal aufrechenbar gegenüber standen.[53] Von der tatsächlichen Aufrechnung zu unterscheiden ist die Saldierung für Zwecke der Bilanzierung, wenn die o.g. Voraussetzungen erfüllt sind. Hinsichtlich des Fälligkeitskriteriums werden in der Literatur verschiedene Auffassungen vertreten.

Adler/Düring/Schmaltz fordern die Fälligkeit von Aktiv- und Passivforderung und legen damit einen gegenüber der zivilrechtlichen Rechtslage engere Auffassung zugrunde.[54] Mit § 387 BGB deckungsgleich ist die Auffassung, daß die Forderung des Unternehmens fällig, die Verbindlichkeit aber lediglich erfüllbar sein muß.[55] Schließlich sollen sogar Ansprüche und Verpflichtungen verrechnet werden, die noch nicht fällig

---

51 Vgl. Roebruck (1984), S. 34.
52 Vgl. ADS, 5. Aufl., § 246 Tz. 230 ff.; Budde/Karig, Beck'scher Bilanzkommentar, § 246 Anm. 81.
53 § 47 AO. Vgl. Klein/Orlopp (1993), § 226 Anm. 8.
54 Vgl. ADS, 5. Aufl., § 246 Tz. 231.
55 Vgl. Kußmaul, HdR, Bd. Ia, 4. Aufl., § 246 Rn. 22.

sind, sondern nur annähernd gleich befristet und bis zur Aufstellung der Bilanz erloschen sind.[56] Allen genannten Meinungen gemeinsam ist das Zugeständnis eines nicht gesetzlich gewährten Wahlrechts, dessen Grenzen mehr oder weniger eng gezogen werden. Der Informationswert des Jahresabschlusses wird durch die Ausübung des Wahlrechts beeinträchtigt. Bei der Abbildung von Besteuerungsvorgängen kommt hinzu, daß sich hier am Abschlußstichtag art- und/oder periodenverschiedene Posten gegenüberstehen, so daß eine Verrechnung nicht der Klarheit und Übersichtlichkeit dienen kann. Sie ist daher für die Bilanz abzulehnen.

Bei Saldierungen in der Gewinn- und Verlustrechnung ist zunächst zu beachten, daß das Gliederungsschema jeweils nur einen Posten für Steuern vom Einkommen und Ertrag und für sonstige Steuern zur Verfügung stellt. Beide Posten sollen im Anschluß an das Ergebnis der gewöhnlichen Geschäftstätigkeit und das außerordentliche Ergebnis gezeigt werden, da es sich bei diesen Posten um Vor-Steuergrößen handelt.[57] Der GuV-Posten „Steuern vom Einkommen und vom Ertrag" umfaßt den effektiven Ertragsteueraufwand der betreffenden Periode, Nachzahlungen für vergangene Perioden - ggfs. kompensiert mit Steuererstattungen[58] - und die latenten Ertragsteueraufwände und -erträge aus der Bildung und Auflösung von Steuerabgrenzungen aufgrund der Veränderung zeitlicher Ergebnisunterschiede.[59] Eine Saldierung wird als zulässig erachtet, da keine Verrechnung von Aufwänden und Erträgen, sondern nur eine Korrektur zu hoch verrechneter Aufwendungen stattfinde und zudem „Steuern" als Saldo interpretiert werden könnten, für die das Saldierungsverbot nicht anwendbar sei.[60] Das erste Argument ist nicht von der Hand zu weisen. Dennoch ist zu beachten, daß durch den Einbezug der Steuerabgrenzung in die Erfolgsrechnung fiktive Steuerbeträge und zukünftige Be- oder Entlastungen abgebildet werden. Zwar besteht für aperiodische Steueraufwendungen und -erträge bei Kapitalgesellschaften eine Angabepflicht nach

---

[56] Vgl. Budde/Karig, Beck'scher Bilanzkommentar, § 246 Anm. 83.
[57] Vgl. Förschle, Beck'scher Bilanzkommentar, § 275 Anm. 253.
[58] Vgl. Baumann, HdR, 4. Aufl., Bd. Ia, § 274 Rn. 47.
[59] Vgl. Baumann, HdR, 4. Aufl., Bd. Ia, § 274 Rn. 46.
[60] Vgl. die Argumentation bei Förschle, Beck'scher Bilanzkommentar, § 275 Anm. 254; des weiteren Wichmann, BB 1987, S. 649; Bullinger, BeckHdR, B 338; WPH (1996), Bd. I, F 364; ADS, 6. Aufl., § 275 Tz. 187.

§ 277 Abs. 4 Satz 3 HGB, soweit die Beträge für die Beurteilung der Ertragslage nicht von untergeordneter Bedeutung sind. Dennoch wird hier einem getrennten Ausweis in der Gewinn- und Verlustrechnung, der als „Davon-Vermerk" oder als offene Absetzung vorgenommen werden kann, Vorrang eingeräumt.[61]

33.34 Vollständigkeit

In Buchführung und Jahresabschluß sind sämtliche Geschäftsvorfälle abzubilden. § 246 Abs. 1 Satz 1 HGB bestimmt, daß der Kaufmann sämtliche Vermögensgegenstände, Schulden, Rechnungsabgrenzungsposten, Aufwendungen und Erträge im Jahresabschluß ausweisen muß, soweit gesetzlich nichts anderes bestimmt ist. Das Vollständigkeitsgebot wird lediglich durch Ansatzwahlrechte und Ansatzverbote durchbrochen.[62] Stichtagsprinzip und Periodisierung ergänzen diesen Grundsatz, der sich allein auf den Ansatz der Posten, nicht etwa auf die Bewertung erstreckt.[63] Komplexität, Rechtsanwendungsprobleme und Änderungsgeschwindigkeit des Steuerrechts erschweren die Erfüllung dieses Grundsatzes im Hinblick auf die Erfassung von Steuern.

Die Betrachtung darf sich nicht auf die periodisch wiederkehrenden Steuern beschränken, sondern muß auch die Belastungen durch einmalige Steuern, bei denen das Unternehmen Steuerschuldner ist, und Belastungen aufgrund der Inanspruchnahme als Haftungsschuldner umfassen. Besonders problematisch erscheint die Erfassung von Nachzahlungsrisiken für vergangene Veranlagungszeiträume, insbesondere aufgrund von steuerlichen Außenprüfungen oder auch Risiken aus der Qualifikation grenzüberschreitender Sachverhalte, beispielsweise Verrechnungspreisrisiken.[64]

---

61 Ebenso Lachnit, BoHR, § 275 Rz. 212.
62 Vgl. Budde/Karig, Beck'scher Bilanzkommentar, § 246 Anm. 2.
63 Vgl. Budde/Karig, Beck'scher Bilanzkommentar, § 246 Anm. 3.
64 Vgl. Günkel, WPg 1996, S. 839 ff. zur Prüfung steuerlicher Verrechnungspreise durch den Abschlußprüfer.

Im Rahmen der Jahresabschlußprüfung muß der Prüfer sämtliche Steuerarten betrachten und klären, ob dafür Rückstellungen gebildet wurden bzw. aus welchen Gründen die Rückstellungsbildung unterblieben ist.[65]

33.35 Wirtschaftlichkeit

Nach dem - bislang nicht kodifizierten - Grundsatz der Wirtschaftlichkeit ist zu prüfen, ob die zusätzlich bereitzustellende Information einen Nutzen beim Informationsempfänger stiftet, der den Aufwand der Informationsproduktion übersteigt. Anders formuliert müssen bei der Informationsproduktion einerseits alle Einzelkomponenten berücksichtigt werden, die als Information für die Empfänger von Bedeutung sein können und andererseits alle Einzelkomponenten vernachlässigt werden, die wegen ihrer Größenordnung keinen oder nur einen geringen Einfluß auf die Entscheidungen der Empfänger besitzen.[66] § 285 Nr. 3 HGB sieht die Angabe sonstiger finanzieller Verpflichtungen vor, die nicht in der Bilanz der Kapitalgesellschaft und auch nicht als Bilanzvermerke i.S.v. § 251 HGB erscheinen, sofern diese Angabe für die Beurteilung der Finanzlage von Bedeutung ist. Nach § 285 Nr. 12 HGB sind im Anhang die unter dem Posten sonstige Rückstellungen nicht gesondert ausgewiesenen Rückstellungen zu erläutern, wenn sie einen nicht unerheblichen Umfang haben. Die Verletzung der Generalklausel des § 264 Abs. 2 Satz 1 HGB führt zur Nichtigkeit des gesamten Jahresabschlusses[67] und zur Versagung des Bestätigungsvermerks[68], wenn sie auf einer Überbewertung oder auf einer vorsätzlichen Unterbewertung beruht, die als wesentlich angesehen wird.[69]

---

[65] Vgl. Wagner, HdRev (1992), S. 1828 ff.; Selchert (1996), S. 565.
[66] Vgl. Siener (1991), S. 11.
[67] Nichtigkeit bei AG und KGaA, bei der GmbH in analoger Anwendung des § 256 Abs. 5 AktG; vgl. Budde/Karig, Beck'scher Bilanzkommentar, § 264 Anm. 57.
[68] Vgl. Budde/Kunz, Beck'scher Bilanzkommentar, § 322 Anm. 66.
[69] Vgl. LG Düsseldorf, AG 1989, S. 140.

Die Operationalisierung des Wesentlichkeitsgrundsatzes wird durch Meßprobleme erschwert.[70] Neben der Auswahl geeigneter Größen muß entschieden werden, ob

1) die absolute Größe dieses Postens,

2) dessen relative Größe im Vergleich zu einem Bezugsposten oder

3) die Größe der zugehörigen Abschlußposten in den vergangenen Jahren von Bedeutung ist.[71]

Aufgrund unterschiedlicher Unternehmensgrößen sollte ein Materiality-Maßstab nur von relativen Werten bereitgestellt werden. Allgemeingültige Schwellenwerte können allerdings von der Kommentarliteratur nicht benannt werden. Für „Normalfälle" sollen Abweichungen bei der Rechnungslegung von Kapitalgesellschaften dann als wesentlich qualifiziert werden, wenn

a) der Jahresüberschuß/-fehlbetrag um mindestens 10 % und außerdem um mindestens 0,25 % der Bilanzsumme verändert wird oder

b) die Bilanzsumme um mindestens 5 % verändert wird oder

c) für die Beurteilung des konkreten Unternehmens oder seiner Organe besonders wichtige sonstige Einzelposten des Jahresabschlusses um mindestens 10 % verändert werden oder

d) die Überschreitung gesellschaftsrechtlich relevanter Grenzen vereitelt wird.[72]

Trotzdem „...können aber auch andere Kriterien oder auch andere Grenzwerte relevant sein. Denn letztlich ist die Entscheidung über die Wesentlichkeit eines Bewertungsfehlers unter Berücksichtigung aller Umstände des Einzelfalles zu treffen."[73] Eine solche Beurteilung ist in zweifacher Hinsicht problematisch. Zum einen sind Grenzwerte von 10 % zu hoch angesetzt[74], zum anderen läßt die Öffnung einen nicht akzeptablen individuellen Spielraum. Wesentlichkeit kann von sachverhaltsabhängigen Kriterien,

---

[70] Vgl. Baetge (1996), S. 82.
[71] Vgl. Ossadnik, WPg 1993, S. 618.
[72] Vgl. Budde/Karig, Beck'scher Bilanzkommentar, § 264 Anm. 58.
[73] Budde/Karig, Beck'scher Bilanzkommentar, § 264 Anm. 58.
[74] Vgl. Leffson/Bönkhoff, WPg 1982, S. 389. Sie zeigen, daß sich wichtige bilanzanalytische Kennziffern bei einer 10 %-Grenze um bis zu 33 % verändern können und plädieren für eine Absenkung auf 2,5 % im Bezug zum Jahresergebnis.

objektiven und subjektiven, quantitativen und qualitativen Kriterien abhängen.[75] Eine allgemeingültige Anwort kann hier nicht gegeben werden; es ist im Einzelfall auf die Informationserwartung der Adressaten abzustellen. Hinsichtlich der Abbildung von Steuern kann von einer - im Vergleich zu anderen Geschäftsvorfällen - erhöhten Informationserwartung der Kapitalgeber ausgegangen werden, so daß enge Grenzen gezogen werden müssen.

Neben diesen allgemeinen informationsökonomischen Grundsätzen sind Konzeptionsgrundsätze und Gewinnermittlungsgrundsätze zu kennzeichnen und auf die Abbildung von Steuern zu beziehen.

33.4 Konzeptions- und Gewinnermittlungsgrundsätze

Konzeptions- und Gewinnermittlungsgrundsätze, die in § 252 Abs. 1 HGB aufgeführt sind, prägen die externe Rechnungslegung in inhaltlicher Hinsicht. Der Jahresabschluß stellt ein periodisch fortzuentwickelndes Rechenwerk dar, das geleistete oder zukünftige Zahlungsvorgänge verarbeitet, von der Fortführung der Unternehmensaktivität ausgeht und Vermögensgegenstände und Schulden einzeln bewertet. Die Begrenzung des Rechnungslegungszeitraums auf das Geschäftsjahr zwingt zur Beantwortung der Frage, wie Geschäftsvorfälle sachlich und zeitlich zuzuordnen sind. Die materielle Kontinuität wird durch den Grundsatz der Bewertungsstetigkeit - wenngleich im Gesetz halbherzig als Soll-Vorschrift (§ 252 Abs. 1 Nr. 5 HGB) formuliert - zum Ausdruck gebracht.

Vorsichtsprinzip, Realisations- und Imparitätsprinzip sind in § 252 Abs. 1 Nr. 4 HGB geregelt: „Es ist vorsichtig zu bewerten, namentlich sind alle vorhersehbaren Risiken und Verluste, die bis zum Abschlußstichtag entstanden sind, zu berücksichtigen, selbst wenn diese erst zwischen dem Abschlußstichtag und dem Tag der Aufstellung des Jah-

---

[75] Vgl. Leffson, HURB (1986), S. 442 - 446.

resabschlusses bekanntgeworden sind; Gewinne sind nur zu berücksichtigen, wenn sie am Abschlußstichtag realisiert sind."

Imparitätsprinzip und Realisationsprinzip sind nach der Gesetzesfassung Ausprägungen des Vorsichtsprinzips, das allerdings nicht näher charakterisiert wird, so daß dem Bilanzierenden hier in bestimmten Grenzen ein Ermessensspielraum eingeräumt wird.[76] Vergleicht man die Rechnungslegung nach HGB mit internationalen Rechnungslegungsstandards, so gerät insbesondere die mit dem Vorsichtsprinzip mögliche Legung stiller Reserven in den Mittelpunkt der Kritik, die allerdings berücksichtigen muß, daß nicht der GoB, sondern vielmehr die inkonsequente Umsetzung durch das Bilanzrichtlinien-Gesetz Ursache für die derzeitige Bilanzierungspraxis sind.[77]

Das Vorsichtsprinzip ist nicht etwa so zu interpretieren, daß der Kaufmann sich im Zweifel eher ärmer als reicher rechnen soll; es ist kein Freibrief für beliebige Unterbewertungen, auch gilt es im Verhältnis zu anderen GoB nicht als höherrangig.[78] Vielmehr ist das Ziel, Risiken - also auch Steuerrisiken - adäquat zu berücksichtigen und bei Schätzungen die pessimistischere Alternative zu wählen. Das Imparitätsprinzip verpflichtet den Kaufmann zur Antizipation negativer Erfolgsbeiträge, soweit sie im betreffenden Geschäftsjahr wirtschaftlich verursacht sind. Hieraus folgen Niederstwertprinzip und Verpflichtung zur Erfassung drohender Verluste aus schwebenden Geschäften.[79] Wirtschaftliche Verursachung liegt vor, wenn - ungeachtet der rechtlichen Gleichwertigkeit aller Tatbestandsmerkmale - die wirtschaftlich wesentlichen Tatbestandsmerkmale erfüllt sind. Bei ungewissen Verbindlichkeiten sind allein solche Tatbestandsmerkmale als unwesentlich anzusehen, die außerhalb der Sphäre des Bilanzierenden liegen.[80]

---

[76] Vgl. Budde/Geißler, Beck'scher Bilanzkommentar, § 252 Anm. 29, 32; Kübler, ZHR 1995, S. 553.
[77] Zu nennen sind das Beibehaltungswahlrecht für Nicht-Kapitalgesellschaften (§ 253 Abs. 5 HGB), die Aushöhlung des Wertaufholungsgebots nach § 280 Abs. 2 HGB. Kessler, DB 1997, S. 5, nennt darüber hinaus die doppelte Maßgeblichkeit bei der Niederstbewertung von Vorräten und die beschaffungsmarktorientierte Bewertung von Dauerschuldverhältnissen.
[78] Vgl. Baetge (1996), S. 92 f.
[79] Vgl. Budde/Geißler, Beck'scher Bilanzkommentar, § 252 Anm. 29.
[80] Vgl. Kessler, DB 1997, S. 6.

4. Kapitel: Abbildung von Steuern im handelsrechtlichen Einzelabschluß

41. Steuern als Teil der Anschaffungs- oder Herstellungskosten

41.1 Vorbemerkungen

Anschaffungs- und Herstellungskosten stellen zwei der zentralen Wertmaßstäbe des Handelsbilanzrechts dar, die bei der Bewertung der Aktiva zu beachten sind (§ 253 Abs. 1 Satz 1 sowie § 255 Abs. 1 u. 2 HGB). Geht man von der Definition der Anschaffungskosten in § 255 Abs. 1 HGB aus und fragt nach steuerrechtlichen Sachverhalten, so können Steuern zum einen bereits unsichtbar im Anschaffungspreis enthalten sein. Darüber hinaus ist zu prüfen, ob Steuern Anschaffungsnebenkosten darstellen. Ebenso ist im Bereich der Anschaffungspreisminderungen zu beachten, daß diese sich regelmäßig auf den Bruttobetrag beziehen und auch hier Steuern betroffen sein können.

Den zweiten zentrale Bewertungsmaßstab des Handelsrechts bilden die Herstellungskosten im Sinne von § 255 Abs. 2 und 3 HGB, deren Ermittlung Pflicht- und Wahlbestandteile beinhaltet. Historische Anschaffungs- und Herstellungskosten stellen die Wertobergrenzen für die Bilanzierung von Vermögensgegenständen dar (§ 253 Abs. 1 Satz 1 HGB). Das zugrundegelegte Nominalwertprinzip läßt keinen Raum für die in Art. 33 Abs. 4 der Vierten EG-Richtlinie mögliche Bewertung zu Wiederbeschaffungskosten.[1]

Im vorangegangenen Kapitel wurde lediglich ein Überblick über die Möglichkeiten der Abbildung von Steuern in den handelsrechtlichen Jahresabschlüssen gegeben, ohne allerdings die im Einzelfall zweckmäßige Abbildungslösung zu erarbeiten.

---

[1] Vgl. Glade (1995), Teil I, Anm. 457.

Diese Fragestellungen sollen nun in einer vorgangsbezogenen Betrachtung für Beschaffungs- und Investitionsvorgänge ausführlich behandelt werden.

Als eine der marktgerichteten Grundfunktionen der Betriebswirtschaft dienen Beschaffungsvorgänge dazu, die im Zuge der Leistungserstellung verbrauchten Input-Faktoren zu ergänzen.[2] Faßt man den Begriff enger, so werden (1) Vorgänge der Personalbeschaffung und (2) Kapitalbeschaffungen ausgegrenzt. Beschaffungsobjekte sind zum einen Roh-, Hilfs- und Betriebsstoffe, zum anderen Anlagegüter. Hieran knüpft der zugrundegelegte Investitionsbegriff an, der Bestandszugänge mit langfristiger Kapitalbindung unabhängig vom Zeitpunkt der Entgeltentrichtung betrachtet.[3] Als Investitionsobjekte kommen Sachinvestitionen und Finanzinvestitionen jeweils entweder isoliert oder als Programme in Betracht.

Den Termini Beschaffung und Investition entspricht der Begriff Anschaffung im Bereich der externen Rechnungslegung. Dieser Vorgang soll als erfolgsneutrale Vermögensumschichtung abgebildet werden, denn bei Anschaffungs- wie Herstellungsprozessen wird regelmäßig Äquivalenz von Leistung und Gegenleistung unterstellt. Der Anschaffungszeitraum umfaßt die der Beschaffung zuzuordnenden zeitlich vorgelagerten Aktivitäten, das Verschaffen der Verfügungsmacht und das Erlangen der Betriebsbereitschaft. Die in diesen drei Phasen anfallenden Kosten können zu den Anschaffungskosten gehören.

§ 255 Abs. 1 Satz 1 HGB umschreibt Anschaffungskosten als diejenigen Aufwendungen, die geleistet werden, um den Vermögensgegenstand zu erwerben und ihn in einen betriebsbereiten Zustand zu versetzen, soweit sie dem Vermögensgegenstand einzeln zugerechnet werden können. Aus den Sätzen 2 und 3 der Norm leitet sich das nachfolgende ergänzte[4] Ermittlungsschema ab:

---

[2] Vgl. Arnold, in: Lück (1983), S. 135.
[3] Vgl. Swoboda, in: Lück (1983), S. 542.
[4] Vgl. ADS, 5. Auflage, § 255 Tz. 30.

Anschaffungspreis (Kaufpreis, Rechnungsbetrag)
+ Anschaffungsnebenkosten
+ nachträgliche Anschaffungskosten
./. Anschaffungspreisminderungen (Preisnachlässe aller Art und zurückgewährte Entgelte)
+ Aufwendungen, die der Versetzung in einen betriebsbereiten Zustand dienen
= Anschaffungskosten

Abbildung 12: Anschaffungskostenermittlung gem. § 255 Abs. 1 HGB

41.2 Anschaffungskosten

41.21 Anschaffungspreis und Umsatzsteuer

Werden Gegenstände von inländischen Unternehmern beschafft, so beinhaltet der Rechnungsbetrag regelmäßig die Umsatzsteuer, die auf der Ebene des Empfängers im allgemeinen als Vorsteuer abzugsfähig ist. Nach § 9b Abs. 1 Satz 1 EStG gehört der Vorsteuerbetrag nach § 15 UStG, soweit er bei der Umsatzsteuer abgezogen werden kann, nicht zu den Anschaffungs- oder Herstellungskosten des Wirtschaftsgutes, auf dessen Anschaffung oder Herstellung er entfällt. Neben der inländischen Umsatzsteuer sind hier auch die Einfuhrumsatzsteuer (§ 15 Abs. 1 Nr. 2 UStG) und die Erwerbsteuer (§ 15 Abs. 1 Nr. 3 UStG) zu beachten. Der Steuerbetrag wird direkt abgespalten und als Forderung gegenüber der Finanzverwaltung ausgewiesen. Drei Problembereiche sind in diesem Zusammenhang anzusprechen. Erstens ist die Frage nach dem Zeitpunkt der Geltendmachung der Forderung zu beantworten. Zum zweiten ist zu diskutieren, wie nichtabziehbare Vorsteuern zu bilanzieren sind. Drittens muß entschieden werden, in welcher Weise spätere Berichtigungen des Vorsteuerabzugs abgebildet werden.

Voraussetzung für den Vorsteuerabzug des Unternehmers ist nach § 15 Abs. 1 Nr. 1 Satz 1 UStG das Vorliegen einer ordnungsgemäßen Rechnung mit gesondertem Steuerausweis für eine Lieferung oder eine sonstige Leistung, die von einem anderen Unternehmer für sein Unternehmen ausgeführt worden ist. Soweit der gesondert ausgewiesene Steuerbetrag auf eine Zahlung vor Ausführung der Umsätze entfällt, ist er bereits abziehbar, wenn die Rechnung vorliegt und die Zahlung geleistet worden ist (§ 15 Abs. 1 Nr. 1 Satz 2 UStG). Rechtlich entsteht der Vorsteueranspruch somit erst, wenn in einer Rechnung i.S.v. § 14 UStG die Steuer gesondert ausgewiesen ist.[5]

Mit Urteil vom 12.5.1993[6] hat der XI. Senat des Bundesfinanzhofes entschieden, daß ungeachtet der rechtlichen Entstehung Vorsteueransprüche wirtschaftlich bereits begründet sind, wenn Lieferungen oder Leistungen von einem anderen Unternehmer ausgeführt worden sind. Der Anspruch sei so gut wie sicher: „Besondere Risiken sind im Regelfall nicht gegeben. Ohne Vorliegen besonderer Umstände besteht kein Grund zu der Annahme, daß der Lieferant bei Lieferung ohne Rechnung die Rechnungsausstellung verweigern oder daß er sich bei einer unkorrekten Rechnung dem Berichtigungsverlangen widersetzen wird."[7] Der Entscheidung lag folgender Sachverhalt zugrunde: Im Rahmen einer für die Jahre 1986 bis 1989 durchgeführten Außenprüfung bei einem Einzelunternehmer kürzte das Finanzamt Vorsteuerbeträge aufgrund fehlerhafter Rechnungen und verminderte deshalb die einkommensteuerlichen Gewinne i.S.v. § 5 EStG der betreffenden Jahre. Im Veranlagungszeitraum 1991 legte der Einzelunternehmer berichtigte Rechnungen vor, so daß das Finanzamt die Vorsteuerbeträge anerkannte mit der Folge einer Gewinnerhöhung.

Finanzgericht und BFH teilten die Auffassung des Klägers, daß der Vorsteueranspruch schon in den Jahren der Lieferung wirtschaftlich entstanden ist. Der Leitsatz der Entscheidung ist allerdings mißverständlich formuliert, denn es kann wohl kaum ein

---

5 Auf die Möglichkeit, daß der Leistungsempfänger für den Leistenden eine Gutschrift mit gesondertem Steuerausweis erstellt, um sich die Voraussetzungen für den Vorsteuerabzug zu verschaffen, ist hier nur hinzuweisen.
6 Vgl. BFH v. 12.5.1993, BStBl II 1993, S. 786.
7 Ebenda, S. 787, li. Sp.

Wahlrecht des Bilanzierenden vorliegen: „Vorsteueransprüche **können** bereits zu einem Zeitpunkt aktiviert werden, in dem noch keine berichtigte Rechnung vorliegt."

Gemessen am GoB der Vorsicht muß geprüft werden, ob der Anspruch tatsächlich bereits wirtschaftlich realisiert ist. Wirtschaftlich entstanden sind Ansprüche des Kaufmanns, die sich allein durch Zeitablauf zu einer vollwirksamen Forderung verdichten bzw. die der Kaufmann durch sein eigenes Verhalten selbständig zum endgültigen Entstehen bringen kann.[8] Dies ist hier unstreitig **nicht** der Fall.

Die Pflicht zur Rechnungsausstellung ist keine steuerrechtliche Verpflichtung, sondern eine zivilrechtliche Nebenpflicht aus dem Vertrag, auf dem die Leistung beruht.[9] Trägt der leistende Unternehmer die Abrechnungslast, so kann nicht ohne weiteres davon ausgegangen werden, daß tatsächlich ordnungsgemäß abgerechnet wird. Es sind nämlich Fälle denkbar, bei denen von Nichtunternehmern, Halb- oder Minderunternehmern geliefert oder geleistet worden ist. Andererseits können auch Regelunternehmer nicht steuerbare oder steuerfreie Leistungen erbringen. Selbst bei regelmäßigem Leistungsaustausch und zutreffender umsatzsteuerlicher Qualifikation erscheint es nicht zweckmäßig, umsatzsteuerliche Vorsteuerabzugsberechtigung und Forderungsausweis zeitlich zu trennen. Anders liegen die Fälle, in denen der Leistungsempfänger Gutschriften erteilt (§ 14 Abs. 5 UStG), bei Abzug der Einfuhrumsatzsteuer als Vorsteuer (§ 15 Abs. 1 Nr. 2 UStG) und der Erwerbsteuer (§ 15 Abs. 1 Nr. 3 UStG).

Der zweite Problemkreis betrifft die bilanzielle Behandlung nichtabziehbarer Vorsteuern. Im Umkehrschluß zu der Behandlung abzugsfähiger Vorsteuern folgt hier ein Einbezug in die Anschaffungs- oder Herstellungskosten. § 9b Abs. 1 Satz 2 EStG sieht für denjenigen Vorsteuerbetrag, der nur teilweise abgezogen werden kann, ein Wahlrecht des Einbezugs in die Anschaffungs- oder Herstellungskosten oder den sofortigen Betriebsausgabenabzug vor. Die Vereinfachungsregelung betrifft nur diejenigen Fälle, bei

---

[8] Vgl. Kessler, DB 1997, S. 6; Kammann (1988), S. 202.
[9] Vgl. Hahn/Kortschak (1993), S. 318 f.

denen ein Vorsteuerbetrag in einen abziehbaren und in einen nichtabziebaren Teil gespalten wird (§ 15 Abs. 4 UStG).[10] Andernfalls ist ohne Rücksicht auf die betroffenen Beträge ein Einbezug in die Anschaffungs-/Herstellungskosten erforderlich.[11] Voraussetzung für das Wahlrecht ist, daß

- der nichtabziehbare Teil des Vorsteuerbetrags 25 vom Hundert des Vorsteuerbetrags und 500 Deutsche Mark nicht übersteigt, oder
- wenn die zum Ausschluß vom Vorsteuerabzug führenden Umsätze nicht mehr als 3 vom Hundert des Gesamtumsatzes betragen.

Der erste Fall ist nur gegeben, wenn weder die prozentuale Grenze noch der Absolutbetrag bezogen auf das einzelne Wirtschaftsgut überschritten sind, der zweite Fall kann erst nach Ablauf des Kalenderjahres geprüft werden und setzt lediglich eine prozentuale Grenze bezogen auf das Gesamtunternehmen.[12] Für Zwecke der Handelsbilanz übernehmen die Kommentierungen die steuerliche Vereinfachungsregel,[13] was im Hinblick auf die enge betragsmäßige Begrenzung von § 9b Abs. 1 Satz 2 Nr. 1 EStG auch zweckmäßig erscheint; der zweite Fall ist aufgrund des fehlenden Bezugs zum Investitionsgut kritischer zu betrachten. Nicht zuzustimmen ist der Auffassung des HFA 1/1985, der für das Umlaufvermögen generell die aufwandswirksame Verbuchung der nichtabziehbaren Umsatzsteuer unter dem Posten Materialaufwand vorsieht.[14]

Der dritte Problemkomplex betrifft die spätere Korrektur eines Vorsteuerabzugs, also die Frage, welche bilanzielle Konsequenz mit der Berichtigung i.S.d. § 15a UStG verbunden ist. § 9b Abs. 2 EStG sieht hier aus Vereinfachungsgründen keine Änderung der Anschaffungs-/Herstellungskosten vor, sondern erfaßt Mehr- oder Minderbeträge als Betriebseinnahmen oder Betriebsausgaben. Es liegt kein steuerrechtliches Wahl-

---

[10] Vgl. Herrmann/Heuer/Raupach, EStG/KStG, § 9b Anm. 28 (6.93).
[11] Vgl. Schmidt (1997), EStG, § 9b Rz. 12 mit Hinweis auf eine Entscheidung des FG Hessen.
[12] Vgl. Schmidt (1997), EStG, § 9b Rz. 12.
[13] Vgl. ADS, 6. Aufl., § 255 Tz. 20; Pankow/Schmidt-Wendt, Beck'scher Bilanzkommentar, § 255 Anm. 51; Knop/Küting, HdR, Bd Ia, § 255 Rn. 22; Glade (1995), I Rz. 519; Schulze-Osterloh, in: Baumbach/Hueck, GmbHG, § 42 Anm. 272; WPH (1996), Bd. I, E 226.
[14] Vgl. St/HFA 1/1985, WPg 1985, S. 258 unter C.

recht vor, die Regelung ist zwingend.[15] Nach der Stellungnahme des HFA 1/1985 kann für die Handelsbilanz bei Anlagevermögen ebenfalls in der Regel von einer Nachaktivierung abgesehen werden.[16] Eine weitere Konkretisierung, weshalb hier ein Wahlrecht gegeben ist und welche Ausnahmen dafür gelten sollen, erfolgt nicht. Für ein eigenständiges Bewertungswahlrecht besteht nach der hier vorgetragenen Sicht keine Veranlassung. Objektiv betrachtet liegen Anschaffungspreisänderungen vor, die bei Vorliegen der Wesentlichkeitskriterien zu berücksichtigen sind.[17]

41.22 Steuern als Anschaffungsnebenkosten

Neben der Umsatzsteuer, der Einfuhrumsatzsteuer und der Steuer auf den innergemeinschaftlichen Erwerb können in den Beschaffungsvorgang (andere) Verkehrsteuern und Zölle involviert sein. Hier ist zu prüfen, ob die Steuern als Anschaffungsnebenkosten erfaßt oder aufwandswirksam geltend gemacht werden können.

Anschaffungsnebenkosten sind die in unmittelbarem Zusammenhang mit dem Erwerb eines Vermögensgegenstandes und dessen Versetzung in einen betriebsbereiten Zustand stehenden Aufwendungen, die als Einzelkosten zuordenbar sind.[18] In Betracht kommen Eingangszölle und Verkehrsteuern, die allerdings infolge von Harmonisierungen der letzten Jahre tendenziell an Bedeutung verloren haben. So gehört die Branntweinsteuer bei Erwerb von Branntwein durch einen Spirituosenhersteller mit dem Ziel der Weiterverarbeitung zu Fertigprodukten zu den Anschaffungskosten des Branntweins und wird damit zum Bestandteil der Herstellungskosten der Erzeugnisse.[19] Es ist danach unerheblich, ob der Branntwein zum „freien Verkehr" oder zur Lagerung und Weiterverarbeitung unter amtlicher Überwachung[20] bezogen wurde. Da-

---

15 Vgl. Herrmann/Heuer/Raupach, § 9b EStG Anm. 51 (6.93).
16 Vgl. St/HFA 1/1985, WPg 1985, S. 258 unter C.
17 Bei Herstellungskosten ist entsprechend zu verfahren.
18 Vgl. Ellrott/Schmidt-Wendt, Beck'scher Bilanzkommentar, § 255 Anm. 70.
19 Vgl. BFH-Urteil v. 5.5.1983, BStBl II 1983, S. 559.
20 Vgl. § 91 Abs. 1 BranntwMonG.

durch ändert sich der Charakter der Verbrauchsteuer als Aufwendung, die in unmittelbarem wirtschaftlichen Zusammenhang mit der Anschaffung steht, nicht.

Durch das (erste) Finanzmarktförderungsgesetz vom 22.2.1990 wurden Börsenumsatz- und Wechselsteuer zum 1.1.1991 und Gesellschaftsteuer zum 1.1.1992 abgeschafft.[21] Infolge der Europäischen Zollunion sind Zölle auf den innergemeinschaftlichen Warenverkehr entfallen. Für aktuelle Anschaffungsvorgänge verbleiben somit im wesentlichen die Grunderwerbsteuer beim Erwerb von Immobilien und Einfuhrzölle, die bei Importen aus Drittstaaten erhoben werden. Schuldner der Grunderwerbsteuer sind die an dem Erwerbsvorgang beteiligten Personen als Gesamtschuldner i.S. v. § 44 AO (§ 13 Nr. 1 GrEStG), doch wird regelmäßig vereinbart, daß der Erwerber die gesamte Belastung trägt. Anschaffungsnebenkosten stellt die Grunderwerbsteuer konsequenterweise dann nicht dar, wenn ein Treuhanderwerb eines Grundstücks stattfindet. In diesem Fall ist die sofortige aufwandswirksame Erfassung gegeben.[22]

Die Grunderwerbsteuer zählt als ein wesentliches Hemmnis bei Unternehmensumstrukturierungen, was die Frage nach der bilanziellen Behandlung nach sich zieht.[23] In den Fällen der Anteilsvereinigung, der Verschmelzung auf eine Personengesellschaft/natürliche Person, bei Formwechsel und Gesellschafterwechsel ist die Grunderwerbsteuer sofort aufwandswirksam zu verrechnen.[24] Einbringung, Anwachsung, Verschmelzung, Spaltung und Vermögensübertragung sind Anschaffungsvorgänge und führen hinsichtlich der Grunderwerbsteuer zu Anschaffungsnebenkosten.[25]

---

[21] Vgl. Tipke/Lang (1996), § 8 Rz. 46.
[22] Vgl. Ellrott/Schmidt-Wendt, Beck'scher Bilanzkommentar, § 255 Anm. 72.
[23] Vgl. hierzu ausführlich Müller, DB 1997, S. 1433 - 1436.
[24] Vgl. zur Verschmelzung das beim BFH anhängige Verfahren I R 22/96.
[25] Vgl. Müller, DB 1997, S. 1436.

41.23 Anschaffungskosten und Investitionszulagen

Investitionszulagen sind Zuwendungen der öffentlichen Hand in Geld, die Unternehmen für die Tätigung von bestimmten förderungswürdigen Investitionen gewährt werden. Als steuergesetzliche Subventionen mit dem Ziel indirekter Wirtschaftslenkung sind sie gleichsam Steuern mit negativem Vorzeichen.[26] Aus finanzwirtschaftlicher und investitionsrechnerischer Betrachtung wirken sie wie nachträgliche Anschaffungs- oder Herstellungskostenminderungen.[27]

Investitionszulagen werden derzeit auf der Grundlage des Investitionszulagengesetzes 1996[28] für Investitionen im Fördergebiet gewährt. Begünstigt sind nach § 2 InvZulG die Anschaffung und die Herstellung von neuen abnutzbaren beweglichen Wirtschaftsgütern des Anlagevermögens mit weiteren Nutzungs- und Verbleibensvoraussetzungen, auf die hier nicht einzugehen ist. § 10 InvZulG legt fest, daß die Investitionszulage nicht zu den Einkünften i.S. des EStG gehört und auch nicht die Anschaffungs- oder Herstellungskosten mindert. Es handelt sich vielmehr um eine steuerfreie Einnahme, die nach der Intention des Gesetzgebers nicht durch eine Erfassung bei den Erfolgsteuern gemindert werden soll.

Bei der handelsbilanziellen Qualifikation ist einerseits die ökonomische Bedeutung der Zulage als Anschaffungskostenminderung und andererseits die vermutlich ebenfalls vom Gesetzgeber nicht erwünschte Entzugswirkung über eine Gewinnausschüttung zu berücksichtigen. Deshalb erscheint eine Erfassung als laufender Ertrag nicht zweckadäquat.[29] Einer im Zuwendungszeitpunkt erfolgsneutralen Abbildung als Anschaffungskostenminderung bzw. als korrespondierend aufzulösender gesonderter Passivposten wird demgegenüber der Vorzug gegeben.[30]

---

[26] Vgl. Pensel, in: Wacker (1994), S. 367.
[27] Vgl. Pensel, in: Wacker (1994), S. 367; ADS, 6. Aufl., § 255 Tz. 56.
[28] Vgl. InvZulG 1996 v. 22.1.1996, BGBl I, S. 60.
[29] So aber Baumann, HdR, 4. Aufl., Bd. Ia, § 274 Rn. 17; Uhlig (1989), S. 363.
[30] Vgl. St/HFA 1/1984 idF 1990, FN S. 131; ADS, 6. Aufl., § 255 Tz. 56 mit weiteren Nachweisen.

41.24 Anschaffungspreisänderungen

Änderungen des Anschaffungspreises, also Anschaffungspreisminderungen wie -erhöhungen, sind aufgrund des Prinzips, den Anschaffungsvorgang erfolgsneutral abzubilden und von einer Äquivalenz von Leistung und Gegenleistung auszugehen, zu berücksichtigen.[31] § 255 Abs. 1 Satz 3 HGB nennt explizit die Anschaffungspreisminderungen. In Betracht kommen einerseits Rabatte, Skonti und bei Möglichkeit zur Einzelzuordnung auch Boni, andererseits Nachzahlungen. Auf die Korrektur des Vorsteuerabzugs wurde bereits in Abschnitt 41.21 eingegangen.

Mit Urteil vom 26.3.1992[32] hat der IV. Senat des BFH entschieden, daß Schadenersatz, den eine gewerblich tätige GbR von ihrem Steuerberater dafür erhält, daß bei anderer als der von ihm vorgeschlagenen steuerlichen Gestaltung keine Grunderwerbsteuer angefallen wäre, nicht als Minderung der Anschaffungskosten der Grundstücke, sondern als steuerpflichtiger Ertrag zu behandeln ist. Im vorliegenden Fall wurde Schadenersatz exakt in der Höhe der Grunderwerbsteuer geleistet. Der IV. Senat des BFH beschränkt in dieser Entscheidung Anschaffungskostenminderungen auf das jeweils zugrundeliegende Rechtsverhältnis: „Ob eine Minderung der Anschaffungskosten vorliegt, bestimmt sich grundsätzlich nach dem Rechtsverhältnis, aufgrund dessen die als Anschaffungskosten zu beurteilenden Aufwendungen zu erbringen sind. Wenn die zu den Anschaffungskosten führende Zahlungsverpflichtung ganz oder teilweise rückgängig gemacht wird, z.B. durch Einräumung eines Preisnachlasses, durch erfolgreiche Geltendmachung von Wandelung, Minderung oder Schadenersatz, kommt eine Herabsetzung der Anschaffungskosten i.S.v. § 255 Abs. 1 Satz 3 HGB in Betracht. Bleibt jedoch die Leistungspflicht des Erwerbers unberührt, liegt keine Anschaffungskostenminderung vor."[33]

---

[31] Vgl. Ellrott/Schmidt-Wendt, Beck'scher Bilanzkommentar, § 255 Anm. 60.
[32] Vgl. BFH v. 26.3.1992, BStBl II 1993, S. 96 - 97.
[33] Ebenda, S. 97, li. Sp.

Die enge formalrechtliche Qualifikation wird hier nicht geteilt. Vielmehr ist auf die wirtschaftliche Be- oder Entlastung des Erwerbers abzustellen, wie dies auch in einer vorausgegangenen Entscheidung des III. Senats zur Weitergabe einer Vermittlungsprovision vom Handelsvertreter des Herstellers an den Erwerber deutlich wurde: „Es kommt nicht darauf an, ob derjenige, der die Vergütung gewährt, formalrechtlich unmittelbar in die Rechtsbeziehungen des Anschaffungsgeschäfts einbezogen ist oder nicht. Entscheidend ist vielmehr, wie sich die Rechtsbeziehungen für den Empfänger der Vergünstigung **wirtschaftlich** darstellen."[34]

Nicht geteilt wird auch die Auffassung, daß Säumniszuschläge zur Grunderwerbsteuer zu den Anschaffungskosten des Grundstücks rechnen.[35] Sie haben nach der hier vertretenen Auffassung als spezifisches Druckmittel der Verwaltung für die rechtzeitige Entrichtung von Steuern Zinscharakter (vgl. Abschnitt 48 zu den steuerlichen Nebenleistungen).

41.3 Herstellungskosten

Wird unter Produktion die (effiziente) Herstellung von Gütern und Leistungen durch Kombination von Produktionsfaktoren verstanden, so konzentriert sich unser Blick auf den Zustand Faktorbestand und auf den Faktoreinsatz. Traditionell[36] werden hier elementare und dispositive menschliche Arbeit, Betriebsmittel und Werkstoffe oder in einer anderen Begrifflichkeit[37] Repetier- und Potentialfaktoren unterschieden. Betriebsmittel (Potentialfaktoren) im Sinne von Gebrauchsgütern und Werkstoffen bzw. Repetierfaktoren im Sinne von Verbrauchsgütern sollen näher betrachtet werden.

---

34 BFH- Urteil v. 22.4.1988, III R 54/83, BStBl II 1988, S. 901, Hervorhebung durch Verf.
35 Vgl. BFH-Urteil v. 14.1.1992, BStBl II 1992, S. 464. Vgl. auch H 32a EStR 1996.
36 Vgl. Gutenberg (1955), S. 3.
37 Vgl. Heinen (1970), S. 223.

Eine wirtschaftliche Leistung kennzeichnet die geplante und prozeßbewirkte Änderung eines Merkmals eines Zustands, der als Merkmalbündel ein Gut, eine Person oder das darauf bezogene Umfeld beschreibt.[38] Klammern wir an dieser Stelle Dienstleistungen aus und beschränken uns auf Produkterstellung als prozeßbewirkte Herausbildung, Umformung oder Beseitigung eines Merkmals eines Gutes[39], so gelangt man in der externen Rechnungslegung zur Frage, in welcher Weise der Herstellungsprozeß abgebildet wird.

§ 255 Abs. 2 Satz 1 HGB definiert die Herstellungskosten als Aufwendungen, die durch den Verbrauch von Gütern und die Inanspruchnahme von Diensten für die Herstellung eines Vermögensgegenstandes, seine Erweiterung oder für eine über seinen ursprünglichen Zustand hinausgehende wesentliche Verbesserung entstehen. Pflichtbestandteile bilden die Materialkosten, die Fertigungskosten und die Sonderkosten der Fertigung (§ 255 Abs. 2 Satz 2 HGB). Zu den Wahlbestandteilen gehören die Material- und Fertigungsgemeinkosten, der fertigungsbezogene Wertverzehr des Anlagevermögens, Kosten der allgemeinen Verwaltung sowie Aufwendungen für soziale Einrichtungen des Betriebs, für freiwillige soziale Leistungen und für betriebliche Altersversorgung (§ 255 Abs. 2 Satz 3 u. 4 HGB).

Mit der Umschreibung der Pflichtbestandteile hat der Gesetzgeber Art. 35 Abs. 3a der Vierten EG-Richtlinie umgesetzt, während die Wahlbestandteile dem steuerrechtlichen Herstellungskostenbegriff Rechnung tragen und eine steuerneutrale Umsetzung ermöglichen.[40] § 255 Abs. 2 HGB liegt das betriebswirtschaftliche Kalkulationsschema der Zuschlagskalkulation zugrunde, das Einzel- und Gemeinkosten unterscheidet.[41] Für die Materialeinzelkosten gilt die Bewertung mit den Anschaffungskosten, so daß hinsichtlich der Abbildung von Steuern auf die vorangegangenen Ausführungen verwiesen werden kann.

---

38 Vgl. Lehmann, in: FS Loitlsberger (1991), S. 423.
39 Vgl. ebenda, S. 423.
40 Vgl. Ellrott/Schmidt-Wendt, Beck'scher Bilanzkommentar, § 255 Anm. 341 - 343.
41 Vgl. Ellrott/Fitzner, Beck'scher Bilanzkommentar, § 255 Anm. 410.

Die Handelsbilanz folgt dem Grundprinzip, erfolgsabhängige Steuern nicht in die Herstellungskosten einzubeziehen und erfolgsunabhängige Steuern - soweit auf Produktionsanlagen entfallend - als Fertigungsgemeinkosten zu kategorisieren[42], um anschließend den Bilanzierenden im Hinblick auf deren Einbezug in die Herstellungskosten entscheiden zu lassen. Konsequenterweise wird man die anteilige Zurechnung zu den Materialgemeinkosten, den Verwaltungs- und Vertriebskosten ebenfalls berücksichtigen müssen. In Betracht kommen neben den bislang erhobenen Substanzsteuern, der Gewerbekapital-[43] und Vermögensteuer[44], die zukünftig keine Bedeutung mehr haben, auch die Grundsteuer.

Im Vergleich zu den handelsrechtlichen Herstellungskosten bestimmt R 33 Abs. 1 EStR 1996 für die Steuerbilanz die Pflicht zum Einbezug angemessener Teile notwendiger Material- und Fertigungsgemeinkosten sowie des Wertverzehrs des fertigungsbezogenen Anlagevermögens. Die Regelung der Einkommensteuerrichtlinien ist zwar als bloße Verwaltungsanweisung keine steuerliche Rechtsnorm, doch hat der IV. Senat des BFH mit Urteil vom 21.10.1993[45] die von R 33 EStR vorgenommene Abgrenzung als gesetzeskonforme Interpretation des Herstellungskostenbegriffs gewertet. Für die Steuerbilanz bestimmt R 33 Abs. 5 EStR 1996 das Verbot des Einbezugs der Steuern vom Einkommen und Vermögen. Hinsichtlich der Gewerbesteuer wird dem Steuerpflichtigen ein Wahlrecht zum Einbezug anteiliger Gewerbeertragsteuer zugestanden[46], für die anteilige Gewerbekapitalsteuer besteht hingegen Aktivierungspflicht. Das explizite Verbot, anteilige Vermögensteuer einzubeziehen, überrascht angesichts des handelsrechtlichen Wahlrechts. Zum anderen erscheint der mögliche Einbezug der Gewerbeertragsteuer inkonsequent. Demgegenüber ist die nach herrschender handelsrechtlicher Auffassung vorgenommene Differenzierung von gewinnabhängigen Steuern, die nicht in die Herstellungskosten einbezogen werden dürfen, und gewinnunabhängigen Steuern, für die ein Einbeziehungswahlrecht besteht,

---

[42] Vgl. Ellrott/Fitzner, Beck'scher Bilanzkommentar, § 255 Anm. 468, Steuern; WPH (1996), Bd. I, E 245.
[43] Bis zum 31.12.1997 erhoben.
[44] Bis zum 31.12.1996 erhoben.
[45] Vgl. BFH-Urteil v. 21.10.1993, BStBl II 1994, S. 176.
[46] Dies geht zurück auf die Entscheidung des BFH v. 5.8.1958, BStBl III 1958, S. 392.

einleuchtend.[47] Eine Ausnahme kann auch nicht für denjenigen Teil der Gewerbeertragsteuer gelten, der auf nicht gewinnabhängige Hinzurechnungen - etwa Dauerschuldentgelte, Miet- oder Pachtzinsen - entfällt.[48]

Inwieweit Verbrauchsteuern zu den Herstellungskosten gehören, ist gleichfalls umstritten. Neben der Erfassung als Sonderkosten der Fertigung[49] werden auch der Ausweis unter den aktiven Rechnungsabgrenzungsposten besonderer Art[50] oder die aufwandswirksame Verrechnung diskutiert. Mit dem zutreffenden Argument, die Entstehung von Verbrauchsteuern bewirke eine andere Verkehrsfähigkeit der Gegenstände[51] bzw. es entstehe erst ein verkaufsfähiges Erzeugnis[52], wurden die Verbrauchsteuern in der Handelsbilanz als Sondereinzelkosten der Fertigung qualifiziert mit der Folge einer Einbeziehungsverpflichtung in die Herstellungskosten.

Der Bundesfinanzhof hat mit Urteil vom 26.2.1975[53] die Verbrauchsteuern als nicht aktivierbare Vertriebskosten qualifiziert. Zur Vermeidung von Steuerausfällen hat der Steuergesetzgeber mit § 5 Abs. 4 Satz 2 Nr. 1 EStG die Aktivierung der Zölle und Verbrauchsteuern, soweit sie auf am Abschlußstichtag auszuweisende Wirtschaftsgüter des Vorratsvermögens entfallen, als Posten eigener Art angeordnet. Zwecks Wahrung der Steuerneutralität wurde daraufhin das Handelsgesetzbuch um ein Aktivierungswahlrecht für solche Abgaben ergänzt (§ 250 Abs. 1 Satz 2 Nr. 1 HGB). Umstritten ist seitdem, ob dieses Aktivierungswahlrecht Vorrang vor einer Einbeziehungspflicht in die Herstellungskosten genießt.

---

47 Vgl. ADS, 6. Aufl., § 255 Tz. 176 f.
48 So aber Ordelheide, BeckHdR, B 163 Rz. 117, der einen Vergleich mit Zinsen zieht; Herrmann/Heuer/Raupach, § 6 EStG Anm. 463g (10.95).
49 Vgl. ADS, 6. Aufl., § 255 Tz. 153.
50 Vgl. Ellrott/Fitzner, Beck'scher Bilanzkommentar, § 255 Anm. 468 „Verbrauchsteuern".
51 Vgl. ADS, 6. Aufl., § 255, Tz. 153; St/HFA 5/1976, WPg 1976, S. 59; Knop/Küting/Weber, DB 1985, S. 2520.
52 Vgl. Ellrott/Fitzner, Beck'scher Bilanzkommentar, § 255 Anm. 468 „Verbrauchsteuern".
53 Vgl. BFH-Urteil v. 26.2.1975, BStBl II 1976, S. 13 betreffend die Biersteuer auf die in brauereieigene Niederlassungen überführten Biervorräte.

Im Umkehrschluß zu § 268 Abs. 6 HGB wird gefolgert, daß Zölle und Verbrauchsteuern, für die das Aktivierungswahlrecht in Anspruch genommen wird, innerhalb des Rechnungsabgrenzungspostens nicht gesondert auszuweisen seien.[54] Aufgrund der von den üblichen Rechnungsabgrenzungsposten abweichenden Bilanzierungsvoraussetzungen ist allerdings ein separater Ausweis zu empfehlen.[55]

Die nachfolgende Darstellung gibt einen abschließenden Überblick über den Einbezug von Steuern in die Herstellungskosten nach Handels- und Steuerrecht.

	Handelsbilanz	Steuerbilanz
Einkommensteuer/Körperschaftsteuer	Verbot	Verbot
Gewerbeertragsteuer	Verbot	Wahlrecht
Gewerbekapitalsteuer	Wahlrecht	Pflicht
Vermögensteuer	Wahlrecht	Verbot
Grundsteuer	Wahlrecht	Pflicht (?)
Umsatzsteuer als abziehbare Vorsteuer	Verbot	Verbot

Abbildung 13: Herstellungskostencharakter von Steuern

42. Steuererstattungsansprüche als Forderungen

42.1 Vorsteueransprüche

Das derzeitige Allphasenumsatzsteuersystem mit Vorsteuerabzug führt bei Umsatzsteuerbeträgen, die dem Unternehmer in Rechnung gestellt worden sind, zu einem Vorsteuererstattungsanspruch gegenüber der Finanzverwaltung. Die Problematik bei wirtschaftlich entstandenen, aber rechtlich noch nicht durchsetzbaren Erstattungsansprüchen wurde bereits in Abschnitt 41.21 behandelt. Bei Bestehen einer umsatzsteuerlichen Organschaft steht der Vorsteuerabzug dem Organträger als Unternehmer zu.

---

[54] Vgl. ADS, 5. Aufl., § 250, Tz. 68.
[55] Vgl. Hüttemann, HdJ, II /8.

Die in den Rechnungen an die Organgesellschaft ausgewiesene Umsatzsteuer macht der Organträger geltend, denn sein Unternehmen umfaßt den gesamten Organkreis.[56] Vorsteuerbeträge werden deshalb über das Verrechnungskonto abgebildet.

42.2 Steuerliche Anrechnungsansprüche aus Beteiligungserträgen

Im Regelfall gelten Ansprüche aus Gewinnbeteiligungen an Kapitalgesellschaften im Zeitpunkt des Gewinnausschüttungsbeschlusses als realisiert.[57] Die ausschüttende Kapitalgesellschaft hat die Verpflichtung, von der Dividende Kapitalertragsteuer einzubehalten und im Namen und für Rechnung des Anteilseigners an das Finanzamt abzuführen (§§ 43, 43a EStG), so daß nur die Nettodividende beim Anteilseigner liquiditätswirksam wird. Die Kapitalertragsteuer stellt als Abzugs- oder Quellensteuer eine Erhebungsform der Einkommensteuer dar, die im Falle der Dividendenbezüge ohne Rücksicht darauf, welche Einkunftsart des Empfängers betroffen ist, derzeit 25 % beträgt.

Im Rahmen von Dividendenerträgen ist darüber hinaus die Körperschaftsteuer zu berücksichtigen, die im Unterschied zur Kapitalertragsteuer von der ausschüttenden Kapitalgesellschaft geschuldet wird. Das seit 1977 geltende körperschaftsteuerliche Anrechnungsverfahren führt neben der Herabschleusung der Steuerbelastung von derzeit 45 auf 30 % zur Vollanrechnung der Steuer beim Dividendenempfänger mit der Konsequenz, daß dieser die Bruttodividende einschließlich Anrechnungssteuer als Einkunft erfassen muß.[58] Das folgende Zahlenbeispiel soll die Zusammenhänge verdeutlichen (ohne Solidaritätszuschlag):

---

[56] Vgl. Schmidt/Müller/Stöcker (1993), S. 337.
[57] Vgl. Selchert, HdR, 4. Aufl., Bd. Ia, § 252 Rn. 86; zum Ausnahmefall phasenkongruenter Bilanzierung vgl. EuGH v. 27.6.1996, BB 1996, S. 679; vgl hierzu den von Herzig (1997) herausgegebenen Sammelband zu den Konsequenzen der Tomberger-Entscheidung des EuGH für die handels- und steuerrechtliche Rechnungslegung.
[58] Vgl. Rose (1997), S. 158 ff.

Bruttodividende	100,00 GE
./. anrechenbare KSt	
(30 % von 100 GE)	30,00 GE
= Bardividende	70,00 GE
./. Kapitalertragsteuer	
(25 % von 70 GE)	17,50 GE
= Nettodividende	52,50 GE

Die Bilanzierung der Dividende bei Empfängern in der Rechtsform von Kapitalgesellschaften bereitet keine Probleme, denn hier sind Bilanzierender und Anrechnungsberechtigter eine Person. Die empfangende Kapitalgesellschaft hat den Beteiligungsertrag brutto (= 100 GE) zu erfassen und kann gleichzeitig Kapitalertragsteuer und Anrechnungskörperschaftsteuer auf die individuelle Steuerschuld anrechnen. Sie sind im GuV-Posten „Steuern vom Einkommen und Ertrag" abzubilden. Die Anrechnungskörperschaftsteuer ist wirtschaftlich betrachtet eine Vorauszahlung auf die eigene Körperschaftsteuer.[59]

Hält ein Einzelunternehmer oder eine Personengesellschaft Anteile an der Kapitalgesellschaft, muß entschieden werden, ob die Divergenz von Beteiligtem und Anrechnungsberechtigtem von Bedeutung ist. Es sind prinzipiell drei Bilanzierungsweisen denkbar: Bruttomethode, Nettomethode und eingeschränkte Nettomethode.[60] Es sprechen allerdings gewichtige Gründe dafür, die Bilanzierung von Beteiligungserträgen rechtsformneutral durchzuführen und auch in diesen Fällen den Bruttoertrag auszuweisen. Das Korrektiv bilden dann Entnahmen des Unternehmers bzw. der Gesellschafter in Höhe der anrechenbaren Steuern. Legt man das Leitbild der Informationsorientierung des Jahresabschlusses zugrunde und verfolgt das Ziel, unabhängig von der Sphäre

---

[59] Vgl. zu diesem Problem Abschnitt 46.131.
[60] Zu den Begriffen vgl. Roser, DB 1992, S. 850 - 854; Schulze zur Wiesch/Schulze zur Wiesch, in: FS Ludewig (1996), S. 984 - 990.

des Anteilseigners den Erfolg aus dem Beteiligungsengagement darzustellen[61], folgt daraus die Abbildung des Bruttoertrags, die zwar nicht die rechtlichen Gegebenheiten, wohl aber die wirtschaftlichen Auswirkungen zutreffend widerspiegelt.[62]

Der Stellungnahme des HFA 2/1993 zur Bilanzierung bei Personenhandelsgesellschaften zufolge waren Erträge aus Beteiligungen an Kapitalgesellschaften nach der hier favorisierten Bruttomethode zu erfassen: „Die Erträge aus Beteiligungen an Kapitalgesellschaften umfassen auch den Wert der körperschaftsteuerlichen Anrechnungsansprüche und die einbehaltenen Kapitalertragsteuern. Die letztgenannten Beträge sind bei der Einbuchung des Beteiligungsertrags als von den Gesellschaftern entnommen zu betrachten."[63]

Aufgrund der Entscheidung des II. Senats des BGH vom 30.1.1995, die die Frage betraf, ob der Personengesellschaft ein Anspruch gegenüber dem Gesellschafter auf Herausgabe der erstatteten Körperschaftsteuervergütung zustehe, ist der HFA jetzt von der Bruttomethode zur eingeschränkten Nettomethode übergegangen:

> *„Die Erträge aus Beteiligungen an Kapitalgesellschaften umfassen auch die einbehaltene Kapitalertragsteuer, die bei der Einbuchung des Beteiligungsertrages als von den Gesellschaftern entnommen zu betrachten ist. Nach dem Urteil des BGH vom 30.1.1995, II ZR 42/94, ZIP 1995 S. 462 - 465 ist es dagegen nicht zulässig, körperschaftsteuerliche Anrechnungsansprüche als Teil der Erträge der Personengesellschaft zu behandeln.*
>
> *Anmerkung: Wird durch eine gesellschaftsvertragliche Regelung vereinbart, daß die körperschaftsteuerlichen Anrechnungsansprüche auf die Entnahmerechte der Gesellschafter bspw. für Steuerzwecke angerechnet werden, und führt dies dazu, daß aus körperschaftsteuerlichen Anrechnungsansprüchen resultierende Vorteile von Gesellschaftern an die Personengesellschaft abzuführen sind, so ist dies im Jahresabschluß der Personenhandelsgesellschaft als Einlage der Gesellschafter darzustellen."*[64]

---

[61] Vgl. Greif/Reinhardt, DB 1996, S. 2238.
[62] Vgl. Schulze zur Wiesch/Schulze zur Wiesch, in: FS Ludewig (1996), S. 985.
[63] HFA 2/1993, A II., WPg 1994, S. 23.
[64] WPg 1995, S. 706.

Weder die Entscheidung des II. Senats des BGH noch die Stellungnahme des HFA vermögen zu überzeugen. Die Anrechnung ist unabhängig von der Rechtsform ein Vermögensvorteil aus dem Engagement an einer Kapitalgesellschaft. Ungeachtet anderer rechtsformabhängiger Bilanzierungsunterschiede sollte die Darstellung der Vermögens- und Ertragslage von Personengesellschaft mit Kapitalgesellschaften vergleichbar sein.[65]

Auch der gegen die Bruttomethode eingebrachte Vorwurf[66], ausländischen Gesellschaftern stehe ein Anrechnungsanspruch nicht zu, gilt in den Fällen nicht, in denen eine inländische Betriebstätte unterhalten wird, was regelmäßig der Fall sein dürfte.[67]

43. Steuern als Rechnungsabgrenzungsposten und als Posten eigener Art

43.1 Vorbemerkungen

Für die Abbildung von Steuern kommen prinzipiell drei der vier Kategorien von aktiven Rechnungsabgrenzungsposten in Betracht. Die nachfolgenden Ausführungen zeigen allerdings, daß in allen Bereichen Zweifel an der Art der Abbildung von Steuern vorgetragen werden können.

§ 250 HGB und § 274 Abs. 2 HGB sehen für folgende Vorgänge die vollständige oder teilweise Neutralisierung des Periodenaufwands vor:

- RAP i.e.S. gemäß § 250 Abs. 1 Satz 1 HGB verpflichtend für Ausgaben vor dem Abschlußstichtag, die sich auf eine bestimmte Zeit danach beziehen[68],

---

65 Vgl. Greif/Reinhardt, DB 1996, S. 2238 f.
66 Vgl. Roser, DB 1992, S. 851.
67 Vgl. Schulze zur Wiesch/Schulze zur Wiesch, in: FS Ludewig (1996), S. 987.
68 § 152 Abs. 9 AktG 1965 beschränkte den Inhalt der Rechnungsabgrenzungsposten auf solche transitorischen Vorgänge. Trotz des auf ein Wahlrecht deutenden Wortlautes ging man bereits damals von einer Bilanzierungspflicht aus. Zur Entstehungsgeschichte vgl. Trützschler, HdR, 4. Aufl., Bd. Ia, § 250 Rn. 9 - 23. Im folgenden wird nur auf die aktiven RAP eingegangen.

- besondere RAP gemäß § 250 Abs. 1 Satz 2 HGB fakultativ für die als Aufwand berücksichtigten Zölle und Verbrauchsteuern sowie für die Umsatzsteuer auf Anzahlungen
- und schließlich für Kapitalgesellschaften die Möglichkeit einer Bilanzierungshilfe für aktive latente Steuern i.S.v. § 274 Abs. 2 HGB.

Das in § 250 Abs. 3 HGB vorgesehene Aktivierungswahlrecht für den Unterschied zwischen Rückzahlungsbetrag und Ausgabebetrag bei Aufnahme einer Verbindlichkeit (Disagio) kann hier außer Betracht bleiben. Wir sehen zunächst von der Steuerabgrenzung einmal ab, so daß die beiden erstgenannten Kategorien betrachtet werden sollen, die in besonderem Maße auf das Periodisierungsproblem der externen Rechnungslegung zurückzuführen sind.[69]

Für die RAP i.e.S. sieht § 5 Abs. 5 EStG ebenfalls eine Bilanzierungspflicht in der Steuerbilanz vor. Zölle und Verbrauchsteuern sowie Umsatzsteuer auf Anzahlungen sind im Gegensatz zum handelsbilanziellen Wahlrecht dort aktivierungspflichtig.

43.2 Steuern als Rechnungsabgrenzungsposten i.e.S.

Die Bildung von RAP i.e.S. setzt voraus, daß es sich um Ausgaben vor dem Abschlußstichtag handelt, die einen Zukunftsbezug aufweisen und deshalb erst in einer bestimmten Zeitspanne danach aufwandswirksam werden sollen. Kennzeichnend ist regelmäßig das Vorliegen eines gegenseitigen Vertrags, aufgrund dessen für eine bestimmte Zeit Leistungen zu erbringen sind, Leistung und Gegenleistung aber zeitlich auseinanderfallen.[70]

---

[69] Vgl. Ettwein, BeckHdR, B 218 Rz. 5.
[70] Vgl. Kupsch, BoHR, § 250 Anm. 3.

Wird ein synallagmatischer Zusammenhang gefordert, könnten Steuerzahlungen mit Bezug zum nächsten Geschäftsjahr schon aufgrund des zugrundeliegenden öffentlich-rechtlichen Schuldverhältnisses nicht in die Rechnungsabgrenzung einbezogen werden. So wurde von der älteren steuerlichen Rechtsprechung die Rechnungsabgrenzung auf zeitbezogene Gegenleistungsansprüche des Vorleistenden aus gegenseitige Verträgen i.S.v. §§ 320 ff. BGB beschränkt.[71]

Die Finanzverwaltung sieht mit Bezugnahme auf die höchstrichterliche Rechtsprechung heute eine Rechnungsabgrenzung jedoch auch in den Fällen geboten, in denen die gegenseitigen Verpflichtungen ihre Grundlage im öffentlichen Recht haben.[72] So hat der I. Senat mit Urteil vom 17.9.1987[73] die passive Rechnungsabgrenzung für eine auf fünf Jahre bezogene Nichtvermarktungsprämie eines bilanzierenden Landwirts angeordnet. Für Abfindungszahlungen nach dem Mühlenstrukturgesetz[74] und dem Empfang von Subventionen mit Verwendungsauflagen[75] wurde gleichfalls die Notwendigkeit einer passiven Rechnungsabgrenzung gesehen.

Wenn nun der Entscheidung vom 25.10.1994[76] zufolge Sinn und Zweck transitorischer Posten allein in der Abgrenzung zeitbezogener Gegenleistungen besteht, ist Moxter[77] zu folgen, der eine Überobjektivierung der Rechtsprechung erkennt: Aus zeitbezogenen Vorleistungen resultierende Ansprüche des Bilanzierenden sind nach der hier vertretenen Auffassung grundsätzlich für eine Abgrenzung geeignet. Dies erkennt man allein an der Tatsache, daß die zu Beginn eines Besteuerungszeitraums erhobene Steuer - zum Beispiel die Kraftfahrzeugsteuer - mit Bezug zur nächsten Rechnungsperiode einen Rückforderungsanspruch verkörpert.[78]

---

71 Vgl. die Nachweise bei Herrmann/Heuer/Raupach, § 5 Anm. 1927 (6.85).
72 Vgl. H 31b EStR 1996.
73 Vgl. BFH v. 17.9.1987, BStBl II 1988, S. 327 - 330.
74 Vgl. BFH v. 22.7.1982, BStBl II 1982, S. 655.
75 Vgl. H 31b EStR 1996.
76 Vgl. BFH v. 25.10.1994, BStBl II 1995, S. 312 ff.
77 Vgl. Moxter (1996), S. 67.
78 Vgl. Moxter (1996), S. 67.

Neben der Frage, ob das zugrundeliegende Rechtsverhältnis eine Rechnungsabgrenzung zuläßt, sind die materiellen Voraussetzungen zu prüfen. Nach herrschender Meinung[79] werden nicht lediglich reine Zahlungsvorgänge unter die Rechnungsabgrenzung subsumiert, sondern auch das Einbuchen von Verbindlichkeiten. Dies entspricht der betriebswirtschaftlichen Interpretation des Begriffs Ausgabe. Auch Zahlungsvorgänge am Abschlußstichtag selbst können eine Rechnungsabgrenzung i.e.S. begründen. Der Bilanzierende muß prüfen, ob die Geschäftsvorfälle teilweise oder vollständig erst in der Zukunft erfolgswirksam werden sollen. Das Gesetz fordert die Aufwandswirksamkeit für eine bestimmte Zeit. Nach der überwiegend vertretenen Auffassung im Schrifttum bedeutet dies einen kalendermäßig exakt zu bestimmenden Zeitabschnitt der Zukunft.[80] Eine weiter gefaßte Auslegung fordert lediglich, daß sich der zu bestimmende Zeitraum aus dem zugrundeliegenden Sachverhalt berechnen oder schätzen läßt.[81]

Diese Frage ist bei der Abbildung von Steuern als RAP allerdings ohne Belang. Ohnehin kommen nur bestimmte Steuerarten in Frage. Für eine Rechnungsabgrenzung i.e.S. könnte insbesondere die Kraftfahrzeugsteuer in Betracht kommen, der das Halten eines Fahrzeugs zum Verkehr auf öffentlichen Straßen unterliegt.[82] Sie fällt periodisch an und ist regelmäßig für ein Jahr im voraus zu entrichten (§ 11 Abs. 1 KraftStG)[83]. Da der Beginn der Steuerpflicht und jedes Entrichtungszeitraums von der Zulassung abhängt, betrifft regelmäßig ein Teil der Ausgabe vor dem Abschlußstichtag das folgende Geschäftsjahr.

Andere Kostensteuern - etwa die Versicherungsteuer - werden zusammen mit dem Grundbetrag in eine eventuelle Abgrenzung einbezogen. Bei den Erfolgsteuern von Bilanzierenden mit abweichendem Geschäftsjahr - der Körperschaftsteuer und der

---

[79] Vgl. Trützschler, HdR, 4. Aufl., Bd. Ia, § 250 Rn. 34.
[80] Vgl. ADS, 5. Auflage, § 250 Tz. 31 ff.; WPH (1996), Bd. I, E 184, E 192.
[81] Vgl. Herzig/Söffing, BB 1993, S. 465 ff.; Beisse, in: FS Budde (1995), S. 67.
[82] Die weiteren Tatbestände Nr. 2 - 4 des § 1 KraftStG sollen hier aus Vereinfachungsgründen außer Betracht bleiben.
[83] § 11 Abs. 2 KraftStG sieht bei Steuerbeträgen von 1.000 DM bzw. 2.000 DM die halb- bzw. vierteljährliche Entrichtung mit Aufgeld vor.

Gewerbesteuer - ist demgegenüber kein Grund für eine Rechnungsabgrenzung gegeben, denn die erhobenen Vorauszahlungen betreffen den Veranlagungs- und Erhebungszeitraum, der sich mit dem Kalenderjahr deckt.

Unter Berücksichtigung des Wesentlichkeitsgrundsatzes kann bei betragsmäßig bedeutungslosen Beträgen trotz bestehender Bilanzierungspflicht auf eine periodengerechte Zuordnung verzichtet werden.[84] Die Finanzverwaltung verzichtet im Rahmen von steuerlichen Außenprüfungen auf die Bildung oder Änderung von Rechnungsabgrenzungsposten, wenn die abzugrenzenden Aufwendungen insgesamt nicht mehr als 3.000 DM betragen.[85] Doch unabhängig vom Erreichen eines Absolutbetrags kann bei regelmäßig wiederkehrenden Beträgen - beispielsweise bei der Kfz-Steuer - auf eine Aktivierung verzichtet werden.[86]

Die Relevanz der RAP i.e.S. für eine Abbildung von Steuern ist somit als gering einzustufen. Demgegenüber kommt den beiden nachfolgend beschriebenen Aktivierungswahlrechten eine weitaus größere Bedeutung zu.

43.3 Abgrenzungen für Zölle und Verbrauchsteuern

§ 250 Abs. 1 Satz 2 Nr. 1 HGB erlaubt den Ausweis von aktiven Abgrenzungsposten besonderer Art für die als Aufwand berücksichtigten Zölle und Verbrauchsteuern, soweit sie auf am Abschlußstichtag auszuweisende Vermögensgegenstände entfallen.

Die genannten Geschäftsvorfälle erfüllen nicht die Voraussetzungen einer Rechnungsabgrenzung i.e.S. Insbesondere fehlt es am Kriterium der bestimmten Zeit. Daß die in

---

[84] Vgl. Trützschler, HdR, 4. Aufl., Bd. Ia, § 250 Rn. 24.
[85] Vgl. Herrmann/Heuer/Raupach, § 5 Anm. 1921 mit Hinweis auf den Erlaß des Finanzministeriums NRW v. 4.3.1980, Tz. 3.143.
[86] Vgl. WPH (1996), Bd. I. E 186.

Betracht kommenden Zölle und Verbrauchsteuern vielmehr zu den Anschaffungs- oder Herstellungskosten der entsprechenden Vermögensgegenstände des Vorratsvermögens gehören, wurde bereits ausgeführt.[87]

Ungeachtet dieser Qualifikation ist hier jedoch auf das geltende handelsbilanzielle Aktivierungswahlrecht einzugehen. Es verdankt seine Existenz einer Rechtsprechungsänderung bei der steuerbilanziellen Abbildung. Mit Urteil vom 26.2.1975[88] hatte der BFH die Aktivierung von Zöllen und Verbrauchsteuern abgelehnt. Da der Gesetzgeber Steuerausfälle aufgrund der Nichtaktivierung in Höhe von 875 Mio. DM befürchtete[89], wurde § 5 EStG um die Aktivierungspflicht solcher Posten besonderer Art ergänzt.[90]

Das handelsrechtliche Aktivierungswahlrecht resultierte aus der gesetzgeberischen Zielsetzung der Steuerneutralität bei der Umsetzung der Vierten Bilanzrichtlinie. Es ist mit dem „true and fair view-Grundsatz" nicht zu vereinbaren.[91]

Notwendige Voraussetzungen zur Inanspruchnahme des Wahlrechts sind,
1. daß die betreffenden Zölle und Verbrauchsteuern bereits als Aufwand berücksichtigt wurden und
2. daß sie auf am Abschlußstichtag auszuweisende Vermögensgegenstände des Vorratsvermögens entfallen.

Die erste Voraussetzung ist erfüllt, wenn die Zölle und Verbrauchsteuern entweder bereits entrichtet worden oder aber als Verbindlichkeiten eingebucht worden sind und

---

[87] So auch Schnicke/Bartels-Hetzler, Beck'scher Bilanzkommentar, § 250 Anm. 37 mit Hinweis auf § 255 Anm. 201. Vgl. hierzu Abschnitt 41.
[88] Vgl. BFH-Urteil vom 26.2.1975, BStBl II 1976, S. 13 ff., sog. „Biersteuerurteil". Die für die aus dem Herstellungsbereich der Brauereien in die brauereieigenen Niederlagen überführten Biervorräte geschuldete und entrichtete Biersteuer könne weder als Rechnungsabgrenzungsposten noch als forderungsähnliches Wirtschaftsgut, noch als Bestandteil der Herstellungskosten qualifiziert werden.
[89] Vgl. den Bericht des Finanzausschusses des Deutschen Bundestags, BT-Drs. 7/5458, S. 9. Die (einmaligen) Einnahmeausfälle wurden insbesondere bei der Mineralölsteuer und der Tabaksteuer befürchtet; vgl. Herrmann/Heuer/Raupach, § 5 Anm. 1978 mit Hinweis auf BMF-Finanznachrichten v. 29.12.1975, S. 3.
[90] § 5 Abs. 3 EStG ergänzt um Satz 2 durch EGAO 1977 v. 14.12.1976, BGBl. I 1976, S. 3341.
[91] Vgl. Trützschler, HdR, 4. Aufl., Bd. Ia, § 250 Rn. 61.

dabei den Gewinn - ggf. auch das Ergebnis einer früheren Abrechnungsperiode - gemindert haben.[92] Dies setzt allerdings voraus, daß weder Anschaffungskosten i.S.v. § 255 Abs. 1 HGB noch Herstellungskosten i.S.v. § 255 Abs. 2 HGB vorliegen. Als Zölle i.S.v. § 250 Abs. 1 S. 2 HGB kommen deshalb nur solche Abgaben in Betracht, die aufgrund eines Transportes von selbsterstellten Erzeugnissen aus dem Inland in das Ausland bei Überschreitung der Zollgrenze anfallen, ohne daß es sich um eine Lieferung an einen Dritten handelt.[93]

Spezielle Verbrauchsteuern setzen technisch beim Hersteller oder Importeur an und machen am tatsächlichen Übergang der betreffenden Ware aus dem Herstellungsbetrieb in den freien Verkehr oder an der Einfuhr fest.[94] Die Steuern entstehen regelmäßig schon mit der Entfernung aus dem Steuerlager oder mit der Entnahme zum Verbrauch im Steuerlager. In Betracht kommen[95]:

- Biersteuer
- Branntweinsteuer
- Kaffeesteuer
- Mineralölsteuer
- Schaumweinsteuer
- Tabaksteuer
- Zwischenerzeugnissteuer.

Die zweite Voraussetzung betrifft den Bezug zu den am Abschlußstichtag vorhandenen und damit ausweispflichtigen Vermögensgegenständen des Vorratsvermögens, also Roh-, Hilfs- und Betriebsstoffe, unfertige und fertige Erzeugnisse sowie Waren, und zwar unabhängig vom tatsächlichen Bilanzierungsverhalten.[96]

---

[92] Vgl. Trützschler, HdR, 4. Aufl., Bd. Ia, § 250 Rn. 64.
[93] Vgl. Glade (1995), § 250 Anm. 20.
[94] Vgl Tipke/Lang (1996), § 15 Rz. 3.
[95] Vgl. die zu aktualisierende Aufzählung bei Herrmann/Heuer/Raupach, § 5 Anm. 1983 (6.85).
[96] Vgl. Trützschler, HdR, 4. Aufl., Bd. Ia, § 250 Rn. 65.

Nach der in der Literatur[97] vertretenen Auffassung darf das Aktivierungswahlrecht zu jedem Abschlußstichtag neu ausgeübt werden; das in § 252 Abs. 1 Nr. 6 HGB als Soll-Vorschrift formulierte Stetigkeitsgebot beziehe sich ausschließlich auf Bewertungswahlrechte.[98] Berücksichtigt man die Höhe der Verbrauchsteuersätze auf einzelne Produkte, wird damit dem Bilanzierenden ein erheblicher Spielraum bei der Ergebnisgestaltung zugestanden, der mit den Grundsätzen einer informationsorientierten Rechnungslegung nicht zu vereinbaren ist.

Mit Schnicke/Bartels-Hetzler[99] wird für diesen Abgrenzungsposten - über die gesetzlich vorgeschriebene Informationsvermittlung hinaus - ein gesonderter Ausweis innerhalb der aktiven Rechnungsabgrenzungsposten empfohlen.

43.4 Abgrenzungen für Umsatzsteuer auf Anzahlungen

Die Entstehungsgeschichte dieses Aktivierungswahlrechts ist mit der vorgenannten Option vergleichbar. Auch hier ergänzte der Gesetzgeber die bilanzsteuerliche Vorschrift des § 5 EStG infolge einer Entscheidung des Bundesfinanzhofes vom 26.6.1979[100], der die Aktivierung der in einer Anzahlung enthaltenen Umsatzsteuer für nicht zulässig erachtet hatte. Die befürchteten Steuerausfälle wurden hierbei auf ca. 6 Mio. DM geschätzt.[101]

Die Umsatzsteuer entsteht bei Anzahlungen gemäß § 13 Abs. 1 Nr. 1a Satz 4 UStG mit Ablauf des Voranmeldungszeitraums, in dem das Entgelt oder das Teilentgelt vereinnahmt worden ist.[102]

---

[97] Vgl. Glade (1995), § 250 Anm. 28; Schnicke/Bartels-Hetzler, Beck'scher Bilanzkommentar, § 250 Anm. 42.
[98] Vgl. ADS, 5. Auflage, § 252 Tz. 104; Budde/Geißler, Beck'scher Bilanzkommentar, § 252 Anm. 57.
[99] Vgl. Schnicke/Bartels-Hetzler, Beck'scher Bilanzkommentar, § 250 Anm. 45.
[100] Vgl. BFH-Urteil vom 26.6.1979, BStBl II 1979, S. 625 f.
[101] Vgl. BT-Drs. 8/4157 S. 4.
[102] Die in Satz 5 der Norm enthaltene Betragsgrenze für die Istversteuerung von Anzahlungen (DM 10.000) wurde durch Gesetz vom 21.12.1993, BGBl I 1993, S. 2310, mit Wirkung vom 1.1.1994 aufgehoben.

Voraussetzung zur Inanspruchnahme der Option ist der Brutto-Ausweis der erhaltenen Anzahlung einschließlich der Umsatzsteuer, die entweder passivisch erfaßt (§ 266 Abs. 3 Buchst. C Ziff. 3 HGB) oder unmittelbar bei den Vermögensgegenständen des Vorratsvermögens gekürzt worden ist (§ 268 Abs. 5 Satz 2 HGB).[103] Wendet das Unternehmen die Nettomethode an - dabei wird die erhaltene Anzahlung netto ausgewiesen und die Umsatzsteuer bis zu ihrer Abführung unter den sonstigen Verbindlichkeiten passiviert -, ist das Wahlrecht nach § 250 Abs. 1 Satz 2 Nr. 2 HGB ohne Bedeutung.[104] Wird der Posten „Erhaltene Anzahlungen" verrechnet, ist auch der Abgrenzungsposten aufzulösen.

43.5 Aktive Steuerabgrenzung

§ 274 Abs. 2 HGB erlaubt Kapitalgesellschaften die Bildung eines aktiven Abgrenzungspostens als Bilanzierungshilfe, wenn der dem Geschäftsjahr und früheren Geschäftsjahren zuzurechnende Steueraufwand zu hoch ist, weil der nach steuerrechtlichen Vorschriften zu ermittelnde Gewinn höher ist als das handelsrechtliche Ergebnis und der zu hohe Steueraufwand sich in späteren Geschäftsjahren voraussichtlich ausgleicht. Eine eingehende Auseinandersetzung mit diesem Aktivierungswahlrecht, das (halbherzig) der periodengerechten Erfolgsermittlung dienen soll[105], folgt in Abschnitt 47.

---

[103] Vgl. Schnicke/Bartels-Hetzler, Beck'scher Bilanzkommentar, § 250 Anm. 51.
[104] Vgl. Clemm/Nonnenmacher, Beck'scher Bilanzkommentar, § 266 Anm. 226; Bordewin, BB 1984, S. 1034.
[105] Vgl. zum Sinn und Zweck der Steuerabgrenzung Laser, BeckHdR, B 235, Rz. 15 - 18.

44. Steuerrückstellungen

44.1 Allgemeine Charakterisierung von Verbindlichkeitsrückstellungen

§ 249 Abs. 1 Satz 1 HGB nennt mit den Verbindlichkeitsrückstellungen und den Drohverlustrückstellungen zwei Kategorien handelsrechtlicher Pflichtrückstellungen, denen quantifizierbare Außenverpflichtungen, die wirtschaftliche Belastungen für das Unternehmen darstellen, zugrunde liegen.[106] Rückstellungen dienen allgemein der Antizipation künftiger Ausgaben in das Geschäftsjahr der wirtschaftlichen Entstehung.[107] Gegenüber Verbindlichkeitsrückstellungen kennzeichnet Drohverlustrückstellungen eine Unausgeglichenheit im Synallagma, so daß hier der erwartete Verpflichtungsüberschuß aus der Gegenüberstellung von Erträgen und Aufwendungen abgebildet wird. Da die Drohverlustrückstellung auf einem gegenseitigen, auf Leistungsaustausch gerichteten Vertrag basiert, kann sie im folgenden außer Betracht bleiben. Wir beschränken uns auf die öffentlich-rechtlichen Verpflichtungen der Unternehmung, die am Abschlußstichtag hinreichend konkretisiert, aber dem Grunde und/oder der Höhe nach ungewiß sind.[108]

44.2 Ansatz und Bewertung von Steuerrückstellungen

Die am Abschlußstichtag noch ausstehenden Verpflichtungen aus dem Steuerschuldverhältnis sind entsprechend dem Grundsatz der periodengerechten Erfolgsermittlung als Passivposten zu erfassen. Neben den Fragen, welche Verpflichtungen zu welchen Zeitpunkten abzubilden sind, interessiert uns die Frage nach dem zutreffenden Ausweis als Steuerrückstellungen, sonstige Rückstellungen oder als Verbindlichkeiten in der Bilanz, insbesondere von Kapitalgesellschaften. In Betracht kommen sowohl laufend veranlagte Steuern als auch einmalige Steuerbelastungen, nicht hingegen Auf-

---

[106] Vgl. Baetge (1996), S. 162 - 168, S. 351 - 356.
[107] Vgl. Mayer-Wegelin, HdR, 4. Aufl., Bd. Ia, § 249 Rn. 7.
[108] Vgl. Baetge (1996), S. 352 - 354.

wendungen zur Erfüllung steuerlicher Deklarationspflichten.[109] Einzelheiten zur Berechnung der Rückstellungen werden für Körperschaftsteuer, Gewerbesteuer und Solidaritätszuschlag in Abschnitt 46 erörtert. Allgemein gilt für die Bewertung von Steuerrückstellungen die Bemessung mit dem Betrag, der nach vernünftiger kaufmännischer Beurteilung zur Erfüllung notwendig ist (§ 253 Abs. 1 HGB).

Orientiert man sich am Steuerbegriff nach § 3 Abs. 1 AO, dann werden auch diejenigen Steuerverpflichtungen als Steuerrückstellungen ausgewiesen, bei denen das Unternehmen die Position des Haftungsschuldners innehat.[110] Die Gegenmeinung fordert für den Ausweis unter den Steuerrückstellungen die Steuerschuldnerschaft des bilanzierenden Unternehmens, so daß Haftungsschulden ausgegrenzt und als sonstige Rückstellungen zu erfassen sind.[111] Dafür spricht vor allem die unterschiedliche erfolgswirksame Dotierung der Posten.

Es erscheint zweckadäquat, als Steuerrückstellungen nur diejenigen ungewissen Verbindlichkeiten der Kapitalgesellschaft zu erfassen, für die sie selbst Steuerschuldnerin ist.[112] Für andere Rechtsformen, etwa Einzelunternehmen und Personengesellschaften gilt nichts anderes. Andere ungewisse Verpflichtungen aus dem Steuerschuldverhältnis - etwa Haftungsschulden - sollten unter den sonstigen Rückstellungen ausgewiesen werden.[113]

Für die Abgrenzung zu den Verbindlichkeiten sollte folgendes gelten. Solange noch keine bestandskräftige Veranlagung seitens der Finanzverwaltung vorliegt, steht nur der Ausweis als Steuerrückstellung zur Verfügung. Eine Aufspaltung des Obligos in einen gewissen Teilbetrag, der unter den sonstigen Verbindlichkeiten auszuweisen ist und einen ungewissen Teil, welcher Rückstellungscharakter hat, kommt nach der hier

---

[109] Vgl. ADS, 6. Aufl., § 266 Tz. 26.
[110] Vgl. Dusemond/Knop, HdR, 4. Aufl., Bd. Ia, § 266 Rn. 133 f.; Clemm/Nonnenmacher, Beck'scher Bilanzkommentar, § 266 Anm. 201; Matschke, BoHR, § 266 Tz. 159.
[111] ADS, 6. Aufl., § 266 Tz. 206; Scheffler, BeckHdR, B 233 Rz. 141.
[112] So auch ADS, 6. Aufl., § 266 Tz. 206.
[113] A.A. Clemm/Nonnenmacher, Beck'scher Bilanzkommentar, § 266 Anm. 201; Matschke, BoHR, § 266 Tz. 159.

vertretenen Auffassung nicht in Betracht.114 Dadurch ginge die Einheitlichkeit im Ausweis der Verpflichtung verloren, die auch durch den separaten Ausweis der Steuerverbindlichkeiten nicht wettgemacht werden kann.115

Eine Auflösung von Rückstellungen kommt nach § 249 Abs. 3 Satz 2 HGB erst dann in Betracht, wenn der Grund hierfür entfallen ist. Im Hinblick auf Steuerrückstellungen ist dies gegeben, wenn entweder eine niedrigere Festsetzung seitens der Finanzverwaltung erfolgt oder das antizipierte Nachzahlungsrisiko - etwa durch eine Außenprüfung ohne Mehrergebnis, die Aufhebung von Vorbehaltsvermerken oder durch Ablauf der Festsetzungsfrist - weggefallen ist.

44.3 Rückstellungen für Betriebsprüfungsrisiken

Die steuerliche Außenprüfung ist ein besonderes Verfahren der Finanzverwaltung zur Sachaufklärung, das in §§ 193 - 207 AO geregelt ist. Es dient vornehmlich dem Ziel, Steuergerechtigkeit durch gerechte Vollziehung der Steuergesetze zu verwirklichen.116

Neben der allgemeinen Außenprüfung hat die Finanzverwaltung besondere Ermittlungsverfahren für bestimmte Steuerarten in Einzelsteuergesetzen geregelt.117 Risiken anläßlich einer steuerlichen Außenprüfung sind nach den allgemeinen Passivierungsgrundsätzen für Rückstellungen abzubilden. Sobald zusätzliche Steuerbelastungen erkennbar werden, sind sie zu berücksichtigen.118 Es ist zu prüfen, ob eine hinreichend konkretisierte und quantifizierbare Verpflichtung am Abschlußstichtag vorliegt.119 Der Leistungszwang muß mit einer bestimmten Mindestwahrscheinlichkeit gegeben sein,

---

114 So aber ADS, 6. Aufl., § 266, Tz. 206, 207; WPH (1996) Bd. I, F 216.
115 A.A. ADS, 6. Aufl., § 266 Tz. 207; WPH (1996), Bd. I, F 216; Metze/Lippek, BeckHdR, B 234 Rz. 7.
116 Vgl. Tipke/Lang (1996), S. 777 Rn. 225 mit Hinweis auf die Rechtsprechung des BFH.
117 Vgl. § 42 f EStG zur Lohnsteueraußenprüfung, § 50b EStG zur Kapitalertrag- und Körperschaftsteueranrechnungsprüfung. Weitere Hinweise bei Tipke/Lang (1996), S. 783 Rn. 251 f.
118 Vgl. St/HFA 2/1991, WPg 1992, S. 90.
119 Vgl. Baetge (1996), S. 166.

das Entstehen der Verpflichtung muß vorhersehbar sein.[120] Nach der Rechtsprechung des Bundesfinanzhofes ist dies gegeben, wenn mehr Gründe für die Inanspruchnahme sprechen als dagegen.[121]

Auf den konkreten Fall der Betriebsprüfungsrisiken übertragen bedeutet dies, daß es nicht erforderlich ist, daß die Betriebsprüfung bereits mit der Prüfung begonnen und der Prüfer schon konkrete Sachverhaltsqualifikationen des Steuerpflichtigen beanstandet hat.[122] Auf einzelne aufdeckungsorientierte Maßnahmen der Finanzverwaltung kommt es nicht an.[123] Das Vorliegen von nicht bestandskräftigen Steuerfestsetzungen und ein konkretes, vom Bilanzierenden zu bewertendes Nachzahlungsrisiko sind ausreichend. Der Finanzrechtsprechung ist deshalb (nur) in folgendem zuzustimmen: Es reicht nicht aus, „...daß ganz allgemein und erfahrungsgemäß Betriebsprüfungen zu Beanstandungen und zu mehr oder weniger hohen Steuernachforderungen zu führen pflegen. Insofern handelt es sich um ein dem allgemeinen Unternehmer- oder Branchenrisiko vergleichbares Risiko, das erst dann zur Bildung einer Rückstellung berechtigt, wenn es sich in Gestalt konkreter und nachprüfbarer Einzelsachverhalte zu dem Risiko eines bestimmten einzelnen Geschäftsvorfalls verdichtet hat."[124] Dies kann bei einzelnen strittigen bilanziellen und außerbilanziellen Sachverhaltselementen gegeben sein. Eine Konkretisierung ist etwa im Zusammenhang mit Streitfragen gegeben, die Gegenstand laufender Finanzgerichtsverfahren sind.[125] Nicht zuzustimmen ist daher Adler/Düring/Schmaltz, die schon das erfahrungsgemäß bestehende Risiko, daß die Unternehmen aufgrund einer steuerlichen Außenprüfung in Anspruch genommen werden, berücksichtigen wollen,[126] abzulehnen ist auch die zu enge Sicht der jüngeren

---

[120] Vgl. Moxter (1996), S. 79.
[121] Vgl. BFH-Urteil v. 19.10.1993, BStBl II 1993, S. 891. Vgl. auch Schmidt (1997), § 5 Rz. 376.
[122] Vgl. Clemm/Nonnenmacher, Beck'scher Bilanzkommentar, § 249 Anm. 100.
[123] So aber im Falle hinterzogener Lohnsteuern BFH v. 16.2.1996, BStBl II 1996, S. 592 - 594.
[124] BFH-Urteil v. 13.1.1966, BStBl III 1966, S. 189. In der Entscheidung des BFH v. 18.7.1973, BStBl II 1973, S. 860, wird ausgeführt, daß „...der Steuerpflichtige die Mehrsteuern in dem Jahr des Entstehens zu passivieren hat, wenn er bei Aufstellung der Bilanz unter Anwendung der Sorgfalt eines ordentlichen Kaufmanns mit der Entstehung der Mehrsteuern rechnen muß."
[125] Vgl. Clemm/Nonnenmacher, Beck'scher Bilanzkommentar, § 249 Anm. 100.
[126] Vgl. ADS, 6. Aufl., § 253 Anm. 216.

Finanzrechtsprechung, die konkrete Maßnahmen der Finanzverwaltung fordert.[127] Hinsichtlich des Ausweises in der Bilanz muß allerdings berücksichtigt werden, daß über eine Antizipation von Nachzahlungsrisiken mittels Steuerrückstellungen Begehrlichkeiten seitens der Finanzverwaltung geweckt werden. Der mittelbaren Vorsorge für Betriebsprüfungsrisiken - etwa über eine passivierungsfähige Aufwandsrückstellung i.S.v. § 249 Abs. 2 HGB - ist gegebenenfalls der Vorrang einzuräumen. Die nach altem Recht bestehende Möglichkeit zur Erfassung des Nachzahlungsrisikos unter einer Rückstellung für allgemeine Risiken ist durch den Sonderausweis der Steuerrückstellungen heute nicht mehr zulässig.[128]

Im Anschluß an eine Betriebsprüfung gewährt die Finanzverwaltung dem Steuerpflichtigen ein Wahlrecht hinsichtlich des Zeitpunktes der erfolgswirksamen Abbildung von Mehrsteuern. Diese können entweder zu Lasten des Wirtschaftsjahres erfaßt werden, in dem der Steuerpflichtige mit der Nachforderung rechnen kann oder auf Antrag auch zu Lasten der Wirtschaftsjahre, zu denen sie wirtschaftlich gehören.[129] Handelt es sich um abzugsfähige Betriebsteuern, so ist dieses Wahlrecht aus steuerlicher Sicht unter Einbezug von Zeit-, Bemessungsgrundlagen- und Tarifeffekten auszuüben. Ein diesbezüglicher Antrag kann bei Änderungen durch die Außenprüfung, die verschiedene Steuerarten betreffen, nur einheitlich ausgeübt werden.[130] Voraussetzung für die Anpassung der steuerlichen Bemessungsgrundlagen ist aber, daß auch verfahrensrechtlich solche Änderungen noch möglich sind.

Als steuerliches Wahlrecht bei der Gewinnermittlung ist das korrespondierende Vorgehen in der Handelsbilanz Voraussetzung (§ 5 Abs. 1 Satz 2 EStG). Änderungen festgestellter oder unterzeichneter Jahresabschlüsse sind jedoch nur eingeschränkt möglich. Nach HFA 2/1991 dürfen fehlerfreie Jahresabschlüsse nur geändert werden, wenn

---

[127] Vgl. BFH v. 16.2.1996, BStBl II 1996, S. 592 - 594, S. 593 re. Sp. mit konformen Schrifttumsnachweisen.
[128] Vgl. Scheffler, BeckHdR, B 233 Rz. 146.
[129] Vgl. R 20 Abs. 3 EStR 1996.
[130] Vgl. R 20 Abs. 3 Nr. 2 Satz 2 EStR 1996.

gewichtige rechtliche, wirtschaftliche oder steuerrechtliche Gründe vorliegen und nicht Rechte Dritter beeinträchtigt werden, es sei denn, deren Einverständnis liegt vor.[131]

Die Anpassung der Handelsbilanzen durch die Erfassung von Mehrsteuern in den betreffenden Geschäftsjahren wird im allgemeinen nicht als ein solch gewichtiger Grund zu werten sein. Fehlerhafte Jahresabschlüsse, also Rechnungslegungen, die an schwerwiegenden Mängeln leiden, die zur Nichtigkeit führen, sind hingegen verpflichtend zu ändern.[132] In Betracht kommt hier die Unterbewertung von Steuerrückstellungen. Sind Steuerrückstellungen zu niedrig oder überhaupt nicht ausgewiesen, so kann dies die Nichtigkeit des Jahresabschlusses und des Gewinnverwendungsbeschlusses zur Folge haben.[133]

44.4 Rückstellungen für latente Steuern

§ 274 Abs. 1 Satz 1 HGB fordert für Kapitalgesellschaften verpflichtend die Bildung einer Rückstellung für latente Steuern, wenn der dem Geschäftsjahr und früheren Geschäftsjahren zuzurechnende Steueraufwand zu niedrig ist, weil der nach den steuerrechtlichen Vorschriften zu versteuernde Gewinn niedriger als das handelsrechtliche Ergebnis ist, und sich der zu niedrige Steueraufwand in späteren Geschäftsjahren voraussichtlich ausgleicht. In Betracht kommen hier diejenigen Steuern, die am Erfolg anknüpfen (Körperschaftsteuer, Gewerbeertragsteuer und Solidaritätszuschlag). Mit der Steuerabgrenzung im handelsrechtlichen Einzelabschluß und im Konzernabschluß werden wir uns noch eingehend auseinandersetzen.[134]

Ob passive latente Steuern die Rückstellungskriterien erfüllen, kann bestritten werden, denn am Abschlußstichtag besteht noch keine Abgabeschuld für einen abgelaufenen

---

[131] Vgl. St/HFA 2/1991, WPg 1992, S. 89 - 91. Vgl. hierzu auch WPH (1996), Bd. I, E 439.
[132] Vgl. WPH (1996), Bd. I, E 439.
[133] Vgl. Urteil des FG Nürnberg v. 28.10.1986, EFG 1987, S. 139. Vgl. Scheffler, BeckHdR, B 233 Rz. 150.
[134] Vgl. Abschnitte 47 und 74.

Veranlagungszeitraum, sondern lediglich ein zeitlich bedingter Bewertungsunterschied zwischen Handels- und Steuerbilanz. Ihnen liegt eine temporäre Differenz zwischen den effektiven Erfolgsteuern auf Grund steuerlicher Bemessungsgrundlagen und den fiktiven Steuern auf Basis des handelsrechtlichen Periodenerfolgs zugrunde.[135] Das Abstellen auf singuläre Ergebnisdifferenzen und die Forderung zum Ansatz einer Verbindlichkeitsrückstellung - in der Literatur am Beispiel der Preissteigerungsrücklage nach § 74 EStDV festgemacht - vermag nicht zu überzeugen.[136]

44.5 Ausweis der Steuerrückstellungen

Große und mittelgroße Kapitalgesellschaften[137] müssen nach § 266 Abs. 3 B 2 HGB Steuerrückstellungen gesondert von Rückstellungen für Pensionen und ähnlichen Verpflichtungen und sonstigen Rückstellungen ausweisen. Nach § 274 Abs. 1 Satz 1 HGB ist die Rückstellung für passive latente Steuern in der Bilanz oder im Anhang gesondert anzugeben. Einem separaten Ausweis in der Bilanz (Rückstellung für Steuerabgrenzung) oder eines Davon-Vermerks wird gegenüber einer Anhangangabe der Vorzug gegeben.[138] Nicht akzeptabel erscheint hingegen der Ausweis als Sonderposten vor oder nach den Steuerrückstellungen.[139] Bei kleinen Kapitalgesellschaften ist kein differenzierter Ausweis der Rückstellungen erforderlich. Da § 274 Abs. 1 Satz 1 HGB aber keine größenabhängige Erleichterung vorsieht, gilt auch für kleine Kapitalgesellschaften die Angabepflicht für latente Steuern[140], die zweckmäßigerweise dann im Anhang vorgenommen wird.

---

[135] Vgl. Selchert (1996), S. 707.
[136] Vgl. die Ausführungen von Siegel, ZfB-Ergänzungsheft 1/87, S. 144, der bemerkt, daß in den übrigen Fällen eine Rückstellungspflicht von der Literatur wohl übersehen worden ist.
[137] Vgl. § 267 Abs. 2 u. 3 HGB.
[138] Vgl. Clemm/Nonnenmacher, Beck'scher Bilanzkommentar, § 266 Anm. 201.
[139] So SABI 3/88, WPg 1988, S. 684 Tz. 6.
[140] A.A. Clemm/Nonnenmacher, Beck'scher Bilanzkommentar, § 266 Anm. 201.

45. Steuerverbindlichkeiten

Gegenüber Verbindlichkeitsrückstellungen kennzeichnet Verbindlichkeiten, daß sie dem Grunde und der Höhe nach sicher feststehen. Eindeutig quantifizierbar ist die Verpflichtung nur dann, wenn genau, das heißt punktuell, feststeht, in welcher Höhe sich das Bruttovermögen durch deren Erfüllung künftig vermindern wird.[141] Nach Festsetzung der Steuer erfolgt eine Umgliederung der bisher als Rückstellungen ausgewiesenen Beträge in die sonstigen Verbindlichkeiten.[142]

Mittelgroße und große Kapitalgesellschaften haben Steuerverbindlichkeiten gesondert auszuweisen (§ 266 Abs. 3 C 8 HGB), kleine Kapitalgesellschaften dürfen sie mit anderen Verbindlichkeiten zusammenfasssen. Verbindlichkeiten erlöschen durch Erfüllung, das heißt regelmäßig durch Zahlung der festgesetzten Beträge. § 47 AO sieht als weitere Erlöschensgründe die Aufrechnung, den Erlaß und die Verjährung von Ansprüchen vor.

Den Ausweis von Steuerverbindlichkeiten von Einzelunternehmern und Personengesellschaften, die unter das PublG fallen, behandelt Abschnitt 46.16. Ein Wahlrecht zur Abbildung von Steueraufwendungen des Einzelkaufmanns, die durch das Unternehmen veranlaßt sind, wird abgelehnt.[143]

---

[141] Vgl. Baetge (1996), S. 328.
[142] Vgl. Clemm/Nonnenmacher, Beck'scher Bilanzkommentar, § 266 Anm. 201.
[143] A. A. Budde/Karig, Beck'scher Bilanzkommentar, § 246 Anm. 55.

46. Steuern in der Gewinn- und Verlustrechnung

46.1 Steuern vom Einkommen und vom Ertrag

46.11 Vorbemerkungen

Die Gewinn- und Verlustrechnung trennt "Steuern vom Einkommen und vom Ertrag" und "sonstige Steuern". Mit dem Ausweis von Steuern als Posten der Gewinn- und Verlustrechnung ist die Vorentscheidung zur Erfolgswirksamkeit getroffen. Es bleibt die Differenzierung nach dem Kriterium der Erfolgsabhängigkeit. Gemeinsam ist erfolgsabhängigen und erfolgsunabhängigen Steuern, daß sie aufgrund des Prinzips der wirtschaftlichen Zugehörigkcit in dem Geschäftsjahr abgebildet werden, dem sie wirtschaftlich zugehören.

Der Ausweis erfolgt in der Gewinn- und Verlustrechnung nach dem "Ergebnis der gewöhnlichen Geschäftstätigkeit" und nach dem "außerordentlichen Ergebnis", so daß die Schlußfolgerung gerechtfertigt ist, daß diese Posten Bruttogrößen (vor Steuern) abbilden sollen.[144] Über die Belastung beider Bruttogrößen mit Steuern vom Einkommen und vom Ertrag ist bei Kapitalgesellschaften nach § 285 Nr. 6 HGB im Anhang zu berichten.[145] „Ergebnis der gewöhnlichen Geschäftstätigkeit" und „außerordentliches Ergebnis" erlangen als Bruttogrößen Bedeutung im Rahmen der Jahresabschlußanalyse, insbesondere bei Zeit- und Betriebsvergleichen. Sie bilden die Grundlage für eine Erfolgsspaltung.[146]

Steuern vom Einkommen und vom Ertrag (EE-Steuern) werden in der Gewinn- und Verlustrechnung als eigener Posten separat ausgewiesen, bei Anwendung des Gesamtkostenverfahrens unter Nr. 18, beim Umsatzkostenverfahren unter Nr. 17 (§ 275 Abs. 2 u. 3 HGB). Die Informationslage hat sich im Vergleich zum Aktiengesetz 1965 ver-

---

[144] Vgl. stellvertretend Budde/Förschle, Beck'scher Bilanzkommentar, § 275 Anm. 253.
[145] Vgl. Kapitel 6.
[146] Vgl. Budde/Förschle, Beck'scher Bilanzkommentar, § 275 Anm. 213.

bessert, denn damals waren als EEV-Steuern in einem Posten zusätzlich noch Gewerbekapital- und Vermögensteuer auszuweisen.

Nunmehr rechnet zum EE-Steueraufwand derjenige erfolgsabhängige Steueraufwand, der im Geschäftsjahr vom Unternehmen als Steuerschuldner verursacht worden ist. In Betracht kommen die eigene Körperschaft- und Gewerbeertragsteuer des Unternehmens, aber auch die im Wege des Steuerabzugs erhobene Kapitalertragsteuer auf Beteiligungserträge und andere Erträge aus Finanzanlagen oder Wertpapiere des Umlaufvermögens. Zu berücksichtigen sind gegebenenfalls auch Ergänzungsabgaben (Solidaritätszuschlag zur Körperschaftsteuer) und den genannten Ertragsteuern entsprechende ausländische Steuern. Im Vergleich zur Rechnungslegung anderer Staaten zeigt sich, daß der getrennte Ausweis von EE-Steuern und sonstigen Steuern und gegebenenfalls eine Erfolgsteuerspaltung vorgenommen wird.[147]

Nachfolgend wird die Berechnung der EE-Steuern in der ermittlungsrechnerischen Reihenfolge erläutert. Zunächst zur Ermittlung der Gewerbeertragsteuer im Jahresabschluß.

46.12 Gewerbeertragsteuer

46.121 Gewerbeertragsteuerermittlung bei Kapitalgesellschaften

(1) Die Ausgangsgröße für die Gewerbeertragsteuer bildet der nach den einkommen- und körperschaftsteuerlichen Normen ermittelte Gewinn, bei dessen Berechnung die Gewerbesteuer in Form von Vorauszahlungen und Rückstellungsdotierungen als abzugsfähige Betriebsausgabe berücksichtigt worden ist.

---

[147] Vgl. Küting/Weber (1994), S. 286 f.

(2) Bei der Berechnung des Gewerbesteueraufwands im Jahresabschluß ist die Abzugsfähigkeit der Steuer von der eigenen Bemessungsgrundlage entweder pauschal oder mathematisch-exakt durchzuführen.

(3) Die Verwaltungsanweisungen der Finanzverwaltung sehen zur pauschalen Ermittlung seit 1993 die sog. 5/6-Methode vor (R 20 Abs. 2 EStR 1996). Den Ausführungen mangelt es an sprachlicher Klarheit. Bei wortgetreuer Auslegung findet eine Kürzung auch hinsichtlich der Gewerbekapitalsteuer statt, die jedoch keiner Wechselwirkung unterliegt.[148] In dieser Hinsicht unterschätzt die Gewerbesteuerrückstellung den tatsächlichen Gewerbesteueraufwand.

(4) Bezogen auf die Interdependenzwirkung führt die Berechnung mit Hilfe der 5/6-Methode nur dann zu einem exakten Ergebnis, wenn der Hebesatz bei 400 % liegt.

$$0{,}05 \times H \times 0{,}8333 = 0{,}05 \times H/1 + 0{,}05 \times H$$
$$0{,}0416 \times H = 0{,}05 \, H/1 + 0{,}05 \times H$$
$$0{,}0416 \times H + 0{,}002083 \, H^2 = 0{,}05 \, H$$
$$H = 400 \, (\%).$$

(5) Liegt der Hebesatz niedriger, so unterschätzt die pauschale Methode, liegt er höher, so überschätzt die pauschale Methode. Unterstellt man einen Hebesatz von 515 %, so beträgt die Differenz zwischen pauschaler und exakter Methode rund 1 Prozentpunkt (0,21458333 - 0,2047713).

(6) Mit der pauschalen Methode trat in der Vergangenheit dann nicht nur eine Entlastung bei der Gewerbeertragsteuer, sondern auch bei den anderen Erfolgsteuern und infolge der Übernahme der Steuerbilanzwerte in die Vermögensaufstellung gemäß § 109 Abs. 1 BewG sogar bei den Substanzsteuern ein. Allerdings sind Vermögen- und Gewerbekapitalsteuer inzwischen weggefallen.

---

[148] Dieses Argument gilt nur noch bis zum 31.12.1997.

(7) Bei Personengesellschaften unterschätzt die 5/6-Methode aufgrund des Staffeltarifs bei niedrigen Gewerbeerträgen regelmäßig die Gewerbesteuer. In der ersten Tarifstufe ist eine Kongruenz erst bei einem Hebesatz von 490 % gegeben. Liegen die Gewerbeerträge höher, so überschätzt die pauschale Methode die Rückstellung. Insbesondere für den Staffeltarif genügt die Vereinfachungsregelung nicht den hier gestellten Anforderungen.

Aufgrund der Abzugsfähigkeit der Gewerbeertragsteuer von ihrer eigenen Bemessungsgrundlage ist zur Berechnung des Gewerbeertragsteueraufwands S_{ge} ein modifizierter Steuersatz maßgebend.[149]

Bei den hier zunächst im Blickpunkt stehenden Kapitalgesellschaften beträgt die Steuermeßzahl 5 % (§ 11 Abs. 2 Nr. 2 GewStG), die mit dem jeweiligen gemeindlichen Hebesatz (H) zu multiplizieren ist und sich auf die positive Größe „vorläufiger Gewerbeertrag" als Gewinn oder Verlust (G) aus Gewerbebetrieb unter Berücksichtigung von gewerbeertragsteuerlichen Modifikationen (M) - Hinzurechnungen und Kürzungen gemäß §§ 8, 9 GewStG - bezieht.

$$E = G +/- M.$$

Der Gewerbeertragsteueraufwand S_{ge} errechnet sich wie folgt:

$$S_{ge} = (E - S_{ge}) \times H \times 0{,}05$$

$$S_{ge} = (5H/(100 + 5H)) \times E.$$

R 20 Abs. 2 Satz 2 EStR 1996 erlaubt eine pauschale Ermittlung des Gewerbesteueraufwands für Zwecke der Steuerbilanz.[150] Danach kann die Gewerbesteuer schät-

---

[149] Vgl. Rose (1994), S. 216 - 218.
[150] Zuvor Abschnitt 22 Abs. 2 Satz 2 EStR 1987 u. 1990 mit der pauschalen 9/10-Methode.

zungsweise mit fünf Sechsteln des Betrags der Gewerbesteuer angesetzt werden, der sich ohne Berücksichtigung der Gewerbesteuer als Betriebsausgabe ergeben würde.

Dieser Verwaltungsanweisung mangelt es an sprachlicher Klarheit, denn gemeint ist die Gewerbeertragsteuerermittlung. Aus der Abzugsfähigkeit der als sonstige Steuer zu bilanzierenden Gewerbekapitalsteuer resultiert zwar ein Entlastungseffekt bei den EE-Steuern, die Gewerbekapitalsteuer selbst ändert sich im Gegensatz zur Gewerbeertragsteuer jedoch nicht. Für eine exakte Quantifizierung der Steuerbelastung eignet sich die Vereinfachungsregelung nur, wenn sich der Hebesatz auf 400 % beläuft.[151] Liegt er niedriger, so unterschätzt die 5/6-Methode den Steueraufwand, liegt er höher, wird der Aufwand überschätzt.

Die zuvor geltende pauschale 9/10-Methode wurde im Zuge der Neufassung der Einkommensteuerrichtlinien 1993 durch die 5/6-Methode abgelöst, denn nach herrschender Meinung hatte der Steuerpflichtige aufgrund der Selbstbindung der Verwaltung auch dann einen Anspruch auf die Anwendung der pauschalen Methode, wenn die mathematisch-exakte Berechnung zu einem niedrigeren Aufwand führt, was bei einem höheren Hebesatz als 222 % der Fall war.[152] Die jetzt gültige 5/6-Methode hebt diesen Schwellenwert auf 400 % an.

Aus Sicht einer objektivierten Gewinnermittlung ist zu fordern, daß die Quantifizierung in der Handelsbilanz nicht pauschal, sondern stets mathematisch-exakt zu erfolgen hat. Das Wahlrecht nach R 20 Abs. 2 Satz 2 EStR ist somit für die Handelsbilanz abzulehnen.[153] Eine Ausnahme könnte nur dann bestehen, wenn die inzwischen umfassend kodifizierte Umkehrmaßgeblichkeit des § 5 Abs. 1 Satz 2 EStG zur Übernahme in die Handelsbilanz zwingen würde.

---

[151] Vgl. Schneider (1994b), S. 191. Zuvor lag der Grenz-Hebesatz bei 222 %, vgl. Brönner/Bareis (1991), IV Rn. 1751.
[152] Vgl. BFH v. 12.4.1984, BStBl II 1984, S. 554; BFH v. 23.4.1991, BStBl II 1991, S. 752.
[153] A.A. Clemm/Nonnenmacher, Beck'scher Bilanzkommentar, § 249 Anm. 100: Wahlrecht auch für die Handelsbilanz.

Dies hat Bachem[154] bejaht, zumindest für den Fall, daß die pauschale Berechnungsweise noch zu GoB-konformen Ergebnissen führt. Der handelsrechtliche Rückstellungsbetrag sei nach vernünftiger kaufmännischer Beurteilung mit dem Erfüllungsbetrag zu bemessen und setze sich aus einer Mittelwertkomponente und einer Vorsichtskomponente zusammen. Dieser Auffassung kann nicht zugestimmt werden. Die Umkehrmaßgeblichkeit kann nur greifen, wenn im handelsrechtlichen Jahresabschluß ein korrespondierendes Wahlrecht besteht.[155] Die von § 253 Abs. 1 Satz 2 HGB geforderte Bewertung der Rückstellung mit dem nach vernünftiger kaufmännischer Beurteilung notwendigen Betrag will die Rückstellungshöhe nach oben begrenzen, indem der voraussichtliche Erfüllungsbetrag ermittelt wird. Ein Wahlrechtsspielraum wird nicht eröffnet. Die Rückstellungsermittlung sollte vielmehr mathematisch-exakt erfolgen.

46.122 Gewerbeertragsteuerrückstellung bei Personengesellschaften

Die Forderung nach mathematisch-exakter Quantifizierung gilt gleichermaßen für Einzelunternehmer und Personengesellschaften, doch sind hier vor allem zwei Besonderheiten zu beachten. In die Ermittlung des Gewerbeertragsteueraufwands einbezogen werden muß der Freibetrag nach § 11 Abs. 1 Satz 3 Nr. 1 GewStG von 48.000.- DM und der seit Steueränderungsgesetz 1992[156] geltende Staffeltarif gemäß § 11 Abs. 2 Nr. 1 GewStG.[157] Ab Erhebungszeitraum 1993 betragen die Steuermeßzahlen

---

[154] Vgl. BB 1992, S. 460 ff., S. 464.
[155] Vgl. Schmidt/Weber-Grellet (1997), § 5 Rz. 56.
[156] Vgl. BGBl. I 1992, S. 297.
[157] Vgl. hierzu Pauka, DB 1992, S. 1837; ders., DB 1993, S. 952; Beranek, BB 1992, S. 1832; Stüttgen, DB 1993, S. 950; König/Kunkel/Stegmaier, DStR 1992, S. 922.

im Anschluß an den Freibetrag von 48.000,- DM für

die ersten	24.000 DM	1 %	67.200 DM
für die weiteren	24.000 DM	2 %	81.600 DM
	24.000 DM	3 %	91.200 DM
	24.000 DM	4 %	96.000 DM
für alle weiteren Beträge		5 %	96.000 DM

Der Gesetzgeber beabsichtigte mit dieser Staffelung und der Anhebung des Freibetrags auf 48.000 DM eine besondere Förderung mittelständischer Unternehmen.

Dieser Staffeltarif läßt sich in fiktive Freibeträge umrechnen, so daß nach wie vor die Steuermeßzahl von 5 % Anwendung findet.[158] Dies vereinfacht die Rückstellungsbemessung bei Einzelunternehmen und Personengesellschaften aber nur in den Fällen, in denen die Staffel unter Berücksichtigung der Wechselwirkung voll ausgeschöpft ist.

Mit der Frage, wie die Gewerbesteuerrückstellung bei Personengesellschaften nach Einführung des Staffeltarifs durch das Steueränderungsgesetz 1992 in den übrigen Fällen zu berechnen ist, hat sich die Literatur seitdem intensiv auseinandergesetzt,[159] denn der Weg, die Rückstellung nach der allgemeinen Methode zu berechnen, war damit versperrt.

Während Pauka die geänderte Rechtslage zunächst tabellarisch darstellte, setzte Stüttgen dies im Wege der Ableitung von sechs unterschiedlichen Formeln je Bruttoertragstufe um. König/Kunkel/Stegmaier und Binz/Vogel reduzierten die Komplexität mittels einer Hilfstabelle, die die Staffel in fiktive Freibeträge umrechnet, so daß eine Meßzahl zur Anwendung kommt, nachdem das jeweilige Intervall bestimmt worden ist.

---

[158] Vgl. Schneeloch (1994), S. 19 f.
[159] Vgl. Pauka, DB 1992, S. 1837; ders., DB 1993, S. 952; König/Kunkel/Stegmair, DStR 1992, S. 922; Stüttgen, DB 1993, S. 950; Binz/Vogel, BB 1993, S. 1710; Mielke, NWB v. 5.12.1994, S. 4051 - 4055.

4. Kapitel: Steuern im handelsrechtlichen Einzelabschluß

E	M	Abzugsbetrag X
48.001 - 72.000 + 240H	1	0
72.001 + 240H - 96.000 + 720H	2	12.000
96.001 + 720H - 120.000 + 1.440H	3	24.000
120.001 + 1.440H - 144.000 + 2.400H	4	36.000
144.001 + 2.400H - ∞	5	48.000

$S_{ge} = ((M \times H) / (100 + M \times H) \times (E - 48.000 - X))$.

Die von König/Kunkel/Stegmaier[160] vorgelegte formale Berechnung der Gewerbeertragsteuer ist die klarste Darstellung der neuen Rechtslage bei Personengesellschaften. GewE ist der bereits um den Freibetrag von 48.000 DM geminderte abgerundete Gewerbeertrag. Die Gewerbekapitalsteuer ist hier bereits abgezogen worden.

(1) $0 \leq GewE \leq 24.000 + 240 * \dfrac{H}{100}$

$GewESt = \dfrac{0,01 * H}{100 + 0,01 * H} * GewE$

(2) $24.000 + 240 * \dfrac{H}{100} \leq GewE \leq 48.000 + 720 * \dfrac{H}{100}$

$GewESt = \dfrac{0,02 * H}{100 + 0,02 * H} * (GewE - 12.000)$

(3) $48.000 + 720 * \dfrac{H}{100} \leq GewE \leq 72.000 + 1.440 * \dfrac{H}{100}$

$GewESt = \dfrac{0,03 * H}{100 + 0,03 * H} * (GewE - 24.000)$

(4) $72.000 + 1.440 * \dfrac{H}{100} \leq GewE \leq 96.000 + 2.400 * \dfrac{H}{100}$

$GewESt = \dfrac{0,04 * H}{100 + 0,04 * H} * (GewE - 36.000)$

(5) $96.000 + 2.400 * \dfrac{H}{100} \leq GewE$

$GewESt = \dfrac{0,05 * H}{100 + 0,05 * H} * (GewE - 48.000)$

---

[160] Vgl. König/Kunkel/Stegmair, DStR 1992, S. 922.

46.13 Körperschaftsteuer

46.131 Charakteristik der Körperschaftsteuer

Die Körperschaftsteuer läßt sich als Einkommensteuer der juristischen Person kennzeichnen, die mit gespaltenen Steuersätzen für Thesaurierung und Ausschüttung sowie mit Hilfe des Anrechnungsverfahrens arbeitet, das eine Doppelbelastung ausgeschütteter Gewinne auf der Ebene der Anteilseigner vermeidet. Die Steuerbelastung der Gewinne mit dem Thesaurierungssatz von derzeit 45 %[161] ist nur vorläufig, soweit aktuell oder später Ausschüttungen erfolgen, die mit 30 % besteuert werden.[162] Beruht die Ausschüttung auf einem den gesellschaftsrechtlichen Vorschriften entsprechenden Gewinnverteilungsbeschluß für ein abgelaufenes Wirtschaftsjahr, tritt die Minderung oder Erhöhung für den Veranlagungszeitraum ein, in dem das Wirtschaftsjahr endet, für das die Ausschüttung erfolgt. Bei anderen Ausschüttungen ändert sich die Steuer für den Veranlagungszeitraum, in dem das Wirtschaftsjahr endet, in dem die Ausschüttung erfolgt (§ 27 Abs. 3 KStG).

Sichergestellt werden zukünftige Steueränderungen durch die Gliederung des verwendbaren Eigenkapitals, einem intertemporalen Speicher für latente Steuerguthaben bzw. Nachzahlungen, je nachdem welche Eigenkapitalparten für die Ausschüttung in Anspruch genommen werden. Nach § 47 Abs. 1 Satz 1 Nr. 1 KStG werden die nach § 30 KStG ermittelten Teilbeträge des verwendbaren Eigenkapitals gesondert festgestellt.

Konsequenz des Anrechnungsverfahrens ist es, daß die Ausschüttungskörperschaftsteuer einerseits Einkommen der Anteilseigner und andererseits Vorauszahlung auf deren individuelle Einkommen- oder Körperschaftsteuerschuld darstellt;[163] sie ist

---

[161] Vgl. § 23 Abs. 1 KStG.
[162] Vgl. § 27 Abs. 1 KStG.
[163] Vgl. Rose (1995), S. 158.

eine Quellensteuer auf die Kapitaleinkünfte der Anteilseigner.164 Zwar schuldet die Kapitalgesellschaft auch insoweit die Körperschaftsteuer, deren aufwandswirksame Erfassung in der externen Rechnungslegung begegnet jedoch aus ökonomischer Sicht starken Bedenken.165 Schon bald nach Inkrafttreten des neuen Körperschaftsteuersystems zum 1.1.1977 legte der HFA in seiner Stellungnahme 2/1977 fest, daß Körperschaftsteueraufwand einer Gesellschaft unverändert derjenige Betrag ist, für den die bilanzierende Gesellschaft nach den jeweils geltenden Steuergesetzen Steuerschuldner ist.166 Damit hat sich der HFA allein am juristischen Kriterium der Steuerschuldnerschaft orientiert und keine ökonomische Interpretation angestellt.167 Es wurde nicht berücksichtigt, daß die Vorbelastung bei Ausschüttung vollständig beseitigt wird, soweit eine Erfassung im Bereich der Einkommensteuer gelingt.168 Die Körperschaftsteuer hat insoweit wirtschaftlich die Funktion einer Vorauszahlung auf die Einkommensteuer.169 Das Schrifttum ist der formal-juristischen Beurteilung des HFA schnell gefolgt,170 wenngleich konstatiert wurde, daß durch den Systemwechsel ein Einblick in das Steuerfenster der Gesellschaft kaum mehr möglich ist.171 Heute wird die Fragestellung in der Kommentarliteratur überhaupt nicht mehr diskutiert.172 Dabei bedeutet dies eine erhebliche Einschränkung der Erfolgsanalyse, die dann nur auf der

---

[164] Vgl. Kirchgesser (1996), S. 23 mit Hinweis auf Pezzer (1986), S. 6.
[165] A.A. Rose (1997), S. 188 - 190, mit einer betriebswirtschaftlichen Würdigung der Körperschaftsteuer: Die Kapitalgesellschaft schulde auch die Interim-KSt, jedoch unter der auflösenden Bedingung einer späteren Erstattung.
[166] Vgl. St/HFA 2/1977, WPg 1977, S. 463.
[167] Vgl. die Kritik bei Lehmann (1986), S. 6 f.; des weiteren Meyer-Arndt, StbJb 1976/77, S. 380.
[168] Vgl. Herzig, BFuP 1977, S. 327.
[169] Vgl. Thiel, StbJb 1996/97 mit Hinweis auf BFH-Beschluß v. 9.2.1982, BStBl II 1982, S. 401; BFH-Urteil v. 2.10.1981, BStBl II 1982, S. 8.
[170] Vorauseilend Herzig, FR 1976, S. 441; vgl. weiterhin Karsten, BB 1977, S. 1513; Marks, WPg 1977, S. 198; Weber, BFuP 1977, S. 347; v. Wysocki, DB 1977, S. 1910, mit der Frage, ob der Bilanzgewinn die Bruttodividende, also die Bardividende zuzüglich des Anrechnungsbetrages oder lediglich der an die Anteilseigner unmittelbar ausschüttungsfähige Betrag darstellt.
[171] Vgl. v. Wysocki, DB 1977, S. 1910.
[172] Vgl. ADS, 6. Aufl., § 275 Tz. 185; Förschle, Beck'scher Bilanzkommentar, § 275 Anm. 238; Borchert, HdR, 4. Aufl., Bd. Ia, § 275 Rn. 93;WPH (1996) , Bd. I, F 362; Glade (1995), § 275 Tz. 332 f, 339.

Basis eines Jahresüberschusses vor Steuern über Rechtsform- und Ländergrenzen hinweg einen verläßlichen Einblick in den nachhaltig erzielbaren Brutto-Erfolg des Unternehmens vermittelt.[173]

Wenn im folgenden die Abbildung von Ausschüttungs- und Thesaurierungskörperschaftsteuer im Rahmen des Steueraufwands der Kapitalgesellschaft erörtert wird, bedeutet dies keineswegs eine Zustimmung zur herrschenden Ansicht. Die hier vorgetragene Kritik bleibt bestehen.

46.132 Einkommensermittlung

Auch für die Berechnung des Körperschaftsteueraufwands ist eine differenzierte Ermittlungsrechnung erforderlich, die zunächst die Bemessungsgrundlage feststellt und sodann die Gewinnverwendung berücksichtigt.

Zur Berechnung der Körperschaftsteuer-Rückstellung haben sich in der Praxis folgende Arbeitsschritte herausgebildet:[174]

(1) Aufstellung einer vorläufigen Bilanz unter Berücksichtigung aller Aufwendungen mit Ausnahme der Körperschaftsteuer

(2) Ermittlung des körperschaftsteuerlichen Einkommens

(3) Berücksichtigung von offenen und anderen Gewinnausschüttungen in Form von Minderungen/Erhöhungen des Körperschaftsteueraufwands

(4) Berücksichtigung geleisteter Vorauszahlungen

(5) Einstellung des Differenzbetrags als Steuerrückstellung oder als sonstige Forderung

---

[173] Vgl. Küting/Weber (1994b), S. 232.
[174] Vgl. Apitz, in: Apitz/Elfert, Teil 11, 2.51 (6.97); Selchert (1996), S. 692 f.; Schoor, BBK, Fach 14, S. 4413 - 4424 (2.92). Aufgrund des Maßgeblichkeitsgrundsatzes muß auch in der Steuerbilanz eine Körperschaftsteuerrückstellung passiviert werden. § 10 Nr. 2 KStG ist eine Einkommensermittlungsvorschrift.

Die nachfolgende Überleitung des handelsbilanziellen Jahresergebnisses zum körperschaftsteuerlichen Einkommen, das dem zu versteuernden Einkommen entspricht, trennt zunächst bilanzielle von außerbilanziellen Modifikationen. Letztere sind zu differenzieren in (1) Anpassungen, die aus der Anwendung einkommensteuerrechtlicher Normen resultieren, und (2) originär körperschaftsteuerlichen Veränderungen der Erfolgsgröße. Auch die Korrekturen aus den Leistungsbeziehungen zwischen Gesellschaft und Gesellschafter sind außerbilanziell durchzuführen.[175] Als bilanzielle Modifikation ist zunächst der Spendenaufwand in voller Höhe zuzurechnen. Der BFH geht davon aus, daß die Kapitalgesellschaft auch eine außerbetriebliche Sphäre hat.[176]

Bemessungsgrundlagen für die erfolgsabhängigen inländischen Steuern liefert die Steuerbilanz. Aufgrund von steuergesetzlichen Besonderheiten im Bereich der Aktivierung und Passivierung (§§ 5 - 7 k EStG) kommt es regelmäßig zu zeitlichen Verwerfungen im Erfolgsausweis. Das heißt, der errechnete und ausgewiesene EE-Steueraufwand korrespondiert nicht mit dem handelsbilanziellen Ergebnis vor Steuern des betreffenden Geschäftsjahres. De lege lata begegnet man dieser Divergenz mit der summarischen Steuerabgrenzung, der Bilanzierung latenter Steuern im Sinne von § 274 HGB.[177]

---

[175] Vgl. BFH v. 29.6.1994, DStR 1994, S. 1802; a. A. Wassermeyer, DB 1987, S. 1113.
[176] Vgl. BFH v. 4.2.1987, 25.11.1987, BStBl II 1988, S. 215, 220.
[177] Vgl. hierzu Kapitel 47.

Handelsbilanzergebnis (Jahresüberschuß/-fehlbetrag)
+/./. bilanzielle Modifikationen (§§ 5 - 7k EStG)
+ Hinzurechnung des Spendenaufwands
= Steuerbilanzergebnis
+/./. außerbilanzielle Erfolgskorrekturen aus anwendbaren einkommensteuerlichen oder allgemeinen steuerl. Normen (§§ 3, 3c, 4 Abs. 5 EStG, § 160 AO)
= Zwischensumme
+/./. Korrekturen durch verdeckte Gewinnausschüttungen und verdeckte Einlagen
./. durchgeleitete Ausschüttungen aus EK_{01}
= Zwischensumme
./. abziehbare Aufwendungen z. B. abziehbare Spenden (§ 9 Abs. 1 Nr. 2 KStG)
+ nichtabziehbare Aufwendungen i.S.v. § 10 KStG z.B. nichtabziehbare Steuern, Geldstrafen, Hälfte der Aufsichtsratsvergütungen
= Zwischensumme
+/./. Modifikationen bei Organschaft
= Gesamtbetrag der Einkünfte
./. Verlustabzug
= Einkommen = zu versteuerndes Einkommen

Abbildung 14: Einkommensermittlung bei Kapitalgesellschaften

46.133 Körperschaftsteueraufwand und Gewinnverwendung

Das geltende Körperschaftsteuersystem mit gespaltenem Steuersatz führt zum weiteren Jahresabschlußproblem der Abhängigkeit des Körperschaftsteueraufwands von der Ergebnisverwendung. Neben der Entscheidung, ob und in welcher Höhe ausgeschüttet wird, ist die Struktur des verwendbaren Eigenkapitals von Bedeutung, denn davon hängen die jeweiligen Steuerwirkungen ab. Abhängig von der Gewinnverwendung kommen unterschiedliche Körperschaftsteuersätze zur Anwendung. Während die Gewerbeertragsteuer nicht von der Gewinnverwendung beeinflußt wird, treten derzeit mit der Beeinflussung des Solidaritätszuschlags als Ergänzungsabgabe zur Körperschaftsteuer weitere Folgeeffekte auf. Aufgrund des Standortsicherungsgesetzes betragen der Steuersatz für einbehaltene (thesaurierte) Gewinne nunmehr 45 % und der Ausschüttungssatz 30 %. Weitere Steuersenkungen sind beabsichtigt.

Die Wechselwirkung zwischen Ausschüttung und Steueraufwand kann vereinfacht[178] an folgendem Beispiel veranschaulicht werden.[179]

Ausgangsdaten:
Jahresüberschuß vor Körperschaftsteuer 1.000.000 DM
Thesaurierungssatz   45 %
Ausschüttungssatz   30 %

---

[178] Mit EK 45 ist nur eine Eigenkapitalparte vorhanden. Auf den Einbezug des Solidaritätszuschlags wird verzichtet.
[179] Vgl. ADS, 5. Aufl., § 278 Tz. 15-16 aktualisiert.

Fall 1: Thesaurierung des Bilanzgewinns

Jahresüberschuß vor Körperschaftsteuer	1.000.000 DM
Körperschaftsteuer-Tarifbelastung	450.000 DM
Jahresüberschuß	550.000 DM
Rücklagendotierung (50 %)	275.000 DM
Bilanzgewinn	275.000 DM

Fall 2: Vollausschüttung des Bilanzgewinns

Jahresüberschuß vor Körperschaftsteuer	1.000.000 DM
Körperschaftsteuer-Tarifbelastung	450.000 DM
Jahresüberschuß	550.000 DM
KSt-Minderung durch Herstellen der Ausschüttungsbelastung 15/70 von 308.000 DM	66.000 DM
Jahresüberschuß	616.000 DM
Rücklagendotierung (50 %)	308.000 DM
Bilanzgewinn	308.000 DM

Die Berücksichtigung der Gewinnverwendung führt dazu, daß der Körperschaftsteueraufwand im Beispiel um 66.000 DM variiert. Bei unterstellter Ausschüttung des Bilanzgewinns ist die der Gesellschafterversammlung unmmittelbar zur Verfügung stehende Dispositionsmasse um 33.000 DM höher, denn die Gewinnverwendungsentscheidung im Folgejahr wirkt steuerlich zurück, so daß die Körperschaftsteuerrückstellung schon entsprechend zu bemessen ist: § 27 Abs. 3 Satz 1 KStG bestimmt, daß bei einem den gesellschaftsrechtlichen Bestimmungen entsprechenden Gewinnverteilungsbeschluß für ein abgelaufenes Jahr, die Minderung oder Erhöhung der Körperschaftsteuer für den Veranlagungszeitraum eintritt, in dem das Wirtschaftsjahr endet, für das die Ausschüttung erfolgt. Der Anspruch der Aktionäre auf den Bilanzgewinn wird bei einer von der Verwaltung unterstellten Thesaurierung geschmälert.[180] Im AktG 1965 fehlte eine gesetzliche Regelung zu dieser Frage, doch ging die herrschende Meinung zugunsten der Aktionäre von der sog. Vollausschüttungshypothese aus.[181]

Das geltende Handelsbilanzrecht regelt mit § 278 HGB im Vergleich zur Entwurfsfassung § 257 HGB-E[182] und der Literaturdiskussion[183] nur einen kleinen Problemausschnitt und löst die Ermittlungsproblematik in Abkehr von der Vollausschüttungsthese: Bei der Berechnung der Körperschaftsteuer ist nach § 278 HGB der Beschluß über die Verwendung des Ergebnisses zugrunde zu legen; liegt ein solcher zum Zeitpunkt der Aufstellung des Jahresabschlusses noch nicht vor, so ist vom Vorschlag über die Verwendung auszugehen. Weicht der spätere Beschluß vom Vorschlag ab, braucht der Jahresabschluß nicht geändert zu werden.

Zunächst ist zu fragen, welche Relevanz die in § 278 HGB angesprochenen Fallkonstellationen besitzen. Bei der Aktiengesellschaft kann aufgrund des zwingend vorgegebenen Ablaufs[184] zum Zeitpunkt der Feststellung des Jahresabschlusses noch kein Gewinnverwendungsbeschluß, sondern lediglich ein Vorschlag der Verwaltung vorliegen.[185] Im GmbHG fehlt es an entsprechenden gesetzlichen Bestimmungen, doch wird auch hier regelmäßig[186] bei Feststellung des Jahresabschlusses noch kein Gewinnverwendungsbeschluß vorliegen.[187]

---

[180] Vgl. ADS, 5. Aufl., § 278 Tz. 17.
[181] Vgl. ADS, 5. Aufl., § 278 Tz. 11.
[182] Vgl. den abgedruckten Text des Regierungsentwurfs bei Biener/Bernecke (1986).
[183] Vgl. etwa die gemeinsame Stellungnahme von WPK und IDW, WPg 1985, S. 537, S. 548.
[184] Bei Feststellung des Jahresabschlusses durch Vorstand und Aufsichtsrat gemäß § 172 AktG und auch im Falle von § 173 AktG liegt die Feststellung vor dem Gewinnverwendungsbeschluß.
[185] Vgl. Langer, HdR, 4. Aufl., Bd. Ia, § 278, Rn. 4.
[186] Vorbehaltlich etwaiger gesellschaftsvertraglicher Regelungen.
[187] Vgl. Langer, HdR, 4. Aufl., Bd. Ia, § 278 Rn. 7.

Andererseits werden die Fälle, in denen die Hauptversammlung einer AG vom Gewinnverwendungsvorschlag der Verwaltung abweicht, relativ selten sein.[188] Doch auch hier darf der Jahresabschluß aufgrund des in § 174 Abs. 3 AktG ausgesprochenen Verbots nicht geändert werden. Sieht man von der Möglichkeit ab, daß Vorstand und Aufsichtsrat den bereits festgestellten Jahresabshluß im Benehmen mit der Hauptversammlung ändern und mit einem anderen Gewinnverwendungsvorschlag verbinden[189], erlangt § 278 Satz 2 HGB allein bei Jahresabschlüssen von Gesellschaften mit beschränkter Haftung Bedeutung.[190] Allerdings ist bei Änderung des Jahresabschlusses von prüfungspflichtigen GmbH zu beachten, daß dann eine Nachtragsprüfung gemäß § 316 Abs. 3 HGB erforderlich ist.[191]

Den Regelungsbereich der Norm erläutert das nachfolgende Schaubild (Abbildung 15).

---

[188] Vgl. Langer, HdR, 4. Aufl., Bd. Ia.,§ 278 Rn. 4.
[189] Vgl hierzu ADS, 6. Aufl., § 174 Tz. 50. Dies setzt voraus, daß eine Nachtragsprüfung noch während der Hauptversammlung abgeschlossen wird.
[190] Langer, HdR, 4. Aufl., Bd. Ia, § 278 Rn. 7, verneint die Verpflichtung der Geschäftsführung zur Unterbreitung eines Gewinnverwendungsvorschlags, so daß § 278 HGB weitgehend leerlaufen würde; vgl. dazu die Gegenmeinung von ADS, 5. Aufl., § 278 Tz. 23.
[191] Vgl. ADS, 5. Aufl., § 278 Tz. 27.

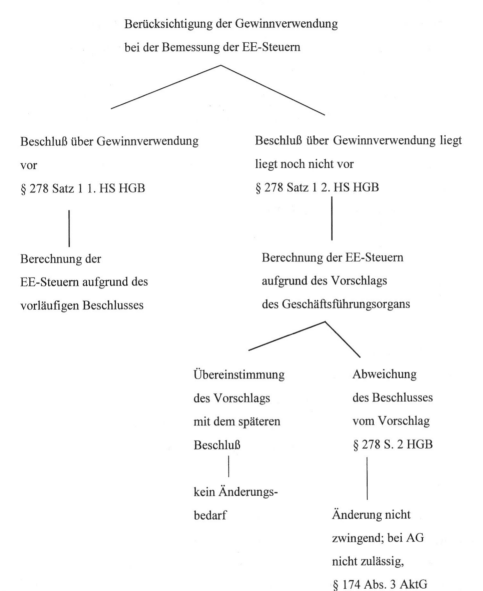

Abbildung 15: Gewinnverwendung und EE-Steuern

Ob der nach § 278 HGB maßgebende Gewinnverwendungsvorschlag unter der Restriktion des § 58 Abs. 2 AktG steht, ist umstritten. Die herrschende Meinung[192] erachtet es als zulässig, auch dann vom Vorschlag über die Gewinnverwendung auszugehen, wenn eine Maximalthesaurierung vorgeschlagen wird. Aus einem abweichenden Beschluß der Hauptversammlung entsteht dann regelmäßig eine Körperschaftsteuerminderung, die steuerlich zurückwirkt, handelsrechtlich sich aber nicht mehr in dem bereits festgestellten Jahresabschluß niederschlagen kann, sondern erst im Folgejahr. Im umgekehrten Fall - bei Beschluß der Hauptversammlung, Teile des Bilanzgewinns zu thesaurieren, während die Ausschüttung vorgeschlagen wurde - resultiert regelmäßig eine Körperschaftsteuererhöhung, die ebenfalls erst im Folgejahr bilanziert werden kann.

Diese Auffassung wird nicht geteilt. Mit Siegel[193] wird im Gegensatz dazu die Meinung vertreten, daß die gesetzliche Beschränkung der Rücklagenbildung schon bei der Berechnung der Körperschaftsteuer zu beachten ist, damit keine zeitliche Verschiebung der Ausschüttung in Betracht kommt (im Falle der Behandlung als Gewinnvortrag) oder keine endgültige Kürzung (im Falle der Erhöhung des Jahresergebnisses des Folgejahres). Am Rande sei bemerkt, daß Siegel de lege ferenda vorschlägt, § 58 Abs. 2 AktG am Jahresüberschuß vor Körperschaftsteuer auszurichten, was auch dem Charakter der Körperschaftsteuer als Interimsteuer entsprechen würde.[194]

Neben der Frage, welche Prämissen bei der Steuerberechnung durch die Verwaltung gelten, können Probleme bei abweichendem Hauptversammlungsbeschluß über die Gewinnverwendung entstehen. Über die Abbildung dieser gewinnverwendungsinduzierten Steueränderung herrschen im Schrifttum kontroverse Ansichten. Die heterogene Struktur des verwendbaren Eigenkapitals läßt bei Abweichungen zwischen Vor-

---

[192] Vgl. Budde/Müller, Beck'scher Bilanzkommentar, § 278 Anm. 23; ADS, 5. Aufl., § 278 Tz. 15; wohl auch Langer, HdR, 4. Aufl., Bd. Ia, § 278 Rn. 4
[193] Vgl. Siegel, DB 1990, S. 1980 - 1981.
[194] Im übrigen besteht Änderungsbedarf bei der Anwendung des § 58 Abs. 2 AktG auf Konzernsachverhalte; vgl. hierzu Hüffer (1995), § 58 Anm. 16 m.w.N.

schlag und Beschluß inzwischen sechs Fälle entstehen, die in der nachfolgenden Matrix aufgeführt sind.

		Vorschlag	
		Thesaurierung	Ausschüttung
Beschluß	Thesaurierung	neutral	Aufwand (EK 50/45) Ertrag (EK 02/03) neutral (EK 01/04)
	Ausschüttung	Aufwand (EK 02/03) Ertrag (EK 50/45) neutral (EK 01/04)	neutral

Abbildung 16: Abweichungen zwischen Gewinnverwendungsvorschlag und -beschluß

Ersichtlich führt eine Abweichung des Gewinnverwendungsbeschlusses vom Vorschlag nicht immer zu einer Steueränderung. Legt man die GoB „Vollständigkeit und Vergleichbarkeit" zugrunde, sollten die Fälle, in denen der Körperschaftsteueraufwand variiert, jeweils in gleicher Weise verarbeitet werden. Doch die herrschende Meinung behandelt den aus Steueränderungen resultierenden zusätzlichen Aufwand erfolgsneutral, indem aus dem Bilanzgewinn in neuer Rechnung eine Rückstellung gebildet oder bereits die Steuerzahlung abgebildet wird.[195] Mit dieser Vorgehensweise wird erreicht, daß der Steueraufwand nicht GuV-wirksam wird.

Bei Entstehen eines zusätzlichen Ertrages, dessen Ausweis in der Darstellung des Gewinnverwendungsbeschlusses nicht zwingend geboten ist, wird hiervon abgewichen. Nach der Auffassung des HFA[196] soll die Abbildung des zusätzlichen Ertrags davon

---

[195] Vgl. ADS, 6. Aufl., § 174 AktG Tz. 45.
[196] Vgl. HFA Stellungnahme 2/1977 i.d.F 1990, S. 51.

abhängen, ob dieser aus der Rückgängigmachung der Körperschaftsteuererhöhung einer aus EK 02/03 gespeisten Ausschüttung resultiert oder ob es sich um eine Körperschaftsteuerminderung aufgrund höherer als im Gewinnverwendungsvorschlag vorgesehener Ausschüttungen aus EK 50/45 handelt.

Im Falle der Rückgängigmachung einer ausschüttungsinduzierten Körperschaftsteuererhöhung soll der zusätzliche Ertrag das Schicksal des Bilanzgewinns teilen, also entweder in die Rücklagen eingestellt oder auf neue Rechnung vorgetragen werden.[197] Dies stößt allerdings auf Bedenken wegen einer möglichen Verletzung von § 174 Abs. 1 AktG und evtl. auch von § 58 Abs. 5 AktG.[198] Bei einer ausschüttungsinduzierten Körperschaftsteuerminderung soll hingegen sowohl eine erfolgswirksame Vereinnahmung als auch eine erfolgsneutrale Behandlung als Gewinnvortrag zulässig sein.[199]

ADS[200] haben inzwischen die Qualifikation als Gewinnvortrag aufgegeben und plädieren jetzt zutreffend für die Auflösung der entsprechenden Rückstellung bzw. für die Einbuchung eines Erstattungsanspruches in neuer Rechnung, denn ein Gewinnvortrag setze einen im Vorjahr ausgewiesenen, aber nicht anderweitig verwendeten Gewinn voraus. Im übrigen legt § 57 Abs. 3 AktG fest, daß vor Auflösung der Gesellschaft nur der Bilanzgewinn an die Aktionäre verteilt werden darf.[201]

Dennoch erscheint die asymmetrische Lösungsstruktur im Hinblick auf die vollständige erfolgswirksame Abbildung des Körperschaftsteueraufwands nicht zweckadäquat. Deshalb wird vorgeschlagen, Minderungen wie Erhöhungen des Steueraufwands durch Hauptversammlungsbeschlüsse in der GuV des Folgejahres abzubilden.[202]

---

[197] Vgl. ADS, 5. Aufl., § 278 Tz. 31.
[198] Vgl. Langer, HdR, 4. Aufl., Bd. Ia, § 278 Rn. 6.
[199] Vgl. HFA 2/1977 i.d.F. 1990, S. 51.
[200] Vgl. ADS, 6. Aufl., § 174 Tz. 48.
[201] Vgl. Budde/Müller, Beck'scher Bilanzkommentar, § 278 Anm. 27.
[202] Wie hier Langer, HdR, 4. Aufl., Bd. Ia, § 278 Rn. 5.

46.134 Abbildung des verwendbaren Eigenkapitals

Die vorstehend skizzierten Probleme bei der Berechnung des Körperschaftsteueraufwands in Abhängigkeit von der Gewinnverwendung führen zur Frage, ob mit der Gliederung des verwendbaren Eigenkapitals weitere Informationen in die handelsrechtliche Rechnungslegung einbezogen werden sollten.

Das nach § 272 HGB zu bilanzierende Eigenkapital offenbart nicht die Struktur des körperschaftsteuerrechtlichen verwendbaren Eigenkapitals im Sinne von § 29 KStG. Mit den dort separat zu führenden Eigenkapitalparten sind latente Körperschaftsteuerguthaben bzw. -belastungen verbunden, die bei künftigen Ausschüttungsentscheidungen mobilisiert werden. Das verwendbare Eigenkapital ist als zentrale Rechengröße mithin ein intertemporaler Speicher für künftige Körperschaftsteuerentlastungen, aber auch Körperschaftsteuererhöhungen.

Im Körperschaftsteuersystem vor 1977 konnte der Aktionär davon ausgehen, daß eine Ausschüttung aus den Rücklagen weder zu einer zusätzlichen Belastung noch zu einer Entlastung führt.[203] Derzeit bewirken Ausschüttungen aus EK 02 und 03 Körperschaftsteuererhöhungen in Höhe von 3/7 des entnommenen Betrags. Andererseits kann latentes Körperschaftsteuerminderungspotential bei Ausschüttung aus EK 50 und EK 45 mobilisiert werden, deren Verwendung zu Körperschaftsteuerminderungen von 20/50 bzw. 15/55 führen. Das heißt, die generierbare Bardividende beträgt dann 140 bzw. 127,27 %.

---

[203] Vgl. Biener (1980), S. 327.

bekannte Größe	gesuchte Größe	Multiplikatoren bei Verwendung verschiedener Teilbeträge des verwendbaren Eigenkapitals			
		EK 45	EK 30	EK 01/04	EK 02/03
Ausschüttung	KSt-Änderung (M = Minderung; E = Erhöhung)	15/70 M	0	0	30/70 E
Ausschüttung	vEK	55/70	70/70	100/100	100/70
vEK	KSt-Änderung	15/55 M	0	0	30/100
vEK	Ausschüttung	70/55	70/70	100/100	70/100
vEK	Gewinn vor Steuern	100/55	100/70	-	-

vEK = verwendbares Eigenkapital

Abbildung 17: Multiplikatoren bei Verwendung verschiedener Teilbeträge des verwendbaren Eigenkapitals

Die Informationslage des Anteilseigners ist dürftig, wenn er lediglich die handelsrechtlichen Rücklagen und nicht deren steuerliche Dimension, geschweige denn die Struktur kennt. Im Zuge der KSt-Reform 1977 ist dieses Informationsbedürfnis erkannt und über Lösungsmöglichkeiten intensiv diskutiert worden. Letztlich ist eine diesbezügliche Pflichtangabe im Gesetzgebungsverfahren allerdings nicht eingefordert worden.[204] In seiner Stellungnahme 2/1977 hat der HFA die Beeinträchtigung des Einblicks in die Vermögenslage konstatiert. De lege lata sei diese Beeinträchtigung jedoch nicht zu vermeiden.[205]

Dabei wurden im Schrifttum unterschiedliche Wege de lege lata und de lege ferenda aufgezeichnet:[206]

---

[204] Vgl. Marks, WPg 1977, S. 200.
[205] Vgl. HFA, WPg 1977, S. 463, 464.
[206] Vgl. grundlegend Wimmer (1982); ders., DB 1982, S. 1180 - 1182.

(1) Die weitestgehende Lösungsmöglichkeit ist wohl der Ausweis in der Bilanz in Form latenter Steuern. Von Wysocki[207] hat 1977 vorgeschlagen, den Körperschaftsteuerbetrag, der sich aus der fiktiven Herstellung der Ausschüttungsbelastung für das gesamte verwendbare Eigenkapital ergibt, im handelsrechtlichen Jahresabschluß als latente Steuerabgrenzung abzubilden. Die effektive Periodenkörperschaftsteuer wird ergänzt um einen saldierten Minderungs- oder Erhöhungsbetrag und ergibt die sog. bereinigte Körperschaftsteuer. In der Konzeption grundverschieden von der derzeitigen Bilanzierung latenter Steuern wird mit einer solchen Anpassung der maximale Einblick in die Besteuerungssphäre der Kapitalgesellschaft und deren Vermögenslage gegeben.

Gegen diesen Vorschlag ist allerdings zu Recht eingewendet worden, daß angesichts der Abhängigkeit von künftigen Ausschüttungsentscheidungen ein Verstoß gegen das Realisationsprinzip vorliege und unter going-concern-Aspekten wohl kaum mit einer vollständigen Mobilisierung der Rücklagen zu rechnen sei.

(2) Der zweite Ansatz besteht in der Offenlegung des steuerlichen Eigenkapitals, wobei hier zwischen der vollständigen und einer nur teilweisen Berichterstattung unterschieden wird. Beides beschränkt sich auf eine Zusatzinformation, die im Anhang der Kapitalgesellschaft erfolgen könnte und - im Gegensatz zu (1) - den handelsrechtlichen Periodenerfolg unverändert läßt.

Die vollständige Berichterstattung würde die Entwicklung sämtlicher Eigenkapitalparten im Berichtsjahr einschließlich des sogenannten nachrichtlichen Teils umschließen. Denkbar erscheint aber auch die Angabe nur derjenigen Teilbeträge des verwendbaren Eigenkapitals, die zukünftig zu einer Steuerbelastung führen (derzeit EK 02 und EK 03). Allerdings ist eine solchermaßen begrenzte Information angesichts der körperschaftsteuerlichen Verwendungsfiktion wenig aussagekräftig.

---

[207] Vgl. von Wysocki, DB 1977, S. 1909, S. 1961.

(3) Eine dritte Möglichkeit wurde in der Bekanntgabe der körperschaftsteuerlichen Qualifikation des handelsbilanziellen Eigenkapitals gesehen. Gegenüber den beiden anderen Vorschlägen ist damit keine Preisgabe der stillen Reserven im Sinne von Ergebnisunterschieden zwischen Handels- und Steuerbilanz gegeben.

Die Zuordnungsregel leitet sich aus der körperschaftsteuerlichen Verwendungsfiktion ab. Letztlich ist eine solche Berichterstattung allerdings unbefriedigend, da sie bei gegebener Bewertungsdifferenz nur über einen Teil der Struktur des verwendbaren Eigenkapitals berichtet.

Aus der hier vorgetragenen Sicht bietet sich der denkbare Weg an, die Informationslage der Jahresabschlußadressaten durch die freiwillige Ergänzung des Jahresabschlusses um quantitative Angaben aus der Gliederungsrechnung zu verbessern.

46.135 Informationspflicht im Rahmen der Hauptversammlung

Neben den Informationsansprüchen, die an eine externe Rechnungslegung gerichtet sind, ist auch zu prüfen, ob dem Anteilseigner ein diesbezügliches Auskunftsrecht im Rahmen der Gesellschafterversammlung zusteht, wenn die Gesellschaft nicht freiwillig Bericht erstattet. Informationsansprüche werden zunächst für Aktionäre, dann für GmbH-Gesellschafter geprüft.

Gemäß § 131 AktG ist jedem Aktionär auf Verlangen in der Hauptversammlung vom Vorstand Auskunft über Angelegenheiten der Gesellschaft zu geben, soweit sie zur sachgemäßen Beurteilung des Gegenstandes der Tagesordnung erforderlich ist. Besteht danach ein Auskunftsanspruch, so darf der Vorstand die Auskunft nur in den in § 131 Abs. 3 AktG enumerativ genannten Fällen verweigern. Sinn und Zweck des Rechts ist es nach Ansicht der Rechtsprechung, den Aktionär in die Lage zu versetzen, die Gegenstände der Tagesordnung beurteilen zu können, ihm also diejenigen konkreten Informationen zu verschaffen, die er zur sachgerechten Ausübung seines Rechts auf Teilnahme an der Hauptversammlung benötigt.[208] Nur bei hinlänglicher Information kann der Aktionär sein Stimmrecht verantwortlich ausüben. Dabei ist auf einen objektiv-denkenden Durchschnittsaktionär abzustellen, der die Gesellschaftsverhältnisse nur aufgrund allgemein bekannter Tatsachen kennt und deshalb die Auskunft zur Beurteilung der Tagesordnung benötigt.[209]

Nach § 131 Abs. 3 Nr. 2 AktG darf der Vorstand die Auskunft verweigern, soweit sie sich auf steuerliche Wertansätze oder die Höhe einzelner Steuern bezieht. Der Regierungsbegründung zufolge sollen Aktionäre vor dem Irrtum geschützt werden, der steuerliche Gewinn entspreche dem ökonomischen Überschuß.[210] In der Gesetzesbegründung heißt es: „Durch die Auskünfte über die steuerlichen Wertansätze und die Höhe einzelner Steuern erhält der Aktionär leicht ein falsches Bild und wird zur Annahme verleitet, der steuerliche Geinn sei auch der betriebswirtschaftlich erzielte und gegebenenfalls zur Ausschüttung zur Verfügung stehende Gewinn."[211] Es muß beachtet werden, daß die Vorschrift bei Geltung des alten Körperschaftsteuergesetzes entstanden ist, um eine zum früheren Recht entstandene Streitfrage zu beantworten.[212]

Die herrschende Meinung sieht ein Auskunftsverweigerungsrecht des Vorstands auch im Hinblick auf die Gliederung des verwendbaren Eigenkapitals.[213] Meilicke[214] und später Meilicke/Heidel haben demgegenüber vorgetragen, daß § 264 Abs. 2 Satz 2 HGB Anhangangaben fordere, wenn der Jahresabschluß - wie im Falle der regelmäßigen Divergenz zwischen handelsbilanziellem und gliederungsrechtlichem Eigenkapital - kein den tatsächlichen Verhältnissen entsprechendes Bild der Vermögens-, Finanz- und Ertragslage vermittle. Art. 2 Abs. 3 der Vierten EG-Richtlinie habe Vorrang vor der Regelung des Aktiengesetzes. Kann hiergegen eingewendet werden, daß

---

[208] Vgl. Beschluß des BayOLG v. 23.8.1996, DB 1996, S. 2170.
[209] Vgl. Beschluß des BayOLG v. 23.8.1996, DB 1996, S. 2170.
[210] Vgl. Hüffer (1995), § 131 Anm. 28.
[211] Kropff (1965), S. 186.
[212] Vgl. Eckardt, in: Geßler/Hefermehl (1974), § 131 Rn. 103.
[213] Vgl. Kamprad, AG 1991, S. 396; Hüffer (1995), § 131 Anm. 28.
[214] Vgl. Meilicke, BB 1991, S. 241; Meilicke/Heidel, DStR 1992, S. 72, S. 113.

der Regelungsgehalt beider Normen ein anderer ist und eine unmittelbare Rechtswirkung nicht in Betracht kommt[215], so wiegt das folgende Argument schwerer.

Das Auskunftsverweigerungsrecht sei zu allgemein formuliert und müsse eine teleologische Reduktion erfahren: Die Auskunft über steuerliche Wertansätze dürfe nur insoweit verweigert werden, als dies betriebswirtschaftliche Gewinne nur vortäuschen oder sonst ein falsches Bild von der Lage der Gesellschaft vermitteln würde. Sei die Auskunft aber notwendig, um die zutreffende wirtschaftliche Lage der Gesellschaft zu beurteilen, müsse Auskunft erteilt werden.[216] In der Tat kommt der Struktur des verwendbaren Eigenkapitals wesentliche Bedeutung im Hinblick auf die wirtschaftliche Lage der Gesellschaft insbesondere für zukünftige Ausschüttungen oder die Vornahme einer Schütt-aus-hol-zurück-Politik zu. Es sind keineswegs spekulative Interessen des Anteilseigners[217], sondern beachtliche Informationswünsche hinsichtlich der Dividendenerwartungen, die auch im Regelfall der Feststellung des Jahresabschlusses durch Vorstand und Aufsichtsrat für die Zukunft Bedeutung haben.[218] Dies hat sich in den letzten Jahren im Anschluß an die Absenkung der Körperschaftsteuersätze und die erforderlichen Umgliederungen im verwendbaren Eigenkapital gezeigt.

Nun muß aber konstatiert werden, daß ein Zusammenhang zwischen verwendbarem Eigenkapital und den stillen Rücklagen besteht, deren Nennung nach § 131 Abs. 2 Nr. 5 AktG unterbleiben kann. Die Rechengröße verwendbare Eigenkapital zeigt zumindest die kumulierte Bewertungsdifferenz zum handelsrechtlichen Einzelabschluß auf. Rückschlüsse auf stille Reserven in einzelnen Bilanzposten sind damit allerdings nicht möglich. Daß Bewertungsdifferenzen bestehen, ist andererseits durch den Verfolg der effektiven periodischen EE-Steuern sichtbar und bei bestimmten Annahmen auch extern ermittelbar (vgl. dazu Abschnitt 65). Im übrigen sieht das Konzept der

---

[215] Vgl. Kamprad, AG 1991, S. 397 f.
[216] Vgl. Meilicke/Heidel, DStR 1992, S. 117.
[217] So aber Kamprad, AG 1991, S. 397.
[218] A.A. Kamprad, AG 1991, S. 397: Tarifstruktur bei festgestelltem Jahresabschluß für Aktionär bedeutungslos.

Steuerabgrenzung die Anpassung des Erfolgsteueraufwands an das handelsbilanzielle Ergebnis vor.

Gegen den Informationsanspruch des Aktionärs kann auch nicht ernsthaft eingewendet werden, die Eigenkapitalgliederung falle unter das Steuergeheimnis.[219] § 30 Abs. 1 AO verpflichtet nämlich nur Amtsträger zu dessen Wahrung.

Im GmbH-Recht legt der durch die Novelle von 1980 eingefügte § 51a GmbHG fest, daß die Geschäftsführer jedem Gesellschafter auf Verlangen unverzüglich Auskunft über die Angelegenheiten der Gesellschaft zu geben und die Einsicht der Bücher und Schriften zu gestatten haben. Absatz 2 der Norm formuliert Auskunftsverweigerungsrecht und Einsichtsverbot, wenn zu besorgen ist, daß der Gesellschafter sie zu gesellschaftsfremden Zwecken verwenden und dadurch der Gesellschaft oder einem verbundenen Unternehmen ein nicht unterheblicher Nachteil zugefügt wird. Der Gesellschaftsvertrag kann das Auskunfts- und Einsichtsrecht der Gesellschafter nicht einschränken (§ 51a Abs. 3 GmbHG). Unabhängig von § 51a GmbHG haben die Gesellschafter ein Informationsrecht vor der Fassung von Gesellschafterbeschlüssen.[220] Der Bestimmung der Gesellschafter unterliegen nach § 46 Nr. 1 GmbHG die Feststellung des Jahresabschlusses und die Verwendung des Ergebnisses.

Nach der hier vorgetragenen Auffassung sind den Auskunftsbegehren des Aktionärs und des GmbH-Gesellschafters zu entsprechen. Eine freiwillige Berichterstattung im Anhang erscheint demgegenüber aber geeigneter, um den Informationswünschen aller Anteilseigner, auch der potentiellen Gesellschafter Rechnung zu tragen.

---

[219] So aber Roebruck (1984), S. 47 f.
[220] Vgl. Zöllner, in: Baumbach/Hueck (1996), § 51a Anm. 39.

46.14 Solidaritätszuschlag

Der seit 1.1.1995 als Ergänzungsabgabe zur Körperschaftsteuer befristet erhobene Solidaritätszuschlag wirft aufgrund seiner Bemessungsgrundlage nicht zu unterschätzende Berechnungsprobleme im Rahmen des Jahresabschlusses auf.[221] Abgebildet wird er in der GuV unter den Steuern vom Einkommen und vom Ertrag.

Nach § 3 Abs. 1 Nr. 1 SolZG bemißt sich der SolZ nach der festgesetzten Körperschaftsteuer vermindert um die anzurechnende oder vergütete Körperschaftsteuer, wenn ein positiver Betrag verbleibt. Die festgesetzte Körperschaftsteuer ergibt sich aus der Tarifbelastung TB vermindert um KSt-Minderungen, vermehrt um KSt-Erhöhungen. Der Steuersatz s_{SolZ} beträgt nach § 4 Abs. 1 SolZG für Kapitalgesellschaften derzeit 5,5 % (bis zum 31.12.1997 7,5%). Der Gesetzgeber hat für den zur Zeit gültigen Solidaritätszuschlag ein vereinfachtes Anrechnungsverfahren implementiert, um Mehrfachbelastungen ausgeschütteter Gewinne von Kapitalgesellschaften - wie im Falle des 1991/92 erhobenen Solidaritätszuschlags - zu verhindern.

Nach § 10 Nr. 2 KStG ist der SolZ als Personensteuer nichtabziehbare Ausgabe im Rahmen der Einkommensermittlung, andererseits bei der Gliederung des verwendbaren Eigenkapitals gemäß § 31 Abs. 1 Nr. 4 KStG den sonstigen nichtabziehbaren Ausgaben zuzuordnen und mit belastetem Eigenkapital - vorrangig mit EK 45 - zu verrechnen. Damit verringert sich das Ausschüttungsvolumen, und die Körperschaftsteuer auf den Solidaritätszuschlag wird definitiv.

Berechnungsprobleme wirft der Solidaritätszuschlag aufgrund seiner Abhängigkeit vom Ausschüttungsverhalten der Kapitalgesellschaft auf. Körperschaftsteuerminderungen oder -erhöhungen infolge von Gewinnausschüttungen wirken nach § 27 Abs. 3 Satz 1 und 2 KStG auf den Veranlagungszeitraum zurück, für den (offene Gewinnaus-

---

[221] Vgl. Rüther/Reinhardt, DStR 1994, S. 1023; Kempka, DB 1995, S. 4; Bitz, DB 1995, S. 594, 742; Draspa, DB 1995, S. 742; Grefe, BB 1995, S. 1446; Mielke, DStR 1995, S. 386; Pickert, DStR 1994, S. 516.

schüttungen) bzw. in dem (verdeckte Gewinnausschüttungen) ausgeschüttet wird. Im Unterschied zur üblichen Vorgehensweise in der Literatur[222] wird der SolZ nachfolgend für verschiedene Gewinnverwendungsentscheidungen berechnet. Dabei wird von folgender Grundgleichung ausgegangen, die für eine vollständige Auskehrung des EK 45 den SolZ ermittelt. Eine Körperschaftsteuerminderung tritt nur in Höhe des um den SolZ geminderten Eigenkapitalbestandes ein. Das vorläufige EK 45_V ist um sonstige nichtabziehbare Ausgaben i.S. v. § 31 Abs. 1 Nr. 4 KStG bereits gemindert.

a) Vollausschüttung EK 45

(1) $SolZ = S_{SolZ} \times (TB - 15/55 (EK\ 45_V - SolZ))$.

b) Thesaurierung

Im Falle vollständiger Gewinneinbehaltung der Kapitalgesellschaft, die gesellschaftsrechtlich zulässig sein kann, beträgt der SolZ

(2) $SolZ = S_{SolZ} \times TB$.

c) Teilausschüttung EK 50

Bis zum Schluß des letzten, vor dem 1.1.1998 abgelaufenen Wirtschaftsjahr existiert noch die Eigenkapitalparte EK 50, aus der nach der Verwendungsfiktion des § 28 Abs. 3 KStG vorrangig Ausschüttungen zu dotieren sind. Nach Ablauf dieser Übergangszeit ist ein eventuell vorhandener Restbestand in EK 45 (+ 11/9) und EK 02 (-2/9) zwangsweise umzugliedern.[223] Wird EK 50 zur Ausschüttung verwendet, tritt eine Körperschaftsteuerminderung in Höhe von 20/50 des Bestandes oder von 20/70 der aus EK 50 gespeisten Bardividende ein (im folgenden als A bezeichnet).

(3) $SolZ = S_{SolZ} \times (TB - 20/70 \times A_{50})$.

---

[222] Vgl. jetzt in ähnlicher Vorgehensweise Schaufenberg/Tillich, DB 1996, S. 589.
[223] Vgl. § 54 Abs. 11a KStG.

d) Bei Vollausschüttung EK 50 beträgt der Solidaritätszuschlag dann

(4) $SolZ = S_{SolZ} \times (TB - 20/50 \times EK\ 50)$.

e) Bei der in der Realität wohl am häufigsten stattfindenden Teilausschüttung aus EK 45 ist die Ergänzungsabgabe wie folgt zu berechnen:

(5) $SolZ = S_{SolZ} \times (TB - 15/70 \times A_{45})$.

f) Als Mischfall ist die Ausschüttung aus EK 50 und Teilausschüttung aus EK 45 zu nennen:

(6) $SolZ = S_{SolZ} \times (TB - 20/50 \times EK\ 50 - 15/70 \times A_{45})$.

g) Werden EK 30, EK 01 oder EK 04 zur Ausschüttung verwendet, kommt es nicht zu Körperschaftsteuerveränderungen und damit zu keiner Reduzierung des Solidaritätszuschlags. Bei Inanspruchnahme von EK 02 und EK03 erhöht sich indessen die Körperschaftsteuer um 3/7 des in Anspruch genommenen Eigenkapitals.

(7) $SolZ = S_{SolZ} \times (TB - 20/50 \times EK\ 50 - 15/55\ (EK45_V - SolZ) + 3/7\ EK\ 02/03)$.

46.15 Erfassung der Steuerwirkungen verdeckter Gewinnausschüttungen

Mit verdeckten Gewinnausschüttungen sind regelmäßig Steuerbelastungen der betroffenen Kapitalgesellschaft verbunden, die im folgenden quantifiziert werden. Es geht dabei nicht um eine Darstellung der Vielzahl unterschiedlichster Sachverhalte, die von der Finanzverwaltung als verdeckte Gewinnausschüttung qualifiziert werden, sondern um eine fallorientierte quantitative Analyse der Entzugseffekte auf der Ebene der Kapitalgesellschaft.[224]

---

[224] Vgl. zum folgenden Marx/Bohlen/Weber, DB 1996, S. 2397.

An Literaturbeiträgen zur Problematik verdeckter Gewinnausschüttungen mangelt es nicht. Gerade in der jüngeren Vergangenheit war das Thema aufgrund von Rechtsprechungsänderungen[225] und Gesetzgebungsinitiativen[226] häufig Gegenstand von Aufsätzen in Fachzeitschriften[227] und Monographien.[228] Die überwiegende Mehrzahl der Beiträge nimmt jedoch keine Quantifizierung der Steuerwirkungen vor, sondern erschöpft sich zumeist in der verbalen Beschreibung von Belastungswirkungen und des sogenannten Divergenzeffektes, einer Abweichung zwischen Einkommensentstehung und Einkommensverwendung. Es wird lediglich deutlich, daß die verdeckte Gewinnausschüttung auf der Gesellschaftsebene mehr verwendbares Eigenkapital verbraucht als sie schafft. Dies liegt zum einen an der Interpretation der verdeckten Gewinnausschüttung als Bardividende und zum anderen an den derzeitigen Steuerbelastungen neben der Körperschaftsteuer durch Gewerbeertragsteuer, Solidaritätszuschlag und ggf. auch Umsatzsteuer.[229]

Erfolgt ausnahmsweise eine Quantifizierung, wird die Steuerbelastung der Gesellschaft infolge einer aufgedeckten Vorteilszuwendung an den Gesellschafter zumeist mit 42,86 % beziffert und beschränkt sich dann vereinfachend auf nur eine Steuerart und

---

[225] Vgl. BFH v. 22.2.1989, BStBl II 1989, S. 475: Neudefinition der verdeckten Gewinnausschüttung; BFH v. 14.10.1992, BStBl II 1993, S. 352: vGA auch bei rein tatsächlicher Handlung; BFH v. 5.10.1994, BStBl II 1995, S. 549, zur Ermittlung einer Gewinntantieme; BFH v. 17.5.1995, DStR 1995, S. 1749: Erweiterung des Fremdvergleichs; BFH v. 30.8.1995, DB 1995, S. 2451: Befreiung eines Alleingesellschafters von § 181 BGB.
[226] Vgl. Entwurf eines Jahressteuergesetzes 1996, Art. 5, BT-Drucks. 13/901, vom Finanzausschuß gestrichen, vgl. BT-Drucks. 13/1558.
[227] Vgl. statt vieler Wassermeyer, GmbHR 1994, S. 27; Meyer-Arndt, GmbHR 1994, S. 34; Schulze-Osterloh, StuW 1994, S. 131; Schuhmann, FR 1994, S. 309; Lehmann/Kirchgesser, DB 1994, S. 2052 - 2058; Lehmann, in FS: Moxter, S. 1027; Kirchgesser, DB 1996, S. 703.
[228] Vgl. Döllerer (1990); Tries (1991); Wochinger (1993); Lange (1993); Fiedler (1994); Kirchgesser (1996).
[229] Auf den Einbezug der Grunderwerbsteuer kann hingegen verzichtet werden. Eine Korrekturnorm besteht hier nicht; vgl. BFH v. 26.10.1977, BStBl II 1978, S. 201. Wenn die Besteuerung auf seiten des Gesellschafters gesichert ist, verzichtet die Finanzverwaltung auf das Erheben von Kapitalertragsteuer. Vgl. Dötsch, in: Dötsch u.a. KStG, Kommentar, EStG § 20, Tz. 49 (27. Erg.Lfg. Mai 1996).

eine Eigenkapitalstruktur.[230] Auch die Versuche von Bitz[231] und Hoffmann[232] können letztlich nicht befriedigen, da sie nur einzelne Fallkonstellationen beschreiben, ihre Ergebnisse also nicht verallgemeinern und weder die Gewerbeertragsteuer noch den Solidaritätszuschlag einbeziehen. Bitz behandelt nur zwei Fälle, bei denden die verdeckte Gewinnausschüttung aus EK 45 bzw. EK 02 gespeist wird. Hoffmann legt zwar unterschiedliche Eigenkapitalstrukturen zugrunde, die Darstellungsform verbindet allerdings Gesellschafts- und Gesellschafterebene und beschränkt sich nicht auf eine reine Grenzbetrachtung. Während für die Berechnung von Steuerwirkungen auf der Anteilseignerebene stets deren individuelle Verhältnisse maßgebend sind, lassen sich für die Gesellschaftsebene allgemeingültige Aussagen entwickeln.

Ziel des Abschnitts ist es deshalb, Steuerwirkungen und Divergenzeffekte umfassend zu erklären und zu quantifizieren, das heißt für unterschiedliche Eigenkapitalstrukturen und unterschiedliche Besteuerungssituationen auf Gesellschaftsebene allgemeingültige Ergebnisse zu erarbeiten. Mit Rose[233] bezeichnen wir Vermögens-, Liquiditäts- und Organisationswirkungen als elementare Steuerwirkungen. Die Verminderung des Reinvermögens infolge der Besteuerung verdeckter Gewinnausschüttungen spiegelt sich unmittelbar im verwendbaren Eigenkapital wieder. In der Gliederungsrechnung wird die Steuerbelastung der Gesellschaft abgebildet, so daß der Divergenzeffekt verstanden als Differenz der Bestände im verwendbaren Eigenkapital vor und nach Abwicklung der verdeckten Gewinnausschüttung der Summe der Mehrsteuern entspricht.

Daran anknüpfend ist die Frage zu beantworten, welche Konsequenzen daraus für die nicht von der verdeckten Gewinnausschüttung betroffenen Gesellschafter zu ziehen sind. Der Abschnitt versteht sich als Analyse auf der Basis des geltenden Rechts, das

---

[230] Vgl. Dötsch u.a. (1995), S. 371 f.; Lange/Reiß (1996), S. 149 f.; Dötsch, in: Dötsch u.a., KStG, Kommentar, § 27 Tz. 206 (26. Erg.lfg. Dez. 1995), zeigt Belastungswirkungen jeweils bei EK 56, 50 und 45 auf und formuliert im Anschluß: „In der Übergangszeit von 1994 bis 1998, in der die Teilbeträge nebeneinander vorkommen können, können sich andere Belastungen ergeben."
[231] Vgl. Bitz, GmbHR 1995, S. 108 - 109.
[232] Vgl. Hoffmann, DStR 1995, Beihefter zu Heft 26. Nicht nachvollziehbar ist der Hinweis auf den Divergenzeffekt in Schema I. Hoffmann verweist hier auf Zeile 31; dort ist die Körperschaftsteuererhöhung ausgewiesen.
[233] Vgl. Rose (1992), S. 15 f.

die verdeckte Gewinnausschüttung als vermögensmindernden Eigenkapitalabgang interpretiert, ohne damit die Argumentation der herrschenden Meinung stützen zu wollen. Alternative Besteuerungskonzepte - wie sie etwa jüngst von Kirchgesser[234] vorgestellt wurden - sind nicht Gegenstand des Abschnitts.

Im Anschluß an eine knappe Beschreibung des Rechtsinstituts werden Abwicklungsformen der verdeckten Gewinnausschüttung in der Gliederungsrechnung aufgezeigt und für verschiedene Fallkonstellationen Divergenzeffekte ermittelt. Daran schließt sich eine Verallgemeinerung der Ergebnisse, Variationen der Gewerbesteuerhebesätze und die Berücksichtigung der Umsatzsteuer an. Das Instrumentarium der Teilsteuerrechnung wird sodann genutzt, um die Steuerwirkungen auf Gesellschaftsebene algebraisch darzustellen.

Der Grund für dieses gestufte Vorgehen liegt in der Komplexität der Thematik, die für drei Besteuerungssituationen und sieben Eigenkapitalstrukturen allein 21 Fälle unterscheiden kann. Der Abschnitt zeigt - entgegen der vielfach geäußerten Vorbehalte der Steuerrechtspraxis -, daß die Teilsteuerrechnung in besonderer Weise geeignet ist, die Steuerbelastungen auf einfachem Wege zu ermitteln.

Nach § 8 Abs. 3 Satz 2 KStG dürfen verdeckte Gewinnausschüttungen das Einkommen nicht mindern. Der jüngeren höchstrichterlichen Rechtsprechung[235] zufolge stellt eine verdeckte Gewinnausschüttung eine Vermögensminderung oder verhinderte Vermögensmehrung dar, die durch das Gesellschaftsverhältnis veranlaßt ist, sich auf die Höhe des Einkommens auswirkt und nicht in Zusammenhang mit einer offenen Gewinnausschüttung steht. Ob die Neudefinition eine Änderung der Rechtslage bewirkt hat, kann hier dahingestellt bleiben.[236]

---

[234] Vgl. Kirchgesser (1996).
[235] Vgl. BFH v. 1.2.1989, BStBl 1989 II, S. 522; BFH v. 22.2.1989, BStBl II 1989, S. 475.
[236] Vgl. z.B. Scholtz, FR 1990, S. 321; ders., FR 1990, S. 386.

Neben der Einkommenswirkung ist die Frage zu beantworten, ob für die verdeckte Gewinnausschüttung die Ausschüttungsbelastung herzustellen ist. In diesem Falle wird die verdeckte Gewinnausschüttung als andere Ausschüttung im Sinne des § 27 Abs. 3 Satz 2 KStG interpretiert. Danach tritt die Körperschaftsteueränderung für den Veranlagungszeitraum ein, in dem das Wirtschaftsjahr endet, in dem die Ausschüttung erfolgt. § 28 Abs. 2 Satz 2 KStG zufolge sind andere Ausschüttungen mit dem verwendbaren Eigenkapital zu verrechnen, das sich zum Schluß des Wirtschaftsjahres ergibt, in dem die Ausschüttung erfolgt.

Schließlich ist auf der Ebene des betroffenen Anteilseigners zu prüfen, ob und in welcher Weise die verdeckte Gewinnausschüttung als Einnahme innerhalb einer Einkunftsart des EStG zu erfassen bzw. umzuqualifizieren ist.

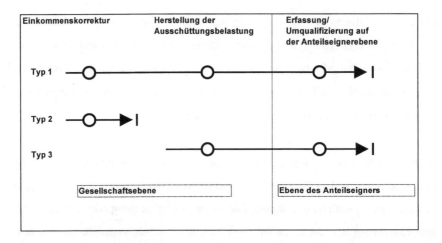

Abbildung 18: Typologie verdeckter Gewinnausschüttungen

Im Hinblick auf die unterschiedlichen Ebenen, auf denen verdeckte Gewinnausschüttungen qualifiziert werden müssen - (1) Einkommensebene, (2) Eigenkapitalverrechnung und (3) Erfassung bzw. Umdeutung auf der Anteilseignerebene -, sind drei Typen zu differenzieren.[237]

---

[237] Von Streck (1997), § 8 Anm. 65c als Dreieck beschrieben. Vgl. auch Achenbach, in: Dötsch u.a., § 8 Tz. 58 - 65 (26. Erg.lfg., Dez. 1995).

Typ 1 beschreibt den Regelfall der verdeckten Gewinnausschüttung, die sowohl zu einer Einkommenskorrektur als auch zur Herstellung der Ausschüttungsbelastung und zur Erfassung/Umqualifizierung auf der Anteilseignerebene führt. Für Typ 2, der zunächst lediglich zu einer Einkommenskorrektur führt, wird im Schrifttum das Beispiel der Gewährung einer unangemessenen Pensionszusage für den Gesellschafter-Geschäftsführer genannt.[238] Hier kommt es erst bei Zahlung der Pension zur Abwicklung der verdeckten Gewinnausschüttung. Bei Typ 3 fehlt hingegen die Einkommenserhöhung. Ein steuerfreier Ertrag - beispielsweise eine Investitionszulage - wird von seiten der Kapitalgesellschaft an den Anteilseigner transferiert.[239]

Uns soll im folgenden nur Typ 1 weiter interessieren, denn gerade hier kommt es durch die beiden Knoten im Bereich der Einkommensebene und der Eigenkapitalverrechnung zu unterschiedlichen Divergenzeffekten, je nachdem welche Steuerarten von der verdeckten Gewinnausschüttung betroffen sind.

Auf der Gesellschaftsebene trägt sich die verdeckte Gewinnausschüttung nicht selbst. Die Folge ist ein Auseinanderklaffen von Eigenkapitalzugang und -abgang. Auf die Einkommenserhöhung und die Besteuerung mit der Tarifbelastung folgt der Einbezug der verdeckten Gewinnausschüttungen in das körperschaftsteuerliche Anrechnungsverfahren. Die damit verbundenen Steuerbelastungen wurden früh erkannt.[240] Nachdem der Gesetzgeber im Rahmen des Steuerentlastungsgesetzes 1984 zwar den zeitlichen Zusammenhang von Gewinnerzielung und Gewinnverwendung befriedigend geregelt, nicht aber durch eine Neudefinition der verdeckten Gewinnausschüttung die Lücke zwischen Einkommensentstehung und -verwendung geschlossen hatte, blieb die von Herzig[241] als quantitative Divergenzproblematik bezeichnete Steuerwirkung. Die verdeckte Gewinnausschüttung (als Typ 1) gilt als andere Ausschüttung i.S.v. § 27 Abs. 3

---

[238] Vgl. Streck (1997), § 8 Anm. 150 Stichwort „Pensionszusage".
[239] Vgl. Streck (1997), § 8 Anm. 150, Stichwort „Steuerfreie Erträge".
[240] Vgl. Thiel, DB 1976, S. 1542; Herzig, StuW 1976, S. 325; ders., FR 1977, S. 237. Später dann Herzig/Förster, DB 1987, S. 1205; Herzig/Schiffers, DSWR 1994, S. 123; Dommermuth/Rammiger, FR 1992, S. 353.
[241] Vgl. Herzig, DB 1985, S. 353 - 356.

Satz 2 und § 28 Abs. 2 Satz 2 KStG. Die Ausschüttungsbelastung ist für den Veranlagungszeitraum herzustellen, in dem das Wirtschaftsjahr endet, in dem die verdeckte Gewinnausschüttung erfolgte. Die Verrechnung der verdeckten Gewinnausschüttung findet mit dem verwendbaren Eigenkapital statt, das am Schluß des Wirtschaftsjahres bestand, in dem die verdeckte Gewinnausschüttung erfolgte.

Im folgenden werden Divergenzeffekte ausgehend von einer verdeckten Gewinnausschüttung in Höhe von 100 GE für unterschiedliche Steuersituationen und unterschiedliche Eigenkapitalstrukturen abgeleitet. Den Berechnungen liegen in der Ausgangskonstellation folgende Prämissen zugrunde.

Betrachtet werden soll eine mittelständische Kapitalgesellschaft in der Rechtsform einer GmbH, die als personenbezogene Kapitalgesellschaft eine hohe Ausschüttungsquote aufweist. Die Aufdeckung der verdeckten Gewinnausschüttung durch die steuerliche Außenprüfung führt zu einer Einkommenserhöhung von 100 Geldeinheiten (GE), indem eine schuldrechtlich motivierte und gewerbesteuerlich abzugsfähige Leistungsvergütung an einen Gesellschafter später umqualifiziert wird. In Betracht kommen insbesondere laufende oder einmalige Vergütungen an Gesellschafter-Geschäftsführer, etwa Gehalt oder Gewinnbeteiligung.

Zu beachten ist, daß die Qualifikation einer verdeckten Gewinnausschüttung auf der Gesellschaftsebene Steuerwirkungen i.S.v. Reinvermögensminderungen und ggf. eine Reduzierung latenter Körperschaftsteuerguthaben verursacht, die auch die übrigen Gesellschafter treffen.

Das nachfolgende Schaubild (Abbildung 19) zeigt die Struktur der Fallstudien auf, die Kombinationen von Merkmalsausprägungen auf drei Ebenen darstellen. Zum einen ist hinsichtlich der Zusammensetzung des verwendbaren Eigenkapitals vor Erfassung der verdeckten Gewinnausschüttung zu unterscheiden.[242] Hier wird mit 1 (Bestand des belasteten EK ausreichend) und 2 (Bestand belastetes EK null) eine erste Differenzierung vorgenommen. Der rechte Ast des Schaubilds führt mit 21, 22 und 23 drei Unterfälle der Bestände in den EK 0 Gruppen auf. Bei 21 ist der Bestand an nichtbelastetem Eigenkapital ausreichend, bei 22 null und bei 23 null und darüber hinaus sogar ein Negativ-Bestand EK 45 vorhanden.

Die zweite Ebene betrifft die gesetzlich determinierte Inanspruchnahme der Eigenkapitalparten. Die Verwendungsfiktion des § 28 Abs. 3 KStG zwingt - vorbehaltlich der Sonderregelungen nach § 28 Abs. 4, 5 und 7 KStG - zur Inanspruchnahme der Eigenkapitalparten nach der in § 30 KStG vorgegebenen Reihenfolge, also mit abnehmender Tarifbelastung. Diese Regelung wirkt tendenziell zugunsten der Kapitalgesellschaft, da latentes Körperschaftsteuerminderungspotential durch die vorrangige Inanspruchnahme von belastetem Eigenkapital so frühestmöglich freigesetzt wird. Die Fallgruppen 11, 12 und 13 zeigen die unterschiedlich belasteten Eigenkapitalgruppen EK 50, EK 45 und EK 30. Im rechten Teil des Schaubilds wurden mit 211 die Eigenkapitalkategorien EK 01 und 04 und mit 212 EK 02 und 03 aufgrund der Identität der Steuerwirkungen zusammengefaßt abgebildet. Dabei führt die Verwendung von EK 01 und EK 04 gemäß § 40 Satz 1 Nr. 1 und 2 KStG nicht zu einer Körperschaftsteuererhöhung.

§ 35 Abs. 2 KStG ordnet für den Fall von fehlendem verwendbaren Eigenkapital an, daß der Unterschiedsbetrag und die Körperschaftsteuererhöhung als Negativbetrag in EK 02 eingestellt und später von den jeweils neu entstandenen sonstigen Vermögensmehrungen abgezogen werden.

---

[242] Dies ist der Bestand zu Beginn des Wirtschaftsjahres, in dem die Ausschüttung erfolgt ist, unter Berücksichtigung der Eigenkapitalzugänge aus dem laufenden Einkommen und des Abzugs sonstiger nichtabziehbarer Aufwendungen. Selbstverständlich sind auch Mischformen möglich, bei denen Bestände an belastetem Eigenkapital zwar vorhanden, aber nicht ausreichend sind.

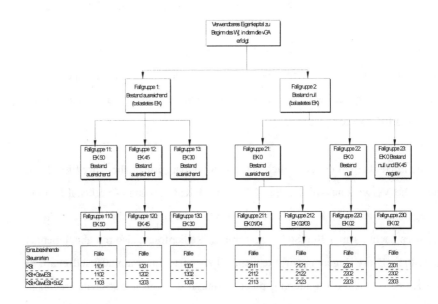

Abbildung 19: 21 Fallkonstellationen bei unterschiedlichen Eigenkapitalstrukturen und einzubeziehenden Steuerarten

Drittens wird bezüglich der einzubeziehenden Steuerarten differenziert. Während zunächst in jedem Tableau nur die Körperschaftsteuer berücksichtigt wird, erweitert die zweite Ebene um die Gewerbeertragsteuer und die dritte Ebene um Gewerbeertragsteuer und Solidaritätszuschlag, spiegelt daher die derzeitige Erfolgsbesteuerung zutreffend wider. Es wird dabei von einem Gewerbesteuerhebesatz von 400 % ausgegangen. Erst später sollen Hebesatzvariationen betrachtet werden.

Die Fallstudien unterstellen die Qualifikation von Leistungsvergütungen als verdeckte Gewinnausschüttungen, die ursprünglich als gewerbesteuerlich abzugsfähig behandelt worden sind. Damit sind vorrangig Vergütungen für Arbeitsleistungen der Gesellschafter angesprochen, die nach Qualifikation als Vorteilszuwendung nun auch die gewerbeertragsteuerliche Ausgangsgröße i.S.d. § 7 GewStG erhöhen. Denkbar ist allerdings auch, daß die Sachverhalte ursprünglich schon als Hinzurechnungen qualifiziert oder aber gewerbesteuerneutral behandelt wurden. Insoweit sind mit der Aufdeckung der verdeckten Gewinnausschüttung keine oder nur hälftige Belastungen mit Gewerbeertragsteuer verbunden. So werden Fremdkapitalvergütungen i.S.v. § 8a KStG nach § 9 Nr. 10 GewStG wieder gekürzt. Dauerschuldentgelte, Miet- oder Pachtzinsen waren demgegenüber schon hälftig (§ 8 Nr. 1 u. 7 GewStG) in der Ausgangsgröße enthalten, so daß deren Qualifikation als verdeckte Gewinnausschüttung nur hälftige Belastungen nach sich zieht.

Die nachfolgenden Tabellen entsprechen im Aufbau - cum grano salis - dem amtlichen Gliederungsvordruck KSt 1G/A und leiten von Beständen zu Beginn des Wirtschaftsjahrs nach Erfassung der Zugänge zu Endbeständen über, die dann im sog. nachrichtlichen Teil die Abwicklung der verdeckten Gewinnausschüttung im Anrechnungsverfahren darstellen. Dabei wird unter den Zugängen zum EK 45 stets der Betrag nach Abzug aller sonstigen nichtabziehbaren Ausgaben (§ 31 Abs. 1 Nr. 4 KStG) verstanden.

Zunächst sollen Fallkonstellationen betrachtet werden, in denen ein zur Verrechnung der verdeckten Gewinnausschüttung ausreichend hoher EK 50-Bestand vorhanden ist. Dies entspricht zwar nicht ausdrücklich unserem zugrundeliegenden Fall mit geringer Selbstfinanzierungsquote. Die Literatur empfiehlt jedoch zur Abmilderung der Steuerwirkungen von verdeckten Gewinnausschüttungen das Halten von ausreichenden Sicherheitsbeständen,[243] so daß diese Fälle wiederum an Bedeutung gewinnen.

Ist ein ausreichender Bestand von EK 50 vorhanden, so führt die verdeckte Gewinnausschüttung zu einem Divergenzeffekt von 26,57 GE, wenn Körperschaft- und Gewerbeertragsteuer sowie Solidaritätszuschlag berücksichtigt werden. Neben 16,67 GE Gewerbeertragsteuer entstehen 8,93 GE Körperschaftsteuer, die sich aus 37,50 GE Tarifbelastung (45 % von 83,33) und 28,57 GE Steuerminderung (20/50 von 71,43) errechnen, sowie 0,67 GE Solidaritätszuschlag.

---

[243] Vgl. Herzig, StuW 1976, S. 334; ders., DB 1985, S. 354; Hoffmann, DStR 1995, Beihefter zu Heft 26.

Das vormals 100 GE umfassende verwendbare Eigenkapital ist auf 73,73 GE geschrumpft. Entscheidend ist aber nicht nur die absolute Verringerung des verwendbaren Eigenkapitals, sondern auch die veränderte Struktur. Aufgrund der Verwendungsfiktion führt die Abwicklung der verdeckten Gewinnausschüttung zu einem Verbrauch des EK 50 in Höhe von 71,43 GE, so daß nur noch 28,57 GE neben den neu entstandenen 45,16 GE EK 45 vorhanden sind. Aus vormals 40 GE latentem Körperschaftsteuerguthaben sind aufgrund der veränderten Struktur jetzt noch 23,75 GE vorhanden. Das freigesetzte Guthaben gelangt allein in die Sphäre des betroffenen Gesellschafters. Anerkennt man den ökonomischen Wert der Latenz, so ensteht über die nominelle Eigenkapitalverringerung hinaus ein weiterer Nachteil für die nicht von der verdeckten Gewinnausschüttung betroffenen Gesellschafter in Höhe von 16,25 GE mulitipliziert mit der jeweiligen Beteiligungsquote.

		Vorspalte	Summe	EK 50	EK 45	EK 30	EK 01/04	EK 02/03	GewSt	KSt	SolZ	Summe
Best. Beginn Wj:		0,00	100,00	100,00	0,00	0,00	0,00	0,00				
	vGA	100,00										
Fall 1101	45 % KSt	-45,00								45,00		45,00
	Zugang EK45		55,00		55,00							
Best. Ende Wj			155,00	100,00	55,00	0,00	0,00	0,00				
	vGA ./. s_ga	83,33							16,67			16,67
Fall 1102	45 % KSt	-37,50								37,50		37,50
	Zugang EK45		45,83		45,83							
Best. Ende Wj			145,83	100,00	45,83	0,00	0,00	0,00				
	vGA ./. s_ga	83,33							16,67			16,67
Fall 1103	45 % KSt	-37,50								37,50		37,50
	Zugang EK45		45,83		45,83							
	SolZ				-0,67						0,67	0,67
Best. Ende Wj			145,16	100,00	45,16	0,00	0,00	0,00				
Nachrichtl.:												
Fall 1101	Ausschüttung	100,00										
	verw. EK 50	-71,43	-71,43	-71,43								
	KSt-Minderung	-28,57								-28,57		-28,57
Fall 1102	Ausschüttung	100,00										
	verw. EK 50	-71,43	-71,43	-71,43								
	KSt-Minderung	-28,57								-28,57		-28,57
Fall 1103	Ausschüttung	100,00										
	verw. EK 50	-71,43	-71,43	-71,43								
	KSt-Minderung	-28,57								-28,57		-28,57
Best. nach vGA:	Fall 1101		83,57	28,57	55,00	0,00	0,00	0,00	0,00	16,43	0,00	16,43
	Fall 1102		74,40	28,57	45,83	0,00	0,00	0,00	16,67	8,93	0,00	25,60
	Fall 1103		73,73	28,57	45,16	0,00	0,00	0,00	16,67	8,93	0,67	26,27
Divergenzeffekt		Fall 1101: 16,43			Fall 1102: 25,60		Fall 1103: 26,27					

Tabelle 1: *Fallgruppe 110*

Die Fälle, bei denen ein ausreichend hoher Bestand an EK 45 existiert, führen zu Divergenzeffekten von 23,57 GE (allein KSt), 32,74 GE (KSt und GewESt) bis zu 33,95 GE im Fall 1203, der die Besteuerungssituation ab 1995 beschreibt. Letzterer setzt sich aus 16,67 GE Gewerbeertragsteuer, 16,07 GE Körperschaftsteuer

(Tarifbelastung 37,50 GE minus Körperschaftsteuerminderung 21,43 GE = 15/55 v. 78,57 GE) und 1,21 Solidaritätszuschlag zusammen. Da mit EK 45 nur eine Eigenkapitalparte betroffen ist, verringert sich das latente KSt-Guthaben im Fall 1203 um 9,26 GE (15/55 v. 33,95 GE).

		Vorspalte	Summe	EK 50	EK 45	EK 30	EK 01/04	EK 02/03	GewSt	KSt	SolZ	Summe
Best. Beginn Wj:		0,00	100,00	0,00	100,00	0,00	0,00	0,00				
	vGA	100,00										
Fall 1201	45 % KSt	-45,00								45,00		45,00
	Zugang EK45		55,00		55,00							
Best. Ende Wj			155,00	0,00	155,00	0,00	0,00	0,00				
	vGA ./. S_ys	83,33										
Fall 1202	45 % KSt	-37,50							16,67			16,67
	Zugang EK45		45,83		45,83					37,50		37,50
Best. Ende Wj			145,83	0,00	145,83	0,00	0,00	0,00				
	vGA ./. S_ys	83,33										
Fall 1203	45 % KSt	-37,50							16,67			16,67
	Zugang EK45		45,83		45,83					37,50		37,50
	SolZ		-1,21								1,21	1,21
Best. Ende Wj			144,62	0,00	144,62	0,00	0,00	0,00				
Nachrichtl.:												
Fall 1201	Ausschüttung	100,00										
	verw. EK 45	-78,57	-78,57		-78,57							
	KSt-Minderung	-21,43								-21,43		-21,43
Fall 1202	Ausschüttung	100,00										
	verw. EK 45	-78,57	-78,57		-78,57							
	KSt-Minderung	-21,43								-21,43		-21,43
Fall 1203	Ausschüttung	100,00										
	verw. EK 45	-78,57	-78,57		-78,57							
	KSt-Minderung	-21,43								-21,43		-21,43
Best. nach vGA:	Fall 1201		76,43	0,00	76,43	0,00	0,00	0,00	0,00	23,57	0,00	23,57
	Fall 1202		67,26	0,00	67,26	0,00	0,00	0,00	16,67	16,07	0,00	32,74
	Fall 1203		66,05	0,00	66,05	0,00	0,00	0,00	16,67	16,07	1,21	33,95
Divergenzeffekt			Fall 1201: 23,57			Fall 1202: 32,74		Fall 1203: 33,95				

Tabelle 2: *Fallgruppe 120*

Die Fallgruppe 130 unterstellt einen ausreichend hohen Bestand an EK 30, der allein aus einer Aufteilung i.S.v. § 32 KStG entstanden sein kann. Infolge der geringeren Körperschaftsteuerminderung, die allein aus der Abwicklung des aus der verdeckten Gewinnausschüttung entstandenen EK 45 resultiert, steigen Steuerbelastungen und somit Divergenzeffekte bis auf 44,10 GE im Fall 1303 an. Neben Gewerbeertragsteuer (16,67 GE) und der Körperschaftsteuer von 25,52 GE (37,50 GE Tarifbelastung minus 11,98 GE KSt-Minderung) entsteht im Fall 1303 ein Solidaritätszuschlag in Höhe von 1,91 GE. Ersichtlich weist die Fallgruppe 211 identische Divergenzeffekte wie Fallgruppe 130 auf. Dies liegt am ausreichenden Bestand an EK 01 bzw. EK 04, dessen Verwendung gemäß § 40 Satz 1 Nr. 1 u. 2 KStG - wie die der Parte EK 30 - nicht zu einer Körperschaftsteuererhöhung führt.

In beiden Fallgruppen kommt es nicht zu einer Freisetzung von latentem Körperschaftsteuerguthaben.

		Vorspalte	Summe	EK 50	EK 45	EK 30	EK 01/04	EK 02/03	GewSt	KSt	SolZ	Summe
Best. Beginn Wj:		0,00	100,00	0,00	0,00	100,00	0,00	0,00				
	vGA	100,00										
Fall 1301	45 % KSt	-45,00								45,00		45,00
	Zugang EK45		55,00		55,00							
Best. Ende Wj			155,00	0,00	55,00	100,00	0,00	0,00				
	vGA./. s_{pe}	83,33								16,67		16,67
Fall 1302	45 % KSt	-37,50								37,50		37,50
	Zugang EK45		45,83		45,83							
Best. Ende Wj			145,83	0,00	45,83	100,00	0,00	0,00				
	vGA./. s_{pe}	83,33								16,67		16,67
Fall 1303	45 % KSt	-37,50								37,50		37,50
	Zugang EK45		45,83		45,83							
	SolZ				-1,91						1,91	1,91
Best. Ende Wj			143,92	0,00	43,92	100,00	0,00	0,00				
Nachrichtl.:												
Fall 1301	Ausschüttung	100,00										
	verw. EK 45	-55,00	-55,00		-55,00							
	KSt-Minderung	-15,00								-15,00		-15,00
	verw. EK 30	-30,00	-30,00			-30,00						
Fall 1302	Ausschüttung	100,00										
	verw. EK 45	-45,83	-45,83		-45,83							
	KSt-Minderung	-12,50								-12,50		-12,50
	verw. EK 30	-41,67	-41,67			-41,67						
Fall 1303	Ausschüttung	100,00										
	verw. EK 45	-43,92	-43,92		-43,92							
	KSt-Minderung	-11,98								-11,98		-11,98
	verw. EK 30	-44,10	-44,10			-44,10						
Best. nach vGA:	Fall 1301		70,00	0,00	0,00	70,00	0,00	0,00	0,00	30,00	0,00	30,00
	Fall 1302		58,33	0,00	0,00	58,33	0,00	0,00	16,67	25,00	0,00	41,67
	Fall 1303		55,90	0,00	0,00	55,90	0,00	0,00	16,67	25,52	1,91	44,10
Divergenzeffekt		Fall 1301: 30,00			Fall 1302: 41,67		Fall 1303: 44,10					

Tabelle 3: *Fallgruppe 130*

4. Kapitel: Steuern im handelsrechtlichen Einzelabschluß

		Vorspalte	Summe	EK 50	EK 45	EK 30	EK 01/04	EK 02/03	GewSt	KSt	SolZ	Summe
Best. Beginn Wj:			0,00	100,00	0,00	0,00	0,00	100,00	0,00			
	vGA	100,00										
Fall 2111	45 % KSt	-45,00								45,00		45,00
	Zugang EK45		55,00		55,00							
Best. Ende Wj			155,00	0,00	55,00	0,00	0,00	100,00	0,00			
	vGA ./. s_{ge}	83,33							16,67			16,67
Fall 2112	45 % KSt	-37,50								37,50		37,50
	Zugang EK45		45,83		45,83							
Best. Ende Wj			145,83	0,00	45,83	0,00	0,00	100,00	0,00			
	vGA ./. s_{ge}	83,33							16,67			16,67
Fall 2113	45 % KSt	-37,50								37,50		37,50
	Zugang EK45		45,83		45,83							
	SolZ										1,91	1,91
Best. Ende Wj			143,92	0,00	43,92	0,00	0,00	100,00	0,00			
Nachrichtl.:												
Fall 2111	Ausschüttung	100,00										
	verw. EK 45	-55,00	-55,00		-55,00							
	KSt-Minderung	-15,00								-15,00		-15,00
	verw. EK 01/04	-30,00	-30,00				-30,00					
Fall 2112	Ausschüttung	100,00										
	verw. EK 45	-45,83	-45,83		-45,83							
	KSt-Minderung	-12,50								-12,50		-12,50
	verw. EK 01/04	-41,67	-41,67				-41,67					
Fall 2113	Ausschüttung	100,00										
	verw. EK 45	-43,92	-43,92		-43,92							
	KSt-Minderung	-11,98								-11,98		-11,98
	verw. EK 01/04	-44,10	-44,10				-44,10					
Best. nach vGA:	Fall 2111		70,00	0,00	0,00	0,00	70,00	0,00	0,00	30,00	0,00	30,00
	Fall 2112		58,33	0,00	0,00	0,00	58,33	0,00	16,67	25,00	0,00	41,67
	Fall 2113		55,90	0,00	0,00	0,00	55,90	0,00	16,67	25,52	1,91	44,10
Divergenzeffekt			Fall 2111: 30,00			Fall 2112: 41,67		Fall 2113: 44,10				

Tabelle 4: *Fallgruppe 211*

Mit den Fallgruppen 212 und 220 werden Konstellationen angesprochen, bei denen vor Aufdeckung der verdeckten Gewinnausschüttung mit Körperschaftsteuer belastetes Eigenkapital fehlt und statt dessen allein EK 02 bzw. EK 03 vorhanden ist.

Hier betragen die Divergenzeffekte 42,86 GE (ausschließlich KSt), 59,53 GE (KSt und GewESt) bzw. 65,75 GE in der aktuellen Besteuerungssituation. Es macht keinen Unterschied, ob der Bestand an EK 02 bzw. EK 03 positiv oder null ist. In beiden Fallgruppen treten durch die Erfassung des Abgangs in den EK 0-Gruppen Körperschaftsteuererhöhungen in gleichem Umfang ein. So entstehen bei Fall 2123 und 2203 jeweils Körperschaftsteuererhöhungen in Höhe von 3/7 des Teils der Bardividende, der aus EK 02 bzw. EK 03 entnommen werden muß.

		Vorspalte	Summe	EK 50	EK 45	EK 30	EK 01/04	EK 02/03	GewSt	KSt	SolZ	Summe
Best. Beginn Wj:		0,00	100,00	0,00	0,00	0,00	0,00	100,00				
	vGA	100,00										
Fall 2121	45 % KSt	-45,00								45,00		45,00
	Zugang EK45		55,00		55,00							
Best. Ende Wj			155,00	0,00	55,00	0,00	0,00	100,00				
	vGA /. s$_{ges}$	83,33								16,67		16,67
Fall 2122	45 % KSt	-37,50								37,50		37,50
	Zugang EK45		45,83		45,83							
Best. Ende Wj			145,83	0,00	45,83	0,00	0,00	100,00				
	vGA /. s$_{ges}$	83,33								16,67		16,67
Fall 2123	45 % KSt	-37,50								37,50		37,50
	Zugang EK45		45,83		45,83							
	SolZ				-3,42						3,42	3,42
Best. Ende Wj			142,41	0,00	42,41	0,00	0,00	100,00				
Nachrichtl.:												
Fall 2121	Ausschüttung	100,00										
	verw. EK 45	-55,00	-55,00		-55,00							
	KSt-Minderung	-15,00								-15,00		-15,00
	verw. EK 02/03	-30,00	-30,00					-30,00				
	KSt-Erhöhung		-12,86					-12,86		12,86		12,86
Fall 2122	Ausschüttung	100,00										
	verw. EK 45	-45,83	-45,83		-45,83							
	KSt-Minderung	-12,50								-12,50		-12,50
	verw. EK 02/03	-41,67	-41,67					-41,67				
	KSt-Erhöhung		-17,86					-17,86		17,86		17,86
Fall 2123	Ausschüttung	100,00										
	verw. EK 45	-42,41	-42,41		-42,41							
	KSt-Minderung	-11,57								-11,57		-11,57
	verw. EK 02/03	-46,02	-46,02					-46,02				
	KSt-Erhöhung		-19,72					-19,72		19,72		19,72
Best. nach vGA:	Fall 2121		57,14	0,00	0,00	0,00	0,00	57,14	0,00	42,86	0,00	42,86
	Fall 2122		40,47	0,00	0,00	0,00	0,00	40,47	16,67	42,86	0,00	59,53
	Fall 2123		34,26	0,00	0,00	0,00	0,00	34,26	16,67	45,65	3,42	65,74
Divergenzeffekt		Fall 2121:	42,86		Fall 2122:	59,53		Fall 2123:	65,74			

Tabelle 5: *Fallgruppe 212*

4. Kapitel: Steuern im handelsrechtlichen Einzelabschluß

		Vorspalte	Summe	EK 50	EK 45	EK 30	EK 01/04	EK 02/03	GewSt	KSt	SolZ	Summe
Best. Beginn Wj:			0,00	0,00	0,00	0,00	0,00	0,00				
	vGA	100,00										
Fall 2201	45 % KSt	-45,00								45,00		45,00
	Zugang EK45		55,00		55,00							
Best. Ende Wj			55,00	0,00	55,00	0,00	0,00	0,00				
	vGA ./. s_est	83,33							16,67			16,67
Fall 2202	45 % KSt	-37,50								37,50		37,50
	Zugang EK45		45,83		45,83							
Best. Ende Wj			45,83	0,00	45,83	0,00	0,00	0,00				
	vGA ./. s_est	83,33							16,67			16,67
Fall 2203	45 % KSt	-37,50								37,50		37,50
	Zugang EK45		45,83		45,83							
	SolZ		-3,42								3,42	3,42
Best. Ende Wj			42,41	0,00	42,41	0,00	0,00	0,00				
Nachrichtl.:												
Fall 2201	Ausschüttung	100,00										
	verw. EK 45	-55,00	-55,00		-55,00							
	KSt-Minderung	-15,00								-15,00		-15,00
	verw. EK 02/03	-30,00	-30,00					-30,00				
	KSt-Erhöhung		-12,86					-12,86		12,86		12,86
Fall 2202	Ausschüttung	100,00										
	verw. EK 45	-45,83	-45,83		-45,83							
	KSt-Minderung	-12,50								-12,50		-12,50
	verw. EK 02/03	-41,67	-41,67					-41,67				
	KSt-Erhöhung		-17,86					-17,86		17,86		17,86
Fall 2203	Ausschüttung	100,00										
	verw. EK 45	-42,41	-42,41		-42,41							
	KSt-Minderung	-11,57								-11,57		-11,57
	verw. EK 02/03	-46,02	-46,02					-46,02				
	KSt-Erhöhung		-19,72					-19,72		19,72		19,72
Best. nach vGA:	Fall 2201		-42,86	0,00	0,00	0,00	0,00	-42,86	0,00	42,86	0,00	42,86
	Fall 2202		-59,53	0,00	0,00	0,00	0,00	-59,53	16,67	42,86	0,00	59,53
	Fall 2203		-65,74	0,00	0,00	0,00	0,00	-65,74	16,67	45,65	3,42	65,74
Divergenzeffekt		Fall 2201: 42,86			Fall 2202: 59,53		Fall 2203: 65,74					

Tabelle 6: *Fallgruppe 220*

Die höchsten Divergenzeffekte sind gegeben, wenn EK 45 in der Ausgangssituation einen beachtlichen Negativbestand aufweist. Für die Verrechnung sonstiger nichtabziehbarer Ausgaben reichte hier in der Vergangenheit EK 30 nicht aus, so daß nach § 31 Abs. 2 Satz 2 KStG vorläufig ein negativer Vortrag in EK 45 einzustellen war, der nun den EK-Zugang aufgrund der verdeckten Gewinnausschüttung vollständig kompensiert. Der Eigenkapitalzugang in Höhe von 55 GE bzw. 45,83 GE führt also lediglich dazu, den bestehenden Minusposten - im Beispiel 100 GE - zu verringern. Soweit die Verrechnung mit neu entstandenem EK 45 gelingt, ist der Abzug sonstiger nichtabziehbarer Ausgaben endgültig.[244] Daraus folgt, daß die verdeckte Gewinnausschüttung nunmehr vollständig dem EK 02 entnommen werden muß.

---

[244] Vgl. Streck (1997), § 32 Anm. 13.

Die Divergenzeffekte betragen hier bis zu 103,05 GE in der aktuellen Besteuerungssituation. Dies bedeutet, daß eine verdeckte Gewinnausschüttung von 100 GE eine Steuerbelastung auf Gesellschaftsebene von 103,05 GE verursacht. Allein die Körperschaftsteuer beträgt 80,36 GE. Daneben sind Gewerbeertragsteuer von 16,67 GE zu berücksichtigen. Der Solidaritätszuschlag beträgt hier 6,03 GE (= 7,5 % v. 80,36 GE).

		Vorspalte	Summe	EK 50	EK 45	EK 30	EK 01/04	EK 02/03	GewSt	KSt	SolZ	Summe
Best. Beginn Wj:		0,00	-100,00	0,00	-100,00	0,00	0,00	0,00				
	vGA	100,00										
Fall 2301	45 % KSt	-45,00								45,00		45,00
	Zugang EK45		55,00		55,00							
Best. Ende Wj			-45,00	0,00	-45,00	0,00	0,00	0,00				
	vGA ./. s_{ge}	83,33							16,67			16,67
Fall 2302	45 % KSt	-37,50								37,50		37,50
	Zugang EK45		45,83		45,83							
Best. Ende Wj			-54,17	0,00	-54,17	0,00	0,00	0,00				
	vGA ./. s_{ge}	83,33							16,67			16,67
Fall 2303	45 % KSt	-37,50								37,50		37,50
	Zugang EK45		45,83		45,83							
	SolZ		-6,03								6,03	6,03
Best. Ende Wj			-60,20	0,00	-60,20	0,00	0,00	0,00				
Nachrichtl.:												
Fall 2301	Ausschüttung	100,00										
	verw. EK 02/03	-100,00	-100,00					-100,00				
	KSt-Erhöhung		-42,86					-42,86		42,86		42,86
Fall 2302	Ausschüttung	100,00										
	verw. EK 02/03	-100,00	-100,00					-100,00				
	KSt-Erhöhung		-42,86					-42,86		42,86		42,86
Fall 2303	Ausschüttung	100,00										
	verw. EK 02/03	-100,00	-100,00					-100,00				
	KSt-Erhöhung		-42,86					-42,86		42,86		42,86
Best. nach vGA:	Fall 2301		-187,86	0,00	-45,00	0,00	0,00	-142,86	0,00	87,86	0,00	87,86
	Fall 2302		-197,03	0,00	-54,17	0,00	0,00	-142,86	16,67	80,36	0,00	97,03
	Fall 2303		-203,06	0,00	-60,20	0,00	0,00	-142,86	16,67	80,36	6,03	103,06
Divergenzeffekt			Fall 2301: 87,86			Fall 2302: 97,03			Fall 2303: 103,06			

Tabelle 7: *Fallgruppe 230*

Abbildung 21 faßt die Ergebnisse der Fallstudien zusammen. Abgebildet sind Steuerwirkungen auf Gesellschaftsebene bei sieben Fallgruppen, die zusammengefaßt der Eigenkapitalabweichung entsprechen. In der aktuellen Besteuerungssituation betragen die Divergenzeffekte je nach Eigenkapitalstruktur zwischen 26,27 und 103,05 GE (%). Der Gewerbeertragsteuer von 16,67 GE bei einem Hebesatz von 400 % folgen die Körperschaftsteuer zwischen 8,13 und 80,36 GE sowie der Solidaritätszuschlag mit 0,67 bis auf 6,02 GE ansteigend. Drei Steuerarten tragen bei den zugrundeliegenden Prämissen derzeit zum Divergenzeffekt bei.

Die Umqualifizierung von Leistungsvergütungen in verdeckte Gewinnausschüttungen hat zur Folge, daß auf der Ebene der Körperschaft Steuerbelastungen i.S.v. Reinvermögensminderungen eintreten, die erst nach Feststellung durch die Finanzbehörde, etwa nach Abwicklung der Außenprüfung liquiditätswirksam werden. Ist die Kapitalgesellschaft ursprünglich von der Abzugsfähigkeit der Leistungsvergütungen als Betriebsausgaben ausgegangen, handelt es sich bei den nunmehr festzusetzenden Mehrsteuern keineswegs um nur vorübergehende, lediglich liquiditätswirksame Auswirkungen.[245] Berücksichtigt man die beschränkte Vollverzinsung gemäß § 233a AO, so treten mit der Festsetzung von Nachforderungszinsen auf der Gesellschaftsebene weitere negative Vermögens- und Liquiditätswirkungen ein, die sich allerdings nicht verallgemeinern lassen.

Bei den Fällen 1103 und 1203 wird latentes Körperschaftsteuerguthaben freigesetzt. Nicht von der verdeckten Gewinnausschüttung betroffene Gesellschafter sind auch insoweit benachteiligt. Deutlich wird hier noch einmal, daß die Fälle 1303 und 2113 sowie 2123 und 2203 zu identischen Ergebnissen führen, was auf die körperschaftsteuerliche Verwendungsfiktion und die jeweiligen Körperschaftsteueränderungen zurückzuführen ist.

---

[245] So aber Dötsch, in: Dötsch u.a., § 27 Tz. 210 mit Hinweis auf IDW, FN 1-2/1990.

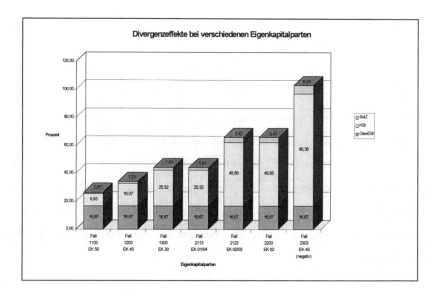

Abbildung 20: Divergenzeffekte bei verschiedenen Fallgruppen

In einem weiteren Analyseschritt werden nun Variationen des gewerbesteuerlichen Hebesatzes vorgenommen. Derzeit streuen die Hebesätze zwischen 0 und 515 %. Der gewogene Durchschnittshebesatz der Gemeinden mit mehr als 50.000 Einwohnern betrug 1995 nach Angaben des Instituts Finanzen und Steuern e.V. 409 %.[246] 1997 ist der Durchschnittshebesatz auf 424 % angestiegen.[247] Frankfurt am Main weist nach wie vor mit 515 % den derzeit höchsten Hebesatz auf. Tabelle 8 zeigt Divergenzeffekte bei Hebesätzen von 300 und 515 % für die derzeitige Besteuerungssituation mit 45 bzw. 30 % Körperschaftsteuer und 7,5 % Solidaritätszuschlag auf.

Hebesätze	Divergenzeffekt EK 50	Divergenzeffekt EK 45	Divergenzeffekt EK 30/01/04	Divergenzeffekt EK 02/03	Divergenzeffekt EK 02/EK 45 neg.
300,00	24,39	32,07	41,67	62,13	101,18
515,00	28,23	35,91	46,66	69,56	105,02

Tabelle 8: Divergenzeffekte bei unterschiedlichen Gewerbesteuerhebesätzen und Eigenkapitalstrukturen

---

[246] Vgl. Schlick, in: StB-Handbuch 1996/97, S. 1878.
[247] Vgl. iwd-Mitteilungen Nr. 46 v. 13.11.1997, S. 1.

Es fällt auf, daß trotz unterschiedlicher Eigenkapitalstrukturen die Variation des Hebesatzes von 300 auf 515 % zu einer Erhöhung der Steuerbelastung um 3,84 GE in den Fällen „EK 50, 45, EK 02/EK 45 negativ" führt. Dies liegt daran, daß die Gewerbeertragsteuer ausschließlich körperschaftsteuerliche Folgewirkungen beim Eigenkapitalzugang bewirkt, dieser aber nach derzeitiger Rechtslage stets mit 48,375 % Körperschaftsteuer inkl. Solidaritätszuschlag belastet ist. Die Altbestände des verwendbaren Eigenkapitals sind von einer Modifikation des Hebesatzes nicht betroffen. Die Differenz der effektiven Gewerbesteuersätze bei 515 und 300 % Hebesatz beträgt 7,4336 (20,477 - 13,0434). Nach Körperschaft- und Solidaritätszuschlag verbleibt $(1- s_{kn} *) =$ 3,84. Mit 105,02 weist die Tabelle den höchsten Divergenzeffekt für den Fall aus, in dem bei einem Hebesatz von 515 % ein Negativbestand EK 45 gegeben ist.

In den beiden übrigen Fällen „EK 30/01/04 und EK 02/03" führt die Verwendungsfiktion zur Inanspruchnahme der Zugänge in EK 45, so daß die Gewerbesteuermodifikation hier Folgewirkungen bei der Eigenkapitalverrechnung bewirkt.

Ein weiterer Aspekt liegt in der Erfassung der umsatzsteuerlichen Wirkungen. Sachverhalte, die als verdeckte Gewinnausschüttungen qualifiziert werden, können auch der Umsatzsteuer unterliegen. Damit erweitern wir den unserer Analyse bisher zugrundeliegenden Fall, der die unangemessene Vergütung für Arbeitsleistungen des Gesellschafters betraf. Demgegenüber ist die unentgeltliche Abgabe von Waren und Dienstleistungen als Eigenverbrauchstatbestand i.S.d. § 1 Abs.1 Nr. 2 UStG zu qualifizieren. Teilentgeltliche Leistungen oder sonstige Leistungen werden durch die Mindestbemessungsgrundlage i.S.v. § 10 Abs. 5 Nr. 1 i.V.m. Abs. 4 UStG korrigiert.

Nach Auffassung der Finanzverwaltung ist die verdeckte Gewinnausschüttung in solchen Fällen mit dem Bruttobetrag einschließlich Umsatzsteuer zu erfassen. § 10 Nr. 2 KStG ist gegenüber § 8 Abs. 3 Satz 2 KStG subsidiär.[248]

---

[248] Vgl. Abschnitt 31 Abs. 10 Satz 2 KStR 1995.

Wird von Bemessungsgrundlagendifferenzen abstrahiert, so steht der Umsatzsteuerzahllast von 15 GE ein Bruttobetrag i.S.v. § 8 Abs. 3 Satz 2 KStG von 115 GE gegenüber, so daß sich das Einkommen per Saldo um 100 GE erhöht. In der Eigenkapitalgliederung sind allerdings 115 GE als Abgang zu verbuchen[249] mit der Folge, daß sich der Divergenzeffekt weiter erhöht. Neben den Belastungen aus der Umsatzsteuer sind die Besteuerungswirkungen bei Gewerbe- und Körperschaftsteuer sowie Solidaritätszuschlag zu erfassen.

Stellt man nur auf die derzeitige Besteuerungssituation ab, betragen die Steuerbelastungen je nach Eigenkapitalstruktur zwischen 36,66 und 124,97 GE. Abbildung 21 zeigt die Folgewirkungen der jetzt einschließlich Umsatzsteuer abzuwickelnden Vorteilszuwendung. Körperschaftsteuer und Solidaritätszuschlag tragen in der Extremsituation „Negativbestand EK 45" zum Divergenzeffekt mit 93,3 GE bei.

---

[249] Vgl. Lange/Reiß (1996), S. 394 f.

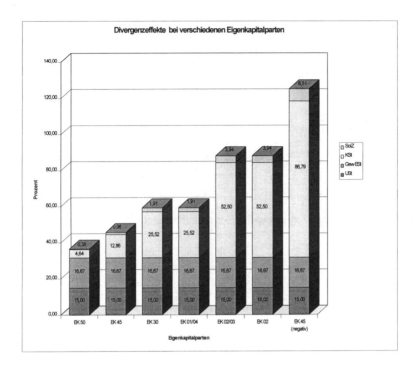

Abbildung 21: Divergenzeffekte einschließlich Umsatzsteuer

Die von Rose[250] entwickelte Teilsteuerrechnung ist in besonderer Weise geeignet, die Steuerbelastungen durch verdeckte Gewinnausschüttungen zu veranschaulichen. Herzig[251] und John[252] haben dieses Instrumentarium schon 1977 bzw. 1984 eingesetzt. Anknüpfend daran ist es unser Anliegen, unter Berücksichtigung aktueller Teilsteuersätze eine allgemeingültige und dennoch überschaubare Belastungsformel für alle denkbaren Fälle abzuleiten.

Der Multifaktor $t_{(K)1}$ gibt die Erfolgsteuerbelastung durch Körperschaftsteuer (Normaltarif) s_{kn} und Gewerbeertragsteuer s_{ge} unter Berücksichtigung von deren Ab-

---

[250] Vgl. Rose (1973).
[251] Vgl. Herzig, FR 1977, S. 237.
[252] Vgl. John, ZfbF 1984, S. 432 - 463.

zugsfähigkeit von der eigenen Bemessungsgrundlage und von der Körperschaftsteuerbemessungsgrundlage wieder.

(1) $t_{(K)1} = s_{kn} + s_{ge} - s_{kn} * s_{ge}$

mit $s_{kn} = 0{,}45$ und

$$s_{ge} = \frac{H}{2000+H}$$

In der derzeitigen Besteuerungssituation ist der Solidaritätszuschlag s_{SolZ} in Höhe von 7,5 % der festgesetzten Körperschaftsteuer einzubeziehen[253]:

(2) $t_{(K)1} = s_{kn} + s_{SolZ} * s_{kn} + s_{ge} - ((s_{kn} + s_{SolZ} * s_{kn}) * s_{ge})$

mit

(3) $s_{SolZ} = 0{,}075$,

so daß bei einem Gewerbesteuerhebesatz von 400 % und

(4) $s_{ge} = 0{,}16667$

(5) $t_{(K)1} = 0{,}56979$

beträgt.

Die Steuerbelastung der verdeckten Gewinnausschüttung hängt - wie die Analyse gezeigt hat - entscheidend von der Eigenkapitalstruktur ab, denn bei Verwendung einzelner EK-Parten treten unterschiedliche Körperschaftsteueränderungen ein.

---

[253] § 3 Abs. 1 Nr. 1 SolZG 1995.

In Ergänzung zu dem Beitrag von Giere[254] werden folgende, Körperschaftsteueränderung und Solidaritätszuschlag umfassende Teilsteuersätze für Ausschüttungen aus den verschiedenen Eigenkapitalparten errechnet. A bezeichnet dabei den jeweiligen Teil der Ausschüttung (Bardividende).

Bemessungsgrundlagenteile	Multifaktor	Teilsteuersatz	
		ohne SolZ	mit SolZ
A 1 (aus EK 50)	$t_{(K)}$ 50	-28,5714	-30,714
A 2 (aus EK 45)	$t_{(K)}$ 45	-21,4286	-23,035
A 3 (aus EK 30, 01, 04)	$t_{(K)}$ 30/01/04	0,00	0,0
A 4 (aus EK 04)	$t_{(K)}$ 02	+42,8571	+46,0714

Abbildung 22: Teilsteuersätze bezogen auf Bardividendenteile aus unterschiedlichen Eigenkapitalparten

Die Steuerbelastung einer verdeckten Gewinnausschüttung auf Gesellschaftsebene bestimmt sich wie folgt:

(6) $S_{vGA} = t_{(k)} 1 * vGA + t_{(K)} 50 * A_1 + t_{(K)} 45 * A_2 + t_{(K)} 02 * A_4$

mit $\sum_{i=1}^{4} A_i = vGA$.

Der Einbezug des aus EK 30/01/04 gespeisten Teils der Bardividende in die Bestimmungsgleichung ist aufgrund der fehlenden Körperschaftsteueränderungen nicht erforderlich. Eine Verprobung der in den Tableaus ermittelten Steuerwirkungen kann auf diese Weise schnell erfolgen. Für den Fall 2123 mit $A_2 = 53,98$ und $A_4 = 46,02$ gilt:

(7) $S_{vGA} = t_{(k)} 1 * vGA + t_{(K)} 45 * A_2 + t_{(K)} 02 * A_4$

---

[254] Vgl. Giere, DB 1996, S. 337.

(8) $S_{vGA} = 0{,}56979 * 100 - 0{,}230357 * 53{,}98 + 0{,}460714 * 46{,}02$

(9) $S_{vGA} = 56{,}979 - 12{,}4346 + 21{,}202$

(10) $S_{vGA} = 65{,}74$.

Verursacht eine verdeckte Gewinnausschüttung zusätzlich Umsatzsteuer, so beträgt die Steuerbelastung

(11) $S_{vGA} = t_{(k)} 1 * (vGA - S_{ust}) + t_{(K)} 50 * A_1 + t_{(K)} 45 * A_2 + t_{(K)} 02 * A_4 + S_{ust}$

mit $\sum_{i=1}^{4} A_i = vGA$.

Mit Hilfe dieser Belastungsgleichungen kann die Steuerwirkung auf der Gesellschafterebene unmittelbar errechnet werden. Daran schließt sich eine Belastungsanalyse für die Gesellschafterebene an, die jedoch stets den Einbezug individueller Besteuerungsmerkmale erfordert und nicht Gegenstand des Beitrags ist.

Angesichts der massiven steuerlichen Belastungen auf Gesellschaftsebene hat die Literatur eine Vielzahl von Korrekturmöglichkeiten vorgeschlagen. Von Korrekturmaßnahmen de lege ferenda soll hier abgesehen werden. Ebenso unberücksichtigt bleiben die Gestaltungen „Sofortliquidation" und „Umwandlung".[255]

Im Halten eines ausreichenden Sicherheitsbestandes an belastetem Eigenkapital wurde schon früh eine Maßnahme erblickt, um den unverwünschten Steuerbelastungen zu begegnen.[256] Dies war umso dringlicher, als die verdeckte Gewinausschüttung bis zur Neufassung der §§ 27 - 29 KStG durch das Steuerentlastungsgesetz 1984[257] vom An-

---

[255] Vgl. hierzu Hoffmann, DStR 1995, Beihefter zu Heft 26.
[256] Vgl. Herzig, StuW 1976, S. 334; ders., DB 1985, S. 354.
[257] StEntlG 1984 v. 22.12.1983, BGBl I 1983, S. 1583.

fangsbestand abgebucht werden mußte. Zwar hat sich seitdem die zeitliche Problematik entspannt und der Divergenzeffekt verringert. Unsere Analyse weist in der derzeitigen Besteuerungssituation noch 33,95 GE aus (Fall 1203, siehe Tabelle 2). Ein Halten von Sicherheitsbeständen EK 45 - und bis Ende 1998[258] noch EK 50 - ist nur unter Beachtung möglicher Optimierungen durch das Schütt-aus-hol-zurück-Verfahren[259] zu befürworten.

Eine andere Abwehrmaßnahme kann im Schaffen von EK 01 und EK 04 bestehen. Werden diese EK-Gruppen zur Abwicklung der verdeckten Gewinnausschüttung herangezogen, kommt es nicht zu einer Körperschaftsteuererhöhung. Die Divergenzeffekte betragen hier allerdings dennoch 44,10 GE (vgl. Tabelle 4, Fall 2113).

Während diese Maßnahmen im Vorfeld dazu führen, Steuerwirkungen abzumildern, stellt die Erstattung der von der verdeckten Gewinnausschüttung verursachten Steuerbelastung durch den betroffenen Gesellschafter eine ex-post Maßnahme dar. Ein Ausgleich des Divergenzeffektes durch den Gesellschafter stellt den Zustand vor Umqualifikation des Leistungsaustausches zwischen Gesellschaft und Gesellschafter wieder her. Dazu erbringt der betroffene (begünstigte) Gesellschafter eine Einlage in Höhe der Steuerbelastung. Diese erhöht auf Gesellschaftsebene das EK 04 (§ 30 Abs. 2 Nr. 4 KStG). Neben den nominellen Ausgleich tritt ggf. die Erstattung von freigesetzten Körperschaftsteuerlatenzen und der Nach-Steuerbelastung durch Nachforderungszinsen. Einer Rückzahlung der erhaltenen Leistungsvergütungen bedarf es nicht, wenn insoweit kein zivilrechtlicher Anspruch der Gesellschaft besteht.

Die Analyse hat deutlich gemacht, daß verdeckte Gewinnausschüttungen aufgrund abweichender Eigenkapitalstrukturen verschiedenartige Besteuerungswirkungen zeitigen. Fundierte Aussagen können nur unter Berücksichtigung der jeweiligen Besteuerungssituation bei Kenntnis der Bestände in der Gliederungsrechnung gemacht werden. Reali-

---

[258] Vgl. § 54 Abs. 11a Satz 2 KStG: Zwangsumgliederung zum Schluß des Wirtschaftsjahres, das vor dem 1.1. 1999 abgelaufen ist.
[259] Vgl. z.B. Robisch, DStR 1994, S. 334; Zielke, BB 1994, S. 2177; Grefe, BBK, Fach 29, S. 797.

tätsgerecht haben wir neben der Körperschaftsteuer auch Gewerbeertragsteuer, Solidaritätszuschlag und - für bestimmte Fälle - Umsatzsteuer berücksichtigt.

Sind Bestände an belastetem Eigenkapital der Gruppen EK 50 und EK 45 vorhanden, so führt das Herstellen der Ausschüttungsbelastung zum Freisetzen der latenten Steuerguthaben. Damit verbunden ist eine Umverteilung zuungunsten derjenigen Gesellschafter, die nicht von der verdeckten Gewinnausschüttung betroffen sind.

Variationen der Gewerbesteuerhebesätze führen in den unterschiedlichen Fallkonstellationen zu jeweils identischen Belastungsdifferenzen, da die Gewerbeertragsteuer lediglich bei der Einkommensentstehung berücksichtigt werden muß. Der Einbezug der Umsatzsteuer hat demgegenüber in jeder Fallkonstellation ein Ansteigen der Divergenzeffekte zur Folge.

Die Teilsteuerrechnung erweist sich als besonders geeignet, die Belastungswirkungen auf Gesellschaftsebene zu verallgemeinern. Dabei handelt es sich um Liquiditäts- und Vermögenseinbußen, also nicht lediglich um temporäre Steuerwirkungen. Wird von der zivilrechtlichen Zulässigkeit der Vorgänge (Geschäftsführervergütungen, Tantiemevereinbarungen) ausgegangen, bedarf es lediglich eines Ausgleichs des Divergenzeffektes und ggf. der freigesetzten KSt-Latenzen.

46.16 Steueraufwand nach Publizitätsgesetz

Für Großunternehmen, die den Rechnungslegungspflichten des Publizitätsgesetzes[260] unterliegen, gelten hinsichtlich der Abbildung von Steuern besondere Regelungen, die im Hinblick auf Detaillierung und Zweckerreichung fragwürdig erscheinen.[261] Nach der Intention des Gesetzgebers sollten Unternehmen einer bestimmten Größe unab-

---

[260] Vgl. PublG v. 15.8.1969, BGBl I, S. 1189.
[261] Vgl. die kritische Kommentierung von Glade (1995), § 1 PublG Tz. 6, § 5 PublG Tz. 23.

hängig von ihrer Rechtsform ihren Jahresabschluß offenlegen, um aktuelle und potentielle Gläubiger zu schützen.[262] Im wesentlichen sind hiervon Einzelkaufleute und Personenhandelsgesellschaften[263] betroffen, die zwei der drei Größenmerkmale an mindestens drei aufeinanderfolgenden Abschlußstichtagen erfüllen müssen:

- Bilanzsumme   > 125 Mio. DM
- Umsatzerlöse   > 250 Mio. DM
- Zahl der Arbeitnehmer > 5.000.[264]

Während die Art der ausgewählten Größenkriterien mit denen in § 267 HGB übereinstimmen, gibt es hinsichtlich der Ermittlung von Bilanzsumme und Umsatzerlösen Besonderheiten beim Einbezug von Steuern. § 1 Abs. 2 Satz 1 2. HS PublG bestimmt, daß die Bilanzsumme um passivierte Verbrauchsteuern oder Monopolabgaben zu kürzen ist. Dabei ist es offenbar nicht erforderlich, daß das Unternehmen die Abgaben auch in die Herstellungskosten einbezogen oder als Rechnungsabgrenzungsposten aktiviert hat,[265] denn nur dann wäre eine Verringerung der Bilanzsumme einsichtig. Nach § 1 Abs. 2 Satz 3 PublG sind in den Umsatzerlösen enthaltene Verbrauchsteuern oder Monopolabgaben zu kürzen. Beide Regelungen führen im Ergebnis je nach Branche zu einer mehr oder weniger deutlichen Verringerung der relevanten Größen, die im übrigen seit Inkrafttreten des PublG unverändert geblieben sind.[266]

Wenn Personenunternehmen die genannten Kriterien erfüllen, müssen sie gemäß § 5 PublG Jahresabschlüsse bestehend aus Bilanz und Gewinn- und Verlustrechnung aufstellen, prüfen lassen (§ 6 PublG) und offenlegen (§ 9 PublG). Bei der Abbbildung von Steuern ist zu berücksichtigen, daß bei den betroffenen Rechtsformen die Erfolgsteuern mit Ausnahme der Gewerbeertragsteuer persönliche Steuern der (Mit-) Unternehmer darstellen, deshalb nicht aufwandswirksam erfaßt werden. Der erwünschte Ver-

---

[262] Vgl. ADS, 6. Aufl., Vorbemerkungen zu §§ 1 - 10 PublG, Tz. 2.
[263] Vgl. § 3 PublG.
[264] Vgl. § 1 PublG.
[265] Vgl. ADS, 6. Aufl., § 1 PublG Tz. 21.
[266] Vgl. ADS, 6. Aufl., § 1 PublG Tz. 6.

gleich mit Unternehmen anderer Rechtsformen, die gleichfalls ihren Jahresabschluß offenlegen müssen, ist also hinsichtlich des Ergebnisses - nach der hier vertretenen Ansicht die Zentralgröße der Information - nur eingeschränkt möglich. Nicht verständlich ist in diesem Zusammenhang die in der Kommentarliteratur vertretene Ansicht zur Bilanzierung des Vermögens: Obgleich § 5 Abs. 4 PublG die Nichtaufnahme des Privatvermögens des Kaufmanns bzw. der Gesellschafter in die Bilanz festlegt, können nach herrschender Ansicht persönliche, auf das Handelsgewerbe entfallende Steuerschulden des Einzelkaufmanns und der Gesellschafter von Personengesellschaften berücksichtigt werden.[267]

Die Abbildung von Steuern in der Periodenerfolgsrechnung wird noch weiter begrenzt. Wenden die Personenunternehmen bei der Aufstellung der Gewinn- und Verlustrechnung freiwillig das Gliederungsschema des § 275 HGB an, so dürfen sie Steuern, die sie als Steuerschuldner zu entrichten haben, unter den sonstigen Aufwendungen[268] ausweisen (§ 5 Abs. 5 Satz 2 PublG). Hierunter fallen die Steuern, die unter § 275 Abs. 2 Nr. 19 HGB abgebildet werden, sowie die Gewerbeertragsteuer.[269] Damit sollte ursprünglich ein Anreiz zur Anwendung des aktienrechtlichen Gliederungsschemas geschaffen werden,[270] doch ist die Vorschrift in ihrer Formulierung unklar und zudem unvollständig.[271]

Neben der Nichtberücksichtigung der Einkommensteuern, die betrieblich bedingt sind, wirken sich damit die übrigen Steueraufwendungen - insbesondere die Gewerbeertragsteuer - auf das Ergebnis der gewöhnlichen Geschäftstätigkeit aus, was sicherlich ursprünglich nicht beabsichtigt war.[272] Weder die Aussonderung betrieblich bedingter Steuern vom Einkommen (und Vermögen) der (Mit-)Unternehmer, noch die Beeinflus-

---

[267] Vgl. ADS, 6. Aufl., § 5 PublG Tz. 62; WPH (1996), Bd. I, H 51; Budde/Karig, Beck'scher Bilanzkommentar, § 246 Anm. 55, enger in Anm. 60 bei PersG.
[268] Gemeint sind vom Gesetz, das nicht an die Formulierungen des Bilanzrichtlinien-Gesetzes angepaßt worden ist, sonstige betriebliche Aufwendungen.
[269] Vgl. Glade (1995), § 5 PublG Tz. 22.
[270] Vgl. ADS, 6. Aufl., § 5 PublG Tz. 72.
[271] So die zutreffende Beurteilung von Glade (1995), § 5 PublG Tz. 22.
[272] Vgl. ADS, 6. Aufl., § 5 PublG Tz. 73.

sung des Ergebnisses der gewöhnlichen Geschäftstätigkeit können akzeptiert werden. Die Lösung hierfür könnte in einer verpflichtenden Übernahme solcher privaten, aber betrieblich bedingten Steuern in Bilanz und GuV gesehen werden.[273]

46.2 Sonstige Steuern

46.21 Allgemeine Charakterisierung

Auch sonstige Steuern belasten den Bruttoerfolg des Unternehmens, sind aber in ihrer Bemessung selbst nicht erfolgsabhängig. Vorrangig ist hier der periodenbezogene Aufwand des Unternehmens als Schuldner von Substanzsteuern abzubilden. Während bislang Vermögensteuer und Gewerbekapitalsteuer zu nennen waren, kommt zukünftig insbesondere die Grundsteuer in Frage. Daneben sind die weiteren typischen Kostensteuern zu nennen, etwa die Kraftfahrzeugsteuer. Von Bedeutung kann auch die von der Unternehmung selbst zu tragende Umsatzsteuer auf den Eigenverbrauch sein.[274] Bei der Versicherungsteuer ist eine Erfassung mit dem Grundbetrag zusammen unter dem entsprechenden Aufwandsposten vorzuziehen. Auch die vom Arbeitgeber geschuldete pauschale Lohnsteuer (§ 40a, § 40b EStG) sollte nicht unter den sonstigen Steuern, sondern unter den Löhnen und Gehältern abgebildet werden.[275]

Abgaben anderer Art, Beiträge und Gebühren von öffentlich-rechtlichen Institutionen, beispielsweise Grundstücksabgaben, Kammerbeiträge, dürfen nicht unter diesem GuV-Posten ausgewiesen werden, da ihnen der Steuercharakter fehlt. Demgegenüber können entsprechende im Ausland entrichtete Steuern hier in Betracht kommen.[276]

---

[273] Vgl. Glade (1995), § 5 PublG Tz. 23 mit Hinweis auf die im Regierungsentwurf zum Bilanzrichtlinien-Gesetz vorgesehene Regelung des § 257 E-HGB, der die Abbildung solcher Steuern wahlweise gestattete.
[274] Vgl. Förschle, Beck'scher Bilanzkommentar, § 275 Anm. 248.
[275] Vgl. ADS, § 275 Tz. 200; a.A. Bullinger, BeckHdR, B 338 Rz. 61.
[276] Vgl. ADS, § 275 Tz. 197.

§ 277 Abs. 1 HGB definiert die in der GuV auszuweisenden Umsatzerlöse als Nettobeträge ohne Umsatzsteuer. In Betracht kommt nicht nur die nach dem deutschen UStG geschuldete Umsatzsteuer, sondern auch ausländische Steuern, die mit der Umsatzsteuer vergleichbar sind.[277] Dem Wortlaut nach muß die auf die Erlöse entfallende Umsatzsteuer wie die Erlösberichtigungen von den Umsatzerlösen abgezogen werden, was allerdings eine andere Buchungssystematik voraussetzt. Der von Adler/Düring/Schmaltz vertretenen Auffassung, die offene Absetzung der USt von den zunächst brutto ausgewiesenen Umsatzerlösen sei zulässig, kann deshalb nicht ohne weiteres zugestimmt werden.[278]

Der Abzug der Umsatzsteuer in einer Vorspalte zeigt den Anteil der Steuer an den Bruttoerlösen auf. Damit läßt sich ein Durchschnittssteuersatz bezogen auf den Nettoumsatz ermitteln. Liegt dieser unter dem Regelsatz von derzeit 15 %, kann dies auf nicht steuerbare, steuerfreie und/oder ermäßigt besteuerte Umsätze hindeuten. § 265 Abs. 5 HGB läßt zwar die weitere Untergliederung der Posten zu, diese sind jedoch auf solche Fälle begrenzt, in denen sie zu einer verbesserten Darstellung der Vermögens-, Finanz- und Ertragslage beitragen.[279] Nach der hier vertretenen Ansicht trägt dazu die von Adler/Düring/Schmaltz empfohlene Aufspaltung der Bruttoerlöse nicht bei. Jedoch kann nicht eingewendet werden, der Jahresabschluß werde durch eine solche Maßnahme unübersichtlich.

Bei Verbrauchsteuern und Monopolabgaben, die das Unternehmen schuldet (z. B. Bier-, Branntwein-, Mineralöl-, Schaumwein- und Tabaksteuer), wird alternativ zur Abbildung als sonstige Steuern auch die offene Absetzung von den Umsatzerlösen als zulässig erachtet, um schon das Ergebnis der gewöhnlichen Geschäftstätigkeit vom besonderen branchentypischen Steuereinfluß zu bereinigen.[280] Die Vorgehensweise liegt insbesondere bei der materiell gewichtigen Mineralölsteuer nahe und wird hier als

---

[277] Vgl. ADS, § 277 Tz. 37.
[278] Vgl. ADS, § 277 Tz. 37.
[279] Vgl. ADS, § 265 Tz. 59.
[280] Vgl. ADS, § 277 Tz. 204; Förschle, Beck'scher Bilanzkommentar, § 275 Anm. 251; Lachnit, BoHR, § 275 Rz. 220.

GoB-konforme Verfahrensweise auch praktiziert.[281] Sie kann als betriebswirtschaftlich sinnvolle Korrektur der Umsatzerlöse und des Ergebnisses der gewöhnlichen Geschäftstätigkeit interpretiert und als Besonderheit der Branche auf die Bestimmung des § 265 Abs. 6 HGB gestützt werden. Einem Ausweis unter dem Materialaufwand oder als Davon-Vermerk ist dieses Procedere jedenfalls vorzuziehen. Weitere Verbrauch- und Verkehrsteuern sollten davon allerdings nicht betroffen sein.

Ein anderes Wahlrecht wurde bereits in Abschnitt 43.3 erörtert. Nach § 250 Abs. 1 Satz 2 Nr. 1 HGB dürfen Zölle und Verbrauchsteuern, soweit sie auf am Abschlußstichtag auszuweisende Vermögensgegenstände entfallen, als aktive Abgrenzungsposten ausgewiesen werden. Ausnahmsweise erlaubt das Handelsbilanzrecht hier den Ansatz eines antizipativen Postens, um mit der Steuerbilanz insoweit übereinzustimmen, die eine Aktivierungspflicht statuiert hat. Dort soll verhindert werden, daß in Höhe der schon bereits entstandenen Steuern eine negative Erfolgswirkung eintritt. Ein handelsbilanzielles Aktivierungswahlrecht gilt auch hinsichtlich der als Aufwand berücksichtigten Umsatzsteuer auf am Abschlußstichtag auszuweisende oder von den Vorräten offen abgesetzte (erhaltene) Anzahlungen. Beide Optionen resultieren aus der Zielsetzung einer steuerneutralen Umsetzung der Bilanzrichtlinie und sind mit dem Prinzip des „true and fair view" nicht zu vereinbaren.

46.22 Abbildung im Gesamtkostenverfahren

Unter den Posten nach § 275 Abs. 2 Nr. 19 HGB „sonstige Steuern" sind im Gesamtkostenverfahren somit diejenigen Steuern auszuweisen, die vom Unternehmen getragen werden und Aufwendungen darstellen.[282] Infolge des Wegfalls gewichtiger Substanzsteuern wird sich zukünftig die Bedeutung des Postens weiter verringern. Die

---

[281] Vgl. C &L (1997), S. 215, die eine entsprechende Vorgehensweise auch für Erdgas- und Tabaksteuer nachweisen.
[282] Im Vergleich zu Art. 23 der 4. EG-Richtlinie, der die Bezeichnung „Sonstige Steuern, soweit nicht unter obigen Posten enthalten" vorsieht und die Subsidiarität des gesonderten Ausweises zeigt, legt der Posten 19 den vorrangigen Ausweis als Steuern nahe.

Analyse von 100 Konzernabschlüssen des Geschäftsjahres 1995 zeigte, daß von 82 Konzernen, die das Gesamtkostenverfahren angewandt haben, 58 Konzerne den Posten Nr. 19 in der GuV gesondert ausgewiesen haben. In 24 Fällen waren die sonstigen Steuern in die sonstigen betrieblichen Aufwendungen einbezogen, deren Betrag wurde aber im Anhang angegeben.[283]

46.23 Abbildung im Umsatzkostenverfahren

Bei Anwendung des Umsatzkostenverfahrens wird es als zulässig erachtet, sonstige Steuern in den Herstellungskosten der zur Erzielung der Umsatzerlöse erbrachten Leistungen (§ 275 Abs. 3 Nr. 2 HGB) auszuweisen [284] oder sogar weitergehend auf alle betrieblichen Funktionsbereiche (Posten 2, 4 und 5) aufzuteilen. Das Prinzip, das „Ergebnis der gewöhnlichen Geschäftstätigkeit" als eine Vor-Steuergröße darzustellen, wird hierdurch insoweit durchbrochen. Eine Notwendigkeit für dieses Ausweiswahlrecht, das aus den Gesetzesmaterialien abgeleitet wird, ist nicht zu sehen. Wird so verfahren, dann ist die gewählte Bilanzierungsmethode nach § 284 Abs. 2 Nr. 1 HGB im Anhang anzugeben und die Bezeichnung des Postens um den Zusatz „soweit nicht unter obigen Posten enthalten" anzupassen.[285]

46.3 Steuerliche Nebenleistungen

46.31 Allgemeine Kennzeichnung

Nach der Abgabenordnung sind Zinsen und Säumniszuschläge steuerliche Nebenleistungen i. S. v. § 3 Abs. 3 AO. Naheliegend wäre somit ein Ausweis als Steueraufwand. Nach herrschender Meinung sollen jedoch Säumniszuschläge und Zinsen als

---

[283] Vgl. C&L (1997), Rz. 358.
[284] Vgl. Budde/Förschle, Beck'scher Bilanzkommentar, § 275 Anm. 251.
[285] Vgl. ADS, 6. Aufl., § 275 Tz. 233.

Zinsaufwand, Verspätungszuschläge, Zwangsgelder und Kosten als sonstiger betrieblicher Aufwand erfaßt werden,[286] was dem Prinzip, das Ergebnis der gewöhnlichen Geschäftstätigkeit vom Steuereinfluß freizuhalten, widerspricht.

Es überrascht, daß demgegenüber die Auffassung vorherrscht, Steuerstrafen könnten den Steuern zugerechnet werden.[287] Relevanz für den Jahresabschluß erlangen Strafen allerdings nur dann, wenn diese sich unmittelbar auf das Unternehmen (beispielsweise in der Rechtsform einer Kapitalgesellschaft) beziehen, doch sind nach geltendem inländischen Strafrecht Geldstrafen, Auflagen oder Weisungen gegenüber juristischen Personen nicht zulässig.[288]

Oechsle/Janke[289] haben mit ihrem Beitrag zum Ausweis von Steuerzinsen ein interessantes Themengebiet behandelt, das mit Blick auf weitere steuerliche Nebenleistungen eine umfassendere Betrachtung verdient. Man mag einwenden, es handele sich um ein Detailproblem von untergeordneter Bedeutung und von geringer praktischer Relevanz. Doch gerade bei der Beantwortung von Einzelfragen zeigt sich die Funktionsfähigkeit eines Rechnungslegungssystems. Andererseits gelten steuerliche Nebenleistungen infolge der seit 1989 geltenden Vollverzinsung nicht mehr als quantité négligeable. Die hier vorgetragenen Bilanzierungslösungen werden vor dem Hintergrund der Zwecke des handelsrechtlichen Jahresabschlusses und der ökonomischen Qualifikation der steuerlichen Nebenleistungen erarbeitet.

Oechsle/Janke[290] plädieren angesichts der Janusköpfigkeit der Steuerzinsen für ein Wahlrecht, diese steuerlichen Nebenleistungen entweder als Zinsaufwand/-ertrag oder in den betreffenden Steueraufwandsposten auszuweisen. Neben der ökonomischen Beurteilung der Steuerzinsen als laufzeitabhängiges Entgelt für die Kapitalüberlassung

---
[286] Vgl. ADS, 6. Aufl., § 275 Tz. 186, 200.
[287] Vgl. ADS, 6. Aufl., § 275 Tz. 200; a.A. Budde/Förschle, Beck'scher Bilanzkommentar, § 275 Anm. 249: Zuordnung zu den Steuern wegen ihres außergewöhnlichen Charakters nicht sachgerecht.
[288] Vgl. Dötsch u.a. (1995), S. 111.
[289] Vgl. Oechsle/Janke, DB 1996, S. 486 - 487.
[290] Vgl. Oechsle/Janke, DB 1996, S. 486 - 487.

(zurückbehaltene Steuer) stellen sie die Regelungen der Abgabenordnung, um den steuerähnlichen Charakter zu rechtfertigen. Das vermag im Ergebnis nicht zu überzeugen, denn nach der hier vertretenen Auffassung der handelsrechtlichen Rechnungslegung als objektivierter Gewinnermittlung[291] bedürfen Wahlrechte einer expliziten Regelung, die in diesem Falle jedoch fehlt. Deshalb ist die eindeutige Bilanzierungslösung erst nach Prüfung des ökonomischen Gehalts der Zinsen, Verspätungs- und Säumniszuschläge, Zwangsgelder und Kosten zu treffen.

Die Behandlung steuerlicher Nebenleistungen bei der Generierung von Erfolgsteuerbemessungsgrundlagen als abzugsfähige Betriebsausgaben oder sog. nichtabziehbare Aufwendungen[292] hat für die Bilanzierung nach Handelsrecht keine Bedeutung, denn bei letzterer ist der Aufwandscharakter der Nebenleistungen, die sich auf Betriebsteuern beziehen, unstrittig. Nicht die Erfolgsermittlungsaufgabe, sondern vielmehr die Informationsfunktion des Jahresabschlusses steht hier im Vordergrund.

Die Steuerposten der Gewinn- und Verlustrechnung sollen die Fiskalbelastung der Unternehmung widerspiegeln, und zwar getrennt vom Ergebnis der gewöhnlichen Geschäftstätigkeit, das Betriebs- und Finanzergebnis umfaßt, und dem außerordentlichen Ergebnis. Der gestaffelte Erfolgsausweis kann Grundlage für eine nach betriebswirtschaftlichen Grundsätzen durchgeführte Erfolgsspaltung sein.[293] Zum anderen ermöglicht die Separierung der erfolgsabhängigen Steuern die Vergleichbarkeit des Ergebnisses mit anderen Rechtsformen und mit ausländischen Unternehmen.[294]

Durch den getrennten Ausweis der Steuern vom Einkommen und vom Ertrag und den sonstigen Steuern ist es - wenngleich nur schätzungsweise und unter restriktiven Annahmen - möglich, aus dem ausgewiesenen Gewinnsteueraufwand auf das steuerliche

---

[291] Zu Objektivierungserfordernissen bei der Bilanzierung immaterieller Anlagewerte vgl. Marx, BB 1994, S. 2379 - 2388; zur Nichtexistenz eines Wahlrechts bei der Qualifikation sog. verdeckter Einlagen in der Handelsbilanz vgl. Marx, FR 1995, S. 453 - 460.
[292] Vgl. § 10 Nr. 2 KStG, § 8 Nr. 11 GewStG, aber auch § 4 Abs. 5 Nr. 8a EStG betreffend Hinterziehungszinsen.
[293] Vgl. Küting/Weber (1994a), S. 215 ff.; Förschle, Beck'scher Bilanzkommentar, § 275 Anm. 40, 213.
[294] Vgl. Küting/Weber (1994a), S. 232.

Ergebnis zu schließen.[295] Der Posten „Zinsen und ähnliche Aufwendungen" umfaßt alle Aufwendungen für Fremdkapital, und zwar gleichgültig ob es sich um laufende oder einmalige Vergütungen handelt oder deren Basis die vertragsgetreue oder -widrige Abwicklung (Verzugszinsen) bildet. Aufwendungen und Erträge sind nur dann außerordentlich im Sinne von § 277 Abs. 4 HGB, wenn sie außerhalb der bisherigen gewöhnlichen Geschäftstätigkeit des Unternehmens und unregelmäßig, das heißt selten anfallen; die Wesentlichkeit ist kein relevantes Merkmal.[296]

Für die inhaltliche Abgrenzung der GuV-Posten existieren somit allgemeingültige und festgefügte Rechtsauffassungen, die bei der Lösung von Bilanzierungsproblemen zu beachten sind, wenn der Jahresabschluß seiner Informationsfunktion gerecht werden will. Der in § 243 Abs. 2 HGB normierte Grundsatz der Klarheit und Übersichtlichkeit zwingt zu einer möglichst eindeutigen Definition und Abgrenzung der einzelnen GuV-Posten.[297]

46.32 Kategorisierung steuerlicher Nebenleistungen

§ 3 Abs. 3 AO führt die steuerlichen Nebenleistungen abschließend auf[298] und Absatz 4 legt die Ertragshoheiten fest. Gegenüber der jetzigen Regelung in der AO 1977 verwendete die alte Abgabenordnung neben den Zinsen den Begriff der „Ungehorsamsfolgen" (§ 95 AO a.F.)[299] und kennzeichnete deutlicher die von Steuern abweichende Zwecksetzung als Druckmittel der Verwaltung, die den Einnahmeerzielungszweck fast völlig zurückdrängt. Nach § 1 Abs. 3 AO sind die Vorschriften der Abgabenordnung auf steuerliche Nebenleistungen sinngemäß anwendbar, soweit nicht

---

[295] Vgl. hierzu Marx, WiSt 1994, S. 604, 610; Coenenberg (1993), S. 583 ff.
[296] Vgl. Ossadnik, WPg 1993, S. 617; Rürup, HdJ, Abt. IV/1, Rn. 380 f.; Förschle, Beck'scher Bilanzkommentar, § 275 Anm. 220; Isele, HdR, 4. Aufl., Bd. Ia, § 277, Rn. 117.
[297] Vgl. Borchert, HdR, Bd. Ia, 4. Auflage, Stuttgart 1995, § 275 Rn. 3.
[298] Vgl. Koch-Scholtz (1996), § 3 Rz. 40.
[299] Vgl. Kühn/Hofmann (1997), § 3 Anm. 5.

Sonderregelungen gelten.300 So werden beispielsweise Ansprüche auf steuerliche Nebenleistungen nicht verzinst (§ 233 Satz 2 AO), die Haftung erstreckt sich zum Teil nur auf Steuern301 und hinsichtlich der Festsetzungsverjährung gelten abweichende Regeln.302

Das nachfolgende Schema zeigt das Spektrum solcher Nebenleistungen de lege lata auf. Nachforderungs- und Erstattungszinsen gemäß § 233a AO sind nach intensiver Diskussion erst im Rahmen des Steuerreformgesetzes 1990 eingeführt worden. Sie ergänzen das bis dahin geltende Zinssystem zur sogenannten beschränkten Vollverzinsung.

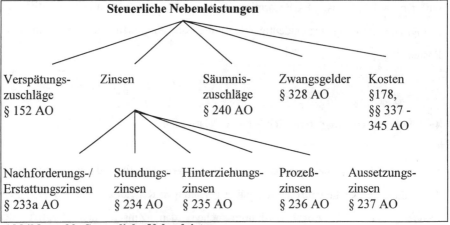

Abbildung 23: Steuerliche Nebenleistungen

46.33 Lösungsansätze im Schrifttum

Da das Handelsgesetzbuch selbst keine Abgrenzung des Begriffs Steuern liefert, greift die Kommentarliteratur auf den Steuerbegriff der Abgabenordnung (§ 3 Abs. 1 AO)

---

300 Sprachlich mißglückt will die Norm ausdrücken, daß für die Verwaltung steuerlicher Nebenleistungen die AO gilt und nicht ein anderes Verwaltungsgesetz, vgl. Tipke (1993), Bd. I, S. 108 f.
301 So z.B. §§ 73 - 75 AO; die Regelungen §§ 69, 71 AO gelten allerdings auch für Säumniszuschläge und Zinsen. Vgl. Lammerding (1993), S. 27.
302 Vgl. § 239 Abs. 1 Satz1 AO: Die Festsetzungsfrist beträgt für Steuerzinsen nur ein Jahr.

zurück.303 Mit der Qualifikation steuerlicher Nebenleistungen befaßt sie sich nur am Rande, beurteilt bestenfalls einzelne Nebenleistungen und liefert bislang keine einheitlichen Abbildungsregeln. Es dominiert die Auffassung, steuerliche Nebenleistungen entsprechend ihrem Charakter entweder als sonstiger betrieblicher Aufwand oder als Zinsaufwand auszuweisen.304 Zum Teil wird für ein Wahlrecht plädiert, ohne dies jedoch (ausreichend) zu begründen.305 Lachnit befürwortet den Ausweis als sonstiger betrieblicher Aufwand.306 Adler/Düring/Schmaltz307 sehen für Steuerstrafen sogar die Möglichkeit zum Ausweis unter den sonstigen Steuern vor, wobei unklar bleibt, welche Sachverhalte gemeint sind.

Unsere Problemlösung kann für die Gewinn- und Verlustrechnung nach Gesamtkostenverfahren und nach dem Umsatzkostenverfahren gleichermaßen erfolgen. Die Posten 10, 12, 17 und 18 nach § 275 Abs. 3 HGB stimmen sprachlich und inhaltlich mit den entsprechenden Posten des Gesamtkostenverfahrens überein.308 „Sonstige betriebliche Aufwendungen" sind bei beiden Verfahren zwar inhaltlich unterschiedlich abgegrenzt. Eine Differenzierung ist jedoch für unsere Zwecke nicht erforderlich.309

Neben dem GuV-Ausweis ist die bilanzielle Abbildung der am Abschlußstichtag bestehenden (ungewissen) Zahlungsverpflichtungen als Rückstellungen oder Verbindlichkeiten zu beantworten. Auch hier ist nach inhaltlichen statt nach formalen Kriterien zu entscheiden. Die Kommentarliteratur läßt oftmals einen entsprechenden Hinweis

---

303 Vgl. bspw. Förschle, Beck'scher Bilanzkommentar, § 275 Anm. 235.
304 Vgl. Borchert, HdR, 4. Aufl., Bd. Ia, § 275, Rn. 92, 84; Förschle, Beck'scher Bilanzkommentar, § 275 Anm. 249; Bullinger, BeckHdR, B 338, Rz. 2; ADS, 5. Auflage, § 275, Tr. 186, 200; Glade (1995), § 275 Tz. 351, allerdings mit der unzutreffenden Kategorisierung der Prozeßzinsen (Erstattungszinsen) als Zinsaufwand!
305 Vgl. Rürup, HdJ, Abt. IV/1, Rn. 399: Wahlrecht bei Zinsen mit Ausnahme der Hinterziehungszinsen; WPH (1992), Bd. I, F 360.
306 Vgl. Lachnit, BoHR, § 275 Tz. 219.
307 Vgl. ADS, 5. Aufl., § 275 Tz. 186, 200.
308 Vgl. Borchert, HdR, 4. Aufl., Bd. Ia, § 275 Rn. 113.
309 Steuerliche Nebenleistungen bleiben im Restbetrag anderweitig nicht zuordenbarer Aufwendungen enthalten; vgl. Borchert, HdR, 4. Aufl., Bd. Ia, § 275 Rn. 141.

vermissen.³¹⁰ Große und mittelgroße Kapitalgesellschaften haben die Verpflichtung, bei der Aufstellung der Bilanz Rückstellungsposten gesondert und in der in § 266 Abs. 3 Buchstabe B HGB bezeichneten Reihenfolge auszuweisen sowie die in den sonstigen Steuerverbindlichkeiten enthaltenen Steuerverpflichtungen gesondert zu vermerken (§ 266 Abs. 3 Buchstabe C Nr. 8 HGB).³¹¹

46.34 Abbildungslösungen

Nachfolgend werden die einzelnen Nebenleistungen in ihrer gesetzlichen Reihenfolge charakterisiert und ihre zweckadäquate Abbildung im externen Rechnungswesen beantwortet.

Verspätungszuschläge gemäß § 152 AO dienen als steuerliche Nebenleistung dazu, den ordnungsgemäßen Gang der Veranlagung, das heißt die rechtzeitige Festsetzung und Entrichtung von Steuern zu sichern. Durch die Möglichkeit der Festsetzung soll einer nachlässigen Erfüllung der Erklärungspflicht vorgebeugt werden; der festgesetzte Verspätungszuschlag als solcher sanktioniert das in der Vergangenheit liegende Verhalten und soll den Steuerpflichtigen zugleich für die Zukunft dazu anhalten, seine Steuererklärung fristgemäß einzureichen.³¹²

Präventive und regressive Wirkung machen den Verspätungszuschlag zu einem spezifischen Druckmittel der Verwaltung, einer verfassungsrechtlich unbedenklichen Verwaltungssanktion³¹³, die weder Strafe noch Bußgeld ist. Sie trifft nach pflichtgemäßem Ermessen die Entscheidung über die Festsetzung dem Grunde und der Höhe nach, wobei Grund und Dauer der Fristüberschreitung, die Höhe des Zahlungsanspruches,

---

310 Keine Angabe hierzu bei Clemm/Nonnenmacher, Beck'scher Bilanzkommentar, § 266 Anm. 201, 251. Zutreffend gelöst von Dusemond/Knop, HdR, 4. Aufl., Bd. Ia, § 266 Rn. 132.
311 Zu den Größenkriterien vgl. § 267 Abs. 2 u. 3 HGB i.d.F. des DMBilÄndG v. 25.7.1994, BGBl I, S. 1682. Für die Offenlegung können sich mittelgroße Kapitalgesellschaften auf eine verkürzte Bilanz (§ 266 Abs. 1 Satz 3 HGB) beschränken.
312 Vgl. Kühn/Hofmann (1997), § 152 Bem. 2.
313 Vgl. Tipke/Kruse, AO, § 152 Tz. 1 mit Hinweis auf BVerfG v. 19.10.1966, BStBl III 1967, S. 166.

das Verschulden des Erklärungspflichtigen und dessen Leistungsfähigkeit einzubeziehen sind (§ 152 Abs. 2 AO).

Aufgrund dieser unterschiedlichen Aspekte kann die Finanzbehörde ihr Ermessen regelmäßig auf der Grundlage des erlangten wirtschaftlichen Vorteils und der Leistungsfähigkeit des Steuerpflichtigen ausüben, wobei zum einen die gesetzlichen Höchstgrenzen und zum anderen Begrenzungen durch Verwaltungserlasse zu beachten sind.[314] Obgleich der Verspätungszuschlag an den erlangten Vorteil anknüpft, ist er doch entscheidend durch die Ermessenselemente und die Anwendung des Verhältnismäßigkeitsgrundsatzes geprägt, so daß eine Charakterisierung als Zinsäquivalent nicht zutreffend erscheint.

Es ist daher zweckadäquat, Verspätungszuschläge für Betriebsteuern in der Gewinn- und Verlustrechnung als sonstiger betrieblicher Aufwand i.S.v. § 275 Abs. 2 Nr. 8 bzw. bei Anwendung des Umsatzkostenverfahrens i.S.v. § 275 Abs. 3 Nr. 9 HGB abzubilden. Am Abschlußstichtag bestehende Zahlungsverpflichtungen sind bei Ungewißheit als sonstige Rückstellungen, im übrigen als sonstige Verbindlichkeiten auszuweisen.[315] Dann ist ein Einbezug in den Davon-Vermerk nicht erforderlich.

Mit der durch das Steuerreformgesetz 1990 eingefügten Verzinsungsregelung § 233a AO hat der Gesetzgeber nunmehr die Vollverzinsung verwirklicht.[316] Neben die Stundungs-, Hinterziehungs- und Aussetzungszinsen sowie die Prozeßzinsen auf Erstattungsbeträge sind Nachzahlungs- und Erstattungszinsen getreten. Die Gesetzesbegründung fußt auf dem Ausgleich für die zeitlich ungleichmäßige Heranziehung zur Steuer, mithin einer Erhöhung der Steuergerechtigkeit.[317]

---

[314] Vgl. Lammerding (1993), S. 171.
[315] Ebenso Dusemond/Knop, HdR, 4. Aufl., Bd. Ia, § 266 Rn. 132.
[316] BGBl I 1988, S. 1093; BStBl I 1988, S. 264.
[317] Ausführlich zur Begründung und zu den wiederholten Versuchen des Gesetzgebers zur Einführung einer Vollverzinsung vgl. Krabbe (1992), S. 13 - 17. Kritisch zur Verwirklichung der Zielsetzungen Sebiger/Dechant, in FS: Günther Felix (1993), S. 365 - 392.

Der Zinssatz beträgt einheitlich 0,5 % für den vollen Zinsmonat bezogen auf den auf volle 100 DM nach unten abgerundeten Steuerbetrag. Angefangene Monate bleiben dabei außer Betracht. Die Zinsen werden für jede Einzelforderung getrennt berechnet. Beginn und Ende des Zinslaufes sind nach Art der Steuerzinsen unterschiedlich festgelegt. Mit Ausnahme der Erstattungszinsen nach § 233a AO und der Prozeßzinsen auf Erstattungsbeträge sind die Steuerzinsen Forderungen der öffentlichen Hand.

Aus ökonomischer Sicht ist der Zins der Preis für die Überlassung von Kapital für eine bestimmte Zeitdauer.[318] Durch ihn wird die positive Zeitpräferenz der Wirtschaftssubjekte ausgedrückt, die einen heute verfügbaren Betrag höher einschätzen als einen gleichhohen Betrag, der erst später zur Verfügung steht. Neben der Interpretation als Preis für die entgangenen anderweitigen Nutzungsmöglichkeiten kann der Zins auch als Entgelt für Konsumverzicht und als Ausdruck der Liquiditätspräferenz interpretiert werden.[319]

Im Unterschied zu den sich auf Kreditmärkten durch Kreditangebot und Kreditnachfrage entstehenden Zinssätze sind die Steuerzinsen gesetzlich determiniert. Eine Verzinsung der Zinsen ist nicht vorgesehen. Auf weitere allgemeingültige verwaltungstechnische Vereinfachungen[320] und auf Sondertatbestände der Nachzahlungs- und Erstattungszinsen[321] ist hier nur hinzuweisen. Trotz solcher Besonderheiten erscheint es zutreffend, sie als Zinsaufwand bzw. Zinsertrag im Finanzergebnis auszuweisen. Daß der Bundesfinanzhof die Steuerzinsen inzwischen ebenfalls als laufzeitbezogenes Entgelt für den Gebrauch eines auf Zeit überlassenen Geldkapitals qualifiziert[322], unterstützt unsere Lösung.

---

[318] Vgl. Lehmann (1975) und Schmidt (1983).
[319] Vgl. Busse von Colbe (1994), Art. Zins, S. 673.
[320] So beispielsweise die Kleinbetragsregelung nach § 239 Abs. 2 AO.
[321] So etwa die Karenzzeit nach § 233a Abs. 2 Satz 1 u. 2 AO, das Prinzip der Sollverzinsung für Nachzahlungen und das Ende des Zinslaufes nach vier Jahren. Zum aktuellen Problemstand vgl. Melchior, DStR 1995, S. 82.
[322] Vgl. BFH-Urteil v. 20.5.1987, BStBl II 1988, S. 229; BFH-Urteil v. 20.9.1995, BB 1996, S. 364 - 366 mit Anm. Woerner.

Ob Nachzahlungszinsen auf aktiven Finanzierungsüberlegungen der Unternehmen beruhen[323], mag dahingestellt bleiben. Jedenfalls hat die Betriebswirtschaftliche Steuerlehre die Wirkungen der Vollverzinsung und deren Entscheidungsrelevanz für die betriebliche Steuerpolitik erkannt.[324] Die Inanspruchnahme eines zinspflichtigen Steuerkredits hängt einerseits von der Höhe der Zinsen im Vergleich zum jeweiligen aktuellen Kapitalmarktzins und andererseits von der erfolgsteuerlichen Qualifikation der Zinsen ab. Bei Beantragung einer Stundung oder einer Aussetzung der Vollziehung sollten jedenfalls solche ökonomischen Wirkungen berücksichtigt werden. Im Falle von Mehrsteuern im Anschluß an eine Außenprüfung hat das Unternehmen bis zur erstmaligen Fälligkeit ebenfalls die Kapitalnutzung mit der Folge positiver, wenngleich nicht im voraus geplanter Auswirkungen auf das Zinsergebnis.

Nachforderungs-, Stundungs-, Hinterziehungs- und Aussetzungszinsen sind dementsprechend im Posten „Zinsen und ähnliche Aufwendungen" zu erfassen und kompensieren - ggf. in einer späteren Rechnungsperiode - die positiven Effekte des kreditierten Steuerbetrags. Erstattungszinsen und Prozeßzinsen auf Erstattungsbeträge gemäß § 236 AO sind im Posten Nr. 11 (10) „sonstige Zinsen und ähnliche Erträge" zu erfassen. Mit der Abbildung im Finanzergebnis vermittelt der Jahresabschluß ein zutreffendes Bild i.S.v. § 264 Abs. 2 Satz 1 HGB.[325] Ein Ausweis im außerordentlichen Ergebnis scheidet aus. Für die Behandlung der am Abschlußstichtag bestehenden Zahlungsverpflichtungen gelten die obigen Ausführungen gleichermaßen.

Säumniszuschläge entstehen gemäß § 240 AO bei nicht rechtzeitiger Entrichtung von Steuern. Wird eine Steuer nicht bis zum Ablauf des Fälligkeitstages entrichtet, so ist nach § 240 Abs. 1 Satz 1 AO für jeden angefangenen Monat der Säumnis ein Säumniszuschlag von eins vom Hundert des rückständigen, auf volle hundert Deutsche Mark nach unten abgerundeten Steuerbetrages zu entrichten. Die Säumnis setzt Fälligkeit des

---

[323] So Oechsle/Janke, DB 1996, S. 487 unter IV.
[324] Vgl. Wacker, WiSt 1991, S. 351 - 353.
[325] A.A. Oechsle/Janke, DB 1996, S. 487, deren Argumentation an die Palmström-Logik erinnert: "...Weil, so schließt er messerscharf, nicht sein kann, was nicht sein darf." Aus dem Gedicht „Die unmögliche Tatsache" v. Chr. Morgenstern (Ausgabe 1993), S. 105.

Steueranspruchs, nicht aber ein Verschulden des Steuerpflichtigen voraus. Säumniszuschläge entstehen nicht bei steuerlichen Nebenleistungen. Im Falle der Aufhebung, Änderung oder Berichtigung der Steuerfestsetzung bleiben die bis dahin verwirkten Säumniszuschläge bestehen. Bei einer Säumnis bis zu fünf Tagen werden Säumniszuschläge nicht erhoben.[326]

Vergleichbar mit Verspätungszuschlägen sind Säumniszuschläge spezifisches Druckmittel der Verwaltung zur Durchsetzung fälliger Steuern. Sie entstehen jedoch unmittelbar kraft Gesetzes; ein Ermessensspielraum seitens der Finanzbehörde besteht nicht.[327] Die Berechnungsmethodik - feststehender Prozentsatz für jeden angefangenen Monat der Säumnis nach Eintritt der Fälligkeit des Steueranspruchs - verdeutlicht den Zinscharakter der Nebenleistung. Die jüngere Finanzrechtsprechung qualifiziert Säumniszuschläge inzwischen ebenfalls als Gegenleistung für das Hinausschieben der Zahlung.[328]

Nach der hier vertretenen Auffassung müssen Säumniszuschläge wie gezahlte oder zu zahlende Steuerzinsen im Posten 12 (13) „Zinsen und ähnliche Aufwendungen" abgebildet werden. Etwaige Verpflichtungen am Stichtag sind weder Steuerrückstellungen noch Steuerverbindlichkeiten.

Zur Erzwingung von Handlungen, Duldungen oder Unterlassungen darf der Verwaltungsakt der Finanzbehörde mit Zwangsgeld, Ersatzvornahme oder unmittelbarem Zwang durchgesetzt werden (§ 328 Abs. 1 Satz 1 AO). In Betracht kommt dies insbesondere bei Nichterfüllung von Mitwirkungspflichten i.S.v. §§ 90, 135 AO, Buchführungspflichten gemäß §§ 140 ff. AO und Steuererklärungspflichten. Ein Verschulden seitens des Steuerpflichtigen ist nicht relevant.

---

[326] Die sog. Schonfrist gilt inzwischen nicht mehr für Bar- oder Scheckzahlungen (§ 240 Abs. 3 Satz 2 AO).
[327] Vgl. Tipke/Kruse, AO/FGO, § 240 Tz. 1.
[328] Kritisch hierzu Tipke/Kruse, AO/FGO, § 240 Tz. 1.

Das einzelne Zwangsgeld darf fünftausend Deutsche Mark nicht übersteigen und wird zunächst angedroht. Erfüllt der Steuerpflichtige innerhalb einer angemessenen Frist die Verpflichtung nicht, so erfolgt die Festsetzung nach pflichtgemäßem Ermessen der Finanzbehörde. Dabei sind die persönlichen und wirtschaftlichen Verhältnisse des Betroffenen und sein bisheriges Verhalten zu berücksichtigen, so daß ein angemessenes Verhältnis zum Zweck besteht.[329] Wird die Verpflichtung nach Festsetzung erfüllt, ist der Vollzug des Zwangsgeldes einzustellen (§ 335 AO). Ihrem Charakter nach sind Zwangsmittel in die Zukunft wirkende Beugemittel, also weder Strafen noch Bußen.[330]

Für die besondere Inanspruchnahme der Zollbehörden (§ 178 AO) oder bei der Vollstreckung (§ 337 AO) entstehende Gebühren und Auslagen werden dem Abgabepflichtigen als Kosten auferlegt. Hierbei handelt es sich um Gegenleistungen für das konkrete Verwaltungshandeln, die nach dem allgemeinen Kostendeckungsprinzip pauschal erhoben werden.[331]

Entrichtete Zwangsgelder und Kosten sind als sonstiger betrieblicher Aufwand in der Gewinn- und Verlustrechnung abzubilden. Fällige, aber noch nicht entrichtete Abgaben sind als sonstige Verbindlichkeiten auszuweisen.

46.35 Zusammenfassung

Ausgehend von den Zwecken des handelsrechtlichen Jahresabschlusses wurde für sämtliche steuerliche Nebenleistungen ein Abbildungsergebnis erarbeitet, das ihrer ökonomischen Qualifikation Rechnung trägt. Mit der Informationsfunktion ist eine Erfassung steuerlicher Nebenleistungen unter dem Steueraufwand nicht zu vereinbaren. Ein diesbezügliches Wahlrecht paßt nicht zu einer objektivierten Gewinnermitt-

---

[329] Vgl. Koch-Wolf (1996), § 329 Rz. 3.
[330] Vgl. Tipke/Lang (1996), S. 811.
[331] Vgl. Klein/Orlopp (1995), § 337 Anm. 3.

lung. Die nachfolgende Übersicht faßt die Abbildungsergebnisse für die Gewinn- und Verlustrechnung tabellarisch zusammen.

Arten steuerlicher Nebenleistungen	Abbildung in der Gewinn- und Verlustrechnung
Verspätungszuschläge	sonstige betriebliche Aufwendungen
Nachzahlungszinsen, Stundungs- und Aussetzungs- und Hinterziehungszinsen	sonstige Zinsen und ähnliche Aufwendungen
Erstattungszinsen und Prozeßzinsen auf Erstattungsbeträge	sonstige Zinsen und ähnliche Erträge
Säumniszuschläge	sonstige Zinsen und ähnliche Aufwendungen
Zwangsgelder und Kosten	sonstige betriebliche Aufwendungen

Abbildung 24: Abbildungslösungen für steuerliche Nebenleistungen

47. Latente Steuern

47.1 Grundkonzeption der Steuerabgrenzung

Infolge der nur unvollständigen Übereinstimmung von handels- und steuerbilanziellen Bruttoergebnissen korrespondiert der handelsrechtliche Ertragsteueraufwand oftmals nicht mit dem Periodenerfolg. Dies liegt insbesondere daran, daß während der Unternehmensexistenz in Handels- und Steuerbilanz zu unterschiedlichen Zeitpunkten Erfolg ausgewiesen wird, der Totalgewinn von der Gründung bis zur Liquidation jedoch prinzipiell gleich hoch ausfällt.

Mit § 274 HGB hat der Gesetzgeber für Kapitalgesellschaften[332] ein im Schrifttum[333] heftig umstrittenes Instrument zur Steuerabgrenzung geschaffen, das es ermöglichen soll, zeitlich begrenzte Verwerfungen im Steueraufwand der Rechnungsperiode - timing differences - zu korrigieren. Permanente Differenzen im Erfolgsausweis, also Abweichungen, die sich in Zukunft nicht ausgleichen (nicht abzugsfähige Betriebsausgaben, nichtabziehbare Aufwendungen und steuerfreie Gewinne) müssen hingegen ebenso unberücksichtigt bleiben wie die sogenannten quasi-permanenten Differenzen. Letzteres sind Unterschiede, bei denen der Zeitpunkt des Ausgleichs unbestimmt ist. Ob die Steuerabgrenzung zur Erfüllung der Jahresabschlußaufgaben beiträgt, mithin Zweckmäßigkeitsüberlegungen standhält und welche Sachverhalte eine Steuerabgrenzung rechtfertigen, muß also zuerst geklärt werden.

Relevante Abweichungen beider Rechenwerke münden sodann in unterschiedliche Bilanzposten. Bei Dotierung einer Rückstellung für latente Steuern i.S.v. § 249 Abs. 1 Satz 1 HGB wird ein rechtlich noch nicht existenter Steueraufwand ausgewiesen, wenn für das betreffende Geschäftsjahr das handelsbilanzielle Ergebnis höher ist als der steuerliche Gewinn und sich diese Abweichung in späteren Geschäftsjahren voraussichtlich wieder ausgleicht (§ 274 Abs. 1 Satz 1 HGB).[334] Das ist der Fall, wenn in der Handelsbilanz zu einem früheren Zeitpunkt als in der Steuerbilanz Ertrag ausgewiesen wird (Fall 1) oder wenn die handelsbilanzielle Aufwandsverrechnung später erfolgt (Fall 2). Die Rückstellungsbildung ist verpflichtend und erfolgt über den GuV-Posten "Steuern vom Einkommen und vom Ertrag", so daß sich das Periodenergebnis entsprechend reduziert.

---

332 Neben Kapitalgesellschaften sind ggf. die nach § 5 Abs. 1 Satz 2 PublG offenlegungspflichtigen Personengesellschaften betroffen.
333 Vgl. statt vieler Lehmann (1986); Schneeloch, WPg 1986, S. 517; v. Wysocki, ZfbF 1987, S. 829; Siegel, ZfB-Ergänzungsheft 1/1987, S. 137; Kupsch/Eder, WPg 1988, S. 521; Baetge, in: FS Loitlsberger (1991), S. 27. Der IDW-Sonderausschuß Bilanzrichtlinien-Gesetz hat seine Auffassung mit der Stellungnahme SABI 3/88, WPg 1988, S. 683 - 684 veröffentlicht. Vgl. auch die Monographien - zum Teil im Vorfeld der Umsetzung der 4. EG-Richtlinie -: Merl (1979); Hille (1982); Hennig (1982); Karrenbrock (1991); Neumann (1992); Berlage (1993).
334 Eine Verbindlichkeitsrückstellung ist Rechtsfolge der positiv abgeschlossenen Prüfung von § 274 Abs. 1 Satz 1 HGB. Die Voraussetzungsmerkmale der Rückstellung für ungewisse Verbindlichkeiten müssen nicht erfüllt sein; zur Problematik Rechtsfolgen- versus Rechtsgrundverweis in § 274 Abs. 1 Satz 1 HGB vgl. Schulze-Osterloh, ZHR 1986, S. 553; Siegel, ZfB-Ergänzungsheft 1/87, S. 152.

Ist im umgekehrten Fall das handelsbilanzielle Ergebnis niedriger als das dem ausgewiesenen Ertragsteueraufwand zugehörige Steuerbilanzergebnis und gleicht sich auch hier die Belastung in der Zukunft voraussichtlich wieder aus, so darf ein aktiver Steuerabgrenzungsposten gebildet werden.

§ 274 Abs. 2 HGB statuiert ein Ansatzwahlrecht in Form einer Bilanzierungshilfe. Der effektive Steueraufwand der Rechnungsperiode wird in Höhe dieses transitorischen Postens gemindert, somit das Periodenergebnis erhöht. Das ist der Fall, wenn der Ertrag in der Handelsbilanz zu einem späteren Zeitpunkt als in der Steuerbilanz (Fall 3) oder der Aufwand in der Handelsbilanz zu einem früheren Zeitpunkt abgebildet wird (Fall 4).[335] Die Inanspruchnahme des Aktivierungswahlrechts ist allerdings mit einer Ausschüttungssperre verbunden: Gewinne dürfen nach § 274 Abs. 2 Satz 3 HGB an die Anteilseigner nur transferiert werden, wenn die nach der Ausschüttung verbleibenden jederzeit auflösbaren Gewinnrücklagen zuzüglich eines Gewinnvortrags und abzüglich eines Verlustvortrags dem angesetzten Betrag mindestens entsprechen.

Rechenelemente/ Ergebnisdifferenz	Ertrag	Aufwand
HB-Ergebnis > StB-Ergebnis	Ertrag in der Handelsbilanz früher als in der Steuerbilanz (Fall 1)	Aufwand in der Handelsbilanz später als in der Steuerbilanz (Fall 2)
HB-Ergebnis < StB-Ergebnis	Ertrag in der Handelsbilanz später als in der Steuerbilanz (Fall 3)	Aufwand in der Handelsbilanz früher als in der Steuerbilanz (Fall 4)

Abbildung 25: Ursachen relevanter Abweichungen zwischen Handels- und Steuerbilanz[336]

Die Problematik der Steuerabgrenzung soll an folgendem Beispiel, einem Zweiperioden-Fall mit nur einer zeitlichen Ergebnisdifferenz, erläutert werden: Bei einer Kapi-

---

[335] Vgl. zur Fallunterscheidung Coenenberg/Hille, HdJ 1/13, Rn. 7 (1994); Baetge (1996), S. 470.
[336] Vgl. die ähnliche Darstellung bei Coenenberg/Hille, HdJ 1/13, Rn. 7 (1994).

talgesellschaft wurden im Geschäftsjahr 01 Aufwendungen für Instandhaltung in Höhe von 200 GE unterlassen, die im zweiten Halbjahr des Geschäftsjahrs 02 nachgeholt werden. Das Vorsteuerergebnis möge 1.000 GE betragen, der kombinierte Ertragsteuersatz in beiden Perioden 50 %. Das nach § 249 Abs. 1 Satz 3 HGB bestehende Passivierungswahlrecht wird in Anspruch genommen. Für die Steuerbilanz besteht demgegenüber ein Passivierungsverbot.[337]

a) Bilanzierung **ohne** Steuerabgrenzung

Geschäftsjahr 01	Handelsbilanz	Steuerbilanz
vorläufiges Ergebnis vor Rückstellungsdotierung und vor Steuern	1.000	1.000
./. Rückstellung für unterlassene Instandhaltung	./. 200	---
= Ergebnis vor Steuern	800	1.000
./. Ertragsteuern (50 % von 1000)	./. 500	./.500
= Ergebnis nach Steuern	300	500

Geschäftsjahr 02	Handelsbilanz	Steuerbilanz
vorläufiges Ergebnis vor Instandhaltungsaufwand und vor Steuern	1.000	1.000
./. Instandhaltungsaufwand	---	./.200
= Ergebnis vor Steuern	1.000	800
./. Ertragsteuern (50 % von 800)	./. 400	./.400
= Ergebnis nach Steuern	600	400

Der in der Handelsbilanz des Geschäftsjahres 01 erfaßte effektive Steueraufwand in Höhe von 500 GE korrespondiert nicht mit dem Ergebnis vor Steuern, so daß Fall 4 vorliegt und eine aktive Steuerabgrenzung gemäß § 274 Abs. 2 HGB erfolgen kann. Die fiktiven Steuern der Handelsbilanz betragen 400 GE (50 % von 800 GE), somit ist eine aktive Steuerlatenz von 100 GE gegeben.

---

[337] Vgl. BFH v. 25.8.1989, BStBl II 1989, S. 893.

b) Bilanzierung **mit** Steuerabgrenzung

Geschäftsjahr 01	Handelsbilanz	Steuerbilanz
vorläufiges Ergebnis vor Rückstellungsdotierung und vor Steuern	1.000	1.000
./. Rückstellung für unterlassene Instandhaltung	./. 200	---
= Ergebnis vor Steuern	800	1.000
./. Ertragsteuern (50 % von 1000)	./. 500	./.500
+ Bildung aktive Steuerabgrenzung	+ 100	---
= Ergebnis nach Steuern	400	500

Geschäftsjahr 02	Handelsbilanz	Steuerbilanz
vorläufiges Ergebnis vor Instandhaltungsaufwand und vor Steuern	1.000	1.000
./. Instandhaltungsaufwand	---	./.200
= Ergebnis vor Steuern	1.000	800
./. Ertragsteuern (50 % von 800)	./. 400	./.400
./. Auflösung aktive Steuerabgrenzung	./. 100	---
= Ergebnis nach Steuern	500	400

Ersichtlich stimmen die kumulierten Ergebnisse von Handels- und Steuerbilanz der beiden Geschäftsjahre (900 GE) überein. Durch Bildung und Auflösung einer aktiven Steuerabgrenzung wurde ein dem handelsbilanziellen Ergebnis vor Steuern entsprechender Periodensteueraufwand ausgewiesen mit der Folge, daß sich die Jahresüberschüsse annähern.

Die knapp dargestellte und an einem eingängigen Beispiel erläuterte Grundkonzeption läßt nicht vermuten, daß wohl kaum ein anderer Problembereich des handelsrechtlichen Jahresabschlusses in den letzten Jahren so intensiv diskutiert worden ist, wie die Bilanzierung latenter Steuern und dennoch weiterhin beachtliche Meinungsunterschiede bestehen. Im krassen Gegensatz dazu steht die praktische Bedeutung der Steuerabgrenzung im Einzelabschluß, denn angesichts der asymmetrischen Lösung des Gesetzgebers in § 274 HGB, der Legung stiller Reserven in der Handelsbilanz und der unterstellten Saldierung verbunden mit einer Gesamtdifferenzbetrachtung macht der überwiegende Teil der Kapitalgesellschaften derzeit keinen Gebrauch von der Bilanzierungshilfe i.S.v. § 274 Abs. 2 HGB.[338] Die Bilanzierungspraxis nutzt das Wahlrecht wegen der mit einer Aktivierung verbundenen Signalwirkung nicht.[339] Seit umfassend kodifizierter umgekehrter Maßgeblichkeit sind die relevanten Abweichungen beider Rechenwerke zudem geringer geworden.

Auf den Konzernabschluß ist § 274 HGB entsprechend anzuwenden (§ 298 Abs. 1 HGB), doch gilt dies nur für Bilanzierungs- und Bewertungsunterschiede, die sich nach §§ 300, 308 HGB ergeben.[340] Steuerabgrenzungen treten dagegen regelmäßig zwangsläufig durch Konsolidierungsvorgänge auf (§ 306 HGB), so daß die Frage der Steuerabgrenzung hier weitaus größeres Gewicht erhält.[341]

Wenn wir uns dennoch im folgenden mit dem Problem der Steuerabgrenzung im Einzelabschluß auseinandersetzen, dann geschieht dies angesichts der bestehenden tiefgreifenden Meinungsunterschiede sowohl in der konzeptionellen Ausgestaltung als auch in der Lösung von Detailproblemen. Zu einer Überarbeitung der Norm hat sich der Gesetzgeber noch nicht durchringen können.[342] Dabei ist zu berücksichtigen, daß das Konzept der Bilanzierung latenter Steuern aus dem angelsächsischen und angloamerikanischen Recht übernommen worden ist und in jüngeren Vergangenheit sowohl im Bereich der US-GAAP als auch der IAS wesentliche Änderungen erfahren hat, die im Zuge einer Internationalisierung der Rechnungslegung auf das deutsche Recht einwirken (können).[343]

Die Steuerabgrenzung im handelsrechtlichen Jahresabschluß basiert einerseits auf der Feststellung, daß der nach steuerrechtlichen Grundsätzen errechnete Steueraufwand

---

[338] Vgl. Baumann, HdR, 4. Aufl., Bd. Ia, § 274 Rn. 55; von Siegel, ZfB-Ergänzungsheft 1/87, S. 137, schon früh prognostiziert.
[339] Vgl. Küting/Weber (1997), S. 218, mit Hinweisen auf Treuarbeit (1990), Rn. 78 und Schedlbauer, 1990, S. 147.
[340] Vgl. ADS, § 274, 5. Aufl., Tz. 9.
[341] Vgl. die Analyse der Konzernabschlüsse des Jahrgangs 1989 von 100 großen Konzernen seitens der Treuarbeit (1990), Rn. 122 ff. Im Rahmen der Auswertung waren in 34 Fällen aktive Ausgleichsposten und in 38 Fällen Rückstellungen für latente Steuern zu verzeichnen.
[342] Vgl. Baetge, in: FS Loitlsberger (1991), S. 45.
[343] Vgl. Kapitel 9 der Arbeit.

regelmäßig in keiner erklärbaren Beziehung zum handelsbilanziellen Ergebnis vor Steuern steht und andererseits auf dem Wunsch nach einer periodengerechten Steuerabgrenzung.[344] Die Divergenz ist um so größer, je unterschiedlicher die beiden Rechtssphären - Handels- und Steuerbilanz - Bilanzierungsprobleme lösen und dies auch von den Bilanzierenden ausgenutzt wird. Trotz Maßgeblichkeit der Handelsbilanz für die Steuerbilanz (§ 5 Abs. 1 Satz 1 EStG) und inzwischen umfassend kodifizierter umgekehrter Maßgeblickeit für steuerrechtliche Wahlrechte bei der Gewinnermittlung (§ 5 Abs. 1 Satz. 2 EStG)[345] bestehen - wenngleich in geringerem Maße als in angelsächsischen Ländern - Abweichungen in den Bereichen von Ansatz und Bewertung.[346]

Die zentrale Fragestellung besteht darin, ob der in der Handelsbilanz ausgewiesene Steueraufwand überhaupt mit dem Ergebnis vor Steuern korrespondieren muß, denn die Adressaten des Jahresabschlusses wissen sehr wohl, daß sich der Aufwandsposten *„Steuern vom Einkommen und vom Ertrag"* aus der Steuerbilanz und der steuerrechtlichen Einkommensermittlung mit den dort maßgebenden Periodisierungsregeln ableitet und deshalb regelmäßig abweichende Steuerlastquoten entstehen. Andere Aufwandsposten werden demgegenüber grundsätzlich nicht an die Ergebnissituation angepaßt.[347] Die Notwendigkeit zur Anpassung kann aus dem GoB „Abgrenzung der Sache nach" nicht abgeleitet werden.

Mit der Steuerabgrenzung nach § 274 HGB werden nur die zeitlichen Unterschiede erfaßt, nicht hingegen permanente und quasi-permanente Differenzen, so daß eine vollständige Entsprechung des Steueraufwands gar nicht erreicht wird.[348]

---

[344] Vgl. Pohlmann, ZfbF 1983, S. 1094; Siegel, BB 1985, S. 495; ADS, 5. Aufl., § 274 Tz. 2, 11.
[345] Ergänzt durch das Gesetz zur steuerlichen Förderung des Wohnungsbaus und zur Ergänzung des Steuerreformgesetzes vom 22.12.1989, BGBl. 1989 I, S. 2408.
[346] Gröner/Marten/Schmid, WPg 1997, S. 479.
[347] Im Rahmen der Ermittlung von Herstellungskosten werden bei starker Abweichung der Istbeschäftigung von der Normalbeschäftigung nur die Nutzkosten einbezogen, die sog. Leerkosten (Leeraufwand) aber aufwandswirksam verrechnet; vgl. Baetge (1996), S. 222 f. Dies ergibt sich aus § 255 Abs. 2 HGB, der nur den Einbezug angemessener Teile bestimmter notwendiger Kosten zuläßt.
[348] Vgl. Küting/Weber (1997), S. 65.

Zu fragen ist weiter, in welcher Weise die beiden Jahresabschlußaufgaben, Informationsfunktion und Zahlungsbemessungsfunktion, betroffen sind. Latente Be- oder Entlastungen stellen für die Kapitalgeber zweifellos eine wichtige Information dar. Eine Informationsverbesserung durch den Einbezug latenter Steuern kann jedoch bezweifelt werden, denn künftige Steuerbelastungen (Steuererstattungen) setzen positive (negative) Bemessungsgrundlagenteile in der Zukunft voraus, deren Entstehung am Abschlußstichtag jedoch noch ungewiß ist. Über die aus dem Körperschaftsteuersystem resultierenden latenten Steuerminderungs- und -erhöhungsansprüche wird demgegenüber weder berichtet noch werden sie in das Rechenwerk einbezogen. Diese sind im Unterschied zu den latenten Steuern i.S.v. § 274 HGB nicht mehr von zukünftigen Ergebnissen, sondern von Gewinnverwendungsentscheidungen abhängig. Zum anderen sind infolge der unterschiedlichen Meinungsstände in der Literatur beachtliche Spielräume bei der konkreten Umsetzung der Steuerabgrenzung gegeben, die letztlich auch auf dem nicht widerspruchsfreien Wortlaut der Norm beruhen.[349] Darüber hinaus muß auf die mangelhafte Berichterstattung über Steuerlatenzen hingewiesen werden (vgl. Abschnitt 49.6).

Grundsätzlich sind Gläubiger daran interessiert, latente Belastungen vorwegzunehmen und die Ausschüttungsbasis zu reduzieren. Passive Latenzen verringern demgegenüber den Jahresüberschuß, sie beeinflussen die Zahlungsbemessungsfunktion negativ, noch bevor es durch die Besteuerung zu einer korrespondierenden Entzugswirkung gekommen ist. Aktive Latenzen wurden vom Gesetzgeber mit einer gläubigerschützenden Ausschüttungssperre belegt. Die Zahlungsbemessungsfunktion wird somit einseitig zugunsten der Gläubiger verändert.

§ 274 HGB geht zurück auf die Vierte EG-Richtlinie, die in Art. 43 Abs. 1 Nr. 11 eine Angabe im Anhang fordert über: „den Unterschied zwischen dem Steueraufwand, der dem Geschäftsjahr und den früheren Geschäftsjahren zugerechnet wird, und den für diese Geschäftsjahre gezahlten oder zu zahlenden Steuern, sofern dieser Unterschied

---

[349] Vgl. Baetge, in: FS Loitlsberger (1991), S. 45.

für den künftigen Steueraufwand von Bedeutung ist. Dieser Betrag kann auch als Gesamtbetrag in der Bilanz unter einem gesonderten Posten mit entsprechender Bezeichnung ausgewiesen werden."[350]

Zwischen der von der Richtlinie offenbar präferierten Berichterstattung im Anhang und der Maximallösung nach anglo-amerikanischer Bilanzierung i.S. einer *interperiod tax allocation* hat sich der deutsche Gesetzgeber mit § 274 HGB nach verschiedenen Entwürfen[351] für eine halbherzige, unklar formulierte asymmetrische Lösung entschieden. Aus der hier vorgetragenen Sicht einer objektivierten Erfolgsermittlung ist sie als schlechter Kompromiß zwischen dem Vorsichtsprinzip (§ 252 Abs. 1 Nr. 4 HGB) und der periodengerechten Erfolgsermittlung (§ 252 Abs. 1 Nr. 5 HGB) zu werten.

Im folgenden werden trotz dieser grundsätzlichen Zweifel methodische Überlegungen angestellt, um danach Ursachen für aktive und passive Latenzen und die erforderlichen Berechnungsschritte aufzuzeigen.

47.2 Methodische Überlegungen

Die Steuerabgrenzung nach § 274 HGB betrifft nur die ergebnisabhängigen „Steuern vom Einkommen und vom Ertrag" (§ 275 Abs. 2 Nr. 18, Abs. 3 Nr. 17 HGB), also derzeit neben der Körperschaftsteuer die Gewerbeertragsteuer und den Solidaritätszuschlag.[352]

---

[350] Art. 43 Abs. 1 Nr. 11 der Vierten Richtlinie, zitiert aus Biener/Bernecke (1986), S. 271.
[351] Vgl. die Entstehungsgeschichte der Norm in Biener/Bernecke (1986), S. 204 - 206; Glade (1995), § 274 Tz. 3 - 6.
[352] Für die nach § 5 Abs. 1 Satz 2 PublG zur Offenlegung verpflichteten Personengesellschaften, die die Einkommensteuer der Gesellschafter im Jahresabschluß ausweisen, ist die Vorschrift sinngemäß anzuwenden; vgl. Baumann, HdR, § 274 Rn. 2.

Die herrschende Meinung[353] legt der Steuerabgrenzung trotz der asymmetrischen Lösung für Aktiv- und Passivseite die sog. *asset and liability method* zugrunde, die vermögensorientiert ist und auf die zukünftigen Steuerbe- oder entlastungen abstellt, somit eine Abschätzung steuerlicher Parameter sowie die periodische Fortschreibung erfordert. Erfaßt werden nur zeitlich begrenzte Differenzen, also Abweichungen zwischen den Rechenwerken, die sich voraussichtlich in der Zukunft ausgleichen. Damit sind permanente und quasi-permanente Differenzen auszuklammern. Zeitlich unbegrenzte Abweichungen (permanent differences) kennzeichnet der fehlende Umkehreffekt in den späteren Geschäftsjahren. Bei faktisch zeitlich unbegrenzten Abweichungen ist der Umkehreffekt nicht absehbar und im Extremfall erst bei Veräußerung oder Liquidation gegeben. Ihre Berücksichtigung im Rahmen der Steuerabgrenzung wäre mit dem Realisationsprinzip nicht vereinbar.[354]

Die an der Erfolgsrechnung ausgerichtete *deferred method* wird damit abgelehnt. Hier geht es darum, dem matching principle zu folgen und Steueraufwendungen periodengerecht abzugrenzen.[355] Nur der Vollständigkeit halber sei die dritte Methode, die *net of tax method*, erwähnt, die von der Überlegung ausgeht, daß sich der Wert eines Vermögensgegenstandes neben seinem Gebrauchswert auch durch seine steuerliche Absetzbarkeit bestimmt und führt deshalb die Korrekturen am Vermögensgegenstand selbst durch.[356] Der Methodenstreit ist durch den Gesetzgeber nicht entschieden worden. Daß der Gesetzestext Anhaltspunkte sowohl für die „asset and liability method" als auch für die „deferred method" birgt, soll mit Abbildung 26 gezeigt werden. Dies behindert die Beantwortung von Einzelfragen.

---

[353] Vgl. Schnicke/Fischer, Beck'scher Bilanzkommentar, § 274 Anm. 51.
[354] Vgl. ADS, 5. Aufl., § 274 Tz. 6.
[355] Vgl. Coenenberg/Hille, HdJ, I/13, Rn. 12 (1994).
[356] Vgl. Coenenberg/Hille, HdJ, I/13, Rn. 13 (1994).

	Zwei Konzepte der Bilanzierung latenter Steuern	
asset and liability method		deferred method
richtiger Vermögensausweis (statische Betrachtungsweise)	**Ziel**	zutreffender Erfolgsausweis (dynamische Betrachtungsweise)
Abbildung erwarteter Steuernachzahlungen bzw. erwarteter Steuererstattungen der Zukunft	**Abbildungsergebnis**	Abbildung des Steueraufwands, der zum Handelsbilanzergebnis paßt; Abgrenzung Mehr- oder Minderaufwand
Steuersätze der Zukunft maßgebend	**Anzuwendende Steuersätze**	Steuersätze der Gegenwart
Ggfs. Anpassungsbedarf in späteren Rechnungsperioden	**Änderungsbedarf**	kein späterer Anpassungsbedarf
§ 274: Rückstellung, Bilanzierungshilfe, eher statisch	**Anhaltspunkte durch Gesetzeswortlaut**	§ 274: Steuerabgrenzungsposten (Überschrift)
§ 274: späterer Ausgleich der Steuerdifferenzen		

Abbildung 26: Zwei Konzepte der Bilanzierung latenter Steuern

Technisch erfolgt die Steuerabgrenzung auf der Grundlage einer Gesamtdifferenzbetrachtung verbunden mit einer Saldierungsmöglichkeit, bei der nur die Abrechnungsspitze, also der positive oder negative Saldo zwischen aktiven und passiven Latenzen nach § 274 HGB qualifiziert wird.[357] Ein Überhang an passiven Latenzen führt zur Rückstellungspflicht, ein aktiver Überhang zur Bilanzierungshilfe verbunden mit einer Ausschüttungssperre. Das Saldierungsverbot des § 246 Abs. 2 HGB steht dieser Verrechnung nach herrschender Auffassung nicht entgegen.[358]

Eine Kollision mit dem Vorsichtsprinzip kann gegeben sein, wenn sich die Differenzen zeitlich nicht entsprechen, also zukünftige Steuerentlastungen später eintreten als künftige Steuerbelastungen oder etwa Steuersatzsenkungen zu verzeichnen sind.[359] Der unsaldierte Ausweis aktiver und passiver Latenzen würde den besten Einblick in die Vermögens- und Ertragslage des Unternehmens gewähren.[360] Auch eine Einzeldifferenzenbetrachtung wäre zu präferieren, bei der Steuerlatenzen für jeden Geschäftsvorfall des abzuschließenden Geschäftsjahres getrennt zu ermitteln wären. Der notwendige Abgrenzungsbedarf läßt sich hier nach Summierung aller Einzeleinstellungen und -auflösungen errechnen. Dazu ist allerdings auch eine postenbezogene Fortschreibung erforderlich, die in Form eines Differenzenspiegels erfolgen kann.[361]

Das Zugrundelegen der *asset and liability method* führt dazu, daß auf die zukünftige Steuerbe- oder entlastung abzustellen ist.[362] Dies löst Probleme der Steuersatzprognose und des zukünftigen Ausschüttungsverhaltens aus.[363] Das Schrifttum[364] schlägt als praktikable Lösungen im einzelnen vor:

---

[357] Vgl. SABI 3/1988, WPg 1988, S. 684 Tz. 4. Die Stellungnahme des IDW geht aufgrund des Wortlautes von einem Saldierungsgebot aus.
[358] Vgl. Schnicke/Fischer, Beck'scher Bilanzkommentar, § 274 Anm. 10.
[359] Vgl. Baetge (1996), S. 476; Weyand, DB 1986, S. 1189.
[360] Vgl. Baetge (1996), S. 477.
[361] Vgl. das Muster in ADS, 5. Aufl., § 274, Tz. 45.
[362] Vgl. SABI 3/1988, WPg 1988, S. 684 Tz. 5; Schnicke/Fischer, Beck'scher Bilanzkommentar, § 274 Anm. 50.
[363] Vgl. Schnicke/Fischer, Beck'scher Bilanzkommentar, § 274 Anm. 51.
[364] Vgl. Coenenberg/Hille, HdJ 1/13, Rn. 23, 50 (1994); SABI 3/1988, WPg 1988, S. 684 Tz. 5.

- Pauschalsatz von 50 %
- Mischsatz
- Höchster Steuersatz bei voraussichtlicher Steuerbelastung und niedrigster Satz bei voraussichtlicher Entlastung
- Höchster Satz bei voraussichtlicher Steuerbelastung und Pauschal- oder Mischsatz bei voraussichtlicher Steuerentlastung
- Maximalbelastung.

Bei pragmatischem Vorgehen werden die am Abschlußstichtag geltenden oder bereits für die Zukunft verabschiedeten Steuersätze zugrunde gelegt und eine Maximalbelastung unterstellt.[365] Dies führt bei Steuersatzänderungen dazu, daß rückwirkend Anpassungen vorzunehmen sind.

Nach herrschender Meinung sind Steuerlatenzen nicht abzuzinsen.[366] Für Rückstellungen wird dies mit Hinweis auf § 253 Abs. 1 Satz 3 HGB gerechtfertigt, für den Aktivposten mit seinem Charakter als Bilanzierungshilfe und der fehlenden Eigenschaft eines Vermögensgegenstandes. § 274 HGB stellt auf die voraussichtliche Steuerbe- und -entlastung ab. Die Notwendigkeit zur Abzinsung der aktiven Steuerabgrenzung wird vom WP-Handbuch in Fällen von Bedeutung (Höhe und Dauer des Eintritts der Steuerentlastung) gesehen und mit den GoB begründet, die eine analoge Anwendung von § 253 Abs. 3 Satz 2 HGB rechtfertigen.[367]

Ein weiteres Problem stellt die Steuerabgrenzung in Verlustsituationen dar.[368] Nicht der Verlust selbst, sondern die Veränderungen der zeitlich bedingten Ergebnisdifferenzen aufgrund steuerlicher Verlustverrechnungsmodalitäten ziehen ggf. eine abweichende Beurteilung der Steuerabgrenzung nach sich.[369] Hier sind - mit dem zeitlich

---

[365] Vgl. ADS, 5. Aufl., § 274 Tz. 25.
[366] Vgl. Schnicke/Fischer, Beck'scher Bilanzkommmentar, § 274 Anm. 17; ADS, 5. Aufl., § 274 Tz. 33; Baumann, HdR, 4. Aufl., Bd. Ia, § 274 Rn. 24.
[367] Vgl. WPH (1996), Bd. 1, F 137.
[368] Vgl. zu diesem Detailproblem Feldhoff/Langermeier, DStR 1991, S. 195; Coenenberg/Hille, HdJ, 1/13, Rn. 55 (1994).
[369] Vgl. Schildbach (1995), S. 294.

und betragsmäßig sowie auf die Körperschaftsteuer beschränkten Verlustrücktrag[370] und dem zeitlich und betragsmäßig unbegrenzten Verlustvortrag, der bei Körperschaft- und Gewerbeertragsteuer[371] wirkt - zwei Konstellationen zu unterscheiden, die mit aktiven oder passiven Abgrenzungen zusammentreffen können.

Die Fallkombination eines Verlustrücktrags bei einer aufgebauten passiven Steuerlatenz zeigt das nachfolgende Beispiel.[372] Abgebildet sind drei Rechnungsperioden. Es wird vereinfachend ein Ertragsteuersatz von 50 % unterstellt. Die gezeigten Ergebnisdifferenzen vor Steuern sind ausschließlich zeitlich bedingt.

Jahr	HB	StB	Δ	kum. Δ	effektive Steuern	Latente Steuern	Summe Steuern	kum. Steuerabgrenzung
01	2.000	1.000	1.000	1.000	500	500	1.000	500
02	1.500	1.000	500	1.500	500	250	750	750
03	-2.500	-2.000	-500	1.000	-1.000	- 250	-1.250	500

Abbildung 27: Passive Steuerlatenz und Verlustrücktrag

Infolge des Verlustrücktrags von 03 nach 01 und 02 wird eine Steuererstattung von 1.000 GE realisiert, die sich im Jahresabschluß 03 auswirkt. Die vollständige Verrechnung des Verlusts gelingt, so daß kein Vortragsvolumen verbleibt. Der um 500 GE höhere Handelsbilanzverlust reduziert die passive Steuerabgrenzung um 250 GE; insoweit kehren sich die zeitlichen Unterschiede um.

Aufgrund der zeitlichen und betragsmäßigen Grenzen beim Verlustrücktrag sind Fragestellungen der Steuerabgrenzung bei Verlustvortrag von größerer praktischer Bedeutung. Aus steuerlicher Sicht tritt die Entlastung erst in den Jahren der Verlustkom-

---

[370] Vgl. § 8 Abs. 1 KStG i.V.m. 10d EStG. Der Verlustrücktrag ist auf 10 Mio. DM begrenzt. Es besteht seit dem VZ 1994 ein Wahlrecht, ganz oder teilweise auf den Verlustrücktrag zu verzichten.
[371] § 10a GewStG läßt den Abzug von Fehlbeträgen i.S.v. §§ 7-10 GewStG zeitlich und betragsmäßig unbegrenzt zu.
[372] Beispiel in Anlehnung an Baumann, HdR, 4. Aufl., Bd. Ia, § 274 Rn. 40; Zahlenangaben und Betrachtungszeitraum abgeändert.

pensation ein. Nun liegt die Überlegung nahe, diesen zukünftigen Steuereffekt bereits als aktiven Steuerabgrenzungsposten zu erfassen. Im Gegensatz zu den angelsächsischen und angloamerikanischen Bilanzierungsgepflogenheiten[373] darf dieser Effekt allerdings nicht in die Steuerabgrenzung nach § 274 HGB einfließen. Für den Fall einer aktiven Abgrenzung muß statt dessen bei Eintritt des Verlusts geprüft werden, ob zukünftig noch mit Steuerentlastungen gerechnet werden kann. Im Negativfall ist die Steuerabgrenzung gemäß § 274 Abs. 2 Satz 4 HGB im Verlustjahr aufzulösen.

Bei passiver Steuerabgrenzung ist demgegenüber zu prüfen, inwieweit zukünftig mit der erwarteten Steuerbelastung noch zu rechnen ist. Andernfalls ist der Passivposten aufzulösen oder abzustocken (§ 274 Abs. 1 Satz 2 HGB).

Waren in der Vergangenheit höhere Handelsbilanzergebnisse zu verzeichnen und besteht die Erwartung darin, daß das höhere steuerliche Einkommen der Zukunft aufgrund des Verlustvortrags zu keiner Steuerbelastung führt, so ist die Steuerabgrenzung insoweit aufzulösen.

Jahr	HB	StB	Δ	kum. Δ	effektive Steuern	Latente Steuern	Summe Steuern	kum. Steuerabgrenzung
01	3.500	2.000	1.500	1.000	500	750	1.250	750
02	2.500	1.000	1.500	3.000	500	750	1.250	1.500
03	2.500	1.000	1.500	4.500	500	750	1.250	2.250
04	-6.000	-7.500	1.500	6.000	-1.000	-2.000	-3.000	250
05	1.000	2.500	-1.500	4.500	0	500	500	750
06	2.000	3.500	-1.500	3.000	250	750	1.000	1.500
07	2.000	3.500	-1.500	1.500	1.750	-750	1.000	750

Abbildung 28: Passive Steuerlatenz bei Verlustrücktrag und -vortrag[374]

Der Verlust des Jahres 04 kann nur in Höhe von -2.000 GE zurückgetragen werden und bewirkt eine Steuererstattung von 1.000 GE. Es verbleibt ein Vortragsvolumen

---

[373] Vgl. Kapitel 9 der Arbeit.
[374] Beispiel in Anlehnung an Baumann, HdR, 4. Aufl., Bd. Ia, § 274 Rn. 45; um Druckfehler bereinigt.

von -5.500 GE. Den kumulierten zeitlichen Unterschieden von 6.000 GE und den damit verbundenen passiven Latenzen von 3.000 GE stehen zukünftige Steuerentlastungen von 2.750 GE gegenüber, die in 04 sofort die Steuerabgrenzung auf 250 GE reduzieren. Im Jahr 05 stehen den kumulierten zeitlichen Unterschieden von 4.500 GE und den damit verbundenen passiven Steuerlatenzen von 2.250 GE zukünftige Steuerentlastungen in Höhe von 1.500 GE (verbleibender Verlustvortrag 3.000 GE) gegenüber. Die Steuerabgrenzung ist um 500 GE zu erhöhen. In 06 gelingt die vollständige Kompensation, es entsteht ein effektiver Steueraufwand von 250 GE und eine Periodenlatenz von 750 GE.

Die Ausführungen haben gezeigt, daß neben den methodischen Grundfragen auch bei der konkreten Durchführung der Steuerabgrenzung jeweils diffizile Einzelprobleme gelöst werden müssen. Die beiden nachfolgenden Unterabschnitte zeigen Ursachen für aktive und passive Latenzen auf.

47.3 Ursachen für aktive Steuerlatenzen

Bilanzierte aktive latente Steuern werden im Rahmen von Erfolgsanalysen als Indikator für die Legung stiller Reserven gewertet.[375] Empirische Untersuchungen zeigen, daß die weit überwiegende Mehrheit der Unternehmen vom Aktivierungswahlrecht nach § 274 Abs. 2 HGB keinen Gebrauch macht.[376]

Aktive Latenzen können entstehen, wenn das handelsrechtliche Ergebnis vor Steuern niedriger liegt als die steuerrechtliche Bemessungsgrundlage für die Steuern vom Einkommen und vom Ertrag. Dies kann auf folgende Ursachen zurückgeführt werden: Die Erträge fallen handelsrechtlich später an oder die Aufwendungen werden in der Handelsbilanz früher ausgewiesen (Fälle 3 und 4). Zunächst sind allerdings diejenigen Dif-

---

[375] Vgl. Küting, DStR 1992, S. 408.
[376] Vgl. schon Treuarbeit (1989), Rn. 78.

ferenzen auszuscheiden, die nicht zeitlich begrenzt sind. Hierzu gehören Abzugsverbote nach § 3c EStG, nichtabziehbare Betriebsausgaben i.S.v. § 4 Abs. 5 EStG, verdeckte Gewinnausschüttungen (§ 8 Abs. 3 Satz 2 KStG), die Hälfte der Aufsichtsratsvergütungen und nichtabziehbare Steuern gemäß § 10 Nr. 2 KStG, beispielsweise die Umsatzsteuer auf den Eigenverbrauch und bislang die Vermögensteuer. Während die Handelsbilanz den Aufwandscharakter bejaht, läßt das Steuerrecht den Abzug in diesen Fällen nicht zu. Permanente Differenzen bilden ebenso die gewerbeertragsteuerlichen Modifikationen gemäß § 8 GewStG[377], so daß die Ermittlungsrechnung zweckmäßigerweise am körperschaftsteuerlichen Einkommen anknüpft.

Auch quasi-permanente Differenzen, deren Abgrenzung aber im Einzelfall problematisch sein kann, sind zu eliminieren. Die Umkehrung der Ergebnisdifferenz ist hier im Zeitpunkt des Entstehens ungewiß, so daß ein Einbezug in die Steuerabgrenzung mit dem going-concern-Prinzip kollidieren würde.[378] Denkbar sind Differenzen, die sich erst bei Veräußerung des Vermögensgegenstandes oder bei der Liquidation des Unternehmens umkehren, beispielsweise bei steuerlich nicht anerkannten Abschreibungen auf Grund und Boden.[379] Ist dagegen der Zeitraum bekannt, erstreckt sich der Ausgleich der Differenz aber über eine beachtliche Distanz, sollte ein Einbezug in die Steuerabgrenzung erfolgen, denn § 274 HGB nennt keine Begrenzung des Prognosezeitraums.[380] Ein Ausschluß revolvierender zeitlicher Differenzen - das sind Ergebnisunterschiede, die in jedem Geschäftsjahr erneut in gleichbleibender Höhe anfallen und damit für einen Ausgleich von Differenzen aus Vorjahren sorgen - ist nach herrschender Meinung nicht möglich.[381]

---

[377] Vgl. Baumann, HdR, 4. Aufl., Bd. Ia, § 274 Rn. 13; Schnicke/Fischer, Beck'scher Bilanzkommentar, § 274 Anm. 46.
[378] Vgl. ADS, 5. Aufl., § 274 Anm. 16.
[379] Vgl. Schnicke/Fischer, Beck'scher Bilanzkommentar, § 274 Anm. 55; ADS, 5. Aufl., § 274 Tz. 16; Glade (1995), § 274 Tz. 29 nennt die Einlage eines Grundstücks zu einem steuerlich unzulässigen Wert.
[380] Vgl. ADS, 5. Aufl., § 274 Tz. 17.
[381] Vgl. Baumann, HdR, 4. Aufl., Bd. Ia, § 274 Rn. 12 m.w.Nw.

Abbildung 29 zeigt Ursachen für aktive Steuerlatenzen aus Sicht der Handelsbilanz auf und nennt die jeweiligen Rechtsgrundlagen.[382]

Ursache aus Sicht der Handelsbilanz	Rechtsgrundlage HGB	Rechtsgrundlage EStG
1. Aktiva		
• Nichtaktivierung des Geschäfts- oder Firmenwerts in der Handelsbilanz, Ansatzpflicht in der Steuerbilanz	§ 255 Abs. 4	§ 6 Abs. 1 Nr. 2 Satz 1
• Schnellere Abschreibung des Geschäfts- oder Firmenwerts	§ 255 Abs. 4	§ 7 Abs. 1 Satz 3
• Niedrigerer Ansatz der Herstellungskosten	§ 255 Abs. 2	§ 6 i.V.m. R 33 EStR
• Höhere Abschreibung von abnutzbarem materiellen und immateriellen Anlagevermögen (andere Methode, kürzere Nutzungsdauer)	§ 253 Abs. 2 Satz 3	§ 7 Abs. 1 u. 2
• Höhere Abschreibung im nichtabnutzbaren Anlagevermögen	§ 253 Abs. 2 Satz 3, § 279 Abs. 1 Satz 2	§ 6 Abs. 1 Nr. 1
• Höhere Abschreibungen im Umlaufvermögen	§ 253 Abs. 3 Satz 3, Abs. 4	§ 6 Abs. 1 Nr. 2
• Niedrigere Bewertung eingetauschter Vermögensgegenstände	§ 255 Abs. 1	---
• Spätere Erfassung von Beteiligungserträgen; Zwang zur phasengleichen Vereinnahmung in der Steuerbilanz		
• Bewertung von Anteilen an Personengesellschaften mit den Anschaffungskosten; höhere Bewertung in der Steuerbilanz aufgrund einheitlicher und gesonderter Feststellung)		
• Nichtaktivierung des Disagios	§ 250 Abs. 3	§ 5 Abs. 5
2. Passiva		
• Ansatz von Aufwandsrückstellungen i.e.S/ i.w.S.	§ 249 Abs. 2, § 249 Abs. 1 Satz 3	§ 5 Abs. 1 Satz 1
• Ansatz von sonstigen Rückstellungen, die in der Steuerbilanz nicht akzeptiert werden[383]		§ 5 Abs. 3, 4 u. 4a
• Bewertungsunterschiede bei Rückstellungen	§ 253 Abs. 1 Satz 2	§ 6a

Abbildung 29: Ursachen für aktive Steuerlatenzen

---

[382] Vgl. die Darstellungen bei Baumann, HdR, 4. Aufl., Bd. Ia, § 274 Rn. 15; Schnicke/Fischer, Beck'scher Bilanzkommentar, § 274 Anm. 41 - 48; Glade (1995), § 274 Tz. 30 - 32.

[383] Zum Einbezug von Rückstellungen für künftige Steuernachforderungen in die Steuerabgrenzung vgl. Schnicke/Fischer, Beck'scher Bilanzkommentar, § 274 Anm. 47 f. Zum Ansatzverbot für Drohverlustrückstellungen nach § 5 Abs. 4a i.V.m. § 52 Abs. 6a EStG vgl. Gesetz zur Fortsetzung der Unternehmenssteuerreform, BR-DrS 583/97.

47.4 Ursachen für passive Steuerlatenzen

Passive Latenzen entstehen, wenn der ausgewiesene Handelsbilanzerfolg höher liegt als das steuerrechtliche Ergebnis. Die Erträge fallen handelsrechtlich früher an oder die Aufwendungen werden später erfaßt. Auch hier sind wiederum zunächst permanente und quasi-permanente Differenzen zu eliminieren. Zu den zeitlich begrenzten Differenzen zählen hier steuerfreie Investitionszulagen (§ 10 InvZulG), steuerfreie Zinsen und steuerfreie ausländische Einkünfte.

Abbildung 30 zeigt Ursachen für passive Steuerlatenzen aus Sicht der Handelsbilanz auf und nennt die jeweiligen Rechtsgrundlagen.[384]

---

[384] Vgl. Baumann, HdR, 4. Aufl., Bd. Ia, § 274 Rn. 16; Glade (1995), § 274 Tz. 26 - 28.

Ursache aus Sicht der Handelsbilanz	Rechtsgrundlage HGB	Rechtsgrundlage EStG
1. Aktiva		
• Aktivierung der Aufwendungen für die Ingangsetzung oder Erweiterung des Geschäftsbetriebs[385]	§ 269 Satz 1	----
• Herstellungskostenansatz einschließlich der Fremdkapitalzinsen	§ 255 Abs. 3	§ 6 i.V.m. R 33 Abs. 7 EStR 1996
• Niedrigere Abschreibungssätze bei abnutzbarem Anlagevermögen		§ 7 Abs. 4 Satz 1 Nr. 1
• konstante Buchwerte bei Beteiligungen an Personengesellschaften; Berücksichtigung von Verlustanteilen in der Steuerbilanz	§ 253 Abs. 1 Satz 1, § 255 Abs. 1	
• Bewertung von Vorräten nach der FIFO-Methode bei steigenden Preisen; Durchschnittsmethode in der Steuerbilanz	§ 256 Satz 1	§ 6 i.V.m. R 36 Abs. 3 u. 4 EStR 1996
2. Passiva		
• Kein Ansatz der Preissteigerungsrücklage	----	§ 51 Abs. 1 Nr. 2 b) i.V.m. §74 EStDV[386]
• kein Ansatz der Stillegungsrücklage	----	Sondergesetz

Abbildung 30: Ursachen für passive Steuerlatenzen

---

[385] Die passive Steuerabgrenzung wird hier von Teilen des Schrifttums verneint. Siegel (DStR 1986, S. 590; ders., ZfB-Ergänzungsheft 1/87, S. 152 - 155) vertritt die Auffassung, mit der Abbildung des Aufwands in der Steuerbilanz sei der Vorgang abgeschlossen, eine spätere Steuerbelastung liege nicht vor. Die Vorsorge mittels Rückstellungsbildung sei nicht erforderlich. Verbindet man allerdings handels- und steuerrechtliche Erfolgsrechnung, so erkennt man die zeitliche Ergebnisdifferenz infolge der handelsrechtlichen Abschreibung der Bilanzierungshilfe. Mit Schildbach, DB 1988, S. 57- 61, wird eine passive Steuerabgrenzung befürwortet; vgl. auch Schnicke/Fischer, Beck'scher Bilanzkommentar, § 274 Anm. 7.

[386] Die Preissteigerungsrücklage durfte ohne Bindung an die Handelsbilanz letztmals für Wirtschaftsjahre, die vor dem 1.1.1990 endeten, gebildet werden (§ 51 Abs. 1 Nr. 2b EStG). Da eine gebildete Rücklage spätestens bis zum Ende des auf die Bildung folgenden sechsten Wirtschaftsjahres gewinnerhöhend aufzulösen war, ist die zeitliche Differenz i.S.v. § 274 HGB spätestens zum 31.12.1995 entfallen.

47.5 Berechnungsschritte

Unterstellt man mit der herrschenden Meinung die Saldierungsmöglichkeit sowie eine Gesamtdifferenzbetrachtung und legt die *asset and liability method* zugrunde, so kann der Abgrenzungsbetrag des laufenden Geschäftsjahres nach folgendem Schema ermittelt werden.[387]

	Handelsbilanzergebnis vor Steuern
./.	permanente und quasi-permanente Differenzen
=	bereinigtes Handelsbilanzergebnis vor Steuern
./.	steuerliches Einkommen
=	Ergebnisunterschied
•	kombinierter Ertragsteuersatz
=	Abgrenzungsbetrag des laufenden Jahres
±	kumulierte Steuerabgrenzung früherer Geschäftsjahre
=	rechnerische Steuerabgrenzung
./.	Korrekturen
=	effektive Steuerabgrenzung

Abbildung 31: Berechnungsschritte der Steuerabgrenzung

Korrekturen der Steuerabgrenzung können bei Steuersatzänderungen erforderlich werden. Das Imparitätsprinzip legt nahe, bei gestiegenen Steuersätzen nur passive Latenzen, bei gesunkenen Steuersätzen nur aktive Latenzen anzupassen.[388] Die durch § 274 HGB eröffnete Saldierung soll auch die Anpassung des Gesamtbestandes an Steuersatzänderungen zulassen.[389]

Ebenso sind Anpassungen in Verlustsituationen denkbar. Das Unternehmen muß die Differenzen exakt ermitteln und jährlich neu überprüfen. Hierzu sind Aufzeichnungen i.S.v. § 239 HGB erforderlich.

---

[387] Vgl. Baumann, HdR, 4. Aufl., Bd. Ia, § 274 Rn. 22.
[388] Vgl. Coenenberg/Hille, HdJ, 1/13, Rn. 51(1994).
[389] Vgl. ebenda.

47.6 Ausweis latenter Steuern

Auch hinsichtlich des Ausweises latenter Steuern mangelt es an eindeutigen gesetzlichen Vorschriften. Der GuV-Ausweis ist gesetzlich überhaupt nicht geregelt. Allein für den Passivposten sieht § 274 Abs. 1 HGB den Ausweis als Verbindlichkeitsrückstellung i.S.v. § 249 Abs. 1 Satz 1 HGB und deren Erläuterung in der Bilanz oder im Anhang vor. Latente Steuerverpflichtungen sind entweder unter den Steuerrückstellungen mit gesondertem Bilanz- oder Anhangvermerk - was zu präferieren ist - oder im Anschluß an die Steuerrückstellungen als eigener Rückstellungsposten auszuweisen. Für einen Ausweis unter den Steuerrückstellungen spricht zu einen das Abbildungsziel, das heißt die Anpassung des Steueraufwands an das handelsrechtliche Ergebnis, zum anderen die Korrespondenz zum GuV-Ausweis (vgl. Abschnitt 33.33).

Für die aktive Steuerlatenz wird der Ausweis im Anschluß an den aktiven Rechnungsabgrenzungsposten i.S.v. § 250 HGB vorgeschlagen.[390]

47.7 Gesamtbeurteilung

Die Ausführungen haben gezeigt, daß die derzeitige Regelung zur Steuerabgrenzung im Einzelabschluß weder in der Konzeption noch in der Lösung von Einzelproblemen den gestellten Ansprüchen an eine objektivierte Rechnungslegung genügt.

---

[390] Vgl. WPH (1996), Bd. I, F 133.

5. Kapitel: Steuerumlagen bei erfolgsteuerlicher Organschaft

51. Vorbemerkungen

Steuerumlagen, die ihre Bedeutung bei verbundenen Unternehmen erlangen, werden im folgenden als Besonderheit der Abbildung von Besteuerungsvorgängen in der externen Rechnungslegung behandelt.[1] Dabei sind Rechtfertigung, Bemessung und Abbildung von Steuerumlagen keine ausschließlich ökonomischen Fragestellungen, sondern vielmehr rechtliche Problembereiche, die noch weitgehend unerschlossen sind.[2] Im inländischen Steuerrecht wird die wirtschaftliche Einheit *Konzern* im Gegensatz zu Besteuerungskonzepten im Ausland bislang nur in Randbereichen respektiert. Steuersubjekte sind die Konzerngesellschaften selbst; deren Bemessungsgrundlagen werden selbständig - ohne Beachtung der Konzernzugehörigkeit - ermittelt. Konzerninterne Lieferungen führen damit zur Erfolgsrealisation. Trotz eines funktionsfähigen Konzernabschlusses legt das Steuerrecht den modifizierten Jahreserfolg der Konzerngesellschaften jeweils separat der Erfolgsbesteuerung zugrunde.[3]

Nur ausnahmsweise erfolgt eine Zusammenfassung mehrerer Gesellschaften für Zwecke der Körperschaft-, Gewerbe- und Umsatzsteuer.[4] Das Rechtsinstitut der Organschaft (§§ 14 ff. KStG, § 2 Abs. 2 Satz 2 GewStG und § 2 Abs. 2 Nr. 2 UStG) setzt finanzielle, wirtschaftliche und organisatorische Eingliederung einer Kapitalgesellschaft (Organgesellschaft oder Organ) in ein anderes Unternehmen (Organträger) voraus; für die Körperschaftsteuer ist zusätzlich noch das Bestehen eines Gewinnabführungsvertrages Voraussetzung.

---

[1] Vgl. zum folgenden Marx, DB 1996, S. 950 - 958.
[2] Vgl. hierzu jüngst, W. Müller,in: FS Beisse (1997), S. 363 - 375.
[3] Vgl. zum Vorschlag einer Besteuerung auf der Basis des Konzernabschlusses schon Harms/Küting, BB 1982, S. 445; zu Lösungen in anderen europäischen Steuersystemen vgl. Scheuchzer, RIW 1995, S. 35.
[4] Die Umsatzsteuer, für die ebenfalls das Rechtsinstitut der Organschaft gilt, soll hier grundsätzlich außer Betracht bleiben.

Die Organschaft hat zur Folge, daß Steuerschuldner für die Körperschaft-, Gewerbe- und Umsatzsteuer der so zusammengefaßten Unternehmen (Organkreis) nunmehr der Organträger ist. Nach § 73 Satz 1 AO haftet die Organgesellschaft allerdings für solche Steuern des Organträgers, für welche die Organschaft zwischen ihnen steuerlich von Bedeutung ist.

Fällt somit auf der Ebene der Organgesellschaft keine Ertragsteuerbelastung an, kann es gleichwohl aus zivil- und gesellschaftsrechtlicher sowie betriebswirtschaftlicher Sicht gerechtfertigt sein, die Steuerbelastung im Organkreis verursachungsgerecht zu verteilen. In der Realität geschieht dies im Wege der Belastung von Steuerumlagen (Konzernumlagen) durch den Organträger an die Organgesellschaft(en).

Während Körperschaftsteuerumlagen vordergründig als bloße Korrektur der handelsrechtlichen Ergebnisübernahme anzusehen sind, wirken sich Gewerbesteuerumlagen als Betriebsausgaben bzw. -einnahmen im Rahmen der steuerrechtlichen Gewinnermittlung grundsätzlich aus.[5] In beiden Fällen ist der handelsrechtliche Jahresüberschuß bzw. der Überschuß vor Gewinnabführung beeinflußt. Regelmäßig wird die Organgesellschaft vom Organträger mit den Beträgen belastet, die ohne Vorliegen der Organschaft entstanden wären (sog. Belastungsmethode). Ein anderes Verfahren teilt die effektiv gezahlte Gewerbesteuer nach bestimmten Schlüsseln (z.B. Meßbeträge) auf Organträger und Organgesellschaft(en) auf (sog. Verteilungsmethode).

Von der Finanzverwaltung[6] wird jede Berechnungsmethode anerkannt, die zu einem betriebswirtschaftlich vertretbaren Ergebnis führt. Es wird lediglich vorausgesetzt, daß das Unternehmen an der einmal gewählten Methode festhält und die Umlagen so bemessen werden, daß im Durchschnitt mehrerer Jahre nur die tatsächlich gezahlten Steuerbeträge umgelegt werden. Die zur Bemessung von Steuerumlagen ergangenen Verwaltungsanweisungen[7] sind wenig konkret. Aus ökonomischer Sicht ist deshalb zu fra-

---
[5] Selbst im Falle der körperschaftsteuerlichen Organschaft.
[6] Vgl. bspw. die Rundverfügung der OFD Frankfurt/Main v. 6.11.1986, WPg 1987, S. 141.
[7] Vgl. FinMin. NRW, Erlaß vom 14.12.1964; Erlaß der FinBeh. Hamburg v. 8.12.1964, DB 1965, S. 13.

gen, welcher Methode der Vorzug einzuräumen ist. Nicht in die Betrachtung einbezogen wird die Erhebung von Umsatzsteuerumlagen aufgrund deren erfolgsneutraler Abbildung, ebenso die Bemessung von Umlagen für Kammerbeiträge.[8]

Die Beschäftigung mit der Steuerumlageproblematik ist nur scheinbar eine Thematik am Rande des geltenden Steuerrechtskonglomerats. In der Tat mißt die Literatur[9] solchen Fragestellungen in jüngerer Vergangenheit kaum mehr Bedeutung zu. Doch zu Unrecht fristen Steuerumlagen ein Schattendasein, lassen sich doch real- und rechenökonomische Probleme hier besonders deutlich aufzeigen. Besondere Aktualität gewinnt die Fragestellung durch die derzeitigen Reformüberlegungen der ertragsteuerlichen Organschaft. Das Schrifttum sieht Reformbedarf bei den Eingliederungsvoraussetzungen, hinsichtlich der formalen Anforderungen an den Gewinnabführungsvertrag und im Bereich der Mehrmütterorganschaft.[10]

Die vom Statistischen Bundesamt im dreijährigen Turnus erstellte Körperschaftsteuerstatistik gibt Aufschluß über die Verbreitung der körperschaftsteuerlichen Organschaft. Derzeit ist die Körperschaftsteuerstatistik der Jahre 1986 und 1989 verfügbar und die Statistik für 1992 im Entstehen.

---

[8] Die bis 31.12.1996 erhobene Vermögensteuer kannte das Rechtsinstitut der Organschaft nicht. Allerdings blieb eine mindestens zehnprozentige Beteiligung am Grund-, Stammkapital oder Vermögen einer Kapitalgesellschaft bei einer Obergesellschaft in der Rechtsform einer Kapitalgesellschaft außer Ansatz (§ 102 BewG). Bei der Ermittlung des gemeinen Werts der Anteile an einer Organgesellschaft nach dem sogenannten Stuttgarter Verfahren (§ 11 Abs. 2 Satz 2 BewG, Abschnitte 4 - 16 VStR 1995) werden Körperschaft- und Gewerbesteuer bei der Ermittlung der Betriebsergebnisse mit Ausnahme der Steuerbelastung auf die nichtabziehbaren Ausgaben nicht abgezogen. Vgl. Abschnitt 12 Abs. 1 VStR 1995: nur bei bestehender Umlagevereinbarung. Auf Organträgerebene erfolgt bei fehlender Umlagevereinbarung eine Kürzung des Vermögenswerts, vgl. Abschnitt 11 Abs. 3 VStR.
[9] Überraschenderweise behandeln weder Prinz, FR 1993, S. 725, noch Grotherr, BB 1993, S.1986; ders., StuW 1995, S. 124; noch Krebühl, DB 1995, S. 743 und Borggräfe, WPg 1995, S. 129, die Steuerumlagenproblematik. Bei Streck (1997), § 14 Anm. 84 lapidar: „Konzernumlagen, auch Steuerumlagen sind anzuerkennen."
[10] Vgl. Krehbühl, DB 1995, S. 743.

	1986			1989			1992		
Steuerpflichtige	Anzahl	%	Einkommen in Mio. DM	Anzahl	%	Einkommen in Mio. DM	Anzahl	%	Einkommen in Mio. DM
a) Organgesellschaften mit positivem Einkommen									
AG, KGaA	181		3.084,3	184		8.333,3	166		5.741,2
GmbH	6.493		9.458,7	7.416		11.970,2	7.852		15.555,3
gesamt	6.674	67,6	12.543,0	7.600	67,01	20.303,5	8.018	64,40	21.296,5
b) Organgesellschaften mit negativem Einkommen									
AG, KGaA	75		-2.486,4	67		-2.030,2	83		-3.210,6
GmbH	3.123		-4.271,5	3.674		-4.828,8	4.349		-12.708,8
gesamt	3.198	32,3	-6.757,9	3.741	32,99	-6.859,0	4.432	35,60	-15.919,4
c) Organgesellschaften gesamt	9.872	100,0	5.785,1	11.341	100,0	13.444,5	12.450	100,0	5.377,1

Quelle: Statistisches Bundesamt (Hrsg.), Finanzen und Steuern, Fachserie 14, Reihe 7.2, Körperschaftsteuer 1986, Wiesbaden 1991, S. 24 f.; Körperschaftsteuer 1989, Wiesbaden 1995, S. 20 u. 26 und Vorabveröffentlichung der Daten für 1992.

Abbildung 32: Anzahl und Rechtsform der körperschaftsteuerlichen Organgesellschaften 1986, 1989 und 1992

Im Vergleich zu 1986 ist die Gesamtzahl der Organgesellschaften in 1989 um 1.469 (+ 14,88%) auf 11.341 Gesellschaften und 1992 auf 12.450 (+ 9,8 %) angewachsen. 98 % der Organgesellschaften werden in der Rechtsform einer GmbH geführt. Rund 36 % (1986 u. 1989 rd. 33 %) der Organgesellschaften weisen für 1992 ein negatives Einkommen auf, das sich insgesamt auf 15,9 Mrd. DM beläuft. Gegenüber 1989 bedeutet dies eine Steigerung um 132 %. Die mit der sofortigen Verlustverrechnung verbundenen Liquiditäts- und Zinseffekte sind beachtlich.

Über die Verbreitung der gewerbesteuerlichen Organschaft existieren keine statistischen Angaben. Die im zweijährigen Turnus erstellte Umsatzsteuerstatistik[11] weist für das Jahr 1994 insgesamt 8.056 (1992: 7.323) Organkreise mit einem beachtlichen Umsatzanteil von 20,2 % aus. Im Verarbeitenden Gewerbe beträgt der Anteil 34,1 %. Besonders hoch ist der Anteil der Organkreise am steuerbaren Umsatz in den materiell bedeutsamen Bereichen Fahrzeugbau (64,0 %), Bergbau (58,4 %), in der Chemischen Industrie (48,1 %), im Maschinenbau (33,8 %), in der Metallerzeugung und -bearbeitung (32,7%) sowie im Kredit- und Versicherungsgewerbe (30,9 %). Dabei ist nicht ersichtlich, welche Anzahl von Gesellschaften die jeweiligen Organkreise umfassen.

Nachfolgend wird untersucht, ob und für welche Steuerarten die Erhebung von Steuerumlagen gerechtfertigt ist, wie Steuerumlagen zu bemessen sind und schließlich in welcher Form Steuerumlagen im externen Rechnungswesen, das heißt im handelsrechtlichen Jahresabschluß von Organträger und Organgesellschaft, abgebildet werden (sollen).

Steuerumlagevereinbarungen werden hier definiert als vertragliche Abreden zwischen Organträger und Organgesellschaften zwecks verursachungsgerechter Verteilung der Steuerbelastung im Konzern angesichts der im Außenverhältnis gegebenen einseitigen Belastung des Organträgers als Steuerschuldner. Deutlich abgegrenzt werden muß gegenüber den Steuervereinbarungen, also Abmachungen zwischen Steuergläubiger und Steuerschuldner über den Inhalt der Steuerschuld.[12] Ebenso auszugrenzen ist die Verteilung des Steueraufkommens unter den Gebietskörperschaften.[13]

---

[11] Vgl. Statistisches Bundesamt (Hrsg.), Finanzen und Steuern, Fachserie 14, Reihe 8, Umsatzsteuer, 1992, Wiesbaden 1994, S. 31 und Vorabveröffentlichung der Daten für 1994.

[12] Vgl. Seer, StuW 1995, S. 213; Tipke/Lang (1996), S. 163 - 166 m. w. Nw. Im Gegensatz zur geübten Praxis werden solche Vereinbarungen, Steuerverträge und Steuervergleiche von der herrschenden Meinung (noch) als unzulässig qualifiziert, denn die Abgabenordnung kenne keinen öffentlich-rechtlichen Vertrag. Inzwischen sehen allerdings § 224a, § 78 Nr. 3 AO den öffentlich-rechtlichen Vertrag explizit vor.

[13] Vgl. hierzu BFH-Urteil v. 7.12.1994, BStBl II 1995, S. 507, betreffend die Zerlegung von Körperschaftsteuer nach § 2 Abs. 1 des Zerlegungsgesetzes.

52. Rechtfertigungsgründe für die Erhebung von Steuerumlagen

52.1 Rechtsfolgen der gewerbe- und körperschaftsteuerlichen Organschaft

Die Beantwortung der Frage, ob und in welcher Weise die Erhebung von Steuerumlagen gerechtfertigt ist, sollte erst erfolgen, wenn die zentralen Wirkungen des derzeitigen Konstrukts Organschaft aufgezeigt worden sind.

Mit dem Rechtsinstitut qualifiziert das derzeitige Steuerrecht in den Bereichen Körperschaft-, Gewerbe- und Umsatzsteuer Unternehmensverbindungen bestimmter Art: Eine Kapitalgesellschaft ist zwar formalrechtlich selbständig, aber in ein anderes Unternehmen eingegliedert, das heißt von diesem abhängig. In allen drei Rechtsbereichen basiert das Konstrukt insbesondere auf den Voraussetzungsmerkmalen der finanziellen, wirtschaftlichen und organisatorischen Eingliederung der Organgesellschaft in das Unternehmen des Organträgers. Nur im Körperschaftsteuerrecht wird zusätzlich noch das Bestehen eines Ergebnisabführungsvertrages gefordert (§ 14 Satz 1 u. Nr. 4 KStG).[14]

Während die Umsatzsteuer Leistungsaustausche im Organkreis als nichtsteuerbare Innenumsätze qualifiziert, beruht die erfolgsteuerliche Organschaft auf der Vorstellung einer wirtschaftlichen Einheit zwischen Organträger und Organgesellschaft und bewirkt, daß Einkommen bzw. Gewerbeerträge und -kapitalien zwar getrennt ermittelt, dann aber zusammengefaßt beim Organträger der Besteuerung unterworfen werden. Nach der Körperschaftsteuerreform 1977, der Einführung des Anrechnungsverfahrens und dem damit verbundenen Wegfall der Doppelbelastung, besteht die wesentliche Wirkung in dem sofort möglichen Verlustausgleich, da auch negative Steuerbemessungsgrundlagen (negatives Einkommen, Gewerbeverlust, negatives Gewerbekapital) auf die Ebene des Organträgers verlagert werden und dort zur Kompensation von positiven Bemessungsgrundlagen des Organträgers oder von anderen Organgesellschaften dienen können. Ebenso ist denkbar, daß negative Bemessungsgrundlagen des Organträgers durch positi-

---

[14] Zur Berechtigung des Konstrukts vgl. Marx (1990), S. 124 ff.

ve Bemessungsgrundlagen der Organgesellschaften sofort ausgeglichen werden. Im Bereich der Gewerbesteuer ist sogar der Ausgleich vororganschaftlicher Verluste auf der Ebene des Organs zulässig, ehe der ggfs. bis auf Null DM verminderte Gewerbeertrag dem Organträger zugeordnet wird.

Die gewerbesteuerliche Organschaft wird in der Regel zu einer niedrigeren Belastung mit Gewerbesteuer führen. Gründe dafür sind:

(1) die sofort mögliche Verlustkompensation anstelle des gewerbesteuerlichen Verlustvortrags gemäß § 10a GewStG,

(2) bislang die Kompensation negativer Gewerbekapitalien[15],

(3) der Wegfall konzerninterner Hinzurechnungen nach §§ 8 und 12 Abs. 2 GewStG und

(4) die mögliche Absenkung des durchschnittlichen Hebesatzes aufgrund einer Verteilung anhand der Lohnsummen.

Die Zerlegung nach Lohnsummen kann allerdings ebenso zu einem Anstieg der Gewerbesteuerbelastung führen, wenn dadurch eine Umverteilung der Bemessungsgrundlage an die Konzernstandorte mit höheren Hebesätzen stattfindet.[16]

Angesichts der ansonsten recht restriktiven steuerlichen Verlustverrechnungsmöglichkeiten - beispielsweise §§ 2a, 10d, 15a EStG, § 10a GewStG und § 8 Abs. 4 KStG - müßte dem Abgrenzungsmerkmal „wirtschaftliche Eingliederung" neben den anderen, eher formalrechtlich ausgerichteten Anforderungen eine Schlüsselstellung im derzeitigen Unternehmenssteuerrecht zukommen. Unternehmensverbindungen dürften nicht lediglich mittels formalrechtlicher Aktionsparameter (Anteilsbesitz, Beherrschungsvertrag) das Privileg der sofortigen Verlustverrechnung erhalten, sondern müßten darüber hinaus auch realökonomische Bedingungen erfüllen. Das heißt, es sollten leistungswirtschaftliche Beziehungen zwischen Organträger und Organgesellschaft und unter den

---

15 Beachte den Wegfall der Gewerbekapitalsteuer zum 1.1.1998.
16 Vgl. Rose (1997), S. 230 f.

Organgesellschaften selbst gefordert werden, so daß der Organkreis als wirtschaftliche Einheit von den übrigen Marktteilnehmern wahrgenommen werden kann.

Die vor allem von der Wirtschaftspraxis[17] erhobene Forderung, die Organschaft bereits bei einem Anteilsbesitz von mindestens drei Vierteln unter Verzicht auf Eingliederungsvoraussetzungen anzunehmen, mag im internationalen Vergleich mit Blick auf die Harmonisierung der direkten Steuern innerhalb der Europäischen Union und darüber hinaus aufgrund des Wettbewerbs der Steuersysteme gerechtfertigt sein.[18]

Rechtsprechung und Finanzverwaltung haben in der Vergangenheit das Erfordernis nach wirtschaftlicher Eingliederung nicht restriktiv ausgelegt, die unterstellte Organkreis-Wirtschaftseinheit wurde zur Leerformel: Grundsätzlich müsse die wirtschaftliche Eingliederung mehr bedeuten als eine wirtschaftliche Abhängigkeit der beherrschten von der herrschenden Gesellschaft.[19] Vielmehr sollte sie in dessen Unternehmensaufbau nach Art einer bloßen Betriebsabteilung eingeordnet sein und so die gewerbliche Betätigung des herrschenden Unternehmens fördern oder ergänzen.[20] Mit Abschnitt 50 Abs. 1 Satz 6 KStR 1985 legte die Finanzverwaltung fest, daß bei der Prüfung dieses Merkmals keine engen Maßstäbe anzulegen seien. Die eigene gewerbliche Aktivität des Organträgers dürfe nicht von untergeordneter Bedeutung sein.[21] Beide Unternehmen müssen nicht dem gleichen Geschäftszweig angehören, sondern lediglich nach einer einheitlichen Gesamtkonzeption geführt werden. Gesamtgewinnmaximierung und Risikoausgleich sollten ausreichen, das Tatbestandsmerkmal zu verwirklichen.[22]

---

17 Vgl. Prinz, FR 1993, S. 725, mit Hinweis auf das Schreiben des Steuerfachausschusses des IDW v. 13.1.1992, FN 1992, S. 1.
18 Vgl. hierzu jüngst Scheuchzer, RIW 1995, S. 35.
19 Vgl. BFH v. 26.4.1989, BStBl II 1989, S. 668; hierzu die Anmerkung von Pel, GmbHR 1989, S. 528; BFH v. 13.9.1989, BStBl II 1990, S. 24; hierzu die Besprechung von Marx, SteuerStud 1990, S. 340 - 343.
20 Vgl. BFH v. 8.12.1971, BStBl II 1972, S. 289 - 291; Abschnitt 50 Abs. 1 Satz 3 - 5 KStR 1990.
21 Vgl. BFH v. 18.4.1973, BStBl II 1973, S. 740 - 742; BFH v. 21.1.1976, BStBl 1976, S. 389 - 390.
22 Die Literatur forderte deshalb schon damals einen Verzicht auf das Tatbestandsmerkmal, vgl. z.B. Kreile, FR 1966, S. 275 u. FR 1968, S. 458; Dornfeld, FR 1969, S. 349; Eckardt, BB 1969, S. 927; Ranft, FR 1969, S. 333; Dornfeld/Telkamp, StuW 1971, S. 67 ff.; Reuter, in: FS von Wallis, 1985, S. 427 ff., 429 ff.

Mit Entscheidungen vom 26.4. und 13.9.1989 hat der Bundesfinanzhof indes die Eigenständigkeit des Merkmals bejaht und eine eigene gewerbliche Tätigkeit des Organträgers gefordert. Besonders geprüft werden muß nach wie vor die Organträgereigenschaft einer geschäftsleitenden Holding ohne eigenen Geschäftsbetrieb.[23] Die Finanzverwaltung bejaht derzeit die wirtschaftliche Eingliederung bei einer nach außen erkennbaren Form der einheitlichen Leitung gegenüber mehreren abhängigen Kapitalgesellschaften.[24] Organisatorische und wirtschaftliche Eingliederung fehlen indes bei einer reinen Finanzholding.

Während die Organgesellschaft im Körperschaftsteuerrecht selbständiges Steuersubjekt bleibt und (nur) die eigenständig ermittelten Bemessungsgrundlagen dem Organträger zugerechnet werden (sog. Zurechnungstheorie), führt die Organschaft im Gewerbesteuerrecht dazu, daß die Organgesellschaft als Betriebstätte des Organträgers gilt (§ 2 Abs. 2 Satz 2 GewStG) und deren persönliche Steuerpflicht dem Organträger zugerechnet wird (sog. gebrochene Einheits- oder Filialtheorie).

Ohne die dogmatischen Grundlagen ausreichend entwickelt zu haben, formuliert der Bundesfinanzhof in ständiger Rechtsprechung, daß die Organgesellschaft zwar als Betriebstätte des Organträgers gelte, nicht aber in jeder Hinsicht als bloße Betriebstätte behandelt werde und einerseits das Ziel verfolge, die am Aufkommen der Gewerbesteuer beteiligten Gemeinden vor willkürlicher Gewinnverlagerung zu schützen, andererseits die zweimalige Erfassung des wirtschaftlich gleichen Erfolgs durch dieselbe Steuerart vermeide.[25] Als erhebliche Differenzierung gegenüber der Betriebstätte ist festzustellen, daß die Organgesellschaft auch für Gewerbesteuerzwecke selbständig gewinnermittlungspflichtig bleibt, so daß Innenumsätze zur Gewinnrealisation führen.[26] Der Be-

---

23 Vgl. Müller, HdU (1994), Kapitel R, Tz. 46 f.; Prinz, FR 1993, S. 730.
24 Vgl. Abschnitt 50 Abs. 2 Satz 4 KStR 1990. Als Beispiel aus der Praxis vgl. den Beitrag von Möller, ZfB-Ergänzungsheft 1/94, S. 46: „Durch gemeinsame, protokollierte Besprechungen mit den Töchtern wird bewiesen, daß die Holding *Organträgerin* ist."
25 Vgl. Orth, HdU (1994), Kapitel H Rz. 41; BFHE 58, S. 101; BFHE 105, S. 383; BFH, BStBl II 1968, S. 807; BFH, BStBl II 1969, S. 629; BFH, BStBl II 1977, S. 701.
26 Grotherr, StuW 1995, S. 130, fordert zur Vervollständigung der Betriebstättenfiktion eine Modifizierung des Verweises in § 7 GewStG im Hinblick auf die Eliminierung von Zwischengewinnen.

triebstättenfiktion entspricht es indes, (1) Hinzurechnungen insoweit nicht vorzunehmen, als die in Betracht kommenden Posten bereits in einem der zusammenzurechnenden Gewerbeerträge und -kapitalien enthalten sind und die Hinzurechnung daher zu einer doppelten Erfassung dieser Beträge im Organkreis führen würde,[27] und (2) im Anschluß an die Ermittlung des einheitlichen Meßbetrags eine Zerlegung auf die Betriebstättengemeinden stattfindet. Allerdings hat die Anwendung korrespondierender Hinzurechnungs- und Kürzungsregelungen - etwa §§ 8 Nr. 7 und 9 Nr. 4 GewStG - Vorrang[28] vor einer pragmatischen Eliminierung, so daß auf seiten einer Organgesellschaft (als Vermieter) eine Minderung des Gewerbeertrages gegeben sein kann und insoweit vororganschaftliche Verluste nicht ausgeglichen werden können.[29] Nicht mit der Betriebstättenfiktion vereinbar ist die Anwendung der erweiterten Kürzung nach § 9 Nr. 1 Satz 2 GewStG beim Organträger, wenn die Organgesellschaft eine schädliche Tätigkeit ausübt.[30]

Den Weg zu einer dem Wortlaut des Gewerbesteuergesetzes entsprechenden reinen Filialtheorie vermag die Rechtsprechung aufgrund der Anknüpfung an das Steuerbilanzergebnis nicht zu beschreiben. Nur bei Preisgabe der Einkommen-/Körperschaftsteuerbilanz als Ausgangspunkt der Ermittlung des gewerbesteuerlichen Ertrags und der Aufstellung einer besonderen Gewerbesteuerbilanz[31] oder pragmatisch bei einer Eliminierung von Zwischengewinnen wäre die Einheits-/Filialtheorie konsequent umgesetzt.

Vor dem Hintergrund derzeitiger gesetzlicher Regelungen und höchstrichterlicher Finanzrechtsprechung bleibt für die Frage nach der Berechtigung und Bemessung von Steuerumlagen festzuhalten, daß im Rahmen der Körperschaft- und Gewerbesteuer die Erfolge bzw. Kapitalien der Organgesellschaften selbständig ermittelt und erst auf der Ebene des Organträgers mit dessen eigenen Bemessungsgrundlagen zusammengefaßt

---

[27] Vgl. Schmidt/Müller/Stöcker (1993), Tz. 966, mit Hinweis auf die ständige höchstrichterliche Finanzrechtsprechung.
[28] Vgl. BFH v. 23.1.1992, BStBl II 1992, S. 630.
[29] Vgl. Schumann (1994), S. 147.
[30] Vgl. Pankow/Lienau, Beck'scher Bilanzkommentar, 2. Aufl., Müchen 1990, § 271 Anm. 155, mit Hinweis auf BFH v. 30.7.1969, BStBl II 1969, S. 629.
[31] So bereits BFH v. 6.10.1953, BStBl III 1953, S. 329.

werden. Wenngleich Besteuerungskonzeption und Voraussetzungsmerkmale Unschärfen aufweisen, muß sich die nachfolgende Betrachtung ausschließlich an diesen quantitativen Besteuerungskomponenten ausrichten. Der Organträger ist mit seinen eigenen Bemessungsgrundlagen nicht anders zu beurteilen als die Organgesellschaften.

52.2 Öffentlich-rechtliche Rechtfertigung für Steuerumlagen

Im geltenden Steuerrecht hat der Gesetzgeber für Körperschaft- und Gewerbeertragsteuer die Erfüllung der steuerlichen Pflichten, insbesondere der Steuererklärungs- und Entrichtungspflicht auf den Organträger übertragen. Für Organgesellschaften hat der Organträger eigene Gewerbesteuererklärungen abzugeben (§ 25 Abs. 1 Nr. 2 GewStDV). Der Gewerbesteuermeßbescheid mit dem festgesetzten einheitlichen Meßbetrag und der Zerlegungsbescheid ergehen gegenüber dem Organträger als Steuerschuldner. Auf der Grundlage ihres Zerlegungsanteils setzen die hebeberechtigten Gemeinden die Gewerbesteuer gegen den Organträger fest.

Im Regelfall wird die Organgesellschaft bei der Körperschaftsteuer infolge der vollständigen Zuordnung zum Organträger kein eigenes Einkommen aufweisen, so daß dort die Steuer entsprechend den Verhältnissen des Organträgers (hinsichtlich Steuerart und Tarif) festzusetzen ist. Die Zurechnung ist nicht antragsgebunden, sondern Rechtsfolge aus dem Vorliegen von Tatbestandsmerkmalen.[32] Ein Ausgleich der Steuerbelastung ist nach den allgemeinen Vorschriften der Abgabenordnung - §§ 268 - 280 AO gelten für die Aufteilung einer Gesamtschuld im Vollstreckungsverfahren - und spezialgesetzlichen Regelungen nicht vorgesehen.

Indes besteht eine Haftung der Organgesellschaft für solche Steuern des Organträgers, für welche die Organschaft zwischen ihnen steuerlich von Bedeutung ist. Die Haftung gemäß § 73 Satz 1 AO ist nicht etwa begrenzt auf die Steuerbeträge, die auf die Organ-

---

[32] Vgl. Schmidt/Müller/Stöcker (1993), Tz. 474, 477.

gesellschaft selbst entfallen.[33] Der Organkreis wird vielmehr als einheitliches Ganzes behandelt, der auch die Steuern des Organträgers umfaßt.[34] Obwohl nach § 44 Abs. 1 Satz 1 AO Steuer- und Haftungsschuldner Gesamtschuldner sind, darf die Finanzverwaltung nach § 219 Satz 1 AO den Haftungsschuldner - also die Organgesellschaft - nur in Anspruch nehmen, soweit die Vollstreckung in das bewegliche Vermögen des Steuerschuldners ohne Erfolg geblieben oder anzunehmen ist, daß die Vollstreckung aussichtslos sein würde. § 219 AO ist Ausdruck des Grundsatzes, daß der Haftungsschuldner nur subsidiär für die Steuer einzustehen hat.[35]

52.3 Aktienrechtliche Zulässigkeit

Im Schrifttum wurden Steuerumlagen bislang unterschiedlich begründet.[36] Bundesfinanzhof[37] und Finanzverwaltung haben die Frage unbeantwortet gelassen und nur ein betriebswirtschaftlich begründetes Interesse zur Verteilung der Steuerlasten erblickt. Bei der Betrachtung der rechtlichen Zulässigkeit von Steuerumlagen beziehen sich die Ausführungen nur auf den Aktienkonzern, wobei faktischer und Vertragskonzern zu unterscheiden sind.[38] Im Vertragskonzern schließt § 291 Abs. 3 AktG die Kapitalerhaltungs- und Gleichbehandlungsvorschriften aus, so daß Umlagen als Gewinnvorab gelten können.

Nach § 301 Satz 1 AktG kann eine Gesellschaft unabhängig von den getroffenen Vereinbarungen höchstens den ohne die Gewinnabführung entstehenden Jahresüberschuß abführen, soweit nicht ein Verlustvortrag aus dem Vorjahr besteht oder die gesetzliche Rücklage gem. § 300 AktG zu dotieren ist. Ohne Berechnung von Steuerumlagen

---

33 Vgl. Tipke/Lang (1996), S. 186.
34 Vgl. Regierungsentwurf zur AO, BR-Drucksache 23/71, S. 120; Tipke/Kruse, AO, § 73 Rn. 3; Klein/Orlopp (1995), § 73 Anm. 1.
35 Vgl. AEAO zu § 219, Tz. 2.
36 Vgl. hierzu z.B. Brezing (1975), S. 73 ff.; ders., StBp 1976, S. 274; Wündisch, DB 1970, S. 1192; Klussmann, DB 1971, S. 349; Palitzsch, BB 1983, S. 432.
37 Vgl. BFH v. 30.4.1980, BStBl 1980 II, S. 521 - 522.
38 Vgl. zur Rechtslage im faktischen Konzern im folgenden W. Müller, in: FS Beisse (1997), S. 367.

könnte demnach nur ein um die fiktive eigene Erfolgsteuerbelastung geminderter Jahresüberschuß der Organgesellschaft abgeführt werden, so daß nur durch deren Berechnung das Vorsteuerergebnis transferiert werden kann.[39] Andererseits muß sich die Belastung mit Steuerumlagen auch an den tatsächlichen Gegebenheiten ausrichten.

Im faktischen Konzern sind Kapitalschutzvorschriften und die Gleichbehandlung der Aktionäre zu beachten. Grundlagen für die Belastung mit Steuerumlagen können sich aus Gesetz, Vertrag oder durch schlichte Anweisung des Allein- oder Mehrheitsgesellschafters (§§ 311 ff. AktG, § 37 Abs. 1 GmbHG) ergeben.[40]

Wird ein zivilrechtlicher Anspruch bejaht, so hat die Literatur dies bislang überwiegend aus den Regelungen zur Gesamtschuld abgeleitet (§§ 421 ff. BGB), zum Teil aus Geschäftsführung ohne Auftrag (§ 677 BGB) oder aber aus ungerechtfertigter Bereicherung (§§ 812 ff. BGB). Geschäftsführung ohne Auftrag (§§ 677 ff. BGB) kann nicht in Betracht kommen, da der Organträger seine eigene Steuerschuld erfüllt und nicht ein Geschäft für einen anderen besorgt.[41] Im Rahmen der Ansprüche aus ungerechtfertigter Bereicherung ist die Befreiung von einer Schuldnerstellung „etwas" i.S.d. § 812 Abs. 1 Satz 1 BGB, doch beruht die Vermögensverschiebung auf besonderen gesetzlichen Vorschriften, die durch die Organschaft einen definitiven Charakter haben. Ansprüche aus §§ 812 ff. BGB scheiden daher ebenfalls aus.[42]

Mit Urteil vom 22.10.1992[43] hat sich der IX. Senat des Bundesgerichtshofs mit der Bemessung des zivilrechtlichen Innenausgleichs zwischen Steuer- und Haftungsschuldner auseinandergesetzt und dabei die Berechtigung des Organträgers zur Erhebung von Steuerumlagen auf die Regelungen zur Gesamtschuld, insbesondere § 426 Abs. 1 Satz 1 BGB gestützt.

---

[39] Die Bedeutung der Norm wird von der Kommentierung als gering eingestuft, die steuerliche Problematik wird nicht erwähnt; vgl. Koppensteiner, in: Kölner Kommentar (1987), § 301 Rn. 3; Geßler, in: Geßler u.a. (1976), § 301 Anm. 1; Hüffer (1995), § 301 Rn. 3.
[40] Vgl. W. Müller, in: FS Beisse (1997), S. 367 ff.
[41] So W. Müller, in: FS Beisse (1997), S. 369.
[42] Vgl. W. Müller, in: FS Beisse (1997); S. 370.
[43] Vgl. Urteil v. 22.10.1992, BGHZ 120, S. 50 - 60.

Das ist nicht ohne weiteres einsichtig, denn es fehlt im Steuerrecht - wie bereits festgestellt - an der völligen Gleichstufigkeit von Steuer- und Haftungsschuldner. Der Steuergläubiger kann sich nicht nach Belieben an einen der beiden Schuldner wenden, sondern soll sich zunächst an den Organträger als Steuerschuldner halten (§ 219 Satz 1 AO). Der BGH hat indes trotz Fehlens eines der Tatbestandsmerkmale des § 421 Satz 1 BGB die Vorschriften zur Aufteilung der Gesamtschuld unmittelbar oder analog auch in anderen Fällen angewandt, wenn die Interessenlage zwischen verschiedenen Schuldnern die Aufteilung der Verbindlichkeit gebot.[44] Im Falle der gewerbesteuerlichen Organschaft beruhe die abgabenrechtliche Lösung allein auf fiskalischen Erwägungen, die keine Rechtfertigung dafür lieferten, die Organgesellschaft auch im Innenverhältnis von jeder gewerbesteuerrechtlichen Belastung freizustellen. Zutreffend stellt der BGH fest, daß das steuerliche Rechtsinstitut und das unterschiedliche Rangverhältnis nicht in das bürgerliche Recht ausstrahlen.[45]

Wird von einem gesetzlichen Anspruch ausgegangen, so können Probleme der Einlagenrückgewähr (§ 57 AktG), der Gleichbehandlung bei der Gewinnverteilung (§ 60 AktG) oder der Nachteilszufügung (§ 311 AktG) nicht entstehen.

Die Berechnung des zivilrechtlichen Ausgleichsanspruchs nach § 426 Abs. 1 Satz 1 BGB darf nach Ansicht des BGH im Falle der Gewerbesteuer nicht nach der sogenannten Belastungsmethode, die die gewerbesteuerliche Selbständigkeit der Organgesellschaft fingiert, erfolgen, sondern es ist auf die tatsächlich vom Organträger gezahlte Steuer abzustellen und diese im Verhältnis der Gewerbeerträge und -kapitalien von Organträger und Organgesellschaft entsprechend aufzuteilen: Der BGH akzeptiert damit für die Bemessung des zivilrechtlichen Innenausgleichs allein eine Methode, die die effektive Steuerbelastung verteilt.

---

[44] So z.B. (1) im Falle des auf Schadensersatz in Geld haftenden Architekten und des zur Beseitigung des Mangels verpflichteten Bauunternehmers (BGHZ 43, S. 227, 233), (2) im Falle mehrerer Sicherungsgeber bei Fehlen einer Vereinbarung über den Rang der Ausgleichsverpflichtungen und (3) im Verhältnis der Offenen Handelsgesellschaft zu ihren Gesellschaftern.Vgl. Staudinger-Kaduk, § 426 Rz. 8, 99 (Stand 1994); Münch-Komm-Selb, § 426 Rn. 3.
[45] Die Schlußfolgerungen werden auch von W. Müller, in: FS Beisse (1997), S. 368, geteilt.

Im entschiedenen Fall war die Berechnung der Steuerumlage allerdings relativ unproblematisch: Zunächst seien die prozentualen Anteile der Organgesellschaft am Gewerbeertrag und -kapital und daraus folgend an dem für beide Größen einzusetzenden Meßbetrag zu ermitteln. Auf diese Weise errechne sich unschwer, welcher Prozentsatz des einheitlichen Steuermeßbetrags auf Ertrag und Kapital der Klägerin entfalle.[46] Die Eigenheit des Falles lag darin, daß Organgesellschaft und Organträger am gleichen Ort ihren Betriebssitz hatten, weder eine Zerlegung und unterschiedliche Hebesätze noch andere Besonderheiten in Betracht kamen.

Führt man diese Gedanken konsequent fort, so bedeutet dies bei separater Ermittlung der Gewerbeerträge und -kapitalien:
- die Nichterfassung konzerninterner Dauerschulden und Dauerschuldentgelte
- den sofortigen Verlustausgleich auf seiten der Organgesellschaft, soweit eine Kompensation im Organkreis möglich ist
- das Zugrundelegen des gewogenen Organkreis-Hebesatzes

Dieses Vorgehen - hier als Effektivbelastungsmethode bezeichnet - wird nachfolgend näher charakterisiert. Es ermöglicht die Verrechnung der effektiv gezahlten Steuern im Konzern, gewährt den verlusttragenden Organgesellschaften den sofortigen Verlustausgleich, stellt andererseits nicht auf die individuellen Hebesatzverhältnisse der Tochtergesellschaften ab, sondern rechnet für jedes Organkreismitglied mit dem gewogenen Durchschnittshebesatz, der aufgrund der Zerlegung des einheitlichen Meßbetrags auf die hebeberechtigten Gemeinden zur Anwendung kommt (§§ 28 - 34 GewStG). Die Organkreismitglieder sind innerhalb des Umlageverfahrens gleichberechtigt und -verpflichtet. Auch für die Erhebung von Körperschaftsteuerumlagen ist die Ausrichtung an der Effektivbelastung des Organkreises maßgebend.

---

[46] Vgl. BGH v. 22.10.1992, BGHZ 120, S. 50 - 60.

Hat der aus einem Organträger (OT) und einer Organgesellschaft (OG) bestehenden Organkreis beispielsweise eine Außenverpflichtung von 100 Geldeinheiten (GE), wird diese unter den Mitgliedern nach der Effektivbelastung verteilt.

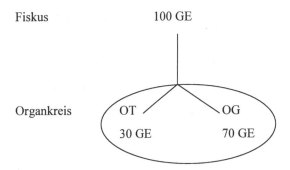

Weist im Falle einer Außenverpflichtung von 100 GE ein Mitglied negative Bemessungsgrundlagen aus (hier bei OT unterstellt), so ist dies für das Aufteilungsverfahren im Innenverhältnis zu berücksichtigen:

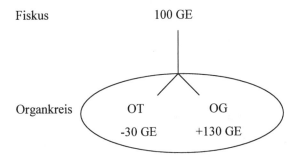

Schließlich ist der Fall denkbar, daß der Organkreis für einen Veranlagungszeitraum keine Steuerzahlungsverpflichtung hat, gleichwohl eine Verteilung im Innenverhältnis stattfindet. Die positiven Bemessungsgrundlagen des Organs werden vollständig kompensiert durch negative Bemessungsgrundlagen des Organträgers, ggfs. verbleibt ein Überhang negativer Bemessungsgrundlagen. Die Übertragung des zivilrechtlichen Ausgleichskonzepts auf die Organschaft fällt hier angesichts der fehlenden unmittelbaren Außenverpflichtung schwer. Mit § 426 BGB ist dies wohl nicht vereinbar. Dennoch: Abschnittsbesteuerung und zeitlich unbegrenzter Verlustvortrag legen die Anwendung des Konzepts auch im Falle einer Steuerfestsetzung von Null nahe.

Bei Vorliegen von vertraglichen Vereinbarungen zwischen Organträger und Organgesellschaft, die als schuldrechtliche Verträge keinen Gewinntransfer bezwecken sollen, sind die Möglichkeiten zur Bemessung von Steuerumlagen vielfältiger, insbesondere kann für die Beurteilung der Ausgewogenheit auf die gesamte Laufzeit abgestellt werden, so daß die Abschnittsbesteuerung nicht im Wege steht.[47]

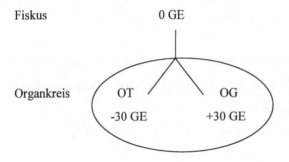

52.4 Ökonomische Berechtigung

Die ökonomische Berechtigung für die Erhebung von Steuerumlagen leitet sich aus der wirtschaftlichen Selbständigkeit der Organgesellschaft ab. Ungeachtet der Beteiligungsverhältnisse erbringt sie wirtschaftliche Leistungen an den Märkten, die im internen wie im externen Rechnungswesen abgebildet werden.

Der Kostenrechnung wird neben einer Dokumentationsfunktion, die im übrigen auch Handels- und Steuerbilanz erbringen, eine Entscheidungs- und Kontrollfunktion beigemessen. Der in der Literatur lange geführte Streit über die Kosteneigenschaft von Steu-

---

[47] Vgl. W. Müller, in: FS Beisse (1997), S. 370 - 372.

ern ist mit den Arbeiten von Geese[48], Wagner/Heydt[49] und Döring[50] beendet worden, indem die Antwort nicht mehr aus dem Kostenbegriff[51], sondern aus dem Rechnungszweck abgeleitet wird.

Während die Plankostenrechnung Dispositionsgrundlagen liefern soll, dient die Kostenrechnung in ihrer Kontrollfunktion hauptsächlich der Einhaltung des Wirtschaftlichkeitsziels. Entscheidungsrelevant sind Steuern dann, wenn eine Differenz zwischen der Handlungsmöglichkeit und der Unterlassensalternative besteht. Bei juristischen Personen ist die Gewerbekapitalsteuer auf der Basis gegebener Kapazitäten entscheidungsirrelevant. Sie zählt zu den Gemein- bzw. Fixkosten und hat keinen Einfluß auf kurzfristige Produktions- und Absatzentscheidungen. Die Gewerbeertragsteuer ist in Ermangelung eines Steuergefälles bei juristischen Personen nicht kalkulationsbedürftig.[52]

Für die Ermittlung des kurzfristigen Betriebserfolges wird die Gewerbekapitalsteuer als Kostensteuer - nicht hingegen die gewinnabhängige Gewerbeertragsteuer - einbezogen. Dazu bedarf es allerdings keiner pagatorischen Belastung der Organgesellschaft. Vielmehr ist auch der kalkulatorische Einbezug ausreichend.

Zu prüfen ist ferner, ob Steuerumlagen im Rahmen der Preisbildung Bedeutung zukommt. Die Preisbildung bei öffentlichen Aufträgen basiert auf einer Verordnung des Bundesministers für Wirtschaft und der zugehörigen Leitsätze für die Preisermittlung auf Grund von Selbstkosten (LSP). Selbstkostenpreise[53] dürfen nur in Ausnahmefällen vereinbart werden, wenn

---

[48] Vgl. Geese (1972).
[49] Vgl. Wagner/Heydt, ZfbF 1981, S. 922 - 935.
[50] Vgl. Döring, DBW 1981, S. 583 - 595; ders. (1984).
[51] Unter Zugrundelegung des wertmäßigen Kostenbegriffs mit den Merkmalen Güterverbrauch, Bewertung der Verbrauchsmengen und Leistungsbezogenheit. Die Steuerzahlung wird dann als Nominalgüterverbrauch interpretiert.
[52] Vgl. Döring, HdRech (1993), Sp. 2341 ff.
[53] Selbstkostenfestpreise, -richtpreise und -erstattungspreise.

- keine staatlich gebundenen Preise oder Marktpreise vorliegen oder
- eine Mangellage gegeben ist oder
- der Wettbewerb auf der Anbieterseite beschränkt ist.[54]

Die LSP definieren die Anforderungen an das Rechnungswesen dahingehend, daß jederzeit die Nachweisbarkeit der Kosten gegeben sein muß. Im Rahmen der Selbstkostenermittlung wird zwischen kalkulierbaren und nicht kalkulierbaren Steuern unterschieden. Nach Nr. 30 Abschnitt a) LSP zählt die Gewerbesteuer neben der Vermögen-, Grund- und Kfz-Steuer zu den kalkulierbaren Steuern. Deren Einbezug in die Selbstkostenpreisermittlung ist somit zulässig, beruht jedoch nach herrschender Meinung auf besonderen Ermittlungsrechnungen für einzelne Kostenträger, die sich vom effektiven Gewerbesteueraufwand gelöst haben.[55] Es bedarf daher nicht der tatsächlichen Erhebung von Steuerumlagen durch den Organträger, um den Einbezug der kalkulierbaren Steuern in die Preisermittlung zu ermöglichen.[56] Es bleibt festzuhalten, daß die Erhebung von Steuerumlagen für das interne Rechnungswesen nicht geboten erscheint.

Bei kontroll- und dokumentationsbezogenen externen Rechnungen existieren explizite gesetzliche Regelungen oder Verwaltungsanweisungen über den Einbezug von Steuern. Während die Handelsbilanz ein Wahlrecht für den Einbezug der anteiligen Gewerbekapitalsteuer als Fertigungsgemeinkosten gewährt[57], zwingt R 33 Abs. 5 Satz 3 EStR 1996 bislang zum Ansatz dieser Substanzsteuer für die Ermittlung der steuerlichen Herstellungskosten. Hinsichtlich der Gewerbeertragsteuer besteht hier ein Einbeziehungswahlrecht (R 33 Abs. 5 Satz 2 EStR), bezüglich der Körperschaftsteuer ein Einbeziehungsverbot (R 33 Abs. 5 Satz 1 EStR).

---

54 Vgl. Berndt, WISU 1983, S. 11, 13.
55 Vgl. Freidank, in: Tanski (1992 ff.), VI 1.2 (Stand 19. Lfg. 6/95); Ebisch/Gottschalk (1973), S. 278 - 282; Michaelis/Rhösa (1955 ff.), Leitsätze Nr. 30, Abschnitt 4.
56 Vgl. Ebisch/Gottschalk (1973), S. 282; Michaelis/Rhösa (1955 ff.), Leitsätze Nr. 30, Abschnitte 6 f, cc, 7 (58. Lfg. Juli 1995).
57 § 255 Abs. 2 Satz 3 HGB; vgl. ADS, 6. Aufl., § 255 Tz. 176.

Dem Bilanzrecht liegt ein pagatorischer Herstellungskostenbegriff zugrunde[58], so daß die Ausübung des handelsbilanziellen Wahlrechts des Einbezugs der Gewerbekapitalsteuer die tatsächliche Verrechnung einer entsprechenden Steuerumlage voraussetzen würde. Soweit ersichtlich, beschäftigen sich die einschlägigen Kommentierungen nicht mit dieser Detailfrage. Bei der Berechnung der steuerlichen Herstellungskosten dürfte die fehlende Berechnung von Gewerbesteuerumlagen wohl kaum zu einem niedrigeren Ansatz der steuerlichen Herstellungskosten führen.

Trotzdem zwingt das externe Rechnungswesen zur Abbildung von Steuerumlagen. Bilanzieren bedeutet zweckgerichtetes Abbilden der ökonomischen Realität. Vorgänge und Zustände einer Rechnungsperiode werden in Bilanz, Gewinn- und Verlustrechnung und bei Kapitalgesellschaften mit Hilfe des Anhangs dokumentiert. Vorrangiges Ziel ist es, Außenstehenden vertrauenswürdige Informationen über die wirtschaftliche Situation der Unternehmung im abgelaufenen Geschäftsjahr zu geben und für den Einzelabschluß einen - gemessen am Ziel der (nominellen) Kapitalerhaltung - unmittelbar oder später ausschüttungsfähigen Gewinn zu ermitteln.

Legt die Organgesellschaft als solche oder für ihren Teilkonzern Rechnung, so wird sie gemessen an Unternehmen, die nicht organschaftlich verbunden sind, deren Ergebnis aber durch die (Ertrag-)Steuerbelastung reduziert worden ist. Wirtschaftliche Aktivität und externe Vergleichbarkeit rechtfertigen aus dieser Sicht die Erhebung und Abbildung von Steuerumlagen.

Hinzu kommen die ökonomischen Folgewirkungen im Sinne von Liquiditäts- und Zinseffekten, die es nahelegen, zu den gesetzlichen Zahlungsterminen Umlagevorauszahlungen und Abschlußumlagen zu vereinbaren. Konsequent weitergedacht bedeutet dies - unabhängig von der gewählten Umlagemethode - die Festsetzung einer Jahresabschlußumlage und Nacherhebungen/Erstattungen infolge abweichender Festsetzungen durch die Finanzverwaltung, beispielsweise im Anschluß an eine steuerliche Außenprü-

---

[58] Vgl. Ellrott/Schmidt-Wendt, Beck'scher Bilanzkommentar, § 255 Anm. 335.

fung. Ebenso zu berücksichtigen ist die Verzinsung von Steuernachforderungen und -erstattungen gemäß § 233a AO.

Zusammenfassend bleibt festzuhalten, daß aus ökonomischer und zivilrechtlicher Sicht die Erhebung von Steuerumlagen nicht nur berechtigt, sondern sogar zwingend geboten erscheint.

53. Bemessung

53.1 Vorbemerkungen

In den sechziger und siebziger Jahren wurde ein heftiger Methodenstreit über die Bemessung von Steuerumlagen geführt. Die Diskussion hierüber ist allerdings seitdem verstummt. Vorgaben der Finanzverwaltung, konkretisiert in zwei Ländererlassen[59], sind unpräzise. Dies erklärt sich aufgrund der fehlenden steuerlichen Relevanz der Körperschaftsteuerumlage und der Gewerbesteuerumlage bei bestehender körperschaftsteuerlicher Organschaft.

Die hier erhobene Forderung nach rechnungstheoretisch und steuerrechtlich fundierten Methoden wird mit den ökonomischen Primär- und Sekundärwirkungen und dem Ausweis der Steuerumlagen als Steueraufwand in der externen Rechnungslegung begründet.

Einer Systematik von Rose[60] folgend lassen sich Belastungsmethoden und Verteilungsmethoden unterscheiden. Während Verteilungsmethoden die auf Organträgerebene angefallene Steuer mittels Schlüsselung verursachungsgerecht verteilen, fingieren die bisher vorgestellten Belastungsmethoden das Organverhältnis weg und berechnen der Organgesellschaft einen fiktiven Steuerbetrag bei unterstellter selbständiger Steuer-

---

[59] Vgl. koordinierte Ländererlasse vom 6./19.2.1964, DB 1964, S. 314 u. vom 8./14.12.1964, DB 1965, S. 13. Im Anschluß daran Verfügung der OFD Frankfurt/Main v. 6.11.1986, WPg 1987, S. 141.
[60] Vgl. Rose, DB 1965, S. 261 ff.

schuldnerschaft. Ein organschaftsbedingter Steuerminderungseffekt - als Umlagegewinn oder steuerliche Konzernprämie bezeichnet[61] - kommt hier allein dem Organträger zugute.

53.2 Bemessung von Gewerbesteuerumlagen

Die unterschiedlichen Wirkungsweisen beider Methoden und der dazugehörigen Variationen werden besonders deutlich im Falle der Gewerbesteuerbelastung bei einer Organschaft.

Der wirtschaftlichen Einheit Organkreis kommen Verteilungsmethoden - das heißt Aufteilung des effektiven Gewerbesteueraufwands des Organträgers auf die Organkreismitglieder, wobei verschiedenartige Schlüsselungen denkbar sind - am nächsten. Sie allozieren die effektive Steuerbelastung des Konzerns anhand bestimmter Algorithmen. Neben bilanziellen Maßstäben oder GuV-Größen - beispielsweise Eigenkapital, Umsatz, Ergebnis der gewöhnlichen Geschäftstätigkeit oder Jahresüberschuß - kommen rein steuerliche Schlüsselgrößen in Betracht:[62]

(a) die Verteilung nach dem tatsächlichen Zerlegungsergebnis.

(b) die Verteilung nach dem Lohnsummenverhältnis.
    Im Gegensatz zur vorgenannten Verteilungsmethode finden hier Hebesatzunterschiede keine Berücksichtigung.

(c) nach dem Verhältnis der einheitlichen Steuermeßbeträge.
    Verteilt wird hier der tatsächliche Gewerbesteueraufwand nach dem Verhältnis der Gewerbeerträge und -kapitalien der Organkreismitglieder. Die in der Literatur

---

[61] Vgl. Brezing, StBp 1976, S. 276.
[62] Vgl. Rose, DB 1965, S. 264; Brezing (1975), S. 78 ff.

vorgetragene Methode verwendet den Gewerbeertrag vor Abzug der Gewerbesteuer als Schlüsselgröße. Die Entscheidung des BGH v. 22.10.1992 basiert auf dieser Methode.

(d) nach dem Verhältnis der fiktiven Gewerbesteuerschulden.

Ein von Meilicke[63] vorgetragenes Konzept teilt den effektiven Gewerbesteueraufwand nach fiktiven Gewerbesteuerschulden der Organkreismitglieder auf.

Rose[64] lehnt die Verteilungsmethoden ab und hält allein Belastungsmethoden für die Bemessung von Steuerumlagen für geeignet. Jede Organgesellschaft wird danach mit der Gewerbesteuer belastet, die sie bei eigenständiger Steuerschuldnerschaft zu entrichten hätte. Konsequent umgesetzt bedeutet dies (1) die Erfassung von Hinzurechnungen nach §§ 8 und 12 Abs. 2 GewStG und (2) den Vortrag von Verlusten entsprechend § 10a GewStG, so daß auf der Ebene des Organträgers regelmäßig ein Umlagegewinn entsteht. In einer von Niethammer[65] vorgetragenen Variante der Belastungsmethode erfährt die Organgesellschaft im Verlustentstehungsjahr eine Gewerbesteuergutschrift (negative Steuerumlage), das heißt der Organträger gibt die bei ihm eingetretene Entlastung unmittelbar an die Tochter weiter. Der Bundesfinanzhof hat die Gutschriftserteilung im Jahre 1980 nicht als gesellschaftsteuerpflichtigen Vorgang qualifiziert, ohne damit diese Methode selbst verbindlich festzuschreiben.

Die Einwände von Rose[66] gegen die Verteilungsmethoden sollen im folgenden skizzenhaft nachgezeichnet und relativiert bzw. widerlegt werden. Dabei soll auf Argumente betreffend die Lohnsummensteuer und die Kapitalverkehrsteuer (in der Ausprägung der Gesellschaftsteuer) aufgrund deren Abschaffung zum 1.1.1980 bzw. 1.1.1992 nicht mehr eingegangen werden:

---

[63] Vgl. Meilicke, MittStB 1960, S. 69 - 70.
[64] Vgl. Rose, DB 1961, S. 418; ders., DB 1965, S. 261 ff.
[65] Vgl. Niethammer, BB 1964, S. 380.
[66] Vgl. Rose, DB 1965, S. 261 ff.

a) Praktikabilität/Anpassungsbedarf an Ergebnisse der steuerlichen Außenprüfung

Jedes Verteilungsverfahren - so Rose - setze die Ermittlung des tatsächlichen Gewerbesteueraufwands im Organkreis voraus, die aber erst dann erfolgen könne, wenn alle Organmitglieder ihre Bemessungsgrundlagen ermittelt hätten. Insbesondere in größeren Organkreisen seien Verteilungsmethoden daher nicht praktikabel. Konzernumlagen beruhten auf Selbstberechnungen, die effektive Gewerbesteuerbelastung ergebe sich erst aus den Steuerbescheiden, in der Regel erst nach Abschluß der steuerlichen Außenprüfung.

Angesichts der DV-technischen Entwicklungen und der Verfeinerung der steuerplanerischen Methoden wiegt dieser Einwand heute nicht mehr schwer. Abweichungen zwischen verrechneter und tatsächlich entrichteter Gewerbesteuer sind durch Abschlußumlagen auszugleichen. Umlagen im Rahmen des Jahresabschlusses basieren ebenso wie die Berechnung der Gewerbesteuerrückstellung auf Selbstberechnungen der Steuerpflichtigen, die jedoch mittels EDV-Einsatz exakt und zeitgerecht erfolgen können.

b) Keine Konzernprämie für Minderheitsgesellschafter

Bei Organgesellschaften mit Minderheitsgesellschaftern sei nicht einsehbar, warum diese Personengruppe aus dem Bestehen des Organschaftsverhältnisses über eine gegenüber dem organschaftslosen Zustand verringerte Gewerbesteuer profitieren solle.

Nach § 304 Abs. 1 AktG ist außenstehenden Aktionären bei Bestehen eines Gewinnabführungsvertrages ein angemessener Ausgleich in Form einer auf die Aktiennennbeträge bezogenen wiederkehrenden Geldleistung zu gewähren. Die Ausgestaltung kann in Form eines festen Ausgleichs, basierend auf den prognostizierten Gewinnaussichten oder als variabler Ausgleich mittels Anknüpfung an die Dividende der Obergesellschaft erfolgen. Fester oder variabler Ausgleich sind auf der Grundlage der

Stichtagsverhältnisse bereits bei Beschluß der Hauptversammlung über den Gewinnabführungsvertrag für die Laufzeit des Vertrages festzulegen und nur bei wesentlicher Änderung der maßgeblichen Verhältnisse anzupassen. Im GmbH-Konzern wird Minderheitsgesellschaftern nach herrschender Ansicht Ausgleich analog §§ 304, 305 AktG gewährt.[67] In beiden Fällen der Bemessung des Ausgleichs treten durch Wahl der Verteilungsmethode für Steuerumlagen keine Veränderungen ein.

c) Verteilung des Fördereffektes

Steuerminderungseffekte aufgrund subventioneller Steuervergünstigungen für eine Konzerngesellschaft würden mittels der Verteilungsmethoden nicht nur bei der unmittelbar anspruchsberechtigten Gesellschaft, sondern im gesamten Konzernkreis wirken. Ob dieser Fall eintritt, hängt allerdings von der Wahl des Verteilungsverfahrens ab. Nur bei Wahl eines ergebnisabhängigen Schlüssels tritt dieser Effekt ein.

Aus unserer Sicht bleiben die skizzierten Verteilungsmethoden entweder auf halbem Wege stehen - (a) und (b) - oder verknüpfen Belastungs- und Verteilungselemente und können somit rechnungstheoretisch nicht überzeugen. Die Beantwortung der Methodenfrage muß heute vor dem Hintergrund der höchstrichterlichen Rechtsprechung erfolgen. Zutreffend hat der BGH den zivilrechtlichen Innenausgleich auf §§ 421, 426 BGB gestützt und festgestellt, daß der Organträger lediglich Anspruch auf Erstattung der tatsächlich gezahlten anteiligen Steuer hat. Belastungsmethoden mit unterstellter selbständiger Steuerpflicht widersprechen diesem Grundsatz, da organschaftsbedingte Steuerminderungseffekte beim Organträger verbleiben. Finanzverwaltung[68] und Rechtsprechung[69] akzeptieren - wenngleich vage - jede Methode, die zu einem betriebswirtschaftlich vertretbaren Ergebnis führt, sofern die Methode kontinuierlich an-

---

[67] Vgl. Pache (1995), S. 106 m.w.Nw.
[68] Vgl. Rundverfügung der OFD Frankfurt v. 6.11.1986, WPg 1987, S. 141.
[69] Vgl. BFH v. 30.4.1980, BStBl II 1980, S. 521.

gewendet und im Durchschnitt der Jahre nur die tatsächlich gezahlten Steuern umgelegt werden.

Die wohl konsequenteste Umsetzung des Gedankens, daß der gewerbesteuerliche Organkreis eine Zusammenfassung mehrerer Gewinnermittlungseinheiten mit wirtschaftlicher Verknüpfung bildet, mündet in eine Methode, die sich an der tatsächlichen bzw. erwarteten Steuerbelastung des Organkreises ausrichtet und diese auf die Organkreismitglieder zerlegt. Im Verlustfall wird der Organgesellschaft eine Gutschrift erteilt, wenn innerhalb des Organkreises die Kompensation mit positiven Bemessungsgrundlagen gelingt. Die hier präferierte Berechnungsmethode - Effektivbelastungsmethode genannt - benötigt somit neben den individuellen Bemessungsgrundlagen der Organkreismitglieder Angaben über Lohnsummen und Hebesätze zur Ermittlung des gewichteten Hebesatzes. Das nachfolgende Beispiel eines Organkreises mit zwei Tochtergesellschaften soll den Unterschied zwischen den traditionellen Methoden und der Effektivbelastungsmethode verdeutlichen. Neben Hebesatzdifferenzen wurden Verlustfall (bei T1) und organschaftsinterne Dauerschuldbeziehungen (OT mit T2) berücksichtigt. Zunächst wird die Besteuerungssituation ohne Organschaft dargestellt, sodann folgt die Steuerermittlung für den Organkreis und schließlich die Verteilung. Aufgrund der Verteilung der organschaftsbedingten Steuerminderungseffekte - Verzicht auf die Erfassung konzerninterner Dauerschulden, sofortiger Verlustausgleich auf der höheren Ebene und Hebesatzabsenkung - führt die Effektivbelastungsmethode zur Bemessung geringerer Steuerumlagen, so daß auf Organträgerebene eine höhere Belastung verbleibt. Das Beispiel berücksichtigt die bis einschließlich 1997 erhobene Gewerbekapitalsteuer.

Das Beispiel zur Verdeutlichung der Unterschiede zwischen verschiedenen Umlagemethoden geht von folgenden Daten aus (Abbildung 33):

			M	T 1	T 2	OK
1.1.	Betriebstätten-Hebesätze	%	480	400	300	
1.2.	Lohnsummenanteile		0,05	0,4	0,55	1
1.3.	gewichteter Hebesatz OK	%				349
1.4.	Gewerbekapital ohne konz.int. Dauerschulden	TDM	10.000	15.000	5.000	
1.5.	Dauerschuld T 2 ggü. M	TDM			2.000	
1.6.	Gewerbekapital einschl. konz.int. DS	TDM	10.000	15.000	5.975	
1.7.	Gewerbeerträge vor Abzug der GewSt und ohne konz.int. DSE	TDM	1.000	-100	5.000	
1.8.	konz.int. DSE (10 % Zins)	TDM			200	
1.9	Gewerbeerträge einschl. konz.int. DSE	TDM	1.000	-100	5.100	

Legende:
DS = Dauerschuld
DSE = Dauerschuldentgelt
OK = Organkreis
OT = Organträger
TDM = Tausend Deutsche Mark

Abbildung 33: Ausgangsdaten eines Organkreises mit zwei Tochtergesellschaften

5. Kapitel: Steuerumlagen bei erfolgsteuerlicher Organschaft

		M	T 1	T 2	Gesamt
		TDM	TDM	TDM	TDM
2.1	Gewerbekapitalsteuer	95	119	35	249
2.2	Gewerbeertrag ./. Gewerbekapitalsteuer	905	-219	5.065	
2.3	GewESt	175	-(37)	661	
2.4	Gewerbeertrag nach Abzug der GewSt	730	-219	4.404	
2.5	GewSt	270	119	696	1.085
	nachrichtlich ohne DS/DSE				
2.6	Gewerbekapitalsteuer	95	119	29	243
2.7	Gewerbeertrag ./. Gewerbekapitalsteuer	905	-219	4.965	
2.8	GewESt	175	0	648	
2.9	Gewerbeertrag nach Abzug der GewSt	730	-219	4.317	
2.10	GewSt	270	119	677	1.066

Abbildung 34: Gewerbesteuer ohne Organschaft

		M	T1	T2	Organkreis
3.1. Gewerbekapital	TDM	10.000	15.000	5.00	30.000
3.2. Meßbeträge	TDM	(20)	(30)	(10	(60)
3.3. Gewerbekapitalsteuer	TDM				209
3.4. Gewerbeertrag vor Abzug der Gewerbesteuer	TDM	1.000	-100	5.00	5.900
3.5. Meßbeträge nach dem Gewerbeertrag	TDM	(50)	(0)	(250	(300)
3.6. Gewerbeertrag ./. Gewerbekapitalsteuer					5.691
3.7. GewESt	TDM				846
		M	T1	T2	Organkreis
3.8. GewSt-Veranlagung					
3.8.1. Meßbetrag Gewerbeertrag	TDM				242
3.8.2. Meßbetrag Gewerbekapital	TDM				60
3.8.3. einheitlicher Meßbetrag	TDM				302
		G1	G2	G3	
3.8.4. Zerlegung (nach Lohnsumme)	TDM	15	121	16	302
3.8.5. Gewerbesteuer	TDM	73	484	49	1055
3.8.6. Differenz zu 1.	TDM	-197	365	-19	-30
Ableitung der Differenz					
Dauerschuldeffekt	TDM				19
sofortiger Verlustabzug	TDM				37
Hebesatzabsenkung	TDM				-26
Gesamtdifferenz	TDM				30

Abbildung 35: Gewerbesteuerliche Organschaft

4.1. Verteilungsmethoden		M	T1	T2	Organkreis
4.1.1. tatsächliche Zerlegung	TDM	73	484	499	1.055
4.1.2. Lohnsummenverhältnis	TDM	53	422	580	1.055
4.1.3. fikt. Steuermeßbeträge	TDM	205	88	762	1.055
4.1.4. fiktive GewSt-Schulden	TDM	263	116	677	1.055
4.2. Belastungsmethoden		**M**	**T1**	**T2**	**Organkreis**
4.2.1. Einzelveranlagung (Rose I)	TDM	240	119	696	1.055
4.2.2. Einzelveranlagung (Rose II)	TDM	259	119	677	1.055
4.2.3. Einzelveranl. mit Gutschrift bei Verlust (Niethammer I)	TDM	277	83	696	1.055
4.2.4. Einzelveranl. mit RSt-Bildung beim OT (Niethammer II) -(37)	TDM	277	119	696	1.092
4.2.5. Effektivbelastungsmethode (Marx)	TDM	376	72	607	1.055

Abbildung 36: Berechnung der Steuerumlagen

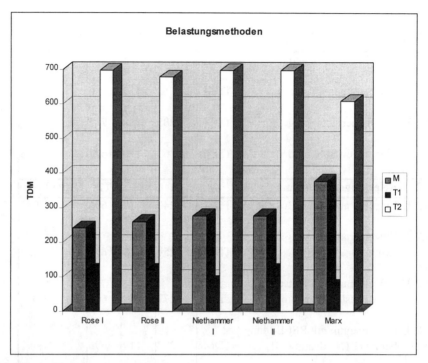

Abbildung 37: Belastungsmethoden

53.3 Bemessung der Körperschaftsteuerumlagen

Da die körperschaftsteuerliche Organschaft das Bestehen eines Ergebnisabführungsvertrages voraussetzt, führt die Erhebung von Körperschaftsteuerumlagen dazu, daß das zuzurechnende Einkommen in einen Umlagebetrag und einen Gewinnabführungsbetrag aufgesplittet wird. Die Festsetzung der Körperschaftsteuer auf der Ebene des Organträgers bleibt von der Vereinbarung innerkonzernlicher Umlagen unbeeinflußt.[70] Neben dem sofortigen Verlustausgleich entfaltet die körperschaftsteuerliche Organschaft im geltenden Steuerrecht noch folgende Wirkungen:

- Durchleitung von steuerfreien Einnahmen,

---

[70] Von Ausnahmen (Spendenabzug) abgesehen.

- Durchleitung von DBA-Freistellungen bei Einkünften aus Auslandsbetriebstätten und (eingeschränkt) bei Schachteldividenden ausländischer Tochtergesellschaften,
- „Durchleitung" von Verlusten ausländischer Betriebstätten im Konzern, § 2a Abs. 3 EStG und die
- Anwendung tarifärer Vergünstigungen auf der Organträgerebene, § 19 KStG.

Bei innerkonzernlichen Leistungen werden ebenfalls Zwischengewinne erfaßt. Einkommensermittlung und Besteuerung folgen der sogenannten Zurechnungstheorie: Das Steuersubjekt Organgesellschaft[71] ist - abgesehen von den selbständig zu versteuernden Ausgleichszahlungen (§ 4 Abs. 5 Nr. 9 EStG, § 16 Satz 2 KStG) - einkommenslos. Das Einkommen ist selbständig zu ermitteln. Im Verhältnis Organgesellschaft und Organträger werden nach derzeitigem Rechtsverständnis verdeckte Gewinnausschüttungen erfaßt, das heißt es findet eine Hinzurechnung zum Organeinkommen statt, die korrespondierende Kürzung erfolgt vom Einkommen des Organträgers.[72] Der Spendenabzug ist separat durchzuführen, so daß nicht ausgeschöpfte Höchstbeträge nicht übertragen werden können.[73]

Neben ermittlungsrechtlichen Problemen sind die tarifären Aspekte zu beachten. Der Unterschied zwischen Belastungs- und Verteilungsmethoden zeigt sich besonders deutlich bei der Frage nach den anzuwendenden Tarifen. Prinzipiell sind fünf verschiedene Steuersätze denkbar[74], wobei die ersten drei auf die Organgesellschaftsebene abstellen, die beiden letztgenannten auf die Organträgerebene.

(1) KSt-Ausschüttungssatz,

(2) KSt-Thesaurierungssatz,

(3) Mischsatz zwischen (1) und (2), der

    a) dem fiktiven Ausschüttungsverhalten des Organs oder

---

[71] Vgl. BFH v. 25.1.1984, BStBl II 1984, S. 382.
[72] Vgl. Abschnitt 58 Abs. 3 Satz 3 KStR 1990.
[73] Vgl. Herrmann/Heuer/Raupach, EStG/KStG, § 14 Anm. 53, 98; Dötsch/Eversberg/Jost/Witt, KStG, (24. Ergänzungslieferung), § 14 Anm. 700; Abschnitt 42 Abs. 5 KStR 1990.
[74] Vgl. auch Langel, HdR, 4. Aufl., Bd. Ia, § 278 Rn. 12.

b) dem effektiven Ausschüttungsverhalten des Organträgers entspricht,

(4) Grenzsteuersatz des Organträgers oder

(5) effektiver durchschnittlicher Steuersatz des Organträgers.

Trotz unterstellter wirtschaftlicher Einheit spricht vieles dafür, Körperschaftsteuerumlagen nach dem eigenen Einkommen des Organs und einem Steuersatz zu bemessen, der tarifäre Vergünstigungen unmittelbar berücksichtigt. Gelingt die sofortige Verlustkompensation im Konzern, so ist eine Gutschrift (negative Steuerumlage) zu erteilen. Wird die Gewinnabführung als Ausschüttung interpretiert, so folgt daraus der Ausschüttungskörperschaftsteuersatz von derzeit 30 %. Da der Organträger regelmäßig nicht den gesamten Gewinn ausschüttet, verbleibt die Differenz zur körperschaftsteuerlichen Effektivbelastung auf der Organträgerebene. Dies erscheint angesichts der auf Organträgerebene zu treffenden Gewinnverwendungsentscheidung angemessen. Umgekehrt bedeutet dies bei einer Rücklagendotierung auf der Ebene der Organgesellschaft die Anwendung des Thesaurierungssatzes für diesen Einkommensteil.

54. Abbildung

54.1 Denkbare Abbildungsformen

Die Heterogenität der Methoden zur Berechnung von Steuerumlagen findet ihre Fortsetzung im Ausweis der Stromgrößen in den handelsrechtlichen Jahresabschlüssen von Mutter- und Tochtergesellschaften. Die prinzipiell in Betracht kommenden Ausweisformen sind in der nachfolgenden Tabelle (Abbildung 38) zusammengestellt:

Ausweisformen	Organgesellschaft	Organträger
(1) als Steuern	Steuern vom Einkommen und vom Ertrag (Untergliederung oder Davon-Vermerk) [75],[76]	Steuern vom Einkommen und vom Ertrag (Kürzung des Steueraufwands)[77]
(2) in anderer Form	sonstiger betrieblicher Aufwand (insoweit kein eigener Steueraufwand)	sonstiger betrieblicher Ertrag (Steueraufwand ungekürzt)[78]
	Aufwendungen aus Gewinnabführungsverträgen[79]	Erträge aus Gewinnabführungsverträgen (Unterposten)[80]
	Postenerweiterung: Aufwendungen für Steuererstattungen/ Steuerumlagen[81]	Postenerweiterung: An Organgesellschaften weiterbelastete Ertragsteuern[82]

Abbildung 38: Denkbare Abbildungsformen für Steuerumlagen bei Organgesellschaft und Organträger

Wie die nachfolgende Tabelle zeigt, hat sich in der Realität noch kein einheitlicher Ausweis durchgesetzt. Insbesondere auf der Organträgerebene variieren die Ausweisformen. Nur eingeschränkt erfolgt eine Quantifzierung. In keinem Fall wird die Methode, nach der Steuerumlagen berechnet sind, erläutert.

---

[75] Vgl. ADS, 6. Aufl., § 275 Tz. 194, 195; WPH (1992), Bd. I, F 362; Bullinger, BeckHdR, B 338, Rz. 97; Lachnit, BoHR, § 275 Rz. 214.
[76] Vgl. Förschle, Beck'scher Bilanzkommentar, § 275 Anm. 257; Langer, HdR, 4. Aufl., Bd. Ia, § 278 Rn. 11; Rürup, HdJ, IV/1, Rn. 420.
[77] Vgl. Förschle, Beck'scher Bilanzkommentar, § 275 Anm. 258; Lachnit, BoHR, § 275 Rz. 214; Rürup, HdJ, Abt. IV/1, Rn. 420; Bullinger, BeckHdR, B 338, Rn. 97.
[78] Vgl. ADS, 6. Aufl., § 275 Tz. 192, 195.
[79] Vgl. Glade (1995), § 275 Anm. 352.
[80] Vgl. ADS, 6. Aufl., § 275 Tz. 192, 195; WPH (1992), Bd. I, F 334, F 362.
[81] Vgl. Bullinger, BeckHdR, B 338, Rn. 97.
[82] Vgl. ADS, 6. Aufl., § 275 Tz. 192; Langer, HdR, 4. Aufl., Bd. Ia, § 278 Rn. 14.

Organschaftsverhältnis	Organträger		Organgesellschaft	
	Ausweisform	Quantifizierung	Ausweisform	Quantifizierung
BASF AG/ Knoll AG	sonstige betriebliche Erträge	nein	Steueraufwand	ja, GuV, Davon-V.
Daimler Benz AG/ Mercedes Benz AG	Beteiligungsergebnis	ja	Steueraufwand	ja, GuV, Davon-V.
RWE AG/Rheinbraun AG	sonstige betriebliche Erträge	nein	Steueraufwand	ja, GuV, Davon-V.
Siemens AG/ KWU	Kürzung des Ertragsteueraufwands	ja	Steueraufwand	ja, GuV, Davon-V.
VEBA AG/ Stinnes AG	Beteiligungsergebnis	ja	Steueraufwand	ja, GuV, Davon-V.
VIAG AG/ VAW AG	sonstige betriebliche Erträge	nein	Steueraufwand	ja, Anhang
Volkswagen AG/ AUDI AG	Beteiligungsergebnis	nein	Steueraufwand	ja, GuV, Davon-V.

Abbildung 39: Ausweis der Steuerumlagen bei ausgewählten Konzernen (Geschäftsjahr 1994)[83]

Leitgedanken des Ausweises von Steuerumlagen entspringen den Überlegungen zur Rechtfertigung und Bemessung dieser konzerninternen Belastungen. Sie sind als ökonomisch und zivilrechtlich notwendige Verteilungen der Steuerbelastung des Organträgers gekennzeichnet worden. Ohne selbst Steuern zu sein, richten sie sich an der tatsächlichen Steuerbelastung des Konzerns für diese Steuerarten aus und versuchen eine verursachungsgerechte Allokation.

Der zweite Leitgedanke betrifft die Darstellung des Ergebnisses der gewöhnlichen Geschäftstätigkeit in der Gewinn- und Verlustrechnung. Dieser Posten soll stets als Größe

---

[83] DBAG/MBAG: Ausweis Gj. 1992; Siemens AG u. RWE AG Gj. 1993/94.

vor Ertragsteuerbelastung ermittelt werden. Drittens ist schließlich ein einheitlicher Ausweis innerhalb der handelsrechtlichen Rechnungslegung als objektivierte Gewinnermittlung zu fordern, ein diesbezügliches Wahlrecht, das ohnehin nicht gesetzlich determiniert ist, muß abgelehnt werden. Aufgrund der heterogenen Berechnungsverfahren sollte viertens sowohl auf Organträgerebene als auch auf Organgesellschaftsebene das angewendete Verfahren kommentiert werden und eine betragsmäßige Angabe erfolgen.

54.2 Abbildung bei der Organgesellschaft

Bei konsequenter Umsetzung bedeutet dies auf der Ebene der Organgesellschaft den Ausweis der belasteten Steuerumlagen als Steuern, also unter dem Posten 18 (17) für die belastete Körperschaft- und Gewerbeertragsteuerumlage und unter dem Posten 19 (18) für die Gewerbekapitalsteuerumlage.[84] Die Einfügung eines zusätzlichen Postens unmittelbar nach den Steueraufwandsposten wird nicht für zweckmäßig erachtet. Dies korrespondiert nicht mit unserem Verständnis der Umlagen als ökonomisch und zivilrechtlich berechtigte Abgabenäquivalente, die sich an der effektiven Steuerbelastung im Konzern ausrichten.

Der Klarheit, Übersichtlichkeit und Vergleichbarkeit entspricht es, wenn hierbei eine Untergliederung oder ein „Davon-Vermerk" als von der Obergesellschaft belastete Steuer erfolgt.[85]

Werden bei Anwendung des Umsatzkostenverfahrens sogenannte Kostensteuern dem Fertigungs-, Verwaltungs- und Vertriebsbereich als Funktionskosten zugeordnet[86], sollte hinsichtlich der verrechneten Steuerumlagen eine betragsmäßige Kommentierung

---

84 Vgl. Bullinger, DB 1988, S. 717; Schmidt/Müller/Stöcker (1993), S. 166 (Tz. 540) u. Nw. in FN 52, 53.
85 § 265 Abs. 5 Satz 1 HGB; vgl. ADS, 6. Aufl., § 265 Tz. 57, § 275, Tz. 194.
86 Vgl. ADS, 6. Aufl., § 275 Tz. 232; Budde/Förschle, Beck'scher Bilanzkommentar, § 275 Anm. 251; Rürup, HdJ, Abt. IV/1 Rn. 476.

im Anhang vorgenommen werden. Dies betrifft die bis 1997 erhobene Gewerbekapitalsteuer.

54.3 Abbildung beim Organträger

Die hier vorgetragene Lösung differenziert Körperschaft- und Gewerbeertragsteuerumlagen. Gemeinsam ist beiden die Erfassung vor dem Ergebnis der gewöhnlichen Geschäftstätigkeit.

Die Körperschaftsteuerumlagen bemessen sich nach dem abgeführten Einkommensbetrag der Organgesellschaft unter Anwendung des Ausschüttungskörperschaftsteuersatzes. Analog zum Bruttoausweis bei Dividenden erscheint es hier sachgerecht, den weiterbelasteten Umlagebetrag als Unterposten des Postens „Erträge aus Gewinnabführungsverträgen" auszuweisen.[87] Der Ertragsteueraufwand des Organträgers umfaßt deshalb die Körperschaftsteuerumlagebeträge an Organgesellschaften und den eigenen Körperschaftsteueraufwand aufgrund des originären Einkommens und der getroffenen Gewinnverwendungsentscheidung.

Hinsichtlich der Gewerbesteuer hat Bullinger schon 1988[88] zutreffend dargestellt, daß ein analoges Vorgehen zu einem gegenüber dem Vergleichsfall „bloße Beteiligung, keine Organschaft" überhöhten Ergebnis der gewöhnlichen Geschäftstätigkeit führt. Der Beteiligungsertrag ist eine um die Gewerbesteuer gekürzte Größe, die auf der höheren Ebene bei Vorliegen der Voraussetzungsmerkmale des § 9 Nr. 2a GewStG privilegiert wird. Nur bei Kürzung des Organträgersteueraufwands in Höhe der Umlagen für Gewerbeertrag- und Kapitalsteuer erreichen wir das angestrebte Abbildungsziel. Nach der hier vorgetragenen Ansicht sollte die Absetzung offen erfolgen.

---

[87] So ADS, 6. Aufl., § 275 Tz. 192; Bullinger, DB 1988, S. 717; ders., BeckHdR, B 338, Rz. 97; Langer, HdR, 4. Aufl., Bd. Ia, § 278 Rn. 13 unter (2) plädiert für ein allgemeines Wahlrecht bei den Ausweisformen.
[88] Vgl. Bullinger, DB 1988, S. 717.

Trotz der von Bullinger pointiert vorgetragenen Kritik[89] halten ADS weiterhin an einem Ausweis der Gewerbesteuerumlagen vor dem Posten 14 fest. Im Falle von Ergebnisausschlußvereinbarungen soll analog zur Körperschaftsteuer verfahren werden, bei Fehlen eines Gewinnabführungsvertrages könne ein Ausweis als sonstiger betrieblicher Ertrag oder als Sonderposten erfolgen. Das zur Rechtfertigung ihrer Ansicht aufgeführte Beispiel vergleicht die Ergebnisse der gewöhnlichen Geschäftstätigkeit und der Jahresüberschüsse in den Fällen der Erhebung und der Nichterhebung von Steuerumlagen. Die Null-Aktivität ist zwar stets eine entscheidungslogische Alternative, widerspricht aber dem ökonomischen und zivilrechtlichen Zwang zur Berechnung der Steuerumlagen. Die adäquate Vergleichsbasis ist das bloße Beteiligungsverhältnis ohne Vorliegen einer steuerlichen Organschaft. Dies zwingt zur offenen Kürzung des Steueraufwands in einer Vorspalte.

Die hier präferierte Effektivbelastungsmethode läßt sofortige Erstattungen (negative Steuerumlagen) für Körperschaft- und Gewerbesteuer im Verlustfall zu. Am Ausweis auf Organgesellschaftsebene unter dem Posten 18 (17) und 19 (18) ändert dies nichts. Zweckmäßigerweise wird dann die Bezeichnung angepaßt.[90]

Auf der Ebene des Organträgers erscheint hinsichtlich der Körperschaftsteuer ein Ausweis unter den Aufwendungen aus Verlustübernahmen[91] sachgerecht und hinsichtlich der Gewerbeertragsteuer die Position 18 (17) zutreffend.

Am Abschlußstichtag ausstehende Steuerumlagebeträge sind als Forderungen (Organträger) bzw. Verbindlichkeiten (Organgesellschaft) abzubilden, in der Regel als solche gegenüber verbundenen Unternehmen.[92] Rückstellungen für Gewerbe- und Körperschaftsteuer dürfen nur auf der Ebene des Organträgers gebildet werden.

---

89 Gl. Ansicht Förschle, Beck'scher Bilanzkommentar, § 275 Anm. 258, jedoch nicht für Körperschaft- und Gewerbesteuer differenzierend.
90 Vgl. ADS, 6. Aufl., § 275 Tz. 187 im Nicht-Organschaftsfall: „erstattete Steuern vom Einkommen und vom Ertrag".
91 Vor Pos. 13 (12). Das Gesetz schweigt darüber, wie Aufwendungen und Erträge aus Ergebnisausschluß vereinbarungen abzubilden sind; ADS, 6. Aufl., § 277 Tz. 64 f.; Förschle, Beck'scher Bilanzkommentar, § 277 Anm. 22.
92 Vgl. Langer, HdR, 4. Aufl., Bd. Ia, § 278 Rn. 13.

55. Zusammenfassung

Die Ausführungen sollten deutlich machen, daß sowohl aus ökonomischer als auch aus zivilrechtlicher Sicht die Weiterbelastung von Steuern, für die das Rechtsinstitut der Organschaft gilt, nicht nur zulässig, sondern sogar zwingend geboten ist.

Da Verfahren zur Berechnung der Umlagen nicht gesetzlich vorgeschrieben sind, die Umlagen aber Vermögensminderungen bedeuten, finanzwirtschaftliche Wirkungen entfalten und im externen Rechnungswesen der Organgesellschaft als Steueraufwand ausgewiesen werden sollten, ist eine einheitliche Ermittlung zu fordern, die sich an der effektiven Steuerbelastung im Organkreis ausrichtet. Konzernprämien (Umlagegewinne) kommen allen Organmitgliedern, nicht allein dem Organträger zugute.

Im Falle der Gewerbesteuer bedeutet dies den Verzicht auf die Erfassung organschaftsbedingt unterlassener Hinzurechnungen, den sofortigen Verlustausgleich auf Organebene und die Anwendung des gewogenen Organkreis-Hebesatzes. Die Körperschaftsteuer ist nach dem zuzurechnenden Einkommen des Organs und dem Ausschüttungskörperschaftsteuersatz zu bemessen. Auch hier können sich Steuererstattungen ergeben, soweit die Verlustkompensation im Konzern gelingt.

Des weiteren sind einheitliche Ausweisformen der Steuerumlagen in den Jahresabschlüssen zu fordern. Für die Organgesellschaft bedeutet dies die Abbildung der Steuerumlagen als „Steuern vom Einkommen und vom Ertrag" und „sonstige Steuern". Auf seiten des Organträgers kommt für die Körperschaftsteuer ein Ausweis als Unterposten unter den Erträgen aus Gewinnabführungsverträgen und für die Gewerbesteuer die offene Kürzung des Steueraufwands in Frage. Neben der Quantifizierung der Umlagebeträge ist eine Anhangangabe zur Berechnungsmethode zu fordern.

6. Kapitel: Sonstige Berichtspflichten und freiwillige Informationsvermittlung

61. Bilanzvermerke

Konkretisieren sich Steuerbelastungen (noch) nicht in Form von Bilanz- und GuV-Posten des betreffenden Geschäftsjahres, so ist zu prüfen, ob sie Gegenstand der Berichterstattung nach § 251 HGB sein können, und zwar in den Fällen, in denen das Unternehmen die Position des Haftungsschuldners einnimmt, ohne daß von der Finanzverwaltung schon eine Inanspruchnahme erfolgt ist. Steuerrechtliche Haftungsverpflichtungen können sich aus allgemeinen Regelungen der Abgabenordnung ergeben:

- Haftung des Steuerhinterziehers und des Steuerhehlers (§ 71 AO)
- Haftung bei Organschaft (§ 73 AO)
- Haftung des Eigentümers von Gegenständen (§ 74 AO)
- Haftung des Betriebsübernehmers.

Daneben bestehen Haftungsnormen in Einzelsteuergesetzen, etwa nach § 42d EStG die Arbeitgeberhaftung für Lohnsteuer.

§ 251 HGB verpflichtet alle Kaufleute, bestimmte Haftungsverhältnisse unter der Bilanz zu vermerken.[1] Die Norm, die der bisherigen Regelung in § 151 Abs. 5 Satz 1 u. 2 AktG 1965 entspricht[2], kodifiziert einen Grundsatz ordnungsmäßiger Buchführung, der generelle Gültigkeit für die handelsrechtliche Rechnungslegung besitzt.[3] Angabepflichtig sind die sog. Eventualverbindlichkeiten (off-balance-sheet-risks), und zwar Verbindlichkeiten aus der Begebung von Wechsel- oder Scheckbürgschaften und aus

---

[1] Kapitalgesellschaften und Unternehmen, die §§ 265 - 289 HGB anwenden müssen, haben die weitergehende Vorschrift des § 268 Abs. 7 HGB zu beachten, nach der die Verpflichtungen aufzugliedern sind; vgl. Ellrott, Beck'scher Bilanzkommentar, § 251 Anm. 1.
[2] Vgl. Glade (1995), § 251 Tz. 1.
[3] Vgl. Fey, HdR, 4. Aufl., Bd. Ia, § 251 Rn. 6 mit Hinweis auf die Gesetzesbegründung in BT-Drs. 10/317, S. 93.

Gewährleistungsverträgen sowie Haftungsverhältnisse aus der Bestellung von Sicherheiten für fremde Verbindlichkeiten.[4]

Haftungsverhältnisse für Steuern werden vom Gesetz nicht explizit genannt. Eine über den Wortlaut der Norm hinausgehende Angabepflicht kann für latente Haftungsrisiken wohl nicht gefordert werden.[5] Bestimmte Haftungen sind geschäftsüblich - so beispielsweise die Arbeitgeberhaftung für Lohnsteuer-, andere haben sich schon konkretisiert, so daß ein Passivposten erforderlich ist.[6] Dennoch kann in Einzelfällen eine Angabe sinnvoll sein, wenn dies die Aussagekraft des Jahresabschlusses erhöht. Organgesellschaften haften nach § 73 AO für Steuern des Organträgers, soweit das Organschaftsverhältnis gilt.

Für Kapitalgesellschaften[7] könnte allerdings über den Anwendungsbereich des § 251 HGB hinaus eine Anhangangabe nach § 285 Nr. 3 HGB für sonstige finanzielle Verpflichtungen in Betracht kommen. Hiernach sind Verpflichtungen aus der Haftung für fremde Verbindlichkeiten zu benennen, doch ist wiederum der Vorrang der Passivierung zu bedenken.

62. Pflichtangaben im Anhang

62.1 Allgemeine Pflichtangaben

Der Anhang stellt als dritter Teil des Jahresabschlusses ein ergänzendes Element zur Rechnungslegung von Kapitalgesellschaften dar. Nach herrschender Auffassung kommen ihm Informationsfunktion, Entlastungs- und Erläuterungsfunktion sowie Ergän-

---

4 Vgl. Kupsch, BoHR, § 251 Rz. 1.
5 So auch Elfert, in: Apitz/Elfert, Teil 3, Tz. 13.3.7 (6.1994).
6 Vgl. Ellrott, Beck'scher Bilanzkommentar, § 251, Anm. 5: Haftungen aufgrund steuerrechtlicher Vorschriften (Lohnsteuer) als betriebs- und branchenübliche, nicht berichtspflichtige Haftungsverhältnisse.
7 Die Verpflichtung trifft große und mittelgroße Gesellschaften (§ 267 Abs. 2 u. Abs. 3 HGB). Kleine Gesellschaften sind nach § 288 Satz 1 HGB von der Angabepflicht befreit.

zungsfunktion zu.[8] Mit der Informationsfunktion wird eine verbesserte Rechenschaftslegung gegenüber den Kapitalgebern erstrebt. Die Entlastungsfunktion betrifft Ausweiswahlrechte, bei denen das Unternehmen zwischen Bilanz/GuV-Ausweis oder Anhangangabe entscheiden kann. So ist für latente Steuerrückstellungen nach § 274 Abs. 1 Satz 1 HGB entweder ein gesonderter Ausweis in der Bilanz oder eine Anhangangabe erforderlich. Die Mehrheit der Unternehmen entscheidet sich dazu, latente Steuerverpflichtungen im Anhang zu zeigen.[9]

Auf andere Berichterstattungen im Zusammenhang mit steuerlichen Sachverhalten wurde bereits hingewiesen. Wird das Wahlrecht zur Aktivierung latenter Steuern ausgeübt, so besteht die Pflicht zum gesonderten Ausweis **und** zur Erläuterung im Anhang (§ 274 Abs. 2 Satz 2 HGB). § 265 Abs. 5 HGB erlaubt auch die weitere Untergliederung des Postens Steuerrückstellungen durch Einfügen eines "Davon-Vermerks" und zielt damit auf eine verbesserte Rechenschaftslegung ab.

Berichtspflichten über den Einfluß steuerrechtlicher Regelungen auf den handelsrechtlichen Jahresabschluß, etwa steuerrechtlicher Abschreibungen, steuerfreier Rücklagen, der aus steuerrechtlichen Gründen unterlassenen Zuschreibungen, betreffen nicht den Untersuchungsgegenstand (§§ 273 Satz 2, 280 Abs. 3, 281 Abs. 1 u. 2 HGB), da es sich nicht um Sachverhalte der Abbildung von Steuern handelt.

Im folgenden sollen zwei Berichterstattungen, die steuerrechtliche Ergebnisbeeinflussung (§ 285 Nr. 5 HGB)[10] und die sog. Ertragsteuerspaltung (§ 285 Nr. 6 HGB) näher untersucht werden, mit denen mittelbar (Nr. 5) oder unmittelbar (Nr. 6) Erfolgsteuern des Unternehmens abgebildet werden. Beide Angabepflichten dienen der zusätzlichen Informationsvermittlung[11]; sie sollen den Informationsgehalt der Gewinn- und Ver-

---

8   Vgl. ADS, 6. Aufl., § 284 Tz. 12-15; Russ (1986), S. 19 - 23.
9   Die Auswertung von 100 Konzernabschlüssen des Geschäftsjahrs 1995 zeigte, daß bei 44 Konzernen Rückstellungen für latente Steuern gebildet wurden, bei 41 Konzernen allerdings nicht durch Ausweis in der Bilanz, sondern in Form einer Anhangangabe; vgl. C&L (1997), Rz. 108.
10 Von Glade (1995), § 285 Tz. 39, unzutreffend als „Einfluß von steuerlichen Bewertungsfreiheiten auf das Jahresergebnis" bezeichnet.
11 Vgl. ADS, 6. Aufl., § 284 Tz. 12.

lustrechnung ergänzen, so daß möglichst detaillierte Berechnungsgrundlagen und Angaben gefordert werden müssen.[12] Pauschale Berechnungen der Steuereffekte oder der Steueranteile sind daher abzulehnen.

Da § 131 Abs. 3 Nr. 2 AktG ein Auskunftsverweigerungsrecht des Vorstands hinsichtlich steuerlicher Wertansätze und der Höhe einzelner Steuern vorsieht, wertet das Schrifttum die Anhangangaben als Einschränkung dieses Grundsatzes.[13] Diese Auffassung wird hier nicht geteilt. Der Zweck der Norm, Aktionäre vor nicht sachgerechten (steuerlichen) Wertansätzen zu schützen, die ein unzutreffendes Bild von der betriebswirtschaftlichen Lage der Gesellschaft vermitteln würden, wird mit § 285 Nr. 5 HGB nicht berührt.[14] Die Angabepflichten betreffen keine rein steuerlichen Wertansätze, schon gar nicht die Höhe einzelner Steuern, sondern infolge der Koppelung mit der Steuerbilanz handelsrechtliche Bewertungen und Ergebnisbeeinflussungen (Nr. 5) sowie Erfolgsteueranteile der Handelsbilanz (Nr. 6). Beide Angaben dienen dazu, die Vergleichbarkeit der Jahresabschlüsse in der EU zu erhöhen.

62.2 Steuerrechtliche Ergebnisbeeinflussung

62.21 Vorbemerkungen

§ 285 Nr. 5 HGB schreibt vor, im Anhang der Kapitalgesellschaft anzugeben, (1) in welchem Ausmaß das Jahresergebnis dadurch beeinflußt wurde, daß im Geschäftsjahr oder in früheren Geschäftsjahren zur Erlangung steuerlicher Vergünstigungen Abschreibungen nach § 254 HGB vorgenommen wurden, Sonderposten mit Rücklagenanteil nach § 273 HGB gebildet wurden oder Zuschreibungen gemäß § 280 Abs. 2 HGB

---

[12] Vgl. ADS, 6. Aufl., § 285 Tz. 130.
[13] Vgl. Dörner/Wirth, HdR, 4. Aufl., Bd. Ia, § 285 Rn. 197; ADS, 6. Aufl., § 285 Anm. 100: Normzweck nicht berührt, dennoch Einschränkung des Auskunftsverweigerungsrechts; ebenso Krawitz, BoHR, § 285 Rz. 67.
[14] Vgl. ADS, 6. Aufl., § 285 Tz. 100.

unterblieben sind und (2) in welchem Ausmaß sich aus einer solchen Bewertung erhebliche künftige Belastungen ergeben.

Nach § 267 Abs. 1 HGB entfällt eine Angabepflicht für kleine Kapitalgesellschaften, und § 327 Nr. 2 HGB erlaubt mittelgroßen Kapitalgesellschaften die Einreichung des Jahresabschlusses ohne diese Angabe. Kleine Aktiengesellschaften müssen auf Verlangen eines Aktionärs hierzu Angaben in der Hauptversammlung machen (§ 131 Abs. 1 Satz 3 AktG); bei kleinen Gesellschaften mit beschränkter Haftung hat der Gesellschafter Anspruch auf eine Auskunft (§ 51a GmbHG).[15]

Die Vorschrift ist auf Art. 43 Abs. 1 Nr. 10 der Vierten EG-Richtlinie zurückzuführen, der im Interesse der Vergleichbarkeit von Jahresabschlüssen in der Gemeinschaft diese Zusatzinformation fordert, wenn die Koppelung von Handels- und Steuerbilanz im Sinne einer umgekehrten Maßgeblichkeit die Aussagefähigkeit von Bilanz- und Gewinn- und Verlustrechnung beeinträchtigt.[16,17] Bedingt durch die inzwischen mit § 5 Abs. 1 Satz 2 EStG umfassend kodifizierte Umkehrmaßgeblichkeit hat sich die Bedeutung der Vorschrift erhöht.[18] Uns interessiert die Frage, inwieweit über steuerliche Ergebnisbeeinflussungen und erhebliche künftige Belastungen berichtet werden sollte.

Die Berichterstattung ist zweigeteilt. Zunächst ist die Ergebniswirkung des Berichtsjahres zu ermitteln, dann das Ausmaß künftiger erheblicher Belastungen aufgrund der früheren Inanspruchnahme von Steuervergünstigungen. Hinsichtlich der Beeinflussung des Jahresergebnisses wird zunächst die kumulierte Bruttoergebniswirkung solcher steuerlich motivierter Bilanzierungsmaßnahmen ermittelt und in einem zweiten Schritt

---

15 Vgl. Ellrott, Beck'scher Bilanzkommentar, § 285 Anm. 85; WPH (1996), Bd. I, FN 630 zu F 493.
16 Vgl. Biener/Bernecke (1986), S. 259 f.
17 § 285 Nr. 5 HGB ist an die Stelle von § 272 Abs. 1 Nr. 6 HGB-E getreten, der eine Angabepflicht vorsah für „das Ausmaß, in dem das Jahresergebnis dadurch beeinflußt wurde, daß Wirtschaftsgüter im Geschäftsjahr oder in früheren Geschäftsjahren zur Erlangung von steuerlichen Vergünstigungen gemäß § 265 HGB nach steuerrechtlichen Vorschriften bewertet wurden, ferner das Ausmaß erheblicher künftiger Belastungen, die sich aus einer solchen Bewertung ergeben."
18 Vgl. Karrenbrock, BB 1993, S. 534; Krawitz, BoHR, § 285 Tz. 64.

die Entlastungswirkung bei den ergebnisabhängigen Aufwendungen - vorrangig den Erfolgsteuern -, so daß ein Nettoeffekt verbleibt, der mit dem Ergebnis nach Steuern zu vergleichen ist. Die zukünftigen Belastungen beziehen sich auf die steuerlichen Mehrbelastungen, denen allerdings geringere handelsrechtliche Bewertungen gegenüberstehen. Ein vereinfachtes Beispiel soll die Berichterstattung verdeutlichen.

Eine Kapitalgesellschaft[19] erwirbt Anfang 01 eine Maschine mit einer betriebsgewöhnlichen Nutzungsdauer von 5 Jahren für 100.000 DM. Neben der degressiven Abschreibung gemäß § 7 Abs. 2 EStG[20] macht die Kapitalgesellschaft in der Steuerbilanz die Sonderabschreibung gemäß § 7g EStG in Höhe von 20 % geltend. Das Wahlrecht bei der steuerrechtlichen Gewinnermittlung muß in Übereinstimmung mit der handelsrechtlichen Jahresbilanz ausgeübt werden (§ 5 Abs. 1 Satz 2 EStG). Die Handelsbilanz läßt ihrerseits die steuerrechtliche Sonderabschreibung zu (§ 254 HGB). Der kombinierte Ertragsteuersatz möge 60 % betragen.

Die Ergebnisbeeinflussungen in 01 und 02 stellen sich wie folgt dar.[21]

	Geschäftsjahre	
	01	02
tatsächliche Abschreibung	50.000	15.000
- fiktive handelsrechtliche Abschreibung	30.000	21.000
Ergebnisauswirkung vor Steuern	-20.000	+6.000
Steuereffekt	+ 12.000	./. 3.600
Ergebnisauswirkung nach Steuern	-8.000	+2.400

Die steuerliche Ergebnisbeeinflussung gemäß § 285 Nr. 5 HGB liegt in 01 bei ./. 8.000 DM Nettoergebnisminderung. In 02 tritt ein Umkehreffekt in Höhe von + 2.400 DM ein. Die mit der Sonderabschreibung im Erstjahr korrespondierenden Minderabschreibungen in den Folgejahren (02-05) führen zu Mehrbelastungen mit Er-

---

19 Die Voraussetzungen nach § 7g Abs. 2 Satz 1 Nr. 1 u. 2 EStG sind erfüllt.
20 Vgl. Herrmann/Heuer/Raupach, § 7g Anm. 36a (11.1988).
21 Die Darstellungsform entspricht dem Beispiel von Coenenberg (1997), S. 375 f., das allerdings korrekturbedürftige Berechnungen enthält (z.B. KSt 50 %).

folgsteuern, die bei unterstellten konstanten Steuersätzen nominal mit der Entlastungswirkung im Erstjahr übereinstimmen. Ohne Koppelung von Handels- und Steuerbilanz i.S.d. umgekehrten Maßgeblichkeit lägen passive latente Steuern vor.[22] Ob und in welcher Weise eine Berichterstattung erfolgen sollte, ist damit noch nicht beantwortet. Das Beispiel läßt darüber hinaus Fragen nach dem adäquaten Vergleichsmaßstab und nach der Berechnung des Steuereffekts entstehen.

62.22 Systematisierung der Ergebnisbeeinflussungen

Dem Wortlaut nach umfaßt die Berichterstattung nach § 285 Nr. 5 HGB *abschließend* die folgenden Fälle:

- die Vornahme steuerrechtlicher Abschreibungen nach § 254 HGB
- unterlassene Zuschreibungen nach § 280 Abs. 2 HGB
- die Bildung von Sonderposten mit Rücklageanteil nach § 273 HGB.

Demnach werden von der Anhangangabe diejenigen Fälle nicht erfaßt, die zwar ausschließlich im Steuerrecht geregelt sind, aber nach den handelsrechtlichen GoB auch in der Handelsbilanz gelten.[23]

a) Die Vornahme steuerrechtlicher Abschreibungen im Sinne von § 254 HGB

§ 254 HGB statuiert ein Wahlrecht zur Vornahme von Abschreibungen bei Vermögensgegenständen des Anlage- und Umlaufvermögens, die ausschließlich steuerrechtlich und nicht schon nach handelsrechtlichen GoB zulässig sind. Im einzelnen fallen darunter die Sonderabschreibungen und erhöhten Absetzungen des EStG (z.B. § 7g EStG) und anderer Steuergesetze (§ 4 FördG), nicht jedoch die Bewertungsfreiheit im

---

[22] Vgl. Roebruck (1984), S. 225.
[23] Vgl. Wehrheim, BB 1994, S. 1458.

Sinne von § 6 Abs. 2 EStG und die geometrisch-degressive Abschreibung nach § 7 Abs. 2 EStG.[24] Zu beachten ist für die Berechnung der Ergebnisbeeinflussung, daß neben der Sonderabschreibung lineare Abschreibungen[25] zulässig sind, während die erhöhten Absetzungen an die Stelle der Absetzung für Abnutzung treten. Zu berücksichtigen sind auch Abzüge von den Anschaffungs- oder Herstellungskosten (§ 6b EStG, R 35 EStR).

Das Ausmaß der Ergebnisbeeinflussung ergibt sich somit im Vergleich zur handelsrechtlichen Abschreibung, die auch im Falle einer steuerlichen Sonderabschreibung eine degressive Abschreibung sein kann.[26]

Die Angabepflichten nach § 285 Nr. 5 und § 281 Abs. 2 Satz 1 HGB über den Betrag der im Geschäftsjahr allein nach steuerrechtlichen Vorschriften vorgenommenen Abschreibungen sind unabhängig voneinander zu erfüllen.[27]

b) Die unterlassenen Zuschreibungen i.S.v. § 280 Abs. 2 HGB betreffen die steuerbedingte Durchbrechung des Wertaufholungsgebots. Da das Einkommensteuergesetz mit § 6 Abs. 1 Nr. 1 Satz 4 u. Nr. 2 Satz 3 (derzeit) ein Beibehaltungswahlrecht vorsieht und für die Steuerbilanz die Beibehaltung in der Handelsbilanz die Voraussetzung bildet, gewährt § 280 Abs. 2 HGB ein Wahlrecht zur Zuschreibung. Diese Ausnahme führt dazu, daß das Wertaufholungsgebot weitgehend bedeutungslos ist.[28]

c) Die Bildung von Sonderposten mit Rücklageanteil gemäß § 273 HGB ist zurückzuführen auf die erstrebte Inanspruchnahme sog. steuerfreier Rücklagen, die in Einzelsteuergesetzen und Verwaltungsanweisungen geregelt sind. Kapitalgesellschaften dürfen den Sonderposten mit Rücklageanteil nur insoweit bilden, als das Steuerrecht die

---

[24] Vgl. Ellrott, Beck'scher Bilanzkommentar, § 285 Anm. 87.
[25] Als Ausnahme ist die Sonderabschreibung nach § 7g EStG für kleine und mittlere Unternehmen zu nennen, die daneben die degressive Abschreibung zuläßt.
[26] Vgl. Ellrott, Beck'scher Bilanzkommentar, § 285 Anm. 86; Schülen, BeckHdR, B 420, Tz. 86, demgegenüber undifferenziert: keine Kürzung der Ergebnisauswirkung um die Normalabschreibung.
[27] Vgl. Ellrott, Beck'scher Bilanzkommentar, § 285 Anm. 90.
[28] Vgl. Budde/Karig, Beck'scher Bilanzkommentar, § 280 Anm. 1, 21, 23, 27 zu Ausnahmen.

Anerkennung des Wertansatzes bei der steuerrechtlichen Gewinnermittlung davon abhängig macht, daß der Sonderposten in der Bilanz gebildet wird. Über den Wortlaut von § 285 Nr. 5 HGB hinaus sind neben den Ergebnisdifferenzen aus der Bildung auch die Auflösungswirkungen zu erfassen.[29]

- Rücklage für Veräußerungsgewinne gemäß § 6b Abs. 3 EStG
- Rücklage bei Erwerb von Betrieben, deren Fortbestand gefährdet ist (§ 6d EStG)[30]
- Rücklage für Ersatzbeschaffung, R 35 EStR
- Rücklage für Zuschüsse, R 34 Abs. 4 EStR
- Rücklage im Fördergebiet nach § 6 FördG[31]
- Rücklage im Zonenrandgebiet, § 3 Abs. 1 u. Abs. 2a ZonenRFG[32]
- Rücklagen durch Vereinigung von Forderungen und Verbindlichkeiten gemäß § 6 Abs. 1 UmwStG

Gemeinsam ist allen drei genannten Bilanzierungsmaßnahmen die ergebnisbelastende Wirkung im Erstjahr, die durch die Steuerentlastung gemildert wird, und die ergebniserhöhende Wirkung der Folgejahre verbunden mit einer entsprechenden Steuerbelastung. Auch diejenigen Bilanzposten, die vor dem Inkrafttreten des Bilanzrichtlinien-Gesetzes in der beschriebenen Weise bewertet worden sind, beeinflussen ggf. das Jahresergebnis und sind damit einzubeziehen.[33]

---

[29] Vgl. Ellrott, Beck'scher Bilanzkommentar, § 285 Anm. 87.
[30] Die Rücklage konnte gebildet werden bei Erwerb der Kapitalanlage aufgrund eines obligatorischen Vertrags in der Zeit vom 1.10.1982 bis 31.12.1986. Vgl. Schmidt-Drenseck, EStG, 14. Aufl. 1995, § 6d Anm. 1. Nach § 6d Abs. 4 Satz 1 EStG ist die Rücklage spätestens vom sechsten auf ihre Bildung folgenden Wirtschaftsjahr an mit jährlich mindestens einem Fünftel gewinnerhöhend aufzulösen.
[31] Die Rücklage war spätestens zum Schluß des ersten nach dem 30.12.1994 endenden Wirtschaftsjahrs aufzulösen.
[32] Nach § 3 Abs. 2a Satz 10 ZonenRFG ist die Rücklage spätestens am Schluß des nach dem 30.12.1996 endenden Wirtschaftsjahrs aufzulösen.
[33] Gl. A. Haeger, WPg 1989, S. 452 f.; WPH (1996), Bd. I, F 565 m.w.Nw.

62.23 Ermittlung der Ergebnisbeeinflussung

Die im vorherigen Abschnitt genannten Bilanzierungsmaßnahmen führen zu Ergebniswirkungen im Erstjahr und in der Zukunft. Für die Anhangangabe ist die kumulierte Ergebnisbeeinflussung des betreffenden Jahres maßgebend, so daß in einem ersten Schritt ggf. ergebniserhöhende und -reduzierende Effekte des Geschäftsjahres zusammenzufassen sind.[34] Vergleichbar mit der Bilanzierung latenter Steuern nach § 274 HGB wird somit eine Gesamtbetrachtung angestellt. Da die Berichterstattung in jedem Geschäftsjahr erfolgen muß, in dem solche Bilanzierungsmaßnahmen vorliegen, sollte die Ermittlung auf einer Nebenrechnung basieren, die die erstmaligen Ergebniseffekte und Folgewirkungen nachvollziehbar dokumentiert. In den meisten Fällen wird eine eigenständige Nebenrechnung notwendig sein, um den Saldo der Ergebniseffekte zu ermitteln.[35]

Der Nettoeffekt ergibt sich nach Erfassung der Erfolgsbesteuerung. Lehnt man eine pauschale Ermittlung der Besteuerungswirkung[36], die keinen zusätzlichen Informationswert hätte, ab, ist zunächst zu klären, welche Steuersätze zugrunde zu legen sind. Es ist zu ermitteln, welche Erfolgsteuerbelastung angefallen wäre, wenn die Steuervergünstigungen nicht in Anspruch genommen worden wären.[37] Während Gewerbeertragsteuer und Solidaritätszuschlag eindeutig bestimmbar sind, bereitet die Festlegung des Körperschaftsteuersatzes aufgrund der Gewinnverwendungsabhängigkeit gewisse Probleme. Legt man den tatsächlichen Gewinnverwendungsvorschlag zugrunde, so ist bei positivem Jahresergebnis der Thesaurierungssteuersatz von derzeit 45 % zugrunde zu legen.[38] Bei Annahme einer hypothetischen Gewinnverwendung - etwa der 50:50-Regel für die Dividendenbemessung oder bei überwiegender Ausschüttung - muß eine

---

[34] Vgl. ADS, 6. Aufl., § 285 Tz. 105.
[35] Vgl. ADS, 6. Aufl., § 285 Tz. 106; WPH (1996), Bd. I, F 564; Wehrheim, BB 1994, S. 1459.
[36] Für die Anwendung eines pauschalen Steuersatzes Haeger, WPg 1989, S. 444; offenbar auch Roebruck (1984), S. 225. Dagegen WPH (1996), Bd. I, F 564: Ermittlung im Einzelfall; ebenso Krawitz, BoHR, § 285 Rz. 74.
[37] Vgl. Dörner/Wirth, HdR, 4. Aufl., Bd. Ia, § 285 Rn. 199.
[38] Vgl. ADS, 6. Aufl., § 285 Tz. 106.

Steuerbelastung zwischen Thesaurierungs- und Ausschüttungssatz ermittelt werden.[39] Bei unterstellter vollständiger Ausschüttung kommt der Ausschüttungssatz von derzeit 30 % in Betracht.

Einer Steuerberechnung auf der Grundlage des tatsächlichen Gewinnverwendungsvorschlags wird hier der Vorzug gegeben, denn die ergebnis- und ausschüttungsmindernde Wirkung der Steuervergünstigung wurde mit deren Inanspruchnahme in Kauf genommen. Daraus folgt die Anwendung des Thesaurierungssatzes in Höhe von 45 %. Auch in den Fällen, in denen ein negatives Jahresergebnis und ein steuerlicher Verlust ausgewiesen werden, sollte der Thesaurierungssatz zur Anwendung kommen, wenn der interperiodische Verlustausgleich (§ 8 Abs. 1 KStG i.V.m. § 10d EStG) zu einer entsprechenden Entlastung führt.

Der errechnete Nettoeffekt ist mit einer Bezugsgröße zu vergleichen, um das Ausmaß der Ergebnisbeeinflussung zu bestimmen. In Frage kommt das Jahresergebnis (Jahresüberschuß/Jahresfehlbetrag), das ohne Inanspruchnahme der steuerrechtlich bedingten Bilanzierungsmaßnahmen auszuweisen wäre. In allen Konstellationen (Jahresüberschuß, Jahresfehlbetrag, Null-Ergebnis) besteht prinzipiell eine Angabepflicht[40], in den Fällen eines durch die Inanspruchnahme der Steuervergünstigung entstandenen Jahresfehlbetrages kommt der Berichterstattung besondere Bedeutung zu.[41] Auch bei Entstehen eines steuerlichen Verlusts entfällt die Verpflichtung nicht.[42] Bei Tochterunternehmen, die durch einen Gewinnabführungsvertrag mit einem Unternehmen verbunden sind, sollte mangels ausgewiesenem Jahresüberschuß ein Bezug zum abgeführten Ergebnis hergestellt werden.[43]

---

39 Zur Berechnung eines solchen Mischsatzes vgl. Dörner/Wirth, HdR, 4. Aufl., Bd. Ia, § 285 Rn. 199.
40 Vgl. Ellrott, Beck'scher Bilanzkommentar, § 285 Anm. 90; ADS, 6. Aufl., § 285 Tz. 104; WPH (1996), Bd. I, F 563.
41 Vgl. Dörner/Wirth, HdR, 4. Aufl., Bd. Ia, § 285 Rn. 189-191; ADS, 6. Aufl., § 285 Tz. 104.
42 A.A. Dörner/Wirth, HdR, 4. Aufl., Bd. Ia, § 285 Rn. 200.
43 Nach ADS, 6. Aufl., § 285 Tz. 104, zwar wünschenswert, aber nach dem Gesetzeswortlaut nicht erforderlich. Nach Ellrott, Beck'scher Bilanzkommentar, § 285 Anm. 85 entfällt dann eine Angabepflicht.

Karrenbrock[44] vertritt die Auffassung, daß der adäquate Vergleichsmaßstab derjenige Jahresüberschuß sei, der sich ohne Umkehrung des Maßgeblichkeitsgrundsatzes, aber bei Inspruchnahme der Steuervergünstigung ergeben hätte. Daraus folgt die Notwendigkeit einer passiven Steuerabgrenzung i.S.v. § 274 Abs. 1 HGB. Diese Auffassung ist weder mit dem Wortlaut der Norm noch mit dem Gesetzeszweck zu vereinbaren.

62.24 Angabe der Ergebnisbeeinflussung

§ 285 Nr. 5 1. Halbsatz HGB fordert eine Angabe über das *Ausmaß der Ergebnisbeeinflussung*. Nach der Terminologie des HGB bedeutet dies keine exakte betragsmäßige Angabe über die absolute Höhe der Ergebnisbeeinflussung, sondern eine abstraktere Vermerkpflicht.[45] Nach überwiegender Auffassung reicht eine prozentuale Umschreibung der Beeinflussung aus[46], nicht hingegen eine lediglich verbale Umschreibung, daß das Jahresergebnis „wesentlich", „erheblich" oder „beträchtlich" beeinflußt wurde.[47] Nach der hier vertretenen Auffassung sollte eine quantitative, wenngleich keine „pfenniggenaue" Angabe erfolgen.[48] Dies verursacht keinen zusätzlichen Ermittlungsaufwand, denn die Nebenrechnung liegt ohnehin vor.[49] Die folgenden, vom WP-Handbuch vorgeschlagenen Formulierungen erscheinen für die Erfüllung der Berichtspflicht angemessen:

„Auf Grund steuerrechtlicher Abschreibungen und des Saldos aus Einstellungen und Auflösungen von Sonderposten mit Rücklageanteil und der daraus resultierenden Be-

---

[44] Vgl. Karrenbrock, BB 1993, S. 539. So auch Schulze-Osterloh, in: Baumbach-Hueck, § 42 Anm. 418.
[45] Vgl. Jonas (1980), S. 226; Biener/Bernecke (1986), S. 260: WPH (1996), Bd. I, F 566; Dörner/Wirth, HdR, 4. Aufl., Bd. Ia, § 285, Rn. 188 mit Hinweis auf § 284 Abs. 2 Nr. 4 und § 285 Nr. 1 HGB.
[46] Vgl. Biener/Bernecke (1986), S. 260; Haeger, WPg 1989, S. 446; Glade (1995), § 285 Tz. 47; Schülen, BeckHdR, B 420 Tz 86: zahlenmäßige, mindestens aber größenordnungsmäßige Angabe.
[47] Vgl. Haeger, WPg 1989, S. 445.
[48] Gl. A. Wehrheim, BB 1994, S. 1459. Die Praxis der Berichterstattung zeigt ein gemischtes Bild; vgl. die Analysen von Haeger, WPg 1989, S. 443 und Wehrheim, BB 1994, S. 1461.
[49] Vgl. Roebruck (1984), S. 224, die eine betragsmäßige Angabe bevorzugt.

einflussung unseres Steueraufwandes liegt der ausgewiesene Jahresgewinn um etwa ein Fünftel unter dem Betrag, der sonst auszuweisen gewesen wäre."[50]

„Die in früheren Jahren vorgenommenen steuerrechtlichen Abschreibungen wirken sich im vorliegenden Abschluß in erheblich niedrigeren laufenden Abschreibungen aus; dies hat zu einem entsprechend höheren Steueraufwand geführt; der verbleibende Saldo hat das Jahresergebnis verdoppelt."[51]

Zusätzlich sollte jedoch angegeben werden, welcher kombinierte Steuersatz für die Berechnung zugrunde gelegt worden ist.[52] Auch bei nur unwesentlicher Beeinflussung sollte ein Vermerk erfolgen.[53] Ob im Falle eines Jahresfehlbetrages eine exaktere Angabe erforderlich wird, ist im Schrifttum umstritten.[54] Eine Verpflichtung könnte sich hierzu aus § 264 Abs. 2 Satz 2 HGB ergeben.

Von § 285 Nr. 5 2. Halbsatz HGB wird eine Angabe über das Ausmaß *erheblicher künftiger Belastungen* aus solchen steuerrechtlichen Bewertungen gefordert. Belastungen können nur aus der Besteuerung resultieren, denn der Bemessungsgrundlagenreduktion im Erstjahr stehen Bemessungsgrundlagenerhöhungen in der Zukunft gegenüber. Würde man die niedrigeren Abschreibungen und Auflösungen von Sonderposten in die Betrachtung miteinbeziehen, so wären stets positive Ergebniswirkungen zu verzeichnen. Deshalb sieht das Schrifttum mit der isolierten Angabe der Mehrsteuern der Zukunft zu Recht eine asymmetrische Lösung vor.[55]

Der kombinierte Erfolgsteuersatz umfaßt Körperschaftsteuer, Gewerbeertragsteuer und derzeit Solidaritätszuschlag in der jeweils geltenden Höhe. Nur bei bereits feststehen-

---

[50] WPH (1996), Bd. I, F 566.
[51] WPH (1996), Bd. I, F 566.
[52] So zutreffend Krawitz, BoHR, § 285 Tz. 74.
[53] Vgl. Wehrheim, BB 1994, S. 1459.
[54] Vgl. ADS, 6. Aufl., § 285 Tz. 104: detailliertere Berichterstattung nur im Ausnahmefall.
[55] Vgl. ADS, 6. Aufl., § 285 Tz. 118; Dörner/Wirth, HdR, 4. Aufl., Bd. Ia, § 285, Rn. 208; Ellrott, Beck'scher Bilanzkommentar, § 285 Anm. 105; a.A. Schülen, BeckHdR, B 420 Tz. 93.

den Änderungen im Prognosezeitraum sind diese zugrunde zu legen.[56] Die Körperschaftsteuer sollte mit dem Thesaurierungssatz erfaßt werden. Dafür spricht das Stichtagsprinzip, das eine spekulative Antizipation künftiger Gewinnverwendungsbeschlüsse verbietet.[57] Unterstellt man andererseits Dividendenkonstanz in der Zukunft, so gelangt man zu keinem anderen Ergebnis.

Eine Abzinsung der künftig fällig werdenden Steuern ist abzulehnen, da § 285 Nr. 5 2. Halbsatz HGB auf die künftigen Belastungen abstellt.[58] Ebenso eine Verrechnung mit aktiven latenten Steuern, die mit den Steuerfolgen der Voränge aus § 285 Nr. 5 HGB nichts zu tun haben.[59]

Angabepflichtig sind nur *erhebliche künftige Belastungen*, so daß sich nach Festlegung des Betrachtungszeitraums auch hier wieder das Problem stellt, die Wesentlichkeit zu operationalisieren.[60] § 285 Nr. 5 HGB legt eine dynamische und keine bestandsorientierte Betrachtung nahe.[61] Das Jahresergebnis selbst ist keine geeignete Bezugsgröße.[62] Es erscheint dagegen sinnvoll, die Erheblichkeit künftiger Belastungen am Erfolgsteueraufwand der Rechnungsperiode zu messen, denn damit werden zwei Steueraufwandsgrößen zueinander in Beziehung gebracht. Wesentlichkeit soll gegeben sein, wenn die künftigen Belastungen mindestens 10 % des Erfolgsteueraufwands der Rechnungsperiode ausmachen.[63]

---

[56] Vgl. WPH (1996), Bd. I, F 568.
[57] Vgl. Karrenbrock, BB 1993, S. 1049. A.A. Roebruck (1984), S. 226.
[58] Vgl. Dörner/Wirth, HdR, 4. Aufl., Bd. Ia, § 285, Rn. 209; a.A. Glade (1995), § 285 Tz. 48: Barwert einer latenten Ertragsteuerrückstellung; WPH (1996), Bd. I, F 568.
[59] Vgl. Schulze-Osterloh, in: Baumbach-Hueck, § 42 Anm. 419; a.A. Karrenbrock, BB 1993, S. 1049.
[60] Vgl. ADS, 6. Aufl., § 285 Tz. 123.
[61] Vgl. Krawitz, BoHR, § 285 Rz. 88 - 91.
[62] Vgl. Roebruck (1984), S. 30 f. Nach WPH (1996), Bd. I, F 569 , mögliche Bezugsgrößen: die eigenen Mittel, die Rückstellungen und Verbindlichkeiten sowie der Umfang der zur Verfügung stehenden flüssigen Mittel.
[63] Zur 10 %-Grenze vgl. auch Wehrheim, BB 1994, S. 1460, wenngleich mit anderen Bezugsgrößen. Bei mehr als 10 % Reduzierung Krawitz, BoHR, § 285 Rz. 89.

6. Kapitel: Sonstige Berichtspflichten und freiwillige Informationsvermittlung 249

Die Berichterstattung sollte nicht auf die nähere Zukunft beschränkt sein[64], sondern alle absehbaren Belastungen umfassen, damit ein den tatsächlichen Verhältnissen entsprechendes Bild der Vermögens- und Finanzlage vermittelt werden kann.[65] In den meisten Fällen ist der durch subventionelle Steuervergünstigungen verursachte zukünftige Erfolgsteueraufwand prognostizierbar. Wünschenswert wäre die Angabe der zeitlichen Struktur der Belastungen, die mit einer den Verbindlichkeiten entsprechenden Einteilung in kurz-, mittel- und langfristig fällige Steuerbelastungen gegeben werden könnte.[66]

62.3 Ertragsteuerspaltung

62.31 Vorbemerkungen

§ 285 Nr. 6 HGB fordert für Kapitalgesellschaften[67] die Anhangangabe, in welchem Umfang die Steuern vom Einkommen und vom Ertrag einerseits das Ergebnis der gewöhnlichen Geschäftstätigkeit und andererseits das außerordentliche Ergebnis belasten. Die Berichterstattung setzt somit ein außerordentliches Ergebnis voraus, das seinerseits nach geltendem Recht (§ 277 Abs. 4 HGB) schon restriktiv definiert ist. Wird die Berichterstattung damit zum seltenen Fall[68] herabgestuft, so hat die Ertragsteuerspaltung ausgerichtet am Leitgedanken objektivierter und umfassender Rechenschaftslegung - ungeachtet der Art der Anhangangabe - gerade deshalb möglichst exakt zu erfolgen. Es kann nicht im Belieben der Bilanzierenden stehen, in welcher Weise die Aufteilung durchgeführt wird.[69]

---

[64] Vgl. bspw. Roebruck (1984), S. 226: Beschränkung auf fünf Jahre mit Bezugnahme auf die Erläuterung von Verbindlichkeiten.
[65] Gl. A. Karrenbrock, BB 1993, S. 1047.
[66] Vgl. Karrenbrock, BB 1993, S. 1047.
[67] Nach § 5 Abs. 2 Satz 2 PublG entfällt diese Angabepflicht bei den publizitätspflichtigen Unternehmen.
[68] Vgl. Clemm/Ellroth, Beck'scher Bilanzkommentar, § 285 Anm. 120; Harms/Küting, BB 1983, S. 1257 ff.
[69] So aber Glade (1995), § 285 Tz. 54.

Diese Pflichtangabe für große und mittelgroße Kapitalgesellschaften geht zurück auf Artikel 30 Satz 3 der 4. EG-Richtlinie und wird kurz als Ertragsteuerspaltung bezeichnet. Für kleine Kapitalgesellschaften sieht § 288 Satz 1 HGB die Befreiung von der Verpflichtung vor. Mit Art. 23 und 25 hat die 4. EG-Richtlinie die aus dem angelsächsischen Bereich bekannte Trennung des Aufwands für Steuern vom Einkommen und vom Ertrag in einen auf die normale Geschäftstätigkeit und einen auf das außerordentliche Ergebnis entfallenden Anteil übernommen.[70] Im Gegensatz zu einer solchen Ertragsteuerspaltung in der GuV gewährt Art. 30 Satz 1 das Wahlrecht zum zusammengefaßten Erfolgsteuerausweis, verbunden mit einer *Verpflichtung zur Angabe des Umfangs* der auf dem Ergebnis der normalen Geschäftstätigkeit und auf dem a.o. Ergebnis lastenden Steuern (Art. 30 Satz 3). Die Ausübung des Mitgliedstaatenwahlrechts durch § 285 Nr. 6 HGB führt gegenüber der betragsmäßigen Angabe zu einer geringeren Publizität.[71]

62.32 Das außerordentliche Ergebnis gemäß § 277 Abs. 4 Satz 1 HGB

§ 277 Abs. 4 Satz 1 HGB umschreibt außerordentliche Erträge und Aufwendungen als unregelmäßige Rechenelemente, die außerhalb der gewöhnlichen Geschäftstätigkeit anfallen. Die Posten Nr. 15 und Nr. 16 (im UKV Nr. 14 u. 15) sind hinsichtlich ihres Betrags und ihrer Art im Anhang zu erläutern, soweit die ausgewiesenen Beträge für die Beurteilung der Ertragslage nicht von untergeordneter Bedeutung sind (§ 277 Abs. 4 Satz 2 HGB).

Die Regelung knüpft an angelsächsische und angloamerikanische Rechnungslegungsgrundsätze an, die nach den Kriterien „unregelmäßig", „selten anfallend" und „ungewöhnlich" abgrenzen. Eine besondere Wesentlichkeit ist indes nicht erforder-

---

[70] Vgl. ADS, 6. Aufl., § 285 Tz. 125.
[71] Vgl. ADS, 6. Aufl., § 285 Tz. 129.

lich.[72] Andererseits reicht im Unterschied zum AktG 1965 eine Aperiodizität von Erträgen oder Aufwendungen allein nicht aus.[73] Ob unregelmäßige Erträge oder Aufwendungen einen außerordentlichen Charakter haben, kann nur mit Blick auf die (bisherige) gewöhnliche Geschäftstätigkeit des Unternehmens beantwortet werden.[74]

Das außerordentliche Ergebnis, der Saldo aus Erträgen und Aufwendungen, kann positiv oder negativ sein. In Verbindung mit positiven, negativen oder Null-Ergebnissen aus der gewöhnlichen Geschäftstätigkeit entstehen damit sechs relevante Fallkombinationen. Im Hinblick auf die Aufteilung des Erfolgsteueraufwands sind neben den handelsrechtlichen Größen die i.d.R. abweichenden steuerlichen Bemessungsgrundlagen zu berücksichtigen.

		Ergebnis der gewöhnlichen Geschäftstätigkeit		
		positiv	null	negativ
außerordentliches Ergebnis	positiv	11	12	13
	negativ	21	22	23

Abbildung 40: Fallkombinationen von a.o. Ergebnis und
Ergebnis der gewöhnlichen Geschäftstätigkeit

62.33 Verfahren der Ertragsteuerspaltung

Die Spaltung bezieht sich auf den Posten Nr. 18 (Nr. 17 im UKV) der GuV „Steuern vom Einkommen und vom Ertrag" und umfaßt damit den Steueraufwand der laufenden Periode, gleichgültig ob dieser zahlungswirksam geworden oder zurückgestellt ist, un-

---

[72] Vgl. Ossadnik, WPg 1993, S. 617.
[73] Vgl. Isele, HdR, 4. Aufl., Bd. Ia, § 277 Rn. 111.
[74] Vgl. Förschle, Beck'scher Bilanzkommentar, § 275 Anm. 221 - 223, mit Beispielen und einer Negativabgrenzung.

abhängig von Erstattungen oder Nachzahlungen der Vergangenheit oder etwaigen Steuerlatenzen.[75] Der zusammengefaßte Ausweis auch periodenfremder Beträge zieht weitergehende Fragen bei der Aufteilung nach sich. Neben der Körperschaft- und Gewerbeertragsteuer sind Solidaritätszuschlag und Kapitalertragsteuer - im Falle der Anrechnung auf die Körperschaftsteuer - einzubeziehen.[76] Bei einer ertragsteuerlichen Organschaft sind die auf der Ebene der Organgesellschaft Steuerumlagen, die materiell den Erfolgsteuern entsprechen, aufzuteilen.[77]

Grundlage der Ertragsteuerspaltung bildet - wie bei der Angabe nach § 285 Nr. 5 HGB - ebenfalls eine steuerliche Nebenrechnung[78], die sich zweckmäßigerweise an die Berechnung der Gewerbeertragsteuer und die körperschaftsteuerliche Einkommensermittlung angliedert. Eine Schätzung kann die Ermittlungsrechnung grundsätzlich nicht ersetzen.[79] Deshalb ist zunächst die Gewerbeertragsteuerbemessungsgrundlage, der Gewerbeertrag i.S.v. § 7 GewStG unter Einbezug der Modifikationen (§§ 8 u. 9 GewStG) verursachungsgerecht aufzuteilen. Sodann wird die KSt-Belastung einschließlich Solidaritätszuschlag gespalten. Auch hier sollte zunächst versucht werden, die Bemessungsgrundlagen unmittelbar zuzuordnen (Direktzuordnung).[80] Eine andere Methode besteht in der Durchführung einer proportionalen Verteilung auf die Ergebnisbereiche (Proportionalverteilung).

Weiterhin muß wiederum die Frage beantwortet werden, in welcher Weise die Gewinnverwendung Berücksichtigung findet. Dies ist in den regelmäßig vorliegenden Fällen einer Mischverwendung problematisch, während bei vollständiger Thesaurierung bzw. Vollausschüttung nach der Relation der Ergebniskomponenten zueinander verteilt wird.[81] Steuerminderungen aus der Ausschüttung eines Gewinnvortrags lassen

---

[75] Vgl. Ellrott, Beck'scher Bilanzkommentar, § 285 Anm. 129.
[76] Vgl. ADS, 6. Aufl., § 285 Tz. 130.
[77] A.A. Ellrott, Beck'scher Bilanzkommentar, § 285 Anm. 129. Zur Bemessung von Steuerumlagen vgl. auch Kapitel 5.
[78] Vgl. Harms/Küting, BB 1983, S. 1257.
[79] A.A. Ellrott, Beck'scher Bilanzkommentar, § 285 Anm. 130.
[80] Vgl. Dörner/Wirth, HdR, 4. Aufl., Bd. Ia, § 285 Rn. 217
[81] Vgl. Ellrott, Beck'scher Bilanzkommentar, § 285 Anm. 131.

sich indes nicht zuordnen.[82] Bei einer teilweisen Ausschüttung gehen die Meinungen im Schrifttum auseinander. Eine Auffassung geht dabei von der Begriffsbestimmung des a.o. Ergebnisses aus und folgert, diesen Teil mit dem Ausschüttungssteuersatz zu belegen, falls die Bardividende das a.o. Ergebnis erreicht oder sogar übersteigt.[83] Die h.M. hält im Falle einer Mischverwendung ebenfalls eine proportionale Aufteilung für gerechtfertigt, denn eine Zuordnung der Ausschüttung zu einem der beiden Ergebniskomponenten könne wohl in der Regel nicht vorgenommen werden.[84] Dem ist zu folgen, doch sollten vorliegende Informationen genutzt werden - beispielsweise die Steuerfreiheit bestimmter Erträge -, die eine exaktere Aufteilung ermöglichen.[85]

Ist in einer Ergebnisquelle ein steuerlicher Verluste entstanden, der durch das positive Ergebnis aus dem anderen Bereich ausgeglichen worden ist, so dürfte der Steueraufwand allein letzterem zuzuordnen sein.[86] Die Steuerersparnis aufgrund eines negativen a.o. Ergebnisses ist nicht angabepflichtig.[87] Nun kann aber auch der Fall vorliegen, daß beide Ergebnisquellen negativ sind. Dann wird regelmäßig kein Erfolgsteueraufwand vorliegen. Verlustrückträge, die zu einer Erstattung der Körperschaftsteuer führen, ziehen keine Angabepflicht nach § 285 Nr. 6 HGB nach sich.[88]

---

[82] Vgl. Dörner/Wirth, HdR, 4. Aufl., Bd. Ia, § 285 Rn. 221.
[83] Vgl. Kupsch, HdJ IV/4, Anm. 179.
[84] Vgl. Biener/Bernecke (1986), S. 260; ADS, 6. Aufl., § 285 Tz. 133. Ebenso Harms/Küting, BB 1983, S. 1259; ADS, 6. Aufl., § 285 Tz. 133; Ellrott, Beck'scher Bilanzkommentar, § 285 Anm. 131; Dörner/Wirth, HdR, 4. Aufl., Bd. Ia, § 285 Rn. 214; Schulze-Osterloh, in: Baumbach-Hueck, § 42 Anm. 424.
[85] Vgl. Dörner/Wirth, HdR, 4. Aufl., Bd. Ia, § 285 Rn. 217 - 220 mit Beispielen.
[86] Vgl. ADS, 6. Aufl. § 285 Tz. 137.
[87] Vgl. WPH (1996), Bd. I, F 575.
[88] Vgl. ADS, 6. Aufl., § 285 Tz. 137.

62.34 Ausweis der Ertragsteuerspaltung

Nach § 285 Nr. 6 HGB ist der Umfang der auf die Ergebniskomponenten entfallenden Steuern anzugeben. Vergleichbar mit der Vermerkpflicht nach § 285 Nr. 5 HGB sollten quantitative, nicht bloß verbale Angaben gemacht werden.[89]

Eine ausreichende Beschreibung könnte lauten:[90] „Der ausgewiesene Steueraufwand entfällt mit knapp einem Sechstel auf das a.o. Ergebnis."

62.4 Zusammenfassung

Die Ausführungen haben gezeigt, daß über Besteuerungssachverhalte nur partiell im Anhang berichtet werden muß. Große Bedeutung kommt der steuerrechtlichen Beeinflussung des Jahresergebnisses zu, die Ertragsteuerspaltung ist demgegenüber auf Ausnahmefälle begrenzt. Bei beiden Berichtspflichten sehen die derzeitigen gesetzlichen Regelungen keine exakte betragsmäßige Quantifizierung, sondern lediglich einen abstrakteren Vermerk vor.

Die Unternehmen können den Rahmen ihrer Berichterstattung allerdings freiwillig ergänzen.

63. Steuerliche Angaben im Lagebericht

Lagebericht gemäß § 289 HGB und Konzernlagebericht gemäß § 315 HGB verfolgen den Zweck, den Jahresabschluß und den Konzernjahresabschluß der Kapitalgesellschaft im Hinblick auf die Informationsvermittlungs- und Rechenschaftsfunktion zu

---

[89] Vgl. ADS, 6. Aufl., § 285 Tz. 130; Krawitz, BoHR, § 285 Rz. 98.
[90] Vgl. WPH (1996), Bd. I, F 574.

verdichten und zu ergänzen.[91] Eine Aufstellungspflicht ergibt sich für große und mittelgroße Kapitalgesellschaften aus §§ 264 Abs. 1 Satz 1 und 290 Abs. 1 HGB, für publizitätspflichtige Unternehmen, die nicht Einzelkaufmann oder Personengesellschaft sind, aus § 5 Abs. 1 Satz 1 u. 2 PublG.

Gemäß § 289 Abs. 1 HGB soll der Lagebericht zumindest den Geschäftsverlauf und die Lage der Kapitalgesellschaft so darstellen, daß ein den tatsächlichen Verhältnissen entsprechendes Bild über die zeitpunktbezogene, gegenwartsorientierte Situation vermittelt wird. Absatz 2 der Norm nennt als Soll-Bestandteile (1) Vorgänge von besonderer Bedeutung, die nach dem Schluß des Geschäftsjahres eingetreten sind, (2) die voraussichtliche Entwicklung der Kapitalgesellschaft (sog. Prognosebericht), (3) den Bereich Forschung und Entwicklung sowie (4) bestehende Zweigniederlassungen der Gesellschaft. Im Gegensatz zu den Angaben im Verlaufsbericht sind zwei der Soll-Angaben zukunftsbezogen. Von der Literatur werden die Soll-Angaben nach Absatz 2 als Ergänzungen der Angaben i.S.d. Absatzes 1 mit klarstellendem Charakter verstanden, so daß ihnen keine geringere Verbindlichkeit zukommt.[92]

Im Zusammenhang mit dem Untersuchungsgegenstand können die nach § 289 Abs. 2 Nr. 1 HGB zu nennenden Vorgänge von besonderer Bedeutung stehen, die nach Abschluß des Geschäftsjahres eingetreten sind. Diese müssen geeignet sein, das tatsächliche Bild, das der Jahresabschluß zum Abschlußstichtag vermittelt, zu beeinflussen.[93] In Betracht kommen neue Erkenntnisse anläßlich steuerlicher Außenprüfungen oder Steuerrechtsstreitigkeiten.

Die Vorschrift für den Konzernlagebericht ist entsprechend gefaßt. Lagebericht des Mutterunternehmens und Konzernlagebericht können zusammengefaßt werden. Die Schlußerklärung des Vorstands der abhängigen Aktiengesellschaft im sogenannten Abhängigkeitsbericht ist nach § 312 Abs. 3 Satz 3 AktG in den Lagebericht aufzuneh-

---

[91] Vgl. ADS, 6. Aufl., § 289 Tz. 17 ff.; Ellrott, Beck'scher Bilanzkommentar, § 289 Anm. 3.
[92] Vgl. ADS, 6. Aufl., § 289 Tz. 93.
[93] Vgl. Ellrott, Beck'scher Bilanzkommentar, § 289 Anm. 31.

men. Als besonderes Dokumentations- und Rechenschaftsinstrument soll der vom Abschlußprüfer und Aufsichtsrat zu überprüfende Abhängigkeitsbericht die Einhaltung des Benachteiligungsverbots gewährleisten.[94] In Betracht kommen hier zum einen Umlagevereinbarungen über Steuern, für die das Rechtsinstitut der Organschaft gilt,[95] zum anderen Nachteilsausgleiche, bei denen der Steuereffekt zu berücksichtigen ist.[96]

64. Externe Ermittlung des Steuerbilanzergebnisses

Für den externen Analysten gilt das geschätzte Steuerbilanzergebnis aufgrund der im Vergleich zur Handelsbilanz restriktiveren Ansatz- und Bewertungsregeln als eigenständiger Erfolgsindikator.[97] Die Bedeutung einer externen Ermittlung des steuerlichen Gewinns ist im Laufe der Jahre allerdings stark zurückgegangen. Sie war ursprünglich die einzige Methode, zumindest näherungsweise stille Reserven abzuschätzen.[98] Die Einführung des Fixwertprinzips durch das AktG 1965 und des Stetigkeitsgebots (§ 252 Abs. 1 Nr. 6 HGB 1985) führte dazu, daß die Möglichkeiten zur Erfolgsglättung begrenzt wurden.[99] Andererseits schränkte die Aufnahme subventioneller Steuervergünstigungen in die Gewinnermittlung die analytische Aussagekraft des Steuerbilanzgewinns ein.[100] Schließlich steht der Konzernabschluß, nicht der Einzelabschluß immer stärker im Blickpunkt externer Analysten.

Die von der Literatur vorgestellten Modelle zur Ableitung des Steuerbilanzgewinns aus dem EE-Steueraufwand des handelsrechtlichen Einzelabschlusses führen aufgrund der eingeschränkten Berichterstattung über Steuern nur näherungsweise und unter verein-

---

[94] Vgl. Förschle/Kropp, Beck'scher Bilanzkommentar, § 289 Anm. 64.
[95] Vgl. hierzu Kapitel 5.
[96] Vgl. Förschle/Kropp, Beck'scher Bilanzkommentar, § 289 Anm. 161.
[97] Vgl. Selchert, BB 1978, S. 509; Leonardi (1990); Schult (1991), S. 91 - 93; Wiechers (1994), S. 322 - 326; Küting/Weber (1994a), S. 211 - 214; Born (1994), S. 260 f.; Bitz/Schneeloch/Wittstock (1995), S. 398 f.; Coenenberg (1997), S. 675 - 679. Die Lehrbücher von Peemöller (1993), Rehkugler/Poddig (1993), Gräfer (1994) und Burger (1995) enthalten hierzu keine Ausführungen.
[98] Vgl. Coenenberg (1997), S. 675.
[99] Vgl. Coenenberg (1997), S. 675.
[100] Vgl. Küting/Weber (1994a), S. 211.

fachenden Annahmen zu mehr oder weniger brauchbaren Lösungen.[101] Von Vorteil ist nach HGB nur die Trennung von erfolgsabhängigen und sonstigen Steuern. Werden die Angaben zur Erfolgsbesteuerung nach den hier vorgetragenen Vorschlägen freiwillig ergänzt, so kann ein Steuerbilanzergebnis jedoch recht genau bestimmt werden. Davon wird im folgenden allerdings nicht ausgegangen.

Die Betrachtung beschränkt sich dabei auf Kapitalgesellschaften. Personenunternehmen, die nach dem PublG offenlegungspflichtig sind, können bei Anwendung des GuV-Gliederungsschemas i.S.v. § 275 HGB Steuern in den sonstigen Aufwendungen abbilden, ihr Steuerfenster bleibt insoweit ganz verschlossen (vgl. Abschnitt 46.16). Selbst bei Abbildung der persönlichen Einkommensteuern würde die Gewinnschätzung infolge des progressiv ausgestalteten Tarifs zu weiteren Schwierigkeiten führen.[102]

Der Berechnung liegen folgende Prämissen zugrunde.[103] Zunächst muß der EE-Steueraufwand auf die effektive Jahresbelastung reduziert werden. Die Herauslösung latenter Steuern sollte im Gegensatz zu Nachzahlungen/Erstattungen für Vorjahre aufgrund der verpflichtenden Anhangangaben gelingen. Ausländische Steuern, die den in Deutschland erhobenen Steuern vom Einkommen und Ertrag entsprechen, müssen annahmegemäß ausgeklammert werden. Steuerfreie und steuerbegünstigte Gewinne liegen nicht vor.

Da sich unsere Betrachtung auf Kapitalgesellschaften beschränkt, ist die Voraussetzung proportionaler Steuertarife erfüllt. Es wird nun unterstellt, daß der gewerbesteuerliche Hebesatz 400 % beträgt und keine weiteren Modifikationen zur Ermittlung von Gewerbeertrag und körperschaftsteuerlichem Einkommen erforderlich sind.[104] Somit

---

[101] Vgl. Selchert, BB 1978, S 509. Zur Kritik vgl. Küting/Weber (1994), S. 213.
[102] Vgl. Küting/Weber (1994a), S. 212.
[103] Vgl. hierzu Coenenberg (1997), S. 677 f.; Küting/Weber (1994a), S. 212.
[104] Eine Differenzierung von verschiedenen Gewerbesteuerhebesätzen erfolgt im Unterschied zu Bitz/Schneeloch/Wittstock (1995) nicht, da die exakte Größe des aufgrund von Zerlegungen gewichteten Hebesatzes dem externen Analytiker wohl kaum bekannt sein dürfte.

gleichen sich gewerbeertragsteuerliche Hinzurechnungen und Kürzungen (§§ 8, 9 GewStG) annahmegemäß aus.

Des weiteren werden verdeckte Gewinnausschüttungen ausgeschlossen, ebenso Verlustvor- bzw. -rückträge. Als weitere Annahme gilt dann, daß die Ausschüttung D vollständig aus den im Geschäftsjahr erzielten Gewinnen gespeist wurde. Unter Berücksichtigung der Steuersätze des Jahres 1993 gilt folgende modellhafte Schätzung des Steuerbilanzgewinns G aus dem EE-Steueraufwand S.[105]

S   = KSt + GewESt
GewESt = 0,1667 G
KSt   = 0,5 (G - 0,1667 G - 1,4286 D) + 0,4286 D
S   = 0,58335 G - 0,2857 D
G   = 1,7142 S + 0,4898 D.

Der KSt-Thesaurierungssatz beträgt 50 %, der Steuersatz für eine in 1994 für 1993 durchgeführte Gewinnausschüttung regelmäßig 30 %. Heben wir die Annahme auf, daß die Ausschüttung aus laufenden Gewinnen gespeist wird und unterstellen eine Dotierung aus EK56, dann gilt bei einem Ausschüttungskörperschaftsteuersatz von 30 %:

KSt = 0,5 (G - 0,1667 G - 2,2727 D) + 0,4286 D
S   = 0,58335 G - 0,70775 D
G   = 1,7142 S + 1,2133 D.

Die bis 1989 gespeiste Eigenkapitalparte EK56 wurde erst zum Schluß des letzten Wirtschaftsjahres, das vor dem 1.1.1995 endete, in EK50 umgegliedert. EK50 selbst

---

[105] Vgl. Coenenberg (1997), S. 678; ähnlich Küting/Weber (1994a), S. 213; Bitz/Schneeloch/Wittstock (1995), S. 398 f.

wird erst zum Schluß des letzten Wirtschaftsjahres, das vor dem 1.1.1999 endet, umgegliedert.

Nach § 54 Abs. 10a Satz 2 KStG konnte auf Antrag der ausschüttenden Körperschaft anstelle von 30 % eine Ausschüttungsbelastung von 36 % zum Ansatz kommen. Dann galt folgende Bestimmungsgleichung:

KSt = 0,5 (G - 0,1667 G - 1,5625 D) + 0,5625 D
GewESt = 0,1667 G
S = 0,5833 G - 0,21875 D
G = 1,7144 S + 0,3750 D.

Die Ausgangsgleichung bringt zum Ausdruck, daß die Ausschüttung D zu einer Absenkung der KSt-Belastung von 50 % auf 36 % führt, so daß die Körperschaftsteuerminderung 14/64 (= 21,875 %) der Bardividende D beträgt.

Für Geschäftsjahre ab 1994 beträgt die Thesaurierungskörperschaftsteuer 45 %. Bei ansonsten gleichen Annahmen - insbesondere Ausschüttung aus dem laufenden Gewinn - gilt:

KSt = 0,45 (G - 0,1667 G - 1,4286 D) + 0,4286 D
S = 0,541685 G - 0,21427 D
G = 1,8461 S - 0,3956 D.

Für 1995 gilt folgende Berechnung unter Zugrundelegung der o. g. Prämissen. Die Berechnung der KSt wird ergänzt durch den Solidaritätszuschlag in Höhe von 7,5 % auf die festzusetzende Körperschaftsteuer. Körperschaftsteuerminderungen aufgrund von Ausschüttungen vermindern die Bemessungsgrundlage der Ergänzungsabgabe, die hier aus Vereinfachungsgründen nicht als eigenständige Steuer dargestellt worden ist.

KSt = 0,48375 (G - 0,16667 G - 1,4285714 D) + 1,075 * 0,4285714 D

S = 0,56979 G - 0,2303587 D

G = 1,7550 S + 0,4043 D.

Der Bruttosteuerbilanzgewinn G kann dann in eine Nachsteuergröße überführt werden.[106] Die Ausführungen verdeutlichen, daß die Kenntnis der Struktur des verwendbaren Eigenkapitals von besonderer Wichtigkeit für die externe Ermittlung des Steuerbilanzgewinns ist. Im übrigen zeigen die zahlreichen Prämissen die eingeschränkte Aussagekraft eines auf diesem Weg ermittelten Steuerbilanzergebnisses. Als Indikator für die Ertragskraft des Unternehmens sollte dies nur bei Betrachtung eines längeren Zeitraums gelten.

---

[106] Vgl. Wiechers (1994), S. 325.

7. Kapitel: Steuern im Konzernabschluß

71. Vorbemerkungen

Im Anschluß an die Behandlung von Steuern im handelsrechtlichen Einzelabschluß soll mit diesem Kapitel die Betrachtung auf den Konzernabschluß ausgeweitet werden. Dabei konzentrieren sich die Ausführungen auf die Abbildung von Erfolgsteuern in Bilanz, GuV und Anhang und hierbei neben den effektiv angefallenen Steuern hauptsächlich auf die Abgrenzung latenter Steuern. Die Bedeutung der latenten Steuern in den Konzernabschlüssen ausgewählter deutscher Großunternehmen zeigt Abbildung 41. Die Ergebniswirkung ist - läßt man die Jahresabschlüsse der Deutschen Telekom AG außer Betracht - weit geringer als es die Problembehandlung in der Literatur vermuten läßt. Abgebildet sind die Steuerlastquoten der Geschäftsjahre 1995 und 1996.

	Jahresüberschuß vor Steuern	Ergebniswirkung der latenten Steuern (Erträge mit negativem Vorzeichen)	Anteil der latenten Steuern am Jahresüberschuß vor Steuern	Jahresüberschuß vor Steuern	Ergebniswirkung der latenten Steuern (Erträge mit negativem Vorzeichen)	Anteil der latenten Steuern am Jahresüberschuß vor Steuern
	in Mio. DM	in Mio. DM	in %	in Mio. DM	in Mio. DM	in %
Konzernabschluß der	1996			1995		
BASF AG	4.413,70	k.A.	k.A.	4.128,20	k.A.	k.A.
BAYER AG	4.464,00	250,00	5,60	4.185,00	258,00	6,16
Bayerische Motorenwerke AG	1.660,00	k.A.	k.A.	1.367,00	k.A.	k.A.
Daimler Benz AG	3.434,00	k.A.	k.A.	-1.850,00	k.A.	k.A.
Deutsche Lufthansa AG	685,93	0,00	0,00	915,49	1,63	0,18
Deutsche Telekom AG *)	3.306,00	-657,00	-19,87	5.950,00	32,00	0,54
Hoechst AG	5.280,00	593,00	11,23	4.091,00	-13,00	-0,32
RWE AG	3.360,00	-23,00	-0,68	3.154,00	-14,00	-0,44
Siemens AG	3.258,00	61,00	1,87	2.602,00	47,00	1,81
VEBA AG	4.435,00	233,00	5,25	3.836,00	159,00	4,14
*) bei der Telekom AG sind die Besonderheiten aufgrund der Aufhebung der Steuerbefreiung zu beachten						

Abbildung 41: Ergebniswirkung latenter Steuern

Die Erfassung von Substanz- und Verkehrsteuern im Konzernabschluß unterscheidet sich - abgesehen von der möglichen Vielfalt verschiedener Steuerarten aus diversen Steuerrechtssystemen - nicht vom handelsrechtlichen Einzelabschluß.

Für die wirtschaftliche Einheit mehrerer Kapitalgesellschaften[1] werden die gesetzlichen Vertreter der Muttergesellschaft mit Sitz im Inland verpflichtet, einen Konzernabschluß bestehend aus Bilanz, Gewinn- und Verlustrechnung und Anhang aufzustellen, der ein den tatsächlichen Verhältnissen entsprechendes Bild der Vermögens-, Finanz- und Ertragslage des Konzerns zu vermitteln hat. Daneben tritt nach § 315 HGB der Konzernlagebericht, der - vergleichbar mit dem Lagebericht nach § 289 HGB - den Jahresabschluß ergänzt. Das HGB hat mit Umsetzung der Siebten EG-Richtlinie in nationales Recht neben das Konzept der einheitlichen Leitung i.S.v. § 18 AktG das sog. Control-Konzept (§ 290 Abs. 2 HGB) gestellt, um beurteilen zu können, ob ein Konzerntatbestand vorliegt, und damit das theoretisch sinnvollere, aber im Einzelfall schwieriger zu prüfende Beurteilungskriterium durch ein aus dem anglo-amerikanischen Bereich stammendes Konzept ergänzt, das anhand eines eindeutigen Katalogs von Rechtspositionen die Möglichkeit zur Ausübung eines beherrschenden Einflusses prüft.[2]

Die wirtschaftliche Einheit Konzern bildet nach dem Weltabschlußprinzip das Mutterunternehmen und sämtliche inländischen und ausländischen Tochterunternehmen in ihrer Verbundenheit ab. Der Konzernabschluß nach §§ 290 ff. HGB tritt neben die Einzelabschlüsse der einbezogenen Unternehmen und hat die Aufgabe, die Vermögens-, Finanz- und Ertragslage des Konzerns so darzustellen, als ob die einbezogenen Wirtschaftseinheiten auch rechtlich ein einziges Unternehmen wären (Einheitstheorie).[3] Es liegt die Vorstellung zugrunde, daß unter der Leitungsmacht des Mutterunternehmens das gesamte Vermögen der Tochterunternehmen der wirtschaft-

---

[1] Nach § 11 Abs. 1 PublG trifft die Verpflichtung zur Aufstellung eines Konzernabschlusses auch Nicht-Kapitalgesellschaften, wenn die einheitliche Leitung über ein anderes Unternehmen ausgeübt wird, der Sitz im Inland liegt und bestimmte Größenmerkmale überschritten sind.
[2] Vgl. Coenenberg (1997), S. 425, 428.
[3] Vgl. v. Wysocki/Wohlgemuth (1996), S. 3.

lichen Disposition der Konzernleitung unterliegt.[4] Ein den tatsächlichen Verhältnissen entsprechender Einblick in die Vermögens-, Finanz- und Ertragslage ergibt sich erst bei Betrachtung aller dem Konzern zugehörigen Einheiten.

Dem Konzernabschluß kommt im geltenden Recht ausschließlich eine Informationsfunktion zu, doch hat er in den letzten Jahren trotz fehlender Zahlungs[5]- und Steuerbemessungsfunktion - nicht zuletzt aufgrund der Internationalisierung der Rechnungslegung - gegenüber dem Einzelabschluß stark an Bedeutung gewonnen und diesen teilweise sogar verdrängt.[6] Anlageentscheidungen der Investoren und Kreditvergaben der Gläubiger werden unter Würdigung der Gesamtlage des Konzerns getroffen.[7] Ein allein auf die Informationsfunktion ausgerichteter Konzernabschluß könnte angesichts fehlender Ausschüttungs- und Besteuerungsentzugswirkungen besser als die Einzelabschlüsse über die Lage berichten. Erstaunlicherweise wird in der Praxis häufig eine Kongruenz zwischen den Konzernbilanzergebnissen und den Erfolgen des jeweiligen Mutterunternehmens festgestellt.[8] Andererseits birgt das geltende Konzernabschlußrecht konzeptionelle Mängel und gewährt eine Vielzahl von Wahlrechten, die einer eigenständigen Konzernabschlußpolitik weiten Raum lassen,[9] wenngleich eine Begrenzung mit dem Gebot der Konsolidierungsmethodenstetigkeit (§ 297 Abs. 3 Satz 2 - 5 HGB) besteht.[10]

Daß der Konzern - abgesehen vom Rechtsinstitut der Organschaft - im inländischen Steuerrecht (noch) nicht als Besteuerungseinheit akzeptiert wird, wurde bereits in

---

[4] Vgl. ADS, 6. Aufl., vor §§ 290 - 315 Tz. 19, 21-25. Demgegenüber ist der Konzenabschluß nach der Interessentheorie kein Abschluß einer wirtschaftlichen Einheit, sondern ein erweiterter Abschluß des Mutterunternehmens, was Folgen für die Konsolidierung in den Fällen mit Minderheitsgesellschaftern nach sich zieht.
[5] Ungeachtet der in praxi gegebenen Anknüpfung der Verzinsung von Genußrechten; vgl. ADS, 6. Aufl., vor §§ 290 - 315 HGB Tz. 16.
[6] Der Konzernabschluß steht im Mittelpunkt der Geschäftsberichterstattung, der Einzelabschluß wird den Aktionären oftmals nur noch auf Anforderung zugeleitet.
[7] Vgl. v. Wysocki/Wohlgemuth (1996), S. 4.
[8] Vgl. die empirische Untersuchung der Treuarbeit (1990), Anm. 402: Von 100 deutschen Konzernen wiesen 45 ein Konzernergebnis aus, das mit dem Ergebnis des Mutterunternehmens übereinstimmte.
[9] Auch im Hinblick auf die Steuerabgrenzung; vgl. Selchert, DStR 1994, S. 34.
[10] Zu der als Sollvorschrift konzipierten Stetigkeit, die auf zeitliche und sachliche Kontinuität abzielt, vgl. Budde/Lust, Beck'scher Bilanzkommentar, § 297 Anm. 22 - 25.

Kapitel 5 dargestellt.[11] Daraus resultiert die besondere Problematik bei der Darstellung von Erfolgsteuern. Bilanzierungs- und Bewertungswahlrechte können auf Konzernebene neu und unabhängig vom Einzelabschluß ausgeübt werden, Konzerninnenleistungen werden besteuert, die Anrechnung von Steuern auf konzerninterne Beteiligungserträge erfolgt bei dem Mutterunternehmen ggf. erst zeitversetzt.

Eine bloße Addition von Bilanz- und GuV-Posten, also auch der Steuerposten, würde dem Konzept der Einheitstheorie nicht gerecht werden. Deshalb müssen alle Doppelerfassungen ausgeschaltet werden und alle Erfolge, die nicht durch Lieferungen und Leistungen an Konzernfremde entstanden sind.[12] Die Fiktion der rechtlichen Einheit legt darüber hinaus nahe, den Erfolgsteueraufwand des Konzerns so zu bemessen, als ob der Konzern selbst Besteuerungssubjekt wäre. Dazu müßten in einem ersten Schritt die Erfolgsteuern auf das Konzernergebnis ermittelt werden, in einem zweiten Schritt die Erfolgsteuern aus den Abschlüssen der einbezogenen Unternehmen addiert und schließlich in einem dritten Schritt durch Vergleich der beiden Beträge der resultierende Differenzbetrag als Steuerabgrenzung verpflichtend aktiviert oder passiviert werden.[13]

$$\text{Latente Steuern} = \text{gewichteter Steuersatz} * \text{JÜ}_{KA} - \Sigma \text{ effektiver Steueraufwand }_{EA}{}^{14}$$

Das geltende Konzernrechnungslegungsrecht geht allerdings einen anderen, viel komplizierteren Weg, indem neben den übernommenen effektiven und latenten Steuern i.S.v. § 274 HGB aus den Einzelabschlüssen, latente Steuern aus der Aufstellung der HB II (§ 274 i.V. m. § 298 Abs. 1 HGB) sowie latente Steuern aus Konsolidierungsmaßnahmen (§ 306 HGB) ermittelt und aggregiert werden.[15] Nur für die Steuerabgrenzungen nach § 306 HGB besteht Bilanzierungspflicht, für die anderen Abgren-

---

[11] Vgl. hierzu auch Grotherr, WPg 1995, S. 85; Borggräfe, WPg 1995, S. 129.
[12] Vgl. WPH 1996, Bd. I, M 6.
[13] Vgl. Scherrer (1994), S. 457 f.
[14] Vgl. Debus, BeckHdR, C 440, Rz. 9.
[15] § 306 HGB setzt Art. 29 Abs. 4 und Art. 34 Nr. 11 der Siebten Richtlinie unter Ausnutzung des entsprechenden Mitgliedstaatenwahlrechts um; vgl. Bericht des Rechtsausschusses des Deutschen Bundestages in Biener/Bernecke (1986), S. 354.

zungen gilt die asymmetrische Lösung eines Aktivierungswahlrechts und einer Passivierungspflicht basierend auf § 274 HGB. Während für Maßnahmen nach § 306 HGB ein Konzernsteuersatz zugrunde zu legen ist, gilt bei Steuerabgrenzungen i.S.v. § 298 Abs. 1 i.V.m. § 274 HGB der jeweilige kombinierte Erfolgsteuersatz des betroffenen Unternehmens.[16] Die nicht leicht zu bewältigende Kategorisierung einzelner Maßnahmen ist deshalb ein entscheidender Schritt für die Berechnung der Steuerposten im Konzernabschluß.

Ob ein solchermaßen berechneter Steueraufwand zur periodengerechten Erfolgsermittlung beitragen und die Information über die Vermögenslage des Konzerns verbessern[17] kann, wird im folgenden zu prüfen sein. Die Steuerabgrenzung, die den effektiven Steueraufwand an die Ergebnissituation des Konzerns anpaßt, soll beides leisten, was sich auf den bis heute ungelösten Methodenstreit zwischen erfolgsorientierter deferred-method und vermögensorientierter liability-method zurückführen läßt.[18] Eine Fülle weiterer konkreter Bilanzierungsfragen bei der Steuerabgrenzung im Konzernabschluß deutet auf das noch vorhandene Theoriedefizit.[19]

Die Ausführungen gliedern sich entsprechend der Reihenfolge der Arbeitsschritte, die für die Erstellung des Konzernabschlusses erforderlich sind.

---

[16] Vgl. Scherrer (1994), S. 461.
[17] Vgl. ADS, 6. Aufl., § 306 Tz. 8.
[18] Vgl. die Darstellung und Diskussion bei Bömelburg (1993), S. 25 - 35.
[19] Erst in jüngster Vergangenheit widmen sich Arbeiten ausschließlich der Bilanzierung latenter Steuern im Konzern; vgl. Lührmann (1997).

Arbeits-schritte → effektive und latente Steuern ↓	Erstellung des Einzelabschlusses (HB I) (1)		Erstellung des Konzernabschlusses (2)		
	(1.1)	(1.2)	Erstellung HB II (2.1)	Erstellung Summenbilanz (2.2)	Konsolidierung (2.3)
	Ermittlung und Ausweis der effektiven Steuern vom Einkommen und vom Ertrag und der sonstigen Steuern	Differenz zwischen steuerrechtlichem Einkommen und handelsbilanziellem Ergebnis	Differenz zwischen Ergebnis laut HB I und Ergebnis laut HB II	-	Differenz zwischen Summe der Ergebnisse laut HB II und Konzernergebnis
		Steuerrechtliches Ergebnis > handelsbilanzielles Ergebnis => aktive latente Steuern (WR)	HB I-Ergebnis > HB II-Ergebnis => aktive latente Steuern (WR)	-	HB II-Ergebnisse > Konzernergebnis => aktive latente Steuern (Pfl.)
		Steuerrechtliches Ergebnis < handelsbilanzielles Ergebnis => passive latente Steuern	HB I-Ergebnis < HB II-Ergebnis => passive latente Steuern	-	HB II-Ergebnisse < Konzernergebnis => passive latente Steuern
Rechtsgrundlagen	§§ 275 Abs. 2 Nr. 18 u. 19, Abs. 3 Nr. 17 u. 18 HGB, § 278 HGB	§ 274 HGB	§ 274 i.V.m. § 298 Abs. 1 HGB	-	§ 306 HGB

WR = Wahlrecht
Pfl. = Pflicht
Quelle: Baetge, Konzernbilanzen (1994), S. 423, abgeändert.

Abbildung 42: Arbeitsschritte zur Berechnung der Steuerabgrenzung im Konzernabschluß

Ersichtlich betreffen die Latenzen aus dem Einzelabschluß zeitlich bedingte Differenzen zwischen handelsbilanziellem und steuerrechtlichem Ergebnis, während die Steuerabgrenzung im Konzernabschluß Differenzen auf rein handelsbilanzieller Ebene zum Gegenstand hat.

72. Aggregation des Steueraufwands der in den Konzernabschluß einbezogenen Unternehmen

Zunächst stellt sich die Frage, in welcher Weise der in den Einzelabschlüssen ausgewiesene Steueraufwand, aber auch Steuerforderungen und -rückstellungen aus den Handelsbilanzen (HB I) der einbezogenen Unternehmen im Konzernabschluß verarbeitet werden.

Der Konzernabschluß beinhaltet sämtliche Vermögensgegenstände und Schulden, sämtliche Aufwendungen und Erträge der einbezogenen Unternehmen, soweit nicht aus Konzernsicht eine andere Beurteilung gilt.[20] § 297 Abs. 3 Satz 1 HGB schreibt vor, die Vermögens-, Finanz- und Ertragslage der einbezogenen Unternehmen so darzustellen, als ob diese Unternehmen insgesamt ein einziges Unternehmen wären und § 298 Abs. 1 HGB bestimmt die grundsätzliche Anwendbarkeit der für den Einzelabschluß geltenden Ansatz- und Bewertungsnormen.

Hinsichtlich der abzubildenden Steuern bedeutet dies, daß der Konzernabschluß prinzipiell die ermittelten Steuerposten in Bilanz und GuV des Mutterunternehmens und aller einbezogenen Tochterunternehmen umfaßt. Der Einheitsgedanke wird aber nicht so weit fortgeführt, daß eine die Ertragsteuerbelastung veränderte Fusion der einbezogenen Unternehmen fingiert wird.[21] Statt dessen werden in einem ersten Schritt die Steuerposten der Einzelabschlüsse aggregiert und Besteuerungsdifferenzen nivelliert,

---

[20] Vgl. ADS, 6. Aufl., vor §§ 290-315 Tz. 20.
[21] Vgl. Budde/Lust, Beck'scher Bilanzkommentar, § 298 Anm. 14.

was einen gewissen Informationsverlust nach sich zieht, welcher allerdings die konsequente Folge der Fiktion einer wirtschaftlichen Einheit darstellt. Hinsichtlich der Abbildung von Besteuerungsvorgängen und -zuständen am Abschlußstichtag ist das jeweils geltende Steuerrechtsverhältnis des in den Konzernabschluß einbezogenen Unternehmens mit dem in- oder ausländischen Fiskus zugrunde zu legen.

Die Erfolgsteuern inländischer Tochterunternehmen sind dabei schon auf der Grundlage des Gewinnverwendungsbeschlusses bzw. -vorschlags berechnet worden (§ 278 HGB).

Falls die Einzelabschlüsse bereits latente Steuern i.S.v. § 274 HGB enthalten, sind sie in den Konzernabschluß zu übernehmen, soweit sie nach dem Recht des Mutterunternehmens bilanzierungspflichtig sind.[22]

73. Erstellung der HB II

Mit der Erstellung einer vereinheitlichten Handelsbilanz (HB II) werden Bilanzierungs- und Bewertungsunterschiede im Konzern beseitigt. Die für das deutsche Mutterunternehmen gültigen Rechnungslegungsvorschriften für Bilanzansatz (§ 300 Abs. 2 HGB), Bewertung (§ 308 HGB) und Gliederung bestimmen den Prozeß der Vereinheitlichung.[23]

Die entsprechend § 274 HGB vorzunehmende Steuerabgrenzung wird auf der Stufe der HB II neu ermittelt und umfaßt somit neben den timing differences zwischen HB I-Ergebnis und steuerrechtlichem Einkommen auch die Anpassung der Bilanzansätze (§ 300 Abs. 2 HGB) und die konzerneinheitliche Bewertung (§ 308 HGB).[24] Bilanzierungs- und Bewertungswahlrechte des HGB, also auch das Aktivierungswahlrecht des

---

[22] Vgl. Debus, BeckHdR, C 440, Rz. 21.
[23] Vgl. Lederle, BeckHdR, C 300, Rz. 6, 7.
[24] Vgl. ADS, 6. Aufl., § 298 Tz. 84.

§ 274 Abs. 2 HGB dürfen im Rahmen der HB II neu und unabhängig von ihrer Inanspruchnahme in der HB I ausgeübt werden (§ 300 Abs. 2 Satz 2 HGB). Es wird als zulässig erachtet, das Aktivierungswahlrecht für latente Steuern nur insoweit in Anspruch zu nehmen, als das Volumen passive Latenzen erreicht und auf diese Weise eine Bilanzierung latenter Steuern i.S.v. § 274 HGB gänzlich vermieden werden kann.[25]

Abgrenzungsrechnungen sind für jedes einbezogene Unternehmen (gesondert) zu erstellen. Dabei ist der jeweils geltende Steuersatz oder ein konzerneinheitlicher Steuersatz zugrunde zu legen.

Neuberechnungen von latenten Steuern erübrigen sich, wenn der Jahresabschluß eines einbezogenen Konzernunternehmens bereits nach konzerneinheitlichen Bilanzierungs- und Bewertungsgrundsätzen und -methoden aufgestellt worden ist.[26]

Regelmäßig sind die Abschlußstichtage der in den Konzernabschluß einbezogenen Unternehmen identisch. Bei einem abweichenden Stichtag kann sich die Notwendigkeit eines Zwischenabschlusses i.S.v. § 299 Abs. 2 Satz 2 HGB[27] ergeben, mit dem ein vom normalen Geschäftsjahr abweichender Abwicklungszeitraum geschaffen wird.[28] Für Zwischenabschlüsse gelten die allgemeinen Grundsätze, die bei der Aufstellung der HB II zu beachten sind.[29] Für die Abbildung von Erfolgsteuern bedeutet dies die jeweils eigenständige Ermittlung des Gewerbeertragsteueraufwands aus einer Überleitungsrechnung, die, an der Zwischen-GuV anknüpfend, die gewerbesteuerrechtlichen Normen, insbesondere auch § 10a GewStG beachtet.

Die Gewinnverwendungsabhängigkeit der KSt führt im Jahresabschluß zur Berücksichtigung des Gewinnverwendungsvorschlags bzw. -beschlusses (§ 278 HGB).

---
[25] Vgl. Dusemond/Hayn, BB 1997, S. 409.
[26] Vgl. ADS, 6. Aufl., § 306 Tz. 12.
[27] Bei einer Abweichung um mehr als 3 Monate von dem Konzernabschlußstichtag.
[28] Vgl. ADS, 6. Aufl., § 299 Tz. 28.
[29] Vgl. ADS, 6. Aufl., § 299 Tz. 31.

ADS[30] schlagen vor, den KSt-Aufwand im Zwischenabschluß so zu bemessen, wie die darin zusammengefaßten Ergebnisteile aus Konzernsicht verwandt werden. Aus Sicht des Konzerns ist der Ergebnisteil der ersten Teilperiode des neuen, noch nicht abgeschlossenen Einzelgeschäftsjahrs thesauriert, ebenso i.d.R. der Ergebnisteil der zweiten Teilperiode des abgeschlossenen Einzelabschlusses, es sei denn, daß eine weitere Ausschüttung durch das Mutterunternehmen, das den Konzernabschluß aufstellt, angenommen werden kann.

Ob die Währungsumrechnung zum Entstehen latenter Steuern beitragen kann, ist im Schrifttum umstritten. Einerseits wird argumentiert, die Umrechnung ausländischer Einzelabschlüsse in die konzerneinheitliche DM-Bewertung habe quasi-permanenten Charakter. Eine Ergebnisumkehr sei nur bei einer regelmäßig nicht absehbaren gegenläufigen Währungsentwicklung oder aber erst bei Verkauf bzw. Liquidation gegeben.[31] Die Gegenmeinung fordert bei Anwendung einer Zeitbezugsmethode und der erfolgswirksamen Behandlung bilanzieller Umrechnungsdifferenzen die Erfassung im Rahmen latenter Steuern, soweit abnutzbares Anlagevermögen, Umlaufvermögen und Schuldposten betroffen sind.[32]

74. Latente Steuern i.S.v. § 306 HGB

74.1 Grundkonzeption

Wie im Einzelabschluß besteht auch bei der Steuerabgrenzung im Konzernabschluß auf der Grundlage erfolgswirksamer Konsolidierungsmaßnahmen Uneinigkeit darüber, nach welcher Methode die Steuerabgrenzung durchzuführen ist. Der vermögensorientierten liability-method, die den Passivierungsgrundsätzen des HGB, nicht aber den Aktivierungsgrundsätzen genügt, steht die erfolgsorientierte deferred-method gegen-

---

[30] Vgl. ADS, 6. Aufl., § 299, Tz. 35.
[31] Vgl. Baumann, HdKR, § 306 Rn. 17; Coenenberg/Hille, HdJ, Abt. I/13, 2. Aufl., Rn. 82.
[32] Vgl. Ebeling (1995), S. 210; Dusemond/Hayn, BB 1997, S. 410 f.

über, deren Abgrenzungskonzept auf der Passivseite mit § 250 Abs. 2 HGB kollidiert.[33] Wesentliche Bedeutung hat die konzeptionelle Ausrichtung bei der Berücksichtigung von Steuerrechts- und Steuersatzänderungen.[34] Wenngleich keine der beiden Methoden vollständig HGB-konform ist, erscheint es angesichts des Vergleichs zweier handelsbilanzieller Ergebnisse zulässig, den Abgrenzungscharakter zu betonen und die deferred-method in den Vordergrund zu stellen.[35]

Neben der fehlenden Eindeutigkeit in der methodischen Ausrichtung sind weitere Schwächen zu konstatieren. Auch die Steuerabgrenzung nach § 306 HGB erfaßt nur zeitlich begrenzte Ergebnisdifferenzen und klammert somit permanente und quasipermanente Unterschiede aus. Dem Ziel einer umfassenden interperiod tax allocation kann § 306 HGB ebenso wie § 274 HGB nicht gerecht werden. Es bestehen Streitfragen darüber, ob Abweichungen zeitlich begrenzt sind oder nicht.

In der Technik basiert die Steuerabgrenzung nach § 306 HGB auf einer Gesamtdifferenzbetrachtung aller erfolgswirksamen Konsolidierungsmaßnahmen und läßt damit eine stille Saldierung aktiver und passiver Latenzen aus Einzelmaßnahmen zu.[36]

Dem Gesetzeswortlaut nach umfaßt die Steuerabgrenzung i.S.v. § 306 HGB Maßnahmen des Vierten Titels „Vollkonsolidierung (§§ 300 - 307 HGB). Andere erfolgswirksame Konsolidierungsmaßnahmen sind danach **nicht** einzubeziehen:

- die Währungsumrechnung (§ 244 i.V.m. § 298 HGB),
- Anpassungen bei Zwischenabschlüssen (§ 299 HGB),
- Maßnahmen der einheitlichen Bewertung (§ 308 HGB),
- der erfolgswirksamen Behandlung des Unterschiedsbetrags (§ 309 HGB) und
- die Anwendung der Equity-Bewertung von assoziierten Unternehmen (§ 312 HGB).

---

[33] Vgl. Bömelburg (1993), S. 33 f.
[34] Von Selchert, DStR 1994, S. 35, als Element der Konzernbilanzpolitik bei latenten Steuern erörtert.
[35] Vgl. Coenenberg/Hille, HdJ, Abt. I/13, 2. Aufl., Rn. 64 f.
[36] Vgl. WPH (1996), Bd. I, M 607.

Obwohl im Vierten Titel enthalten, wird die Anspassung der Bilanzansätze nach den Vorschriften des Mutterunternehmens ebenso wie Maßnahmen der einheitlichen Bewertung i.S.v. § 308 HGB bei der Erstellung der HB II vorgenommen. Diese Anpassungen sind somit nicht Gegenstand der Steuerabgrenzung nach § 306 HGB. Über die im Vierten Titel genannten Maßnahmen hinaus wird im Schrifttum teilweise die analoge Anwendung der Steuerabgrenzung auf weitere Konsolidierungsmaßnahmen vorgeschlagen.

74.2 Kapitalkonsolidierung

Ziel der Kapitalkonsolidierung ist die Beseitigung der Doppelerfassung von Beteiligung des Mutterunternehmens am Tochterunternehmen einerseits und der Vermögensgegenstände und Schulden des Tochterunternehmens andererseits. Die in § 302 HGB als Ausnahmefall vorgesehene pooling of interests-method führt nicht zur Aufdeckung stiller Reserven/Lasten, so daß hier eine Steuerabgrenzung ausscheidet.[37] Regelmäßig wird die Kapitalkonsolidierung nach der sog. Erwerbsmethode (purchase method, § 301 HGB) durchgeführt[38], wobei die Erstkonsolidierung erfolgsneutral und die Folgekonsolidierung infolge der Verrechnung der Unterschiedsbeträge erfolgswirksam ist.

Für die Steuerabgrenzung stellt sich die Frage, ob überhaupt zeitlich bedingte Ergebnisdifferenzen gegeben sind, denn ein Ergebnisausgleich findet tatsächlich nicht statt. Vielmehr liegen mit den in den Folgeperioden vorgenommenen Abschreibungen oder Auflösungen einseitige Ergebniskorrekturen vor, die erst bei Abgang des Tochterunternehmens ausgeglichen werden. Aus dieser Sicht handelt es sich um quasi-permanente Differenzen, die nicht in eine Steuerabgrenzung einfließen dürfen.[39]

---

[37] Vgl. ADS, 6. Aufl., § 306 Tz. 30.
[38] Vgl. Förschle, Beck'scher Bilanzkommentar, § 310 Anm. 2.
[39] So ADS, 6. Aufl., § 306 Tz. 26; Lührmann (1997), S. 199.

Über den Anwendungsbereich des § 306 HGB hinaus hat das Schrifttum Vorschläge zur Steuerabgrenzung bei der Kapitalkonsolidierung entwickelt, die dem Ziel der zutreffenden Abbildung von Vermögens- und Ertragslage des Konzerns Rechnung tragen sollen.[40] Ein Ansatz geht dabei von einer erfolgsneutralen Korrektur der stillen Reserven/Lasten um latente Steuern im Rahmen der Erstkonsolidierung aus (sog. Nettomethode) oder der erfolgsneutralen Einstellung latenter Steuern (sog. Bruttomethode).[41] Ein anderer Vorschlag geht von einer erfolgswirksamen Steuerabgrenzung im Rahmen der Folgekonsolidierungen aus.[42]

Während die erfolgsneutrale Bildung latenter Steuern im Rahmen der Erstkonsolidierung zu einer Verzerrung der Ertragslage in der Periode der Endkonsolidierung führt, kommt es bei dem erfolgswirksamen Ansatz im Rahmen der Folgekonsolidierung zu einer unverzerrten Darstellung der Ertragslage, denn in jeder Periode wird ein Steueraufwand ausgewiesen, der in einer erklärbaren Beziehung zum Ergebnis vor Steuern steht.[43]

Dusemond/Hayn kommen zu dem bemerkenswerten Schluß, daß „...je nach Standpunkt eine Erfassung latenter Steuern im Rahmen der Kapitalkonsolidierung gerechtfertigt sein kann bzw. abzulehnen ist."[44]

74.3 Schuldenkonsolidierung

Die (erfolgswirksame) Schuldenkonsolidierung verfolgt das Ziel, Forderungen und Verbindlichkeiten der in den Konzernabschluß einbezogenen Unternehmen aufzurechnen (§ 303 Abs. 1 HGB). Diese Konsolidierungsmaßnahme, bei der sich Fragen zur Steuerabgrenzung im Vergleich zur Kapitalkonsolidierung einfacher beantworten las-

---

40 Vgl. die Darstellung bei Lührmann (1997), S. 200 ff.
41 Vgl. Schnicke/Fischer, Beck'scher Bilanzkommentar, § 306 Anm. 11;
42 Vgl. Debus, BeckHdR, C 440, Rz. 142.
43 Vgl. Lührmann (1997), S. 201 - 212.
44 Dusemond/Hayn, BB 1997, S. 985.

sen, betrifft Ausleihungen und andere Forderungen, Rückstellungen und Verbindlichkeiten sowie Rechnungsabgrenzungsposten. Aufrechnungsunterschiede entstehen dann, wenn sich Ansprüche und Verpflichtungen infolge von Bewertungsunterschieden nicht in gleicher Höhe gegenüberstehen.[45] Sie sind im Jahr ihrer erstmaligen Entstehung ergebniswirksam zu eliminieren.

Bewertungsunterschiede können in folgenden Fällen gegeben sein:[46]

- Abschreibungen oder Abzinsungen auf Forderungen, während die Verbindlichkeiten unverändert mit ihrem Rückzahlungsbetrag passiviert werden
- konzerninterne Darlehensvergaben unter Gewährung eines Auszahlungs- oder Rückzahlungsdisagios
- Rückstellungen einzelner Konzernunternehmen aufgrund konzerninterner Lieferungen und Leistungen, denen keine korrespondierenden Forderungen anderer Konzernunternehmen gegenüberstehen
- Umrechnung von Fremdwährungsverbindlichkeiten und -forderungen mit abweichenden Kursen.

In den genannten Fällen sind regelmäßig zeitlich bedingte Ergebnisdifferenzen gegeben.

Für die Durchführung der Steuerabgrenzung nach § 306 HGB ist jedoch weiter erforderlich, daß die betreffende Bilanzierungsmaßnahme gleichermaßen im Einezlabschluß und in der Steuerbilanz des betroffenen Konzernunternehmens durchgeführt wurde. Die Schuldenkonsolidierung führt dann regelmäßig zu einer passiven Aufrechnungsdifferenz, die einer Erhöhung des Konzernerfolgs und kompensatorisch eine Rückstellung für latente Steuern nach sich zieht. Falls die Maßnahme jedoch allein im Einzelabschluß durchgeführt und eine aktive latente Steuer i.S.v. § 274 Abs. 2 HGB ange-

---

[45] Vgl. Budde/Dreissig, Beck'scher Bilanzkommentar, § 303 Anm. 50 - 55 zur Differenzierung von echten und unechten Aufrechnungsdifferenzen.
[46] Vgl. Schnicke/Fischer, Beck'scher Bilanzkommentar, § 306 Anm. 6; Dusemond/Hayn, BB 1997, S. 985.

setzt worden ist, muß über eine passive Steuerabgrenzung nach § 306 HGB eine Kompensation erfolgen.

Ist dagegen vom Aktivierungswahlrecht kein Gebrauch gemacht worden, so verbietet sich eine Steuerabgrenzung nach § 306 HGB.

74.4 Eliminierung von Zwischengewinnen

Die Eliminierung von Zwischengewinnen bildet den Hauptanwendungsfall der Steuerabgrenzung nach § 306 HGB. Soweit konzerninterne Lieferungen und Leistungen das Umlaufvermögen oder abnutzbares Anlagevermögen betreffen, sind die damit zusammenhängenden Ergebnisse aus steuerlicher Sicht schon verwirklicht, aus Konzernsicht aber noch nicht realisiert. Dies ist erst der Fall, wenn die Lieferung/Leistung die größere wirtschaftliche Einheit Konzern verlassen hat.[47] Hieraus resultiert die Notwendigkeit einer aktiven Steuerabgrenzung (Ausschaltung eines Zwischengewinns) oder einer passiven Latenz (Ausschaltung eines Zwischenverlusts).

74.5 Latente Steuern bei der Aufwands- und Ertragskonsolidierung

Nach § 305 Abs. 1 Nr. 2 HGB sind andere Erträge aus Lieferungen und Leistungen zwischen den in den Konzernabschluß einbezogenen Unternehmen mit den auf sie entfallenden Aufwendungen zu verrechnen, soweit sie nicht als andere aktivierte Eigenleistungen auszuweisen sind. Nach herrschender Meinung sind damit alle Ertragsposten der GuV mit Ausnahme der von § 305 Abs. 1 Nr. 1 HGB angesprochenen Umsatzerlöse gemeint.[48] Bezogen auf die Abbildung von Steuern kommen sowohl

---

[47] Vgl. Coenenberg/Hille, HdJ, Abt. I/13, 2. Aufl., Rn. 89.
[48] Vgl. Budde/Dreissig, Beck'scher Bilanzkommentar, § 305 Anm. 30.

Steuerumlagen als auch Steueranrechnungsbeträge bei Beteiligungserträgen an Kapitalgesellschaften in Betracht.

Bei Erträgen aus Beteiligungen an konsolidierten Unternehmen müssen neben den unterschiedlichen Rechtsformen zwei Fälle betrachtet werden. Personengesellschaften können aufgrund fehlender Anrechnungsbeträge außer Betracht bleiben. Die Konsolidierung von abgeführten Erträgen aufgrund von Gewinnabführungsverträgen wird erfolgsneutral durchgeführt und berührt ebenfalls nicht die Steuerabgrenzung nach § 306 HGB. Vielmehr sind die Fallkonstellationen ohne Vorliegen von Gewinnabführungsverträgen relevant.

Bei zeitgleicher Gewinnvereinnahmung[49] von Erträgen an einbezogenen Kapitalgesellschaften würde ohne Eliminierung zweimal das gleiche Ergebnis in der Konzern-GuV erfaßt. Die Beteiligungserträge sind deshalb erfolgswirksam wegzulassen, wobei die im Beteiligungsertrag möglicherweise enthaltene anrechenbare KSt mit dem Körperschaftsteueraufwand des TU erfolgsneutral zu verrechnen ist. Ein Beispiel soll die Technik verdeutlichen.[50]

Mutterunternehmen M ist mit 75 % an der inländischen Aktiengesellschaft T (Tochterunternehmen) beteiligt. T weist in ihrer GuV Aufwendungen von 900 GE und Erträge von 1.000 GE, mithin einen Gewinn vor Körperschaftsteuer von 100 GE aus, der vollständig ausgeschüttet werden soll, so daß die KSt nur 30 GE und der Jahresüberschuß 70 GE betragen. Sind die Voraussetzungen für die phasengleiche Vereinnahmung erfüllt, weist M dementsprechend einen Beteiligungsertrag einschließlich des Anrechnungsanspruchs (22,5 GE) von 75 GE aus. Die Aufwands- und Ertragskonsolidierung wird wie folgt durchgeführt:

---

[49] Vgl. BGH v. 3.11.1975, BGHZ 65, S. 230 - 238, zum handelsbilanziellen Wahlrecht. Zu den Voraussetzungen einer phasengleichen Vereinnahmung vgl. die Entscheidung des EuGH v. 27.6.1996, BB 1996, S. 579, und die Beiträge im Schrifttum von Schüppen, DB 1996, S. 1484; Haselmann/Schick, DB 1996, S. 1531; Gelhausen, WPg 1996, S. 573; Hoffmann, BB 1996, S. 1493. Der BFH hat mit Urteil vom 3.12.1980, BStBl II 1981, S. 184, unter bestimmten Voraussetzungen eine steuerbilanzielle Ansatzpflicht bejaht.
[50] Beispiel entnommen und abgewandelt aus Scherrer (1994), S. 447 f.

Posten	Summenbilanz		Konsolidierung		Konzernbilanz/ Konzern-GuV	
	Soll	Haben	Soll	Haben	Aktiva Aufwand	Passiva Ertrag
Ford. gegen verb. Unternehmen	52,5			1) 52,5		
Steuererstattungsanspruch	22,5			1) 22,5		
Erträge aus Beteiligungen		75	1) 75			
übrige Erträge		1.000				1.000
Steueraufwand	30				30	
übrige Aufwendungen	900				900	

Ausschüttungen von Auslandserträgen, die nach Doppelbesteuerungsabkommen von der inländischen Körperschaftsteuer befreit sind, können nach § 8b KStG[51] ohne Herstellen der Ausschüttungsbelastung konzernintern weitergeleitet werden. Ein Anrechnungsguthaben besteht hier nicht, so daß sich die Konsolidierung auf den Beteiligungsertrag beschränkt.

Bei phasenverschobener Gewinnvereinnahmung tritt demgegenüber keine Doppelerfassung im gleichen Geschäftsjahr, sondern erst über die beiden betroffenen Rechnungsperioden im Konzernabschluß auf. Eine Eliminierung der Beteiligungserträge ist im Jahr ihrer Vereinnahmung geboten; dann findet eine Umgliederung in den Gewinnvortrag bzw. in die Gewinnrücklagen des empfangenden Unternehmens statt. Der KSt-Anrechnungsanspruch ist dann mit dem KSt-Aufwand des Mutterunternehmens zu ver-

---

51 Nach § 54 Abs. 6c KStG gilt § 8b Abs. 1 KStG erstmals für Bezüge aus Ausschüttungen, die auf einem den gesellschaftsrechtlichen Vorschriften entsprechenden Gewinnverteilungsbeschluß für ein abgelaufenes Wirtschaftsjahr beruhen und die in dem ersten nach dem 31.12.1993 endenden Wirtschaftsjahr der ausschüttenden Körperschaft erfolgen sowie für Bezüge aus anderen Ausschüttungen und sonstigen Leistungen, die in dem letzten vor dem 1.1.1994 endenden Wirtschaftsjahr der ausschüttenden Körperschaft erfolgen.

rechnen.[52] Da Thesaurierungssatz und Ausschüttungssatz variieren, muß überlegt werden, ob die zusätzliche Steuerbelastung (sog. Nachsteuer) schon abgebildet werden sollte, denn aus Sicht des Konzerns liegt keine Ausschüttung, sondern ein Gewinnvortrag bzw. eine Rücklagendotierung vor, so daß zumindest für eine Rechnungsperiode eine Thesaurierung gegeben ist.[53] Kontrovers diskutiert wird hier die Dotierung einer Rückstellung nach § 249 Abs. 1 Satz 1 oder § 306 HGB.

Neben den Konstellationen, in denen Gewinne der Konzernunternehmen aggregiert werden und hieraus Steuerabgrenzungsprobleme resultieren, ist die Bedeutung von Verlustsituationen zu prüfen. Die Verrechnungsbeschränkungen für Verluste bei einzelnen Konzernunternehmen führen dazu, daß dem Konzernergebnis ein zu hoher Periodensteueraufwand gegenübersteht. Entgegen der internationalen Praxis[54] wird im Rahmen der Steuerabgrenzungen nach HGB allgemein eine aktive Steuerlatenz aus Verlustvorträgen abgelehnt. Aus § 306 HGB ließe sich eine solche Steuerabgrenzung nicht ableiten; sie sei aus Vorsichtsgründen abzulehnen.[55] Im Falle einer Verlustsituation im Gesamtkonzern kann der Konzern als solcher mangels Steuerrechtssubjektivität die Steuererstattung nur im Wege von Verlustvorträgen einzelner Konzernunternehmen in der Zukunft realisieren. Eine Steuerforderung kann in den Konzernabschluß noch nicht aufgenommen werden, da eine solche auf der Ebene der Konzernunternehmen am Abschlußstichtag noch nicht besteht.

74.6 Anzuwendender Steuersatz

Die Festlegung des kombinierten Erfolgsteuersatzes, mit dem die aktivierungs- oder passivierungspflichtige Abrechnungsspitze nach § 306 HGB multipliziert wird, ist im Konzernabschluß - angesichts der Heterogenität von Erfolgsbesteuerungssituationen

---

52 Vgl. Budde/Lust, Beck'scher Bilanzkommentar, § 305 Anm. 46.
53 Vgl. Dusemond/Hayn, BB 1997, S. 987.
54 Vgl. Kapitel 9.
55 Vgl. Schnicke/Fischer, Beck'scher Bilanzkommentar, § 306 Anm. 54, mit Hinweis auf Baumann, HdKR, § 306 Rn. 41.

einbezogener Unternehmen im In- und Ausland - ungleich schwieriger zu bewerkstelligen als im Einzelabschluß. Das Gesetz liefert für die Steuersatzbestimmung ebenso wie § 274 HGB keinen Anhalt.

Entsprechend vage sind die Ausführungen in der Kommentarliteratur.[56] Nach Schnicke/Fischer[57] ist im Grundsatz jeder Steuersatz zulässig, der zu einem sachgerechten Ergebnis führt. Zum einen komme derjenige Satz in Betracht, der für das die erfolgswirksame Maßnahme auslösende Konzernunternehmen gelte. Diese Ansicht verkennt, daß die zugrundeliegende Gesamtdifferenzbetrachtung eine Zuordnung der Abrechnungsspitze auf ein Konzernunternehmen nicht ohne weiteres zuläßt. Stellt man demgegenüber eine Einzeldifferenzenbetrachtung an, so könnten jeweils die individuellen Steuersätze berücksichtigt werden.[58]

Andererseits wird argumentiert, der Spitzensteuersatz des Mutterunternehmens sollte zur Anwendung kommen, wenn unterstellt werde, daß alle Konsolidierungsmaßnahmen letztlich die Rücklagenveränderung des Mutterunternehmens betreffen. Schließlich wird erwogen, den durchschnittlichen, ggf. gewichteten Konzernsteuersatz zugrunde zu legen, der praktikabel sei und der Gesamtdifferenzbetrachtung entspreche.[59]

Nach der hier vertretenen Ansicht sind Pauschalierungen und Vereinfachungen bei der Steuersatzbestimmung abzulehnen. Das erhebliche quantitative Gewicht, das der Steuerabgrenzung nach § 306 HGB zukommt, fordert eine möglichst exakte Quantifizierung. Gegen eine solche individuelle Ermittlung unter Einbezug der Steuerbelastungen

---

[56] Vgl. Coenenberg/Hille, HdJ, Abt. I/13, Rn. 117: durchschnittlicher Konzernsteuersatz.
[57] Vgl. Schnicke/Fischer, Beck'scher Bilanzkommentar, § 306 Anm. 43.
[58] Vgl. Lührmann (1997), S. 147.
[59] Für einen durchschnittlichen Konzernsteuersatz plädieren auch Coenenberg/Hille, HdJ, Abt. I/13, 2. Aufl., Rn. 117; ADS, 6. Aufl., § 306 Tz. 40: konzerneinheitlicher Steuersatz, der sich am durchschnittlichen Steuersatz aller einbezogenen Konzernunternehmen oder - aus Vereinfachungsgründen - am Steuersatz des Mutterunternehmens orientiert; in Betracht komme auch ein abgerundeter langfristiger Durchschnittssatz.

ausländischer Unternehmungen kann auch nicht eingewendet werden, dies widerspreche den Grundsätzen der Wirtschaftlichkeit und Praktikabilität.[60]

75. Ausweis der Steuerabgrenzung in Bilanz oder Anhang

Der Steuerabgrenzungsposten ist nach § 306 Satz 2 HGB in der Konzernbilanz oder im Konzernanhang gesondert anzugeben. Das Gesetz schweigt - wie im Falle der Steuerabgrenzung nach § 274 HGB - darüber, an welcher Stelle der Ausweis in der Bilanz erfolgen soll, wenngleich auch für Passivposten die Bildung einer Rückstellung i.S.v. § 249 Abs. 1 Satz 1 HGB gefordert wird. Die Auswertung von 100 Konzernabschlüssen des Geschäftsjahres 1995 zeigte, daß bei 44 Konzernen Rückstellungen für latente Steuern gebildet wurden, 41 Konzerne allerdings nicht den Ausweis in der Bilanz, sondern im Anhang gewählt haben.[61] Mit der Einräumung eines Ausweiswahlrechts bleibt der Gesetzgeber unter der von § 274 HGB vorgegebenen Berichtspflicht. Es leuchtet nicht ein, daß ein aktiver Steuerabgrenzungsposten nach § 306 HGB im Unterschied zur aktiven Abgrenzung nach § 274 Abs. 2 HGB nicht verpflichtend im Konzernanhang zu erläutern ist.

In sinngemäßer Anwendung des § 313 Abs. 1 Nr. 1 HGB ist zu fordern, daß die Ermittlungsmethode für Steuerabgrenzungsposten im Anhang angegeben wird. Neben der Nennung des Steuersatzes ist die Ermittlungstechnik zu beschreiben.

§ 306 Satz 3 HGB erlaubt die Zusammenfassung der Steuerabgrenzungen auf den einzelnen Ebenen. Nach herrschender Auffassung bedeutet dies nicht bloß die Addition artgleicher Posten, sondern auch die Saldierung, so daß bei entsprechender Ausübung des Wahlrechts zum Ansatz einer Aktivierungshilfe nach § 274 Abs. 2 HGB, die Steuerabgrenzung gänzlich vermieden werden kann.[62]

---

[60] So aber ADS, 6. Aufl., § 306 Tz. 40.
[61] Vgl. C&L (1997), Rz. 108.
[62] Vgl. Scherrer (1994), S. 480.

76. Gesamtbeurteilung

Die Ausführungen haben gezeigt, daß die derzeit auf den verschiedenen Ebenen stattfindende Steuerabgrenzung im Konzern konzeptionell nicht überzeugen kann und eine Vielzahl von bislang unterschiedlich beantworteten Einzelfragen nach sich zieht. Es bestehen beachtliche Wahlrechtsspielräume, die von den Unternehmen im Rahmen ihres konzernbilanzpolitischen Instrumentariums genutzt werden können. Die vom Gesetz geforderten Angaben im Jahresabschluß sind zu vage, so daß die gewünschte Erhöhung des Informationswertes des Jahresabschlusses nicht eintritt.

8. Kapitel: Die Abbildung von Besteuerungsvorgängen in anderen nationalen Rechnungslegungen

81. Vorbemerkungen

Mit diesem Kapitel wird der Blick auf besondere und ergänzende Rechnungslegungen mit ihren spezifischen Zielsetzungen gelenkt und der Einfluß der Besteuerung auf Rechenschritte und -ergebnis aufgezeigt.

Den Beginn macht die Zwischenberichterstattung nach § 44b Abs. 1 BörsG. Darüber hinaus werden DVFA/SG-Ergebnis, Cash-flow, Segmentberichterstattung und Wertschöpfungsrechnung betrachtet. Überwiegend handelt es sich dabei um freiwillig erstellte Rechnungen, zum Teil aber auch um gesetzlich erzwungene Informationsinstrumente. Sie ergänzen die Jahresabschlußdaten der Unternehmung mit Blick auf die externe Bilanz- und Erfolgsanalyse sowie die interne Steuerung.[1] Aus der Abgrenzung des Untersuchungsgegenstandes folgt, daß rein steuerliche Rechnungslegungen - etwa Ergänzungs- und Sonderbilanzen - außer Betracht bleiben müssen.[2]

82. Zwischenberichterstattung

82.1 Allgemeine Kennzeichnung

Nach § 44b Abs. 1 BörsG ist ein „Emittent zugelassener Aktien... verpflichtet, innerhalb des Geschäftsjahrs regelmäßig mindestens einen Zwischenbericht zu veröffentlichen, der anhand von Zahlenangaben und Erläuterungen ein den tatsächlichen Verhältnissen entsprechendes Bild der Finanzlage und des allgemeinen Geschäftsgangs des Emittenten im Berichtszeitraum vermittelt." Diese Verpflichtung gilt erstmals für

---

[1] Vgl. Arbeitskreis „Externe Unternehmensrechnung" der Schmalenbach-Gesellschaft, DB 1996, S. 1989.
[2] Vgl. hierzu Marx, FR 1991, S. 3 - 6; Marx, StuW 1994, S. 191 - 203.

das nach dem 1.7.1988 beginnende Geschäftsjahr. Für Gesellschaften, die vor Inkrafttreten des Gesetzes noch keine Zwischenberichte auf freiwilliger Basis erstellt hatten, bestand diese Verpflichtung erst für das erste nach dem 31.12.1989 beginnende Geschäftsjahr (§ 97 Abs. 1 Satz 1 u. 2 BörsG). Damit wurde die Zwischenberichtsrichtlinie der Europäischen Gemeinschaft vom 15.2.1982[3] in nationales Recht umgesetzt.[4] Form und Inhalt der Zwischenberichterstattung regeln §§ 53-62 BörsZulVO.

Der Zweck der Zwischenberichterstattung liegt im Anlegerschutz, der - verstanden als Individualschutz - den Anleger vor Fehlinvestitionen schützen und i. S. eines Funktionenschutzes die Funktionsfähigkeit des Kapitalmarktes fördern soll.[5] Der Zwischenbericht soll nach § 44b Abs. 1 BörsG anhand von Zahlenangaben ein den tatsächlichen Verhältnissen entsprechendes Bild der *Finanzlage* und des allgemeinen Geschäftsgangs des Emittenten im Berichtszeitraum vermitteln. Die Beschränkung auf die Finanzlage wird vom Schrifttum als ein Versehen bzw. eine Formulierungsunschärfe gewertet, denn keine rein finanzwirtschaftliche Ausrichtung, sondern eine allgemeine Darstellung der Lage der Gesellschaft sowie die Entwicklung des Geschäftsgangs sind Gegenstand der Berichterstattung.[6] Diese kann entweder auf Basis des Abschlusses des emittierenden Unternehmens oder auf der Grundlage des Konzerns durchgeführt werden.[7]

Quantitative Angaben werden - ungeachtet eventueller freiwilliger Angaben der Unternehmen - grundsätzlich nur in Form der Umsatzerlöse des Berichtszeitraums und des Ergebnisses gefordert (§ 54 Abs. 1 BörsZulVO).[8] Daneben treten die Erläuterungen zur Tätigkeit des Unternehmens und den Ergebnissen i.S.v. § 55 BörsZulVO.

---

3 Vgl. ABl. EG v. 20.2.1982, Nr. L 48/26.
4 Vgl. hierzu die Monographien von Busse von Colbe/Reinhard (1989); Bridts (1990); Köster (1992); Hebestreit (1992) und Dahl (1995).
5 Vgl. Dahl (1995), S. 47 - 51.
6 Vgl. Coenenberg (1997), S. 406.
7 Vgl. Reinhard, Art. Zwischenbericht, in: Lexikon des Rechnungswesens (1994), S. 678 - 680, S. 678; vgl. Coenenberg (1997), S. 408 f.
8 Zur Ausnahme, das Ergebnis in Form einer geschätzten Zahlenangabe zu veröffentlichen, zur Anpassung von Zahlenangaben und zur Berichterstattung über Zwischendividenden vgl. Dahl (1995), S. 25- 27.

82.2 Berücksichtigung der Besteuerung

§ 54 Abs. 1 Satz 1 BörsZulVO gewährt ein Wahlrecht, das Ergebnis vor oder nach Steuern auszuweisen.[9] Inhaltlich bezieht sich das Wahlrecht auf die ergebnisabhängigen Steuern, also die Steuern vom Einkommen und vom Ertrag (§ 275 Abs. 2 Nr. 18 bzw. Abs. 3 Nr. 17 HGB). Der Arbeitskreis „Externe Unternehmensrechnung" der Schmalenbach-Gesellschaft empfiehlt daher, explizit vom Ergebnis nach Ertragsteuern zu sprechen.[10] Die sonstigen Steuern sind hingegen in jedem Fall in Abzug zu bringen.[11]

Aus Sicht des Aktionärs bzw. des Analysten ist dieses Wahlrecht negativ zu beurteilen, da

- die erhebliche Entzugswirkung der Erfolgsteuern[12] und
- im Falle der Nachsteuerbetrachtung die Belastungsquote nicht deutlich wird,
- die unterschiedliche Ausübung des Wahlrechts die zwischenbetriebliche Vergleichbarkeit einschränkt und
- beide gesetzlich zulässigen Alternativen für sich alleine genommen wesentliche Nachteile (Informationsdefizit) aufweisen.[13] Der Ergebnisausweis vor Erfolgsteuern beeinträchtigt die Prognosefunktion, der Ausweis nach Erfolgsteuern behindert die Kontrollfunktion, da das Vorsteuerergebnis nicht mitgeteilt werden muß.[14]

Im Schrifttum wird deshalb zu Recht gefordert, trotz des gesetzlichen Wahlrechts im Zwischenbericht ein Ergebnis nach Steuern zu ermitteln, dabei aber die Erfolgsteuern entweder gesondert auszuweisen[15] oder sowohl ein Ergebnis vor Steuern als auch ein

---

[9] Vgl. Köster (1992), S. 75 - 77.
[10] Vgl. Busse von Colbe/Reinhard (1989), S. 37.
[11] Vgl. Dahl (1995), S. 195.
[12] Vgl. Köster (1992), S. 216.
[13] Vgl. Coenenberg/Bridts, in: FS Loitlsberger (1991), S. 121; Dahl (1995), S. 195; Coenenberg (1997), S. 405 f.
[14] Vgl. Dahl (1995), S. 196.
[15] Vgl. Coenenberg/Bridts, in: FS Loitlsberger (1991), S. 123; Busse von Colbe/Reinhard (1989), S. 37.

Ergebnis nach Steuern zu zeigen,[16] wobei spezifische Fragen - etwa das zukünftige Ausschüttungsverhalten, das Bestehen eines Verlustvortrags, die Veränderung der latenten Steuern und etwaige Steuergutschriften - beantwortet werden müssen.[17]

Hinsichtlich der Ermittlung der Erfolgsteuern stehen sich - wie bei den sonstigen Aufwandsposten - zwei unterschiedliche Ermittlungsmethoden gegenüber.[18] Die Befolgung des sog. eigenständigen Ansatzes würde ein strenges Stichtagsprinzips für die Berücksichtigung der Erfolgsbesteuerung bedeuten, so daß eine Fülle steuerlicher Aspekte unberücksichtigt bliebe. Demgegenüber liegt dem sog. integrativen Ansatz der Gedanke zugrunde, den Erfolgsteueraufwand der Zwischenperiode als Teil der Gesamtrechnungsperiode zu berechnen.[19] Der ermittelte Erfolgsteueraufwand der Zwischenperiode hat dann Indikatorfunktion für den Periodensteueraufwand. Zu Recht präferiert das Schrifttum den integrativen Ansatz zur Berechnung der Erfolgsteuern.[20]

In der Literatur wird vorgeschlagen, entweder eine Schätzung des effektiven Jahressteuersatzes auf der Basis des voraussichtlichen Jahresergebnisses und der Anwendung dieses Steuersatzes auf das Zwischenergebnis vorzunehmen oder einen durchschnittlichen Steuersatz des vorherigen Geschäftsjahres mit dem unversteuerten Zwischenperiodenergebnis zu multiplizieren.[21] Beide Verfahren können nicht überzeugen, denn der Erfolgsteueraufwand setzt sich aus unterschiedlichen Komponenten mit jeweils eigenständigen Ermittlungsbasen zusammen, so daß getrennte Berechnungen erforderlich sind. Über Modifikationen eines kombinierten Erfolgsteuersatzes kann dieser Komplexität nur eingeschränkt Rechnung getragen werden.

---

16 Vgl. Coenenberg (1997), S. 406 ff., mit einem Vergleich zur Zwischenberichterstattung nach IAS.
17 Vgl. Bridts (1990), S. 295 - 299; Köster (1992), S. 216 f.: Coenenberg/Bridts, in: FS Loitlsberger (1991), S. 128.
18 Vgl. die Darstellung bei Coenenberg (1997), S. 409 - 416.
19 Vgl. die Gegenüberstellung beider Ansätze bei Dahl (1995), S. 78 - 89, und die Verknüpfung zum sog. kombinativen Ansatz.
20 Vgl. Dahl (1995), S. 164 m.w.Nw.
21 Vgl. Dahl (1995), S. 165.

Wenn in der Literatur[22] in Anbetracht der Komplexität der Besteuerung und der kurzen Aufstellungsfrist des Zwischenberichts[23] eine unter Beachtung des Wesentlichkeitsgrundsatzes angemessene Schätzung des Steueraufwands als ausreichend angesehen wird, so kann dies nicht zufriedenstellen. Zu fordern ist vielmehr die Erfassung einer möglichst exakt ermittelten voraussichtlichen Erfolgsteuerbelastung auf der Basis der ohnehin schon vorhandenen Steuerplanungen.[24] Dabei sind auch die oben aufgeführten spezifischen Fragen der Verlustkompensation und des Ausschüttungsverhaltens zu beantworten.

Dies bedeutet die integrative Verrechnung etwaiger Verlustvorträge, bei entsprechender Höhe wäre eine verbale Erläuterung der zugrundegelegten Prämissen wünschenswert.[25] Für die Berücksichtigung der Körperschaftsteuerminderungen aufgrund von Ausschüttungen kommt eine quotale Berücksichtigung ebenfalls in Betracht. Gleiches gilt hinsichtlich der Erfassung latenter Steuern.

83. Ergebnis nach DVFA/SG

83.1 Allgemeine Kennzeichnung

Ausgangspunkt der Ermittlung einer eigenständigen Erfolgsgröße aus dem externen Rechnungswesen, die neben den Jahresüberschuß/-fehlbetrag gestellt wird, ist die Tatsache, daß weder der ausgewiesene Jahresüberschuß noch das Ergebnis der gewöhnlichen Geschäftstätigkeit die Anforderungen erfüllen, die vor allem zur Information der in- und ausländischen Anleger und sonstigen Kapitalmarktteilnehmer gestellt werden.[26] Im Rahmen von Erfolgsanalysen wird der Erfolgsbegriff durch Einbezug zu-

---

22 Vgl. Busse von Colbe/Reinhard (1989), S. 39; Köster (1992), S. 216 f., S. 219; Dahl (1995), S. 166.
23 Vgl. § 61 Abs. 1 BörsZulVO innerhalb von zwei Monaten nach dem Ende des Berichtszeitraums.
24 Vgl. Rose (1992), S. 32 - 38, S. 280 - 281, zur kasuistischen Veranlagungssimulation und zur betrieblichen Steuerplanung.
25 Vgl. Coenenberg/Bridts, in: FS Loitlsberger (1991), S. 131, die allerdings auch eine Zuordnung der Steuererträge zu den außerordentlichen Erträgen vorschlagen.
26 Vgl. Busse von Colbe u.a. (1996), S. 3.

sätzlicher Elemente modifiziert mit dem Ziel, die Vergleichbarkeit zu erhöhen, die Wirkung von bilanzpolitischen Maßnahmen weitestgehend auszuschalten und spezifischen Informationsinteressen Rechnung zu tragen.[27]

Dabei steht die Kennzahl „Gewinn je Aktie" häufig im Mittelpunkt des Interesses, die eine besondere Form der Eigenkapitalrendite darstellt und von deutschen Unternehmen auf freiwilliger Basis im Geschäftsbericht angegeben wird, während US-amerikanische Unternehmen verpflichtet werden, die Earnings per Share als Bestandteil des Income Statements zu zeigen (APB Opinion No. 15 i.V.m. SFAS No. 55 u. 85).[28]

$$\text{Gewinn je Aktie} = \frac{\text{Gewinn}}{\text{gezeichnetes Kapital}} * \text{Aktiennennbetrag}.$$

Mit Hilfe dieser Kennzahl und des reziproken Wertes „Kurs-Gewinn-Verhältnis" soll ein schneller und sicherer Vergleich mit den Börsenkursen erreicht werden.[29] Allerdings besteht die Gefahr möglicher Fehlinterpretationen, auf die hier aus Raumgründen nur hinzuweisen ist.[30]

Die Kommission für Methodik der Finanzanalyse der Deutschen Vereinigung für Finanzanalyse und Anlageberatung e.V. (DVFA) und der Arbeitskreis Externe Unternehmensrechnung der Schmalenbach-Gesellschaft - Deutsche Gesellschaft für Betriebswirtschaft (SG) haben 1991 im Anschluß an getrennte Ermittlungsrechnungen[31]

---

[27] Vgl. Hauschildt, HdRech (1993), Sp. 545 f.
[28] Vgl. Küting/Weber (1994), S. 265 f.
[29] Vgl. Büschgen, WPg 1967, S. 85 - 95.
[30] Vgl. Schult (1991), S. 106, der darauf hinweist, daß mit dem gezeichneten Kapital nur ein Teil des bilanzierten Eigenkapitals erfaßt ist, vgl. auch Küting/Weber (1994), S. 266.
[31] Von 1968 bis 1988 hatte die DVFA-Kommission fünf Fassungen der Ergebnisermittlung veröffentlicht, wobei die vierte und fünfte Fassung auf der Basis des Bilanzrichtlinien-Gesetzes erfolgten. Der Arbeitskreis Externe Unternehmensrechnung der Schmalenbach-Gesellschaft/Deutsche Gesellschaft für Betriebswirtschaft veröffentlichte 1988 eine eigene Empfehlung zur Ermittlung des Ergebnisses je Aktie. Vgl. Arbeitskreis „Externe Unternehmensrechnung", ZfbF 1988, S. 138. Zur historischen Entwicklung vgl. Bender (1995), S. 91 - 97.

erstmals eine gemeinsame Empfehlung zur Ermittlung des Ergebnisses je Aktie herausgegeben und diese 1996 in überarbeiteter Form veröffentlicht.[32]

An die Stelle des Konzernjahresüberschusses tritt mit dem Ergebnis nach DVFA/SG eine um Sondereinflüsse bereinigte Erfolgsgröße für das Gesamtunternehmen, die zugleich eine zuverlässige Ausgangsposition für Ergebnisprognosen schaffen und den Vergleich des wirtschaftlichen Erfolgs zwischen verschiedenen Unternehmen ermöglichen soll.[33]

Im einzelnen verfolgt das Ergebnis nach DVFA/SG drei Aussageziele:

- durch ein von Sondereinflüssen bereinigtes Ergebnis soll der Ergebnistrend im Zeitablauf aufgezeigt werden;
- zugleich soll eine zuverlässige Ausgangsposition für Ergebnisprognosen geschaffen werden und
- es sollen Vergleiche des wirtschaftlichen Erfolgs zwischen verschiedenen Unternehmen ermöglicht werden.[34]

Der Ergebnisbereinigung liegt folgendes Arbeitsschema zugrunde, das hier verkürzt wiedergegeben ist.

---

[32] Vgl. Busse von Colbe u.a. (1996).
[33] Vgl. Rehkugler/Poddig (1993), S. 191 f.; Born (1994), S. 434; Gräfer (1994), S. 169; Burger (1995), S. 56; Coenenberg (1997), S. 683 f.
[34] Vgl. Coenenberg (1997), S. 683 f.

1. Jahresüberschuß/-fehlbetrag
2. Ingangsetzungs- und Erweiterungsaufwendungen
3. Bereinigungspositionen im Anlagevermögen
4. Bereinigungspositionen im Umlaufvermögen
5. Bereinigungspositionen in den Passiva
6. Den Positionen 2 bis 5 nicht eindeutig zuordenbare Sondereinflüsse sowie Fremdwährungseinflüsse
7. Zusammenfassung der zu berücksichtigenden Bereinigungen unter Beachtung des Wesentlichkeitskriteriums
8. Ermittlung des Ergebnisses nach DVFA/SG für das Gesamtunternehmen durch Zusammenfassung der Positionen 1 und 7
9. Ermittlung des Ergebnisses nach DVFA/SG ohne Anteile Dritter

Abbildung 43: Arbeitsschema zur Ermittlung des Ergebnisses nach DVFA/SG (verkürzt)[35]

Ohne die inhaltlichen Schritte im einzelnen zu erläutern, erkennt man zum einen die Bereinigung um die außerordentlichen, ungewöhnlichen und dispositionsbedingten Erfolgskomponenten gegliedert nach den betroffenen Bilanzposten[36] und zum anderen, daß die Eliminierungen am schwer zu operationalisierenden Wesentlichkeitskriterium festmachen.

Nur mit freiwilligen Zusatzinformationen kann das Ergebnis nach DVFA/SG von Unternehmensexternen zuverlässig ermittelt werden.[37] Küting/Weber konstatieren, „...daß sich die Hoffnung der Analysten auf weitreichende Zusatzinformationen im Geschäftsbericht nur in Ausnahmefällen bewahrheitet hat."[38] Die Eignung als Instrument

---

[35] Vgl. Busse von Colbe u.a. (1996), S. 37.
[36] Vgl. Coenenberg (1997), S. 685.
[37] Vgl. Bender (1996), S. 187 - 190 und Kapitel V.
[38] Küting/Weber (1994), S. 282.

in der externen Jahresabschlußanalyse ist deshalb begrenzt.[39] Wenn demnach das Ergebnis nach DVFA/SG im Geschäftsbericht oder an anderer Stelle genannt wird, sollte zusätzlich eine detaillierte Überleitungsrechnung veröffentlicht werden.[40]

83.2 Berücksichtigung der Besteuerung

Das Ergebnis nach DVFA/SG wird in Anlehnung an die internationale Praxis als Nachsteuergröße ermittelt.[41] Zum einen knüpft die Überleitungsrechnung am Jahresüberschuß/-fehlbetrag an, zum anderen werden bei der Bereinigung die jeweiligen Nettoergebniswirkungen des entsprechenden Postens auf das Jahresergebnis erfaßt. Nun können gegen die Errechnung der Kennzahl als Nettoergebnisgröße verschiedene beachtliche Einwände geltend gemacht werden:[42]

- Bedingt durch das derzeit gültige KSt-System mit gespaltenem Steuersatz und Vollanrechnung ist die Belastung mit Körperschaftsteuer von der Ergebnisverwendung abhängig, auf der Ebene des Anteilseigners prinzipiell anrechenbar und auch bezogen auf den Thesaurierungsteil nicht definitiv.
- Änderungen bei der Besteuerung behindern die zeitliche Vergleichbarkeit von Nettoerfolgsgrößen.
- Die internationale Vergleichbarkeit ist eingeschränkt.
- Der Erfolgsteueraufwand kann durch aperiodische Zahlungen und durch die Bilanzpolitik bei latenten Steuern beeinflußt sein.
- Ein Vergleich der Aktienrendite mit der Rendite von festverzinslichen Wertpapieren sollte auf Bruttobasis erfolgen.

---

[39] Vgl. Coenenberg (1997), S. 683.
[40] Vgl. Bender (1996), S. 364.
[41] Vgl. Busse von Colbe u.a. (1996), S. 11.
[42] Vgl. Born (1994), S. 441; vgl. hierzu ausführlich Bender (1996), S. 128 - 130 m.w.Nw.

Bender plädiert deshalb für die Verwendung einer Brutto-Erfolgsgröße, die durch eine Nettogröße, einer Ergebnisbereinigung auf Nettoerfolgsbasis, vergleichbar mit der Vorgehensweise in der anglo-amerikanischen Rechnungslegung und Investmentpraxis, ergänzt werden könnte.[43] Dem ist im Ergebnis zuzustimmen. Dennoch sollte abweichend von diesem Vorschlag nur die Gewerbeertragsteuer zum Abzug gebracht werden, so daß nicht nur das beim Anteilseigner tatsächlich unmittelbar zu realisierende Steuerguthaben, sondern auch die Körperschaftsteuer auf den thesaurierten Gewinn im Bruttobetrag enthalten sein sollte.

Die Praxis geht bislang noch einen anderen Weg. Die Empfehlungen von DVFA und SG sehen **allein** die Ermittlung einer Nettogröße vor. Demzufolge sind effektive und latente Erfolgsteuern zum Abzug zu bringen. Steuerersparnisse aus der Nutzung von Verlustvorträgen sowie Ergänzungsbilanzverluste werden nicht eliminiert. Allerdings soll bei wesentlichen Entlastungen über das Ausmaß berichtet werden.

Auch Steuererstattungen und -nachzahlungen sind nur zu bereinigen, wenn sie ungewöhnlich sind.

Im Rahmen der Ergebnisermittlung werden steuerfreie Erträge und steuerlich nichtabzugsfähige Aufwendungen in vollem Umfang in die Korrekturrechnung einbezogen. Bei anderen steuerwirksamen Bereinigungspositionen sind sowohl die Ergebnis- als auch die Besteuerungssituation des Unternehmens zu beachten. Dabei wird bei inländischen Abschlüssen ein kombinierter Erfolgssteuersatz zum Abzug gebracht, der typisierend einen Gewerbesteuerhebesatz von 400 % berücksichtigt und grds. den KSt-Thesaurierungssatz einbezieht, da davon ausgegangen wird, daß die Ergebnisbereinigung den Spielraum für die Ausschüttung nicht einengt.[44] Bei ausländischen Abschlüssen sind die jeweiligen landesspezifischen Ertragsteuersätze anzuwenden. Wird das DVFA/SG-Ergebnis unternehmensintern ermittelt, können hier sicherlich sowohl

---

[43] Vgl. Bender (1996), S. 130.
[44] Vgl. Busse von Colbe u.a. (1996), S. 15 u. Abschnitt C, S. 111.

hinsichtlich der Gewerbeertragsteuer als auch bei den ausländischen Steuern individuelle Sätze berücksichtigt werden.

Ergebnissituation vor Bereinigung	Bereinigungssaldo vor Steuern	Behandlung des Bereinigungssaldos
Jahresfehlbetrag	a.o. Ertragssaldo	brutto gleich netto unbegrenzt
	a.o. Aufwandssaldo	brutto gleich netto bis zur Null-Linie, darüber hinaus fiktiv zu versteuern
Jahresüberschuß	a.o. Ertragssaldo	fiktiv versteuern bis zur Null-Linie, darunter brutto gleich netto
	a.o. Aufwandssaldo	fiktiv versteuern
Jahresfehlbetrag und Verlustvortrag	a.o. Ertragssaldo	brutto gleich netto unbegrenzt
	a.o. Aufwandssaldo	brutto gleich netto bis zur Null-Linie, darüber hinaus fiktiv versteuern, unabhängig von einem noch bestehenden Verlustvortrag
Jahresüberschuß voll steuerfrei durch Verlustvortrag	a.o. Ertragssaldo	brutto gleich netto unbegrenzt
	a.o. Aufwandssaldo	fiktiv versteuern, ohne Berücksichtigung des Verlustvortrags

Quelle: Busse von Colbe u.a. (Hrsg): Ergebnis nach DVFA/SG, DVFA/SG Earnings, 2. Auflage, Stuttgart 1996, S. 13.

Abbildung 44: Steuerliche Qualifikation des Bereinigungssaldos

84. Segmentberichterstattung

84.1 Allgemeine Kennzeichnung

Mittels Diversifikation i.S. der Ausweitung des Absatzprogramms auf heterogene Produkte[45] reagieren Unternehmen auf Umweltänderungen und bieten ihre Produkte auf neuen, bislang noch nicht bedienten Märkten an, so daß eine konglomerate Produkt-Markt-Strategie verfolgt wird.[46] Mehrbereichsunternehmen setzen sich aus heterogenen Geschäftsbereichen mit meist erheblichen Risiko- und Erfolgsunterschieden zusammen.[47]

Der Jahresabschluß als aggregierte Darstellung der Vermögens-, Finanz- und Ertragslage der wirtschaftenden Einheit macht solche Diversifikationsprozesse nicht hinreichend sichtbar. Hinzu kommt, daß der handelsrechtliche Einzelabschluß immer mehr an Bedeutung verliert, während der Konzernabschluß in den Mittelpunkt des Interesses von Gesellschaftern und Gläubigern, aber auch der übrigen Interessenten rückt[48] und sich hierdurch die Zahl isolierbarer Geschäftsbereiche stark vergrößert. Im Gegensatz zum Informationsbedarf der Unternehmung zwecks effektiverer Steuerung, der mittels des internen Rechnungswesens zu decken ist, zwingt der Gesetzgeber die Unternehmen nur eingeschränkt zu Segmentinformationen in der externen Rechnungslegung. Die Unternehmen sind nach derzeitigem Rechnungslegungsrecht nicht zu einer detaillierten Berichterstattung über die einzelnen regionalen oder sektoralen Markterfolge des Unternehmens verpflichtet.[49]

So sind nach § 285 Nr. 4 HGB Umsatzerlöse nach Tätigkeitsbereichen und geographisch bestimmten Märkten aufzugliedern, soweit sich diese Bereiche und Märkte untereinander erheblich unterscheiden. Diese Verpflichtung gilt für große Kapitalgesell-

---

[45] Vgl. Haase, in: HdRech (1993), Sp. 1783.
[46] Vgl. Bühner, Art. Diversifikation, in: HdB (1993), Sp. 806 f.
[47] Vgl. Haase, Art. Segment-Rechnung, in: Lexikon des Rechnungswesens (1994), S. 553.
[48] Vgl. Bernards, DStR 1995, S. 1363.
[49] Vgl. Krawitz, in: FS Baetge (1997), S. 561 - 566.

schaften.[50] § 314 Abs. 1 Nr. 3 HGB statuiert für den Konzernabschluß eine entsprechende Verpflichtung.

Darüber hinaus exisiteren nur einzelne branchen- und wirtschaftszweigbezogene Segmentberichterstattungspflichten. Umfassende Jahresabschlußinformationen über Segmente unter Einbezug wesentlicher Daten zur Vermögens-, Finanz- und Ertragslage gibt es - im Gegensatz zur internationalen Rechnungslegung[51] - bislang nicht im deutschen Jahresabschlußrecht.

Dennoch werden von Unternehmen auf freiwilliger Basis Segmentinformationen bereitgestellt. Die von Bernards durchgeführte empirische Untersuchung ergab ein differenziertes Bild der über die gesetzlichen Angabepflichten hinaus zur Verfügung gestellten Segmentdaten.[52] Einbezogen wurden die Jahresabschlüsse von 152 großen Unternehmen, die zur Segmentierung der Umsatzerlöse im Anhang verpflichtet waren. Nur in 38 Fällen wurden Angaben über Ergebnisbeiträge gemacht, allerdings 28 (73,8 %) nicht-quantitativer Art. Es dominiert die Segmentierung nach Tätigkeitsbereichen.

Ergebnisbeiträge	Tätigkeitsbereich	geographische Märkte	kombinative Angaben	sonstige Angaben
Anhang	-	-	-	-
Lagebericht	23	2	-	4
Zusatzbericht	2	1	-	6
Gesamt	25	3	-	10

Quelle: Bernards (1994), S. 187.

Abbildung 45: Segmentinformationen

---

[50] I.S.v. § 267 Abs. 3 HGB. Für kleine und mittelgroße Kapitalgesellschaften ist § 288 HGB zu beachten.
[51] Vgl. Coenenberg (1997), S. 396 - 400, zur Segmentinformation nach IAS 14. Vgl. auch Veit/Bernards, WPg 1995, S. 493 - 498 zu den Anforderungen an die Segmentberichterstattung im internationalen Vergleich. Vgl. Pellens (1997), S. 457 - 462, zum Vergleich von IAS 14 mit SFAS No. 14.
[52] Vgl. Bernards (1994) im dritten Kapitel seiner Untersuchung, S. 141 - 253. Die Daten wurden um die Jahresmitte 1992 erhoben; es liegt kein einheitlicher Jahrgang der Geschäftsberichterstattung zugrunde (vgl. S. 150).

Von der derzeitigen Segmentpublizität zu unterscheiden ist eine umfassende Segment-Rechnung auf der Basis der Rechenelemente einer externen Rechnungslegung. Die Segmentbilanzierung stellt aus konzeptioneller Sicht eine Umkehrung der Einheitstheorie im Rahmen der Konzernbilanzierung dar.[53] Die wirtschaftliche Unabhängigkeit jedes Segments wird in der Weise fingiert, daß Bilanzposten - Aktiva, Schulden und Eigenkapital - unter Berücksichtigung eines allgemeinen Bereichs entsprechend zugeordnet und segmentweise zusammengefaßt, intersegmentäre Lieferungen und Leistungen zu Marktpreisen bewertet werden, so daß Segmenterfolge zu ermitteln sind.[54]

84.2 Berücksichtigung der Besteuerung

Eine sektorale Segmentierung der Steuerposten ist theoretisch möglich, würde aber eigenständige Ermittlungsrechnungen der Segmente erfordern.[55] Der Einwand, die Aussagekraft des ausgewiesenen Erfolgsteueraufwands sei ohnehin begrenzt, da Steuernachzahlungen und -erstattungen nicht besonders abzugrenzen sind und eine Unsicherheit hinsichtlich der Gewinnverwendung gelte[56], wiegt aber nicht schwer. Zum einen muß eine Anhangangabe wesentlicher aperiodischer Aufwendungen gemacht werden, zum anderen sind die Fälle einer Abweichung vom Gewinnverwendungsvorschlag der Verwaltung selten.

Das Argument, die Kenntnis fiktiver Erfolgsteuerbelastungen der Segmente sei für die Beurteilung der wirtschaftlichen Lage nicht bedeutsam[57], ist hingegen nicht von der

---

53 Vgl. Chmielewicz, Art. Segmentierte Erfolgsrechnung, HdRech (1993), Sp.1790; Haase, Art. Segmentbilanz, HdRech (1993), Sp. 1786.
54 Vgl. Haase, Art. Segmentbilanz, HdRech (1993), Sp. 1786 f.
55 Vgl. Bernards (1994), S. 339.
56 Vgl. Hauschildt (1987), S. 145.
57 Vgl. Bernards (1994), S. 339.

Hand zu weisen. Nur in Ausnahmefällen dürfte eine Segmentierung des Steueraufwands zusätzlichen Nutzen stiften:

- geographische Segmentierung mit dem Ziel, die Anteile in- und ausländischer Steuern zu zeigen;
- sektorale Segmentierung in Produkte, Produktgruppen oder Branchen mit dem Ziel, den jeweiligen Beitrag zum steuerlichen Einkommen festzustellen.

Darüber hinaus ist zu beachten, daß eine Aufspaltung des Erfolgsteueraufwands auf die Segmente jeweils eigenständige Steuerrechnungen voraussetzt und dies im Verhältnis zur Aussagekraft einen unverhältnismäßig hohen Arbeits- und Zeitaufwand nach sich ziehen würde.[58] Dementsprechend werden in der IAS-Rechnungslegung Erfolgsteueraufwand wie Steuerforderungen und latente Steuern nicht einzelnen Segmenten zugeordnet.[59]

85. Cash-flow-Rechnungen

85.1 Allgemeine Kennzeichnung

Cash-flow-Rechnungen bilden eines der bedeutendsten Instrumente der (externen) Jahresabschlußanalyse.[60] Als zahlungsstromorientierte Größe dient der Cash-flow dem internen und externen Analysten einerseits dazu, die finanzwirtschaftliche Aussagekraft des Jahresabschlusses zu verbessern und andererseits den Jahresüberschuß um bilanzpolitische Gestaltungen zu bereinigen, um einen Indikator für die Ertragskraft zu generieren.[61]

---

[58] Ebenso Bernards (1994), S. 339 f.
[59] Vgl. Coenenberg (1997), S. 397.
[60] Vgl. Siener (1991), S. 1; DVFA/SG, WPg 1993, S. 599.
[61] Vgl. Küting/Weber (1997), S. 128.

Der Cash-flow verfolgt somit zwei Zielrichtungen: Als Finanzindikator soll er eine zutreffende Aussage über die im Vorjahr dem Unternehmen aus der Innenfinanzierung zur Verfügung gestandenen Zahlungsmittel (Kassenbestand und jederzeit verfügbare Bankguthaben) ermöglichen, die zur Tätigung von Investitionen, zur Schuldentilgung und Gewinnausschüttung verwendet wurden bzw. werden.[62] Durch den Bezug zu den Netto-Finanzschulden läßt sich der Dynamische Verschuldungsgrad ermitteln, der Rückschlüsse auf die Schuldentilgungsfähigkeit des Unternehmens aus dem Cash-flow zuläßt.[63] Mit Blick auf den Jahresüberschuß und Bilanzgewinn zielt der Cash-flow auf die Generierung eines objektivierten, d. h. um Maßnahmen der Bilanzpolitik bereinigten Ertragsindikators.[64]

Begrifflichkeit, Zielsetzungen und Berechnungsmethoden von Cash-flows variieren stark.[65] Uns interessiert im folgenden wiederum, ob und wie Steuern in der Ermittlungsrechnung abgebildet werden. Dabei müssen mit der Ermittlung auf direktem oder indirektem Wege zwei Formen unterschieden werden.[66] Während bei der direkten Methode Ertragseinzahlungen den Aufwandsauszahlungen gegenübergestellt werden, modifiziert die indirekte Methode den schon errechneten Jahreserfolg (Jahresüberschuß/-fehlbetrag) um zahlungsunwirksame Vorgänge.

Während Abbildung 46 einen Vorschlag zu einer direkten Cash-flow-Ermittlung aufzeigt, verdeutlicht Abbildung 47 eine Möglichkeit der Cash-flow-Ermittlung auf indirektem Weg, die in der Praxis dominiert, da die Zahlungswirksamkeit von Geschäftsvorfällen bislang kein Buchungskriterium darstellt.

---

[62] Vgl. Siener (1991), S. 77.
[63] Vgl. Arbeitskreis „Externe Unternehmensrechnung" der Schmalenbach-Gesellschaft, DB 1996, S. 1992.
[64] Vgl. Schult (1991), S. 93; Wöhe (1992), S. 877 - 885; Peemöller (1993), S. 323; Gräfer (1994), S. 164 - 166; Burger (1995), S. 209; Coenenberg (1997), S. 679.
[65] Vgl. Wöhe (1992), S. 877; vgl. auch Burger (1995), S. 209, der nach dem Erfolgsumfang unterscheidet in 1) betrieblichen C.F., 2) C.F. vor Zinsen, 3) Ordentlicher C.F. und 4) C.F. vor Erfolgsteuern. Vgl. auch Coenenberg (1997), S. 618 - 620, mit weiteren Ermittlungsrechnungen: Nachhaltiger Cash-flow, Cash-flow nach DVFA/SG.
[66] Vgl. Wöhe (1992), S. 879.

1		Umsatzeinzahlungen
		(+ Umsatzerlöse)
		(+ Erhöhung der erhaltenen Anzahlungen auf Bestellungen)
		(./. Erhöhung der Forderungen aus Lieferungen und Leistungen)
2	./.	Materialauszahlungen
		(+ Materialaufwand)
		(./. Erhöhung der Verbindlichkeiten aus Lieferungen und Leistungen)
		(+ Erhöhung der geleisteten Anzahlungen)
3	./.	Personalauszahlungen
		(+ Personalaufwand)
		(./. Erhöhung der Rückstellungen für Pensionen und ähnliche Verpflichtungen)
4	+	Finanzeinzahlungen
		(+ sonstige Zinsen und ähnliche Erträge)
		(./. sonstige Zinsen und ähnliche Aufwendungen)
		(./. Erhöhung des Disagios)
		(+ Erträge aus anderen Wertpapieren und aus Ausleihungen des Finanzanlagevermögens)
		(+ Erträge aus Beteiligungen)
		(+ Ergebnis aus Unternehmensverträgen)
5	+	sonstige betriebliche Einzahlungen
		(+ sonstige betriebliche Erträge)
		(./. Zuschreibungen)
		(./. Erträge aus der Auflösung des Sonderpostens mit Rücklageanteil)
		(+ Erhöhung der passivischen Rechnungsabgrenzung)
6	./.	sonstige betriebliche Auszahlungen
		(+ sonstige betriebliche Aufwendungen)
		(./. Einstellungen in den Sonderposten mit Rücklageanteil)
		(./. freiwillige Zusatzposten der sonstigen betrieblichen Aufwendungen: Verluste aus dem Abgang von Gegenständen des Anlagevermögens, Verluste aus dem Abgang von Gegenständen des Umlaufvermögens mit Ausnahme der Vorräte, Abschreibungen auf Umlaufvermögen außer Vorräten und Wertpapieren)
		(./. Erhöhung der sonstigen Rückstellungen)
		(+ Erhöhung der aktivischen Rechnungsabgrenzung; ohne Disagio und aktivierte latente Steuern)
7	./.	einkommens- und ertragsunabhängige Steuerauszahlungen
		(+ sonstige Steuern)
		(./. Erhöhung der Steuerrückstellungen mit Ausnahme der Rückstellungen für passive latente Steuern)
8	=	Cash-flow

Quelle: Küting/Weber (1997), S. 130 (geringfügig abgeändert).

Abbildung 46: Vorschlag einer Cash-flow-Ermittlung auf direktem Weg

1		Jahresüberschuß vor EE-Steuern
2	+	Wertminderungen (+ Abschreibungen) (+ Abschreibungen auf Finanzanlagen und auf Wertpapiere des Umlaufvermögens) (+ Einstellungen in den Sonderposten mit Rücklageanteil) (+ freiwillige Zusatzposten der sonstigen betrieblichen Aufwendungen: Verluste aus dem Abgang von Gegenständen des Anlagevermögens, Verluste aus dem Abgang von Gegenständen des Umlaufvermögens außer Vorräten, Abschreibungen auf Umlaufvermögen außer Vorräten und Wertpapieren)
3	./.	Werterhöhungen (+ Zuschreibungen) (+ Erträge aus der Auflösung des Sonderpostens mit Rücklageanteil)
4	+	Erhöhung der Rückstellungen (mit Ausnahme der Rückstellungen für latente Steuern)
5	./.	verfahrensbedingte Korrekturposten (+ Bestandserhöhung an fertigen und unfertigen Erzeugnissen sowie andere aktivierte Eigenleistungen)
6	+/./.	weitere Posten der GuV (+ außerordentliche Aufwendungen) (./. außerordentliche Erträge)
7	+	erfolgsneutrale, zahlungsmittelerhöhende Vorgänge (+ Erhöhung der Verbindlichkeiten aus Lieferungen und Leistungen) (+ Erhöhung der erhaltenen Anzahlungen auf Bestellungen) (+ Erhöhung der passiven Rechnungsabgrenzungsposten)
8	./.	erfolgsneutrale, zahlungsmittelverringernde Vorgänge (+ Erhöhung der Forderungen aus Lieferungen und Leistungen) (+ Erhöhung der geleisteten Anzahlungen) (+ Erhöhung der aktiven Rechnungsabgrenzungsposten ohne aktive latente Steuern)
9	=	Cash-flow

Quelle: Küting/Weber, Bilanzanalyse, 3. Auflage, Stuttgart 1997, S. 131 (abgeändert).

Abbildung 47: Ermittlung des Cash-flow nach der indirekten Methode

85.2 Berücksichtigung der Besteuerung

In beiden dargestellten Ermittlungsrechnungen ist der Cash-flow eine Größe **vor** Berücksichtigung der Steuern vom Einkommen und Ertrag.[67] Sonstige Steuern sind hingegen abgezogen worden, soweit diese in der Rechnungsperiode tatsächlich zahlungswirksam geworden sind (direkte Ermittlung) oder der Liquiditiätsentzug unterstellt wird (indirekte Ermittlung).

Diese Differenzierung überrascht, denn auch hinsichtlich der EE-Steuern liegen zumeist unmittelbare zahlungswirksame Aufwendungen[68] vor, so daß deren Einbezug nicht mit dem Ermittlungsziel korrespondiert. Auszahlungsunwirksame Komponenten sind hinsichtlich der Dotierung der Steuerrückstellungen gegeben und zum anderen bezüglich latenter Steuern. Andere Ermittlungen[69] definieren den erfolgsorientierten Cash-flow auf Nettobasis **nach** EE-Steuern.

Die Bereinigung um die ergebnisabhängigen Steuern erscheint zunächst im Hinblick auf die Nutzung steuerbilanzieller Aktionsparameter, der Ausschüttungspolitik und der internationalen Vergleichbarkeit als zweckmäßig.[70] Siener[71] rechtfertigt die Ermittlung des Cash-flow auf Bruttobasis mit der fehlenden Zahlungswirksamkeit latenter Steuern und mit dem gespaltenen KSt-Tarif. Beide Argumente können allerdings nicht vollständig überzeugen. So ist es möglich, die latenten Steuern aufgrund der Bilanz-

---

67 Vgl. auch die Berechnungsschemata von Siener (1991) zum Einzelabschluß (S. 129 f.) und zum Konzernabschluß (S. 251).
68 Steuervorauszahlungen und Nachzahlungen, Erstattungen für Vorperioden; Steuerabschlußzahlungen folgen i.d.R. mit geringem zeitlichen Abstand zur Rechnungsperiode.
69 Vgl. Schult (1991), S. 59; Wöhe (1992), S. 878; Born (1994), S. 353, 355; Coenenberg (1997), S. 682: Neben der Errechnung des Brutto-Cash-flow wird der betriebsbedingte Netto-Cash-flow nach Abzug der Steuern vom Einkommen und vom Ertrag, die auf das Ergebnis der gewöhnlichen Geschäftätigkeit entfallen, gestellt. Weiterführende Literaturhinweise für die Ermittlung des Cash-flow auf Nettobasis bei Siener (1991), S. 111, FN 266. Die Empfehlung von DVFA/SG zur Ermittlung des Cash-flow geht ebenfalls von einer Nettogröße aus; vgl. WPg 1993, S. 599 - 602. Die von Siener durchgeführte Befragung zeigt, daß nur rd. 6 % der befragten Unternehmen den Cash-flow auf Bruttobasis errechnen, 49 % dagegen auf Nettobasis, k.A. (45 %), vgl. Siener (1991), S. 115.
70 Vgl. Coenenberg (1997), S. 682.
71 Vgl. Siener (1991), S. 113 -115.

bzw. Anhangangaben vom effektiven Steueraufwand zu lösen.[72] Dann bleiben nicht auszahlungswirksame Komponenten in Höhe der Rückstellungsdotierung/-inanspruchnahme, die über die Veränderung der Steuerrückstellungen erfaßt werden können.

Das zweite Argument betrifft die Abhängigkeit der Körperschaftsteuer von der Gewinnverwendung. Geht man vom finanzwirtschaftlichen Ermittlungsziel - Generierung einer für Investitionen, Schuldentilgung und Gewinnausschüttung zur Verfügung stehenden Größe - aus, so kann zunächst festgehalten werden, daß die Körperschaftsteuer schon im Hinblick auf die beabsichtigte Gewinnverwendung berechnet worden ist. § 278 HGB sieht bei Kapitalgesellschaften vor, den Beschluß über die Gewinnverwendung bzw. den Vorschlag über die Gewinnverwendung bei der Ermittlung des Steueraufwands zugrunde zu legen. Ob mit der Gewinnausschüttung eine Änderung der Körperschaftsteuer verbunden ist, hängt von den in Anspruch zu nehmenden Eigenkapitalparten ab. Körperschaftsteuerminderungen oder -erhöhungen, die sich auf die im folgenden Geschäftsjahr abzuwickelnde Gewinnausschüttung beziehen, werden also schon im Jahresabschluß berücksichtigt.[73] Das zu lösende Problem könnte vielmehr darin bestehen, den Körperschaftsteueraufwand aufzuspalten in einen Teil, der mit der Anrechnung verbunden ist und einen anderen Teilbetrag, der mit der Thesaurierung zusammenhängt. Nur der zweite Teil wäre neben der Gewerbeertragsteuer und den anderen nicht gewinnabhängigen EE-Steuern Cash-flow-mindernd zu berücksichtigen.

Bei einer solchen Überlegung ist allerdings auch die Verwendung des Cash-flow als Erfolgsindikator zu beachten. Geht man von dem erfolgswirtschaftlichen Indikator, dessen Funktion in der Generierung einer weitgehend bewertungsunabhängigen Erfolgsgröße liegt, die auch Anhaltspunkte für die künftige Ertragsentwicklung gibt, aus, so ergibt sich keine andere Beurteilung. Effektive Steuern vom Einkommen und Ertrag

---

72 Vgl. §§ 274 Abs. 1 Satz 1, Abs. 2 Satz 2 HGB. § 265 Abs. 7 Nr. 1 HGB erlaubt die Zusammenfassung bei nicht erheblichen Beträgen.
73 Hinsichtlich der Gewerbeertragsteuer ist keine Abhängigkeit von der Gewinnverwendung gegeben.

sind nach steuerrechtlichen Vorschriften ermittelte Aufwandsposten, die mangels Wahlrechtsspielräumen keiner Bilanzpolitik zugänglich sind.

Gegen den Abzug zahlungswirksamer EE-Steueraufwendungen könnte allerdings eingewendet werden, daß Vergleiche von Kapitalgesellschaften und Personengesellschaften erschwert würden. Da der Cash-flow vorrangig ein Instrument der externen Bilanzanalyse darstellt, kommen publizitätspflichtige Personenhandelsgesellschaften in Betracht, für die hinsichtlich der von den Gesellschaftern entrichteten Einkommen- und Vermögensteuer § 5 Abs. 5 Satz 2 PublG die Möglichkeit eröffnet, diese Abgaben unter den sonstigen betrieblichen Aufwendungen zu bilanzieren.[74] Dabei handelt es sich ausschließlich um zahlungswirksame Aufwendungen, eine Verringerung des Cash-flow erscheint daher systemkonform. Schließlich ist darauf hinzuweisen, daß die differierende Erfolgsbesteuerung einen gewichtigen Faktor nationaler und internationaler Standortwahl darstellt, so daß die mit der Besteuerung verbundenen Entzugswirkungen auch im Cash-flow abgebildet werden sollten.

Zusammenfassend bleibt festzuhalten, daß auch hinsichtlich der Steueraufwendungen konsequent nach dem Kriterium der Zahlungswirksamkeit zu differenzieren ist. Nach der hier vertretenen Auffassung sollte der Cash-flow als eine Nettogröße nach Berücksichtigung zahlungswirksamer Steueraufwendungen ermittelt werden, gleichgültig ob es sich um erfolgsabhängige oder -unabhängige Steuern handelt. Unternehmens- und Zeitvergleiche sind - unabhängig davon, ob auf Brutto- oder Nettobasis durchgeführt - nicht ohne Erklärungslücken durchführbar.[75]

---

[74] Vgl. ADS, 6. Aufl., § 5 PublG Tz. 72 - 73: Entstehung des Wahlrechts als Anreiz zur Anwendung des aktienrechtlichen GuV-Gliederungsschemas.
[75] Vgl. Fingerhut (1991), S. 176 ff., 191, 299.

86. Wertschöpfungsrechnungen

86.1 Allgemeine Kennzeichnung

Als freiwilliges Instrument zur Ergänzung des handelsrechtlichen Jahresabschlusses soll die Wertschöpfungsrechnung auf der Basis pagatorischer Rechenelemente über den in einer Rechnungsperiode (Geschäftsjahr) vom Unternehmen erzeugten Wertzuwachs informieren, mithin der Öffentlichkeit den Beitrag des Unternehmens zum Sozialprodukt dokumentieren.[76] Ungeachtet der Tatsache, daß einzelwirtschaftliche Wertschöpfungsrechnungen auf der Grundlage von Zahlungsrechnungen, etwa der Finanzierungsrechnung oder auf Basis der Kosten- und Leistungsrechnung entwickelt werden können, konzentriert sich das Folgende auf solche Rechnungen, die aus dem handelsrechtlichen Jahresabschluß, und zwar aus der Stromgrößenaggregation Gewinn- und Verlustrechnung abgeleitet werden.[77]

Publikums-Kapitalgesellschaften ermitteln die Wertschöpfungsrechnung aus der Jahreserfolgsrechnung und veröffentlichen sie - abgesehen von selbständigen Broschüren - im Rahmen der Geschäftsberichterstattung innerhalb des Lageberichts[78], im Kapitel Mitarbeiter[79] oder im Abschnitt Finanzen.[80] Wertschöpfungsgrößen werden in der externen und internen Jahresabschlußanalyse als Kennzahlen oder als deren Bestandteile benutzt für:

- die Analyse der Wertschöpfungsverteilung,
- die Beurteilung der Produktivität,

---

[76] Vgl. Weber, H., in: Lexikon des Rechnungswesens (1994), S. 661 - 664; Weber, H.K., Art. Wertschöpfung, HdB (1993), Sp. 2173 - 2180; ders., Die Wertschöpfungsrechnung auf der Grundlage des Jahresabschlusses, HdJ, Abt. IV/7 (1994); Schierenbeck (1993), S. 584 - 587; Born (1994), S. 441 - 445; Coenenberg (1997), S. 710 - 717. Zur Aktualisierung der Wertschöpfungsrechnungen nach dem Bilanzrichtlinien-Gesetz vgl. Fischer (1994). Zur Wertschöpfungsrechnung vgl. jüngst Haller (1997).
[77] Vgl. Weber, H.K., HdB (1993), Sp. 2175.
[78] Vgl. Geschäftsbericht Bayer 1996, S. 13.
[79] Vgl. Geschäftsbericht Veba 1996, S. 51.
[80] Vgl. Geschäftsbericht Volkswagen 1996, S. 56 f.

- als Maß für die Leistungskraft, Größe[81], Konzentration[82] und Fertigungstiefe eines Unternehmens und
- für den Vergleich mit der gesamtwirtschaftlichen Wertschöpfungsentwicklung.[83]

Weitergehende Zweckrichtungen wurden im Schrifttum mit der möglichen Einkommensbemessung[84], der Steuer-, Abgaben- und Subventionsbemessung[85] genannt.

Als Instrument der erfolgswirtschaftlichen Jahresabschlußanalyse dienen Wertschöpfungsrechnungen der Generierung einer umfassenderen Erfolgsgröße, die unabhängig von Finanzierung und Gewinnverwendung sowie zugrundeliegendem Steuersystem ist,[86] so daß Zeit- und Unternehmensvergleiche durchgeführt werden können. Jedoch gibt es unterschiedliche Ansätze über die zugrundeliegenden Erfolgskomponenten. Gleichgültig, ob man Wertschöpfungsrechnungen als Entstehungsrechnungen (Subtraktionsrechnungen) oder als Verteilungsrechnungen (Additionsrechnungen) aufstellt, führen sie auf jeweils anderem Weg zum gleichen Ergebnis, dem value added oder valeur ajoutée, einem Betrag der positiv, null oder negativ sein und (1) selbst, (2) in seiner Zusammensetzung oder (3) in Bezug zu anderen Größen analysiert werden kann.[87] Die subtraktive Methode geht von den Abgabeleistungen des Unternehmens aus und zieht davon empfangene Vorleistungen ab, während die additive Methode die Komponenten Eigenleistung, Löhne/Gehälter, Zinsen, Steuern und Gewinne zusammenfaßt.

---

81 Vgl. Schubert/Küting (1981), S. 42 ff.
82 Vgl. Berichte der Monopolkommission 1980/81 (1982), S. 96; 1988/89 (1990), S. 176 ff.; Kroenlein (1975).
83 Vgl. Coenenberg (1997), S. 715 - 717; Küting/Weber (1993), S. 318 m.w.Nw.
84 Vgl. Nicklisch (1932); M. R. Lehmann (1954); Scheibe-Lange, ZfB 1978, S. 631 - 637.
85 Vgl. Reinhardt, Art. Wertschöpfungsteuer, in: Lexikon der deutschen und internationalen Besteuerung (1994), S. 827 - 828; Zitzelsberger (1990).
86 Vgl. Küting/Weber (1994a), S. 304 f. m.w.Nw.
87 Vgl. Weber, H.K., HdJ, Abt. IV/7 Rn. 35, 89; Born (1994), S. 444 f.; Küting/Weber (1994a), S. 306 - 309, zur erfolgsspaltungsorientierten Wertschöpfungsanalyse; Burger (1995), S. 60; Coenenberg (1997), S. 715 - 717.

Pos.	Minuenden	Pos.	Subtrahenden
1	Umsatzerlöse	5	Materialaufwand
2	Bestandsveränderungen	7	Abschreibungen
3	andere aktivierte Eigenleistungen	8	Sonstige betriebliche Aufwendungen
4	sonstige betriebliche Erträge	12	Abschreibungen auf Finanzanlagen und auf Wertpapiere des Umlaufvermögens
		13a	Aufwendungen aus Verlustübernahme
9	Erträge aus Beteiligungen	16	Außerordentliche Aufwendungen
10	Erträge aus anderen Wertpapieren und Ausleihungen des Finanzanlagevermögens		
11	Sonstige Zinsen und ähnliche Erträge		
11a	aufgrund einer Gewinngemeinschaft, eines Gewinnabführungs- oder eines Teilabführungsvertrags erhaltene Gewinne		
15	Außerordentliche Erträge		
		=	Vorleistungsaufwendungen
./.	Vorleistungsaufwendungen		
=	positive oder negative Wertschöpfung		

Quelle: Weber, H. K., HdJ, Abt. IV/7(1994), Rn. 72, abgeändert.

Abbildung 48: Subtraktive Wertschöpfungsrechnung (Wertschöpfungsentstehungsrechnung) auf der Grundlage der Gewinn- und Verlustrechnung nach dem Gesamtkostenverfahren für große Kapitalgesellschaften

Posten in GuV		Bezeichnung
6		Personalaufwand
13	+	Zinsen und ähnliche Aufwendungen
18	+	Steuern vom Einkommen und vom Ertrag
19	+	sonstige Steuern
20	+/-	Jahresüberschuß/Jahresfehlbetrag
20a	+	aufgrund einer Gewinngemeinschaft, eines Gewinnabführungs- oder Teilgewinnabführungsvertrags abgeführte Gewinne
20b	-	Erträge aus Verlustübernahme
	=	positive oder negative Wertschöpfung

Quelle: Weber, H. K., HdJ, Abt. IV/7(1994), Rn. 76, abgeändert.

Abbildung 49: Additive Wertschöpfungsrechnung (Wertschöpfungsverwendungsrechnung) auf der Grundlage der Gewinn- und Verlustrechnung nach dem Gesamtkostenverfahren für große Kapitalgesellschaften

86.2 Berücksichtigung der Besteuerung

Im Rahmen von Wertschöpfungsrechnungen werden Steuern regelmäßig als Wertschöpfungsbestandteile und nicht als Vorleistungsaufwendungen qualifiziert,[88] so daß ein Abzug von den Erträgen im Rahmen der subtraktiven Ermittlung ausscheidet und bei der additiven Ermittlung Steuern vom Einkommen und vom Ertrag und sonstige Steuern als Rechenelemente erscheinen. Allerdings ist zu konstatieren, daß die publizierten Rechnungen nebst Kommentierungen im Hinblick auf Leistungen an die öffentliche Hand zumeist keinen über die Gewinn- und Verlustrechnung hinausgehenden Informationsgehalt aufweisen. Der externe Analyst ist andererseits bei der Erstellung einer Wertschöpfungsrechnung auf die Angaben aus dem Jahresabschluß angewiesen,

---

[88] Vgl. Weber, H.K., HdJ, Abt. IV/7, Rn. 69.

so daß der Informationswert beschränkt bleibt. Wünschenswert wäre die Publikation einer detaillierten Überleitungsrechnung.

Die Geschäftsberichte zeigen oftmals die Wertschöpfungsrechnung als Verwendungs- oder Verteilungsrechnung, die die Wertschöpfungsanteile der Koalitionsteilnehmer dokumentiert. Die Abbildung von Steuern ist in den Verteilungsrechnungen besonders deutlich, denn hier wird als Empfänger die öffentliche Hand - leider ohne Differenzierung der Gebietskörperschaften - neben den Mitarbeitern, Eigenkapital- und Fremdkapitalgebern und dem Unternehmen selbst aufgeführt. Leistungen an Mitarbeiter und Darlehensgeber sind zumeist wie auch die Steuervoraus- und -nachzahlungen abgeflossen, die Steuerabschlußzahlungen und Dividendenzahlungen folgen im nächsten Geschäftsjahr.

Dies ist allerdings eine stark vereinfachte Betrachtung. Es ist also zu fragen, ob mit der Beschränkung auf die Posten Nr. 18 und Nr. 19 der GuV nach dem Gesamtkostenverfahren (Nr. 17 u. Nr. 18 nach dem Umsatzkostenverfahren) überhaupt alle Gemeinerträge des Unternehmens erfaßt worden sind. Zunächst ist festzuhalten, daß bei Anwendung des Umsatzkostenverfahrens die Möglichkeit besteht, die sonstigen Steuern unter den Funktionskosten zu erfassen. Wenn in diesem Falle lediglich eine verbale Erläuterung im Anhang erfolgt, kann im Rahmen einer externen Wertschöpfungsanalyse keine quantitative Erfassung in der Verteilungsrechnung vorgenommen werden.[89]

Die öffentliche Hand empfängt Steuern vom Einkommen und vom Ertrag und sonstige Steuern neben Gebühren, Beiträgen und Sonderabgaben, ist aber zugleich Geber von Subventionen. An das Unternehmen gewährte Subventionen[90] müßten konsequenterweise in Abzug gebracht werden, soweit eine Geld- oder Sachleistung dem Unternehmen zugeflossen ist. Indem dies nicht geschieht, werden die Gemeinerträge zu hoch ausgewiesen.[91] Subventionelle Steuervergünstigungen als Teil der an Unternehmen

---

[89] Vgl. Küting/Weber (1994a), S. 317.
[90] Vgl. Marx (1997) im Druck.
[91] Vgl. Coenenberg (1997), S. 713.

gewährten partiellen Vergünstigungen werden hingegen nicht unmittelbar sichtbar, sondern wirken bemessungsgrundlagenmindernd auf die Höhe der EE-Steuern. Mithin sind Subventionen in der Verteilungsrechnung nur partiell erfaßt.

Aufgrund der geschilderten Vereinfachungen ergibt sich der der öffentlichen Hand zustehende Wertschöpfungsanteil aus der Addition der Steuern vom Einkommen und vom Ertrag und der sonstigen Steuern. Mit der Fixierung auf die GuV-Posten Nr.17/18 und Nr. 19/20 erfaßt die Wertschöpfungsrechnung nicht unmittelbar unter den Gemeinerträgen:

1. die materiell gewichtige Umsatzsteuer (und die Vorsteuer),
2. die Quellensteuern (Lohnsteuer, Kapitalertragsteuer),
3. diejenigen Kostensteuern, welche zusammen mit dem Grundbetrag als Aufwand behandelt worden sind (z. B. Versicherungsteuer),
4. die aktivierten Steuern (z.B. GrESt, nichtabzugsfähige Vorsteuern) und
5. den Deklarationsaufwand

Hinsichtlich der Umsatzsteuerzahllast des Unternehmens wäre ein Einbezug denkbar, der allerdings die Bindung der Wertschöpfungsgröße an die Gewinn- und Verlustrechnung insoweit aufheben würde. Im Falle der offenen Absetzung der Verbrauchsteuern von den Umsatzerlösen wird es für Zwecke der Wertschöpfungsrechnung als zulässig angesehen, diese wie die sonstigen Steuern den Gemeinerträgen zuzurechnen.[92] Beide Modifikationen erscheinen im Hinblick auf die erstrebte Kompatibilität mit der Nettowertschöpfung (Nettoinlandsprodukt zu Faktorkosten) nach Volkswirtschaftlicher Gesamtrechnung nicht gerechtfertigt.[93]

Die Herauslösung von Kostensteuern und Steuern, die in die Aktivierung eingegangen sind, ist im Rahmen einer externen Wertschöpfungsanalyse nicht möglich und wäre für

---

[92] Vgl. Küting/Weber (1994a), S. 315.
[93] Zum Problem vgl. Kroenlein (1975), Fischer (1994), S. 152 ff.; Haller (1997), S. 512.

das Unternehmen selbst mit einem nicht vertretbaren Arbeitsaufwand verbunden. Sie ist daher abzulehnen.

Indem die EE-Steuern als Wertschöpfungsbestandteile, also nicht als Aufwendungen qualifiziert und in der Verteilungsrechnung insgesamt dem Staat zugeordnet und nur die Nettodividenden exklusive Anrechnungsguthaben den Anteilseignern zugewiesen werden, folgt daraus im Vergleich zu den Löhnen und Gehältern ein gewichtiger Abbildungsunterschied. Letztere sind auf Bruttobasis, also einschließlich Lohn- und Kirchensteuer den Arbeitnehmern zugeordnet. Zur Beseitigung dieser Differenzierung schlägt Weber zwei Wege vor.[94] Zum einen sei es möglich, die Körperschaftsteuer auszuklammern und zusammen mit dem auszuschüttenden Gewinn den Aktionären zuzuordnen, zum anderen sei denkbar, die Lohnsteuer aus den Lohn- und Gehaltsaufwendungen zu eliminieren und zusammen mit den Steuern des Unternehmens dem Staat zuzuordnen. Weber präferiert den zweiten Weg, da die Bereitschaft der Unternehmen zur Zuordnung der Körperschaftsteuer zu den Aktionären wegen des damit verbundenen „tieferen Einblicks" gering sein dürfte.

Diese Ansicht wird hier nicht geteilt. Die auf die Dividende entfallende Körperschaftsteuer ist den Unternehmensexternen zumeist ohnehin schon bekannt bzw. kann andererseits unmittelbar dem Geschäftsbericht entnommen werden. Daß die Praxis hier keine anderweitige Zuordnung vornimmt, liegt vermutlicherweise daran, daß der den Eigenkapitalgebern zuzuordnende Wertschöpfungsanteil möglichst gering ausgewiesen werden soll. Eine Abspaltung der Lohnsteuer aus den Löhnen und Gehältern wäre halbherzig, denn dann müßten bei anderen Bruttogrößen (Fremdkapitalzinsen) ebenfalls Eliminierungen des Steueranteils erfolgen. Es erscheint daher zweckmäßiger, die Ausschüttungskörperschaftsteuer den Dividenden zuzuordnen, so daß der Anteil der Eigenkapitalgeber - ungeachtet von Anrechnungsansprüchen auf der Ebene der Empfänger - die Bruttodividende darstellt.

---

[94] Vgl. Weber, H.K., HdJ, Abt. IV/7, Rn. 109 unter a).

Gemeinerträge sind dann hinsichtlich der EE-Steuern bei der Gewerbeertragsteuer, der Thesaurierungskörperschaftsteuer und ausländischen Steuern gegeben. Damit ist auch die Frage bei der Aufstellung einer Wertschöpfungsverteilungsrechnung angesprochen, wer als Wertschöpfungsempfänger in Betracht kommt. Regelmäßig wird neben den Arbeitnehmern, Eigen- und Fremdkapitalgebern sowie dem Staat auch das Unternehmen selbst genannt. Die auf der Grundlage des Jahresabschlusses aufgestellten Wertschöpfungsrechnungen folgen damit einem Vorschlag des Verbands der Chemischen Industrie aus dem Jahre 1975.[95] Ergebnisvorträge aus dem Vorjahr und die Rücklagenveränderung sind hier dem Unternehmen zugeordnet.

Weber[96] hält die Differenzierung von Eigenkapitalgebern und Unternehmen nicht für gerechtfertigt. Der thesaurierte Gewinn stelle Eigenkapital dar, das Unternehmen selbst sei kein Unternehmensbeteiligter, auf den die Wertschöpfung verteilt werden könne. Küting/Weber[97] weisen in der Verteilungsrechnung den gesamten Jahresüberschuß als Eigenkapitalertrag aus. Coenenberg[98] führt in der Verteilungsrechnung neben den Arbeitserträgen, den Gemeinerträgen und Fremdkapitalerträgen als vierte Kategorie Eigenkapitalerträge auf, die Dividende und Thesaurierungsbetrag umfassen. Dem ist zu entgegnen, daß hinsichtlich der thesaurierten Beträge noch keine Verteilung stattgefunden hat. Nur soweit später aus den Gewinnrücklagen ausgeschüttet wird, liegt ein Zufluß bei den Anteilseignern vor. Es erscheint deshalb zutreffend, das Unternehmen selbst hinsichtlich der thesaurierten Beträge als Wertschöpfungsempfänger zu qualifizieren. Daraus folgt aber auch, daß die Thesaurierungskörperschaftsteuer einschließlich Ergänzungsabgaben schon als Gemeinerträge auszuweisen ist.

Dies gilt auch für Steuerumlagen, die zwar formalrechtlich keine Steuern darstellen, dennoch materiell den Abgaben entsprechen, die der Organträger für die Organgesellschaft an die Finanzverwaltung abführt.[99] Schließlich sind bilanzierte Steuerlatenzen

---

[95] Vgl. Arbeitskreis „Das Unternehmen in der Gesellschaft", DB 1975, S. 161 - 175.
[96] Vgl. Weber, HdJ, Abt. IV/7, Rn. 109 unter d).
[97] Vgl. Küting/Weber (1994a), S. 315.
[98] Vgl. Coenenberg (1997), S. 714.
[99] Vgl. Kapitel 5.

im Rahmen der Verteilungsrechnung zu beachten. Gleichgültig, um welche Art latenter Steuern es sich handelt und auf welcher Ebene sie entstanden sind, ist stets eine Korrektur der effektiven Steuern auf ein dem Periodenergebnis angemessenen Erfolgsteueraufwand gegeben.[100] In die zu verteilende Wertschöpfung sind latente Steuern über ihre Erfassung in der Gewinn- und Verlustrechnung allerdings eingeflossen. Bezogen auf die Berichtsperode liegt noch kein Gemeinertrag vor, eine Zuordnung zur öffentlichen Hand wäre nicht zweckadäquat. Vielmehr erscheint die Erfassung auf der Unternehmensebene sinnvoll auch im Hinblick auf die unterschiedliche rechnungslegungstheoretische Fundierung.[101] Eine modifizierte Verteilungsrechnung könnte somit folgendes Gesicht haben:

an Mitarbeiter	Löhne, Gehälter, soziale Abgaben, Aufwendungen für Altersversorgung und Unterstützung
an öffentliche Hand	effektive Steuern vom Einkommen und vom Ertrag mit Ausnahme der Anrechnungskörperschaftsteuer, sonstige Steuern, ggf. in den sonstigen betrieblichen Aufwendungen ausgewiesene Betriebsteuern, abzüglich gewährte Finanzhilfen
an Darlehensgeber	Zinsen und ähnliche Aufwendungen
an Eigenkapitalgeber	Dividende einschließlich der anrechenbaren Körperschaftsteuer
an Unternehmen	thesaurierter Gewinn; latente Steuern

Abbildung 50: Verteilung der Wertschöpfung

---

[100] Vgl. Kapitel 49 zu latenten Steuern im handelsrechtlichen Einzelabschluß und Kapitel 7 zur Problematik im Konzernabschluß.
[101] Vgl. Haller (1997), S. 511, der für einen expliziten Ausweis der Steuerlatenzen in der Verteilungsrechnung plädiert.

87. Zusammenfassung

Abbildung 51 faßt die Ergebnisse dieses Kapitels als Übersicht zusammen.

Besondere und ergänzende Rechnungslegungen	freiwillig	gesetzlich erzwungen	Zwecksetzung	Einbezug der Erfolgsteuern (Ist)	Einbezug der Erfolgsteuern (Vorschlag)
Zwischenberichterstattung		•	Anlegerschutz	Wahlrecht	Pflicht
Ergebnis nach DVFA/SG	•		Information, externe Vergleichbarkeit	Pflicht, Ergebnis als Nachsteuergröße	Grds. nein, mit Ausnahme der Gewerbe(ertrag)steuer, Brutto-Erfolgsgröße
Segmentberichterstattung	•		Informationsorientierung	Nein	Nein
Cash-flow-Rechnungen	•		Finanzindikator, Ertragsindikator	Uneinheitliche Behandlung	Ja
Wertschöpfungsrechnungen	•		Information über den von der Unternehmung erzeugten Wertezuwachs	Uneinheitliche Behandlung	Umfassende Abbildung von Besteuerungsvorgängen; differenzierte Behandlung der Körperschaftsteuer

Abbildung 51: Ergänzende Rechnungslegungen und Abbildung von Steuern

9. Kapitel: Die Abbildung von Besteuerungsvorgängen in der internationalen Rechnungslegung

91. Vorbemerkungen

Ziel dieses Kapitels ist die vergleichende Analyse von Abbildungslösungen für Steuern in der internationalen Rechnungslegung. Dabei stehen die Konzepte zur Steuerabgrenzung im Mittelpunkt, die aufgrund fehlender Verknüpfung von handels- und steuerrechtlicher Gewinnermittlung in den USA und in vielen anderen Staaten eine ungleich größere Bedeutung haben als in Deutschland.[1] Eine vergleichende Analyse von US-amerikanischen, britischen und deutschen Jahresabschlüssen zeigte jüngst das größere quantitative Gewicht der Ergebnisbeeinflussung durch latente Steuern.[2] Die IAS messen der Abbildung latenter Steuern ebenfalls eine zentrale Bedeutung zu, was die Frage nach den bestehenden Verbindungen zwischen Handels- und Steuerbilanz in anderen Staaten nach sich zieht.[3]

Während der Maßgeblichkeitsgrundsatz und dessen Umkehrung eine enge Bindung zwischen handelsrechtlicher und steuerrechtlicher Rechnungslegung in Deutschland bewirken, wird in Großbritannien, Irland, den Niederlanden und Dänemark der steuerliche Gewinn unabhängig von der Handelsbilanz ermittelt.[4] Belgien, Frankreich, Luxemburg, Italien, Portugal, Spanien und Griechenland legen demgegenüber für die steuerliche Gewinnermittlung die handelsrechtlichen Normen prinzipiell zugrunde, so

---

[1] Vgl. Siebert (1996), S. 253. Die unterschiedliche Bedeutung latenter Steuern nach HGB und US-GAAP wird durch den Vergleich der Konzernabschlüsse der Daimler Benz AG 1996 deutlich: Während der nach deutschen Rechnungslegungsvorschriften erstellte Konzernabschluß eine aktive Steuerabgrenzung aus erfolgswirksamen Eliminierungen von 221 Mio. DM ausweist (vgl. Jahresabschlüsse nach deutschem Recht 1996, S. 38), sind im US-GAAP-Abschluß aktive Latenzen in Höhe von 9.603 Mio. DM und passive Latenzen in Höhe von 2.253 Mio. DM enthalten (vgl. Geschäftsbericht der DBAG 1996, S. 53).
[2] Vgl. Gröner/Marten/Schmid, WPg 1997, S. 479 - 488: Während in deutschen Konzernabschlüssen der Anteil latenter Steuern am Gewinn vor Steuern maximal 6 % betrug (Bayer AG), lag die maximale Ergebnisbeeinflussung in britischen Konzernabschlüssen bei rd. 20 % (British Aerospace plc) und in US-Abschlüssen bei maximal 16 % (IBM).
[3] Zur Steuerabgrenzung nach IAS 12 vgl. Ernsting, BBK Fach 20, S. 551 (2.5.1997); Ernsting/Schröder, IStR 1997, S. 184 - 190, S. 212 - 221; Fuchs (1997), S. 211 - 220, unter dem Blickwinkel der Jahresabschlußpolitik.
[4] Vgl. Lang, DStJG 16 (1994), S. 310.

daß auch hier ein dem § 5 Abs. 1 EStG verwandtes Prinzip gilt.[5] In der Europäischen Union ist die Harmonisierung der steuerlichen Gewinnermittlung seit der Veröffentlichung eines Vorentwurfs einer Gewinnermittlungsrichtlinie im Jahre 1988 nicht weiter vorangeschritten.[6]

Die in Japan bestehende enge Verknüpfung von Handels- und Steuerbilanz läßt sich mit Küting/Weber als faktisch umgekehrte Maßgeblichkeit kennzeichnen.[7] Es fehlen dementsprechend Regelungen zur Steuerabgrenzung für den Einzelabschluß, im Konzernabschluß besteht keine Verpflichtung zur Steuerabgrenzung, sondern nach börsenrechtlichen Vorschriften ein Wahlrecht zum Ausweis zeitlich bedingter Unterschiede.[8]

Neben der Frage, ob Verknüpfungen beider Rechnungslegungen existieren, sind unterschiedliche Ermittlungen, Tarifformen und verschiedene Steuerarten zu berücksichtigen. Trotz des verschärften Steuerwettbewerbs sind bislang weder Systeme noch Tarife der direkten Steuern angeglichen. Hinzu kommt die Steuerartenvielfalt.

Bei den effektiven Steuern interessieren in diesem Abschnitt nicht die Ausgestaltung und Einzelheiten der Ermittlung, sondern insbesondere, ob deren Abbildung in der Periodenerfolgsrechnung vom GuV-Ausweis nach HGB abweicht. Dabei kann differenziert werden, ob einerseits eine Trennung von erfolgsabhängigen Steuern vorgenommen und ob andererseits der Erfolgsteueraufwand in reguläre und außerordentliche Teile gespalten wird.[9]

Es wird sich im folgenden zeigen, daß der Informationswert der nach US-amerikanischen Regeln oder nach Regeln des IASC aufgestellten Jahresabschlüsse im

---

[5] Vgl. Gail, in: FS Havermann, S. 125; Gail/Greth/Schumann, DB 1991, S. 1399; Lang, DStJG 16 (1994), S. 309.
[6] Vgl. Kreile, DB 1988, Beilage 18; Zeitler/Jüptner, BB 1988, Beilage 17. Vgl. auch Rädler, DStJG 16 (1994), S. 285 f. und Lang, DStJG 1994, S. 307. Die Realisierung des Vorentwurfs hätte in Deutschland in den Übergangsjahren rd. 10 Mrd. DM Steuerausfälle nach sich gezogen; erst nach ca. fünf Jahren wäre eine Normalisierung eingetreten (vgl. Rädler, DStJG 16 (1994), S. 286).
[7] Vgl. Küting/Weber (1994b), S. 213.
[8] Vgl. Küting/Weber (1994b), S. 221, S. 226.
[9] Vgl. Küting/Weber (1994b), S. 286 f.

Hinblick auf die Abbildung von Steuern größer ist als bei einem Jahresabschluß nach HGB.[10] Dazu tragen nicht nur die Ausweiskonzeptionen in Bilanz und Gewinn- und Verlustrechnung bei, sondern insbesondere die detaillierteren Anhangangaben. Zum anderen erscheinen die Konzepte zur Steuerabgrenzung nach SFAS No. 109 und IAS 12 besser geeignet, den Objektivierungsanforderungen der externen Rechnungslegung zu genügen, wenngleich prinzipielle Zweifel an der Notwendigkeit der Steuerabgrenzung bestehen bleiben.[11]

92. Steuern in der US-amerikanischen Rechnungslegung

92.1 Überblick über die Regelungen zur Rechnungslegung in den USA

Das US-amerikanische Rechnungslegungsrecht ist im Gegensatz zum deutschen Recht nicht eindeutig und abschließend gesetzlich fixiert, sondern vielmehr durch behördliche und berufsständische Regelungen der Security Exchange Commission (SEC) und des American Institute of Certified Public Accountants (AICPA).[12] Die SEC hat als Regierungsbehörde die Aufgabe, den Schutz des Wertpapierhandels in den USA zu gewährleisten und ist ermächtigt, Verordnungen (rules and regulations) zu erlassen, die unter anderem auch Form und Inhalt von Jahresabschlüssen sowie Bilanzierungs- und Prüfungsfragen regeln. Der materielle Inhalt muß den Generally Accepted Accounting Principles entsprechen, die vom AICPA entwickelt und gepflegt werden.[13]

---

[10] Zum Informationsgefälle bei der Berichterstattung über latente Steuern vgl. die Feststellung bei Gröner/Marten/Schmid, WPg 1997, S. 487.
[11] Zweifel am Sinn und Zweck der Steuerabgrenzung äußert der Group Controller der CIBA, Basel, die nach IAS bilanziert: „(Sie)...hat bei uns zu sehr hohen Rückstellungen geführt, deren Realismus zum Teil anzuzweifeln ist. Im Grunde geht die Berechnungsmethodik aus von einer Liquidation des Unternehmens...und berechnet eine Rückstellung, die bei einem „going concern" nie vollständig fällig werden kann. Dementsprechend wird die gesamte Methodik der latenten Steuern vom Management des Unternehmens auch als „L'art pour l'art" der Buchhalter mit unrealistischen Ergebnissen angesehen." So Jacobi, in: Dörner/Wollmert (1995), S. 52.
[12] Vgl. zum folgenden Haller (1994) im zweiten und dritten Kapitel der Arbeit (S. 10 - 54). Vgl. Gräfer/Demming (1994), S. 229 - 242; Siebert (1996), §§ 1 - 11 (S. 3 - 96).
[13] Vgl. Pellens (1997), S. 76 - 87.

Der AICPA wurde als Berufsorganisation die Aufgabe übertragen, zu den wichtigsten Bilanzierungsproblemen Vorschläge und Empfehlungen auszuarbeiten. Seit 1955 geschah dies durch den Accounting Principles Board (APB), seit 1973 durch den Financial Accounting Standards Board (FASB), der Verlautbarungen mit unterschiedlicher Bindungswirkung verabschiedet. Den Statements of Accounting Standards (SFAS) und den Interpretations kommt die Bedeutung von Generally Accepted Accounting Principles zu, die zwar grundsätzlich nur den Berufsstand der Wirtschaftsprüfer binden, aufgrund der Regelungen der SEC jedoch weitaus größere Bedeutung (soft law) haben. Daneben werden Statements of Financial Accounting Concepts, Technical Bulletins und Emerging Issues Task Force veröffentlicht, letztere als nicht verbindliche Empfehlungen.

Vor dem Hintergrund der Kapitalmarktorientierung der Rechnungslegung sind als zentrale Grundsätze, denen eine „overriding function" zukommt, zu nennen:[14]

- fair presentation
- substance over form
- going concern
- materiality
- accrual principle.

Verpflichtend ist die Aufstellung von Bilanz (balance sheet oder statement of financial position), Gewinn- und Verlustrechnung (financial statement), Anhang (notes), der Kapitalflußrechnung (statement of cash flow) und der Eigenkapitalentwicklung (statement of retained earnings) für prüfungspflichtige Kapitalgesellschaften.[15]

Hinsichtlich der Passivierung ist zu beachten, daß ausschließlich Pflichtrückstellungen für Außenverpflichtungen gebildet werden können.[16] Die US-Rechnungslegung be-

---

[14] Vgl. Küting/Weber (1994b), S. 65 f.; Gräfer/Demming (1994), S. 245. Pellens (1997) führt anstelle der „materiality" den Grundsatz der Vorsicht als zentralen Rechnungslegungsgrundsatz auf (vgl. S. 163 f.).
[15] Vgl. Kuhlewind, in: Ballwieser (1996), S. 185.
[16] Vgl. Förschle/Kroner/Mandler (1994), S. 35.

zieht rückstellungsbegründende Sachverhalte in die Definition der Verbindlichkeiten ein.[17] „Accrued liabilities" werden für Sachverhalte - beispielsweise Steuerabschlußzahlungen - gebildet, die dem Grunde nach sicher, der Höhe nach aber noch unsicher sind. Hinsichtlich der Konkretisierung und Quantifizierung bestehen höhere Anforderungen. „Deferred tax liabilities/assets", die nur verrechnet werden dürfen, wenn sie sich auf die gleiche Steuerbehörde beziehen, sind in der Bilanz in „current" und „noncurrent" aufzuteilen.[18]

92.2 Steuern in der Gewinn- und Verlustrechnung (income statement)

Das „income statement" steht im Mittelpunkt der Berichterstattung von Jahresabschlußdaten, in ihr wird das geeignete Mittel zur Darstellung entscheidungsrelevanter Daten für Investoren gesehen.[19] Für das income statement existieren keine allgemein verbindlichen Gliederungsvorschriften, doch hat die SEC für börsennotierte Unternehmen ein Mindestgliederungsschema vorgeschrieben.[20] Grundsätzlich wird die Periodenerfolgsrechnung nach dem Umsatzkostenverfahren in Staffelform aufgestellt.[21]

Im Gegensatz zur HGB-GuV umfaßt die nachfolgend dargestellte Gliederung weniger Posten, zeigt allerdings einzelne Ergebniskomponenten i.S. einer Erfolgsspaltung, die zur Abschätzung künftiger Zahlungsströme beitragen soll.[22] Eine Besonderheit besteht im Ausweis des Gewinns pro Aktie, einer Kennzahl, die Pflichtbestandteil der bei der SEC einzureichenden Konzernabschlüsse ist.[23] Unterbleiben entscheidungsrelevante Informationen für Investoren im income statement, müssen Angaben in den notes gemacht werden.[24]

---

[17] Vgl. Wangemann, WPg 1997, S. 196.
[18] Vgl. Siebert (1996), S. 261.
[19] Vgl. Küting/Weber (1994b), S. 78.
[20] Zur Gewinn- und Verlustrechnung nach Rule 5-03 Regulation S-X vgl. Pellens (1997), S. 84.
[21] Vgl. Haller (1994), S. 273; KPMG (1997), S. 116.
[22] Vgl. Kuhlewind, in: Ballwieser (1996), S. 211 ff.
[23] Vgl. Küting/Weber (1994b), S. 79.
[24] Vgl. Förschle/Kroner/Mandler (1994), S. 47.

1.	Net sales (Operating revenues)
2.	Cost of sales (Cost of goods sold)
3.	Gross profit (Gross margin)
4.	Selling, general and administrative expenses
5.	Operating income/loss (Income from operations)
6.	Interest income
7.	Interest expense
8.	Other income
9.	Other expenses
10.	Income/loss from continuing operations before income taxes
11.	Provision for income taxes (income taxes)
12.	Income/loss from continuing operations
13.	Noncontinuing items (all items net of tax)
	- Discontinued operations
	(less applicable income taxes of $...)
	- Extraordinary items
	(less applicable income taxes of $ ...)
	- Cumulative effekt of changes in accounting principles
	(less applicable income taxes of $...)
14.	Net income/loss (Net earnings)
	Per share data:
	Income from continuing operations
	Noncontinuing items
	- Extraordinary items
	- Discontinued operations
	- Cumulative effect of changes in accounting principles
	Net income (Net earnings)

Quelle: Förschle/Kroner/Mandler (1994), S. 49.

Abbildung 52: Income Statement

„Income taxes" sind als Posten 11 gesondert auszuweisen und umfassen sowohl die effektiven Steuern der gewöhnlichen Geschäftstätigkeit der Rechnungsperiode als auch latente Steuern, ggf. einschließlich etwaiger Steuereffekte aus Verlustvorträgen. Für diese drei Komponenten besteht eine separate Angabepflicht in der GuV-Rechnung oder im Anhang.[25]

Alle anderen Steueraufwendungen des Unternehmens, die keine Ertragsteuern darstellen - etwa die „property tax" -, sind unter den Verwaltungskosten (administrative expenses) zu erfassen.[26] „Extraordinary items", „discontinued operations" und „cumulative effect of changes in accounting principles" werden als Nettobeträge nach Steuern ausgewiesen und im Anhang erläutert.[27] Der Sinn dieser „intraperiod tax allocation" liegt in der verbesserten Darstellung der einzelnen Erfolgskomponenten zwecks Beurteilung der Ergebnisqualität, Abschätzung künftiger Gewinne und Cashflow-Prognosen, aber auch einer Messung der effektiven Steuerbelastung.[28]

92.3 Bilanzierung latenter Steuern nach SFAS No. 109

Dargestellt wird hier mit SFAS No. 109 die Neukonzeption der Rechnungslegung für latente Steuern im Einzel- und Konzernabschluß für Geschäftsjahre, die nach dem 15.12.1992 beginnen.[29] Die „Interperiod Tax Allocation" setzt sich zum Ziel, einerseits tatsächliche Erfolgsteuerzahlungen bzw. -erstattungen des aktuellen Geschäftsjahres zu erkennen und andererseits künftige Steuerforderungen und/oder -verpflichtungen anzugeben, die aus Sachverhalten des laufenden Geschäftsjahres oder früheren Geschäftsjahren resultieren.[30] „Deferred taxes reflect the future tax consequences of events already recognized in either the financial statement or tax returns or that result from enacted changes in tax laws or rates."[31] Die Steuerabgrenzung ist Ausfluß des „matching principle", nach dem Erträge und Aufwendungen der Rechnungsperiode zuzuordnen sind, in der sie entstanden sind.

---

[25] Vgl. Haller (1994), S. 285 mit Hinweis auf AICPA (1967), Abs. 60.
[26] Vgl. Haller (1994), S. 284; Förschle/Kroner/Mandler (1994), S. 51, 55.
[27] Vgl. Förschle/Kroner/Mandler (1994), S. 53.
[28] Vgl. Haller (1994), S. 280, Fn 63; Kieso/Weygandt (1995), S. 1011.
[29] Der Standard hat die Vorgängerregelungen APB No. 11 und SFAS No. 96 ersetzt.
[30] Vgl. Kieso/Weygandt (1995), S. 992 - 994; Pellens (1997), S. 236.
[31] Read/Bartsch, JoA 1992, S. 37.

SFAS No. 109 erfaßt temporary differences und verfolgt eine bilanzorientierte Sicht (balance sheet liability method) mit dem Ergebnis, daß „Deferred Tax Assets" und „Deferred Tax Liabilities" auszuweisen sind.[32] Seit der Vorgängerregelung SFAS No. 96 sind neben timing differences auch durch differenzierte Wertansätze erfolgsneutral entstandene Abweichungen einbezogen.[33] In den Abgrenzungsumfang fließen alle wesentlichen zeitlich bedingten Abweichungen und Effekte aus Verlustrück- und -vorträgen ein (Comprehensive Allocation).[34] Permanente Differenzen sind auszuklammern.[35] Aus der bilanzorientierten Konzeption folgt die Berechnung der Latenzen mit den bei Umkehrung gültigen Steuersätzen; Steuersatzänderungen führen zu einer Anpassung der Steuerabgrenzung.[36] Hinsichtlich des gespaltenen KSt-Satzes hat die Emerging Issue Task Force des FASB festgestellt, Steueränderungen bei Ausschüttung erst bei Beschlußfassung zu berücksichtigen; eine vorzeitige Erfassung im Rahmen der Aktivierung latenter Steuern kommt danach nicht in Betracht.[37]

Eine vom AICPA durchgeführte Untersuchung von 600 Jahresabschlüssen US-amerikanischer Publikumsgesellschaften zeigte für 1993 folgende Ursachen temporärer Differenzen:[38]

- Abschreibungsmethode (Depreciation)   76 %
- Übrige Mitarbeiterentschädigungen (Other Employee Benefits)   44 %
- Bewertung Warenlager (Inventory valuation)   33 %
- Pensionen (Pensions)   20 %
- Betriebsschließungen (Discontinued Operations)   17 %.

---

[32] Vgl. SFAS No. 109.8b, 109.87 ff.
[33] Vgl. Gröner/Marten/Schmid, WPg 1997, S. 482.
[34] Vgl. Bernstein (1993), S. 376 - 387, zur Konzeption und zu Möglichkeiten und Grenzen einer externen Analyse; Kieso/Weygandt (1995), S. 992 - 1052.
[35] Vgl. Kieso/Weygandt (1995), S. 992 - 1052.
[36] Vgl. Kieso/Weygandt (1995), S. 1003.
[37] Vgl. KPMG (1997), S. 88 f.
[38] Vgl. AICPA, Accounting Trends, S. 347, zitiert nach Pellens (1997), S. 237.

Für aktive und passive Steuerlatenzen besteht Bilanzierungspflicht. Aktive und passive Latenzen sind getrennt als „assets" und „liabilities" auszuweisen und als „current" und „non current" zu klassifizieren.[39] Im Gegensatz zur Vorgängerregelung SFAS 96, nach der die Aktivierung von Steuereffekten aus Verlustvorträgen verboten war, besteht auch hier jetzt eine Aktivierungspflicht.[40] Die „deferred tax assets" sind gegebenenfalls um eine „valuation allowance" zu reduzieren. Maßgebend ist, ob mit mehr als 50 % Wahrscheinlichkeit („more likely than not")[41] damit zu rechnen ist, daß der Verlust innerhalb des zulässigen Verrechnungszeitraums kompensiert werden kann.[42] Hierfür sind bestimmte Objektivierungskriterien erforderlich, beispielsweise eine ausreichende Einkommensbasis in den Rücktragsjahren, Potentiale aus der Auflösung von „temporary differences" oder Steuerplanungsstrategien.[43] Die Abzinsungsproblematik wird von SFAS No. 109 nicht angesprochen, doch kann mit APB Opinion No. 10 von einem Verbot ausgegangen werden.[44]

92.4 Ausweis und Berichterstattung

Über die Höhe der laufenden und latenten Steuern, über deren Bewertung und über wichtige Berechnungselemente ist zu berichten. Die Steuerbelastung ist nach den Steuergläubigern aufzuteilen („federal", „state", „foreign"), es sind beispielsweise auch Höhe und Verfallsdaten der Verlustvorträge zu vermerken. Erforderlich ist in den disclosures[45] zusätzlich eine Überleitungsrechnung (reconciliation) vom fiktiven auf den tatsächlichen Steueraufwand, die jeden wesentlichen „reconciliation item" umfaßt. Im einzelnen müssen erläutert werden: (1) der laufende Steueraufwand/-ertrag, (2) der

---

[39] Vgl. Kieso/Weygandt (1995), S. 1009.
[40] Vgl. SFAS No. 109.16.
[41] Vgl. SFAS No. 109.96. „More likely than not means al level of likelihood that is at least slightly more than 50 %" (Kieso/Weygandt (1995), S. 998); KPMG (1997), S. 87.
[42] Vgl. SFAS No. 109.92 - 98. Ein Verlustrücktrag ist für drei Jahre möglich, ein Verlustvortrag ist auf 15 Jahre begrenzt; Williams (1997), Chapter 21.11.
[43] Vgl. Peavey/Nurnberg, JoA 1993, S. 77 - 81.
[44] Vgl. Siebert (1996), S. 254.
[45] Vgl. Kieso/Weygandt (1995), S. 1012, mit den Anhangangaben und der Überleitungsrechnung der PepsiCo, Inc. für 1991. Vgl. auch die bei Bernstein (1993), S. 117, abgedruckte Berichterstattung von Campbell Soup Company für 1991.

abgegrenzte Steueraufwand/-ertrag, (3) etwaige „investment tax credits", (4) „government grants", sofern sie zur Minderung der Ertragsteueraufwendungen beigetragen haben, (5) Vergünstigungen infolge von „operating loss carryforwards", (6) Modifikationen der Steuerabgrenzung durch Änderungen im Steuerrecht bei den Steuersätzen oder hinsichtlich des „tax status" des Unternehmens und die effektive Steuerbelastung.[46]

Die Übernahme der US-GAAP für die Konzernberichterstattung deutscher Unternehmen zeigt die mögliche Informationsverbesserung zur Erläuterung des Erfolgsteueraufwands im Anhang. Der Konzernabschluß der Deutschen Telekom zum 31.12.1996 ist nach den Vorschriften des HGB und AktG erstellt und berücksichtigt - aufgrund der Zulassung der Telekom Aktie an der NYSE - die US-GAAP, soweit dies im Rahmen der Ausübung von Wahlrechten nach deutschem Handelsrecht zulässig ist.[47] Er weist folgende, formell den US-GAAP entsprechende Überleitungsrechnung auf:[48]

1996	Mio. DM
Berechneter „erwarteter" Körperschaftsteueraufwand zum Steuersatz für nicht ausgeschüttete Gewinne	1.487
Anstieg (Verminderung) der Körperschaftsteuer aufgrund von:	
• Posten, die nicht steuerabzugsfähig sind	(45)
• Gewerbeertragsteuer	676
• Effekt ausländischer Steuersätze	(120)
• Nutzung von Verlustvorträgen	(31)
• Körperschaftsteuerminderungen aufgrund von Dividendenausschüttungen	(315)
• Temporäre Differenzen auf steuerbefreite Effekte aus Vorjahren, dem laufenden Jahr und auf Verluste	(190)
• Sonstiges	(77)
Steuern vom Einkommen und vom Ertrag	1.385
Effektiver Steuersatz	42%

Quelle: Geschäftsbericht der Deutschen Telekom für das Geschäftsjahr 1996, S. 72.

Abbildung 53: Überleitung vom erwarteten Erfolgsteueraufwand zum tatsächlichen Erfolgsteueraufwand der Deutschen Telekom 1996 (Konzern)

---

[46] Vgl. Siebert (1996), S. 262.
[47] Vgl. Geschäftsbericht 1996 der Deutschen Telekom, S. 61.
[48] Vgl. Geschäftsbericht 1996 der Deutschen Telekom, S. 72.

Die SEC fordert von ausländischen Unternehmen entsprechend dem Foreign Integrated Disclosure System die Einreichung eines Jahresberichts gemäß Form 20-F, so daß für die Telekom die vollständige Anpassung an die US-amerikanische Rechnungslegung erforderlich ist.[49] Aufgrund der gravierenden konzeptionellen Unterschiede in der Ermittlung latenter Steuern weichen die jeweiligen Bilanzposten stark voneinander ab. Über die Steuerabgrenzung nach US-GAAP, deren Ursachen und die „Brücke" zur Abgrenzung nach HGB wird daher von der Deutschen Telekom separat berichtet.[50]

Die Berichterstattung des VEBA Konzerns für 1996 folgt dem gleichen Prinzip, fällt allerdings deutlich knapper aus.[51]

Im Gegensatz zu Telekom und VEBA berichtet Daimler-Benz für das Geschäftsjahr 1996 erstmals mit einem (vollständig) nach US-amerikanischen Bilanzierungsrichtlinien erstellten Konzernabschluß mit dem Ziel, mehr Transparenz für die Anleger zu schaffen.[52] Aktive und passive latente Steuern sind in der Bilanz unmittelbar vor den Rechnungsabgrenzungsposten separat ausgewiesen.[53] Im Konzernanhang sind die Teilbeträge der Latenzen angegeben, deren Laufzeit noch mehr als ein Jahr beträgt.[54] Die umfangreiche Berichterstattung über den Erfolgsteueraufwand enthält die Periodenbeträge ausländischer und inländischer, laufender und latenter Steuern, die Erläuterung des kombinierten Erfolgsteuersatzes. Des weiteren wird die Überleitungsrechnung vom erwarteten Steueraufwand zum ausgewiesenen Steuerertrag, die Ursachen latenter Steuern und die Höhe der körperschaftsteuerlichen Verlustvorträge bekanntgegeben.[55] Neben dem Vorzeichenwechsel und den möglichen Vergleichen zum Vorjahr zeigt die Überleitungsrechnung interessante Angaben über die Nutzung der beachtli-

---

49 Vgl. Geschäftsbericht 1996 der Deutschen Telekom, S. 90.
50 Vgl. Geschäftsbericht 1996 der Deutschen Telekom, S. 93.
51 Vgl. Geschäftsbericht 1996 der VEBA, S. 62, S. 70.
52 Die nach deutschen Bilanzierungsvorschriften aufgestellten Jahresabschlüsse der Daimler-Benz AG und des Daimler-Benz Konzerns werden im Bundesanzeiger veröffentlicht, dem Handelsregister eingereicht und können von den Anlegern und sonstigen Interessenten angefordert werden (vgl. Geschäftsbericht 1996, S. 80).
53 Vgl. Geschäftsbericht 1996 der Daimler-Benz AG, S. 53.
54 Vgl. Geschäftsbericht 1996 der Daimler-Benz AG, S. 65.
55 Vgl. Geschäftsbericht 1996 der Daimler-Benz AG, S. 63 f.

chen Verlustvorträge. Die Angabe eines effektiven Steuersatzes erübrigt sich hier für beide Berichtsperioden.

	1996	1995
	Mio. DM	Mio. DM
Erwarteter Steueraufwand(-ertrag)	1.118	(4.123)
Herstellung der Ausschüttungsbelastung	(167)	(6)
Unterschied zu ausländischen Steuersätzen	(260)	(218)
Nicht abzugsfähige Aufwendungen	(84	129
Steuerfreie Einnahmen	(166)	(227)
Veränderung der Wertberichtigungen auf aktive latente Steuern	(1.043)	1.381
Verluste, auf die latente Steuern nicht aktiviert wurden	-	260
Beteiligungsabschreibungen aus Vorjahren, die im Berichtsjahr steuerwirksam angesetzt wurden	(207)	-
Steuerlich nicht abzugsfähige Abschreibungen auf Geschäftswerte	57	1.143
Sonstige	(128)	41
Ausgewiesener Steuerertrag	(712)	(1.620)

Quelle: Geschäftsbericht der Daimler-Benz AG für das Geschäftsjahr 1996, S. 64.

Abbildung 54: Überleitung vom erwarteten Erfolgsteueraufwand zum ausgewiesenen Erfolgsteuerertrag des Daimler-Benz Konzerns 1996

93. Steuern in der Rechnungslegung nach IAS

93.1 Überblick über die Regelungen zur Rechnungslegung nach IAS

Vergleichbar mit den Regelungen der US-amerikanischen Rechnungslegung ist auch den International Accounting Standards die Kapitalmarktorientierung immanent: Den Jahresabschlußadressaten sollen entsprechend dem Gedanken der „decision usefulness" entscheidungsrelevante Daten zur Vermögens- und Finanzlage der Unternehmung vermittelt werden.[56] Der International Accounting Standards Board wurde 1974

---

[56] Vgl. Pellens (1997), S. 406.

von Berufsorganisationen der Experten des Rechnungswesens aus neun Ländern gegründet, um ein Gegengewicht zu den Bestrebungen der Europäischen Gemeinschaft auf dem Gebiet der Rechnungslegung zu schaffen[57]. Das IASC setzte sich dabei zum Ziel: (1) die Formulierung und Veröffentlichung sowie Förderung der Akzeptanz und der Einhaltung von im öffentlichen Interesse stehenden Rechnungslegungsgrundsätzen, die bei der Aufstellung von Jahresabschlüssen beachtet werden sollen und (2) die Verbesserung und Harmonisierung von Normen, die im Zusammenhang mit der Aufstellung von Jahresabschlüssen stehen.[58]

Die ursprünglich verfolgte Strategie, kontinental-europäische und anglo-amerikanische Grundsätze nebeneinander bestehen zu lassen, wurde 1993 zugunsten einer stärkeren Ausrichtung an den US-GAAP fallengelassen. Durch Verzicht auf 21 Wahlrechte entstanden zehn sog. Revised Standards, die am 1.1.1995 in Kraft getreten sind.[59]

Das IAS-Framework, das das Grundkonzept des Rechnungslegungssystems erläutert,[60] führt folgende Bilanzierungsgrundsätze auf:[61]

(1) als „underlying assumptions" (Basisannahmen)
- accrual basis (periodengerechte Erfolgsermittlung)
- going concern (Unternehmensfortführung)

(2) als „qualitative characteristics"
- understandability (Verständlichkeit)
- relevance (Wahrheit)
- reliability (Zuverlässigkeit)
- comparability (Vergleichbarkeit).

---

[57] Vgl. Fuchs (1997), S. 3.
[58] Vgl. Wollmert (1995), S. 2.
[59] Vgl. Wollmert (1995), S. 3.
[60] Vgl. Pellens (1997), S. 405
[61] Vgl. IASC, Framework, Par. 22 - 23 u. Par. 24 - 46.

Komponenten der Berichterstattung sind - vergleichbar mit der US-amerikanischen Rechnungslegung -: Bilanz (Balance Sheet), Gewinn- und Verlustrechnnung (Income Statement), Kapitalflußrechnung (Cash Flow Statement), Erläuterungen/Anhang (Notes) und ergänzende Angaben (Supplementary Information).

93.2 Allgemeine Regelungen

Noch existiert kein IAS, der die Struktur der Gewinn- und Verlustrechnung verbindlich vorschreibt; einzelne Standards behandeln bestimmte Aufwands- und Ertragsposten. Mit E 53 hat das IASC einen Exposure Draft zur Erfolgsrechnung vorgelegt, der über die bisherigen Anforderungen hinausgeht, allerdings kein starres Gliederungsschema vorsieht und sowohl das Umsatzkostenverfahren als auch das Gesamtkostenverfahren zuläßt.[62]

Revenue
Cost of sales
Gross profit (loss) for the period
Other operating income
Distribution costs
Administrative expenses
Other operating expenses
Net financing cost
Income from associates
Income from other investments
Profit before tax
Income tax expense
Profit after tax
Minority interest
Net profit from ordinary activities
Extraordinary items
Net profit for the period

Quelle: IASC (1997), E 53 Appendix (illustrating the classification of income an expenses by function).

Abbildung 55: Consolidated Income Statement

---

[62] Vgl. Coenenberg (1997), S. 356.

Die abgebildeten Erfolgsteuern umfassen sowohl den laufenden Steueraufwand als auch die Veränderungen von „deferred tax assets" und „deferred tax liabilities" ungeachtet der Berichterstattungspflichten in den „notes". Zur Berechnung der laufenden Steuern und Steuernachzahlungen für frühere Perioden sind „...tax rates (and tax laws) that have been enacted or substantively enacted by the balance sheet date"[63] maßgebend.

93.3 Latente Steuern nach IAS 12 (revised)

Die Steuerabgrenzung beruht auf IAS 12 (revised)[64], der erstmals für die ab dem 1.1.1998 beginnenden Geschäftsjahre zwingend anzuwenden ist. Auf die Darstellung von IAS 12 a. F. wird verzichtet.[65] Die Neuregelung liegt einer grundlegend veränderten konzeptionellen Ausrichtung zugrunde,[66] die die Vereinbarkeit mit der HGB-Konzeption und damit künftige duale Konzernabschlüsse in Frage stellt.[67] Erkennbar ist bei der Steuerabgrenzung nach IAS wie auch bei §§ 274, 306 HGB das Bemühen, eine erklärbare Relation zwischen dem Erfolgsteueraufwand und dem handelsrechtlichen Ergebnis vor Erfolgsteuern herzustellen.[68]

---

63 IAS 12.46.
64 Der Standard ist aus dem Exposure Draft 49 hervorgegangen, hat allerdings bei der Verabschiedung gegenüber dem Entwurf einige Veränderungen erfahren.
65 Der bisherige IAS 12 war in der Methode GuV-orientiert, sah ein Wahlrecht zur Erfassung quasi-permanenter Differenzen vor, ein Aktivierungswahlrecht für Steuereffekte aus Verlustvorträgen und Saldierungsmöglichkeiten von artverschiedenen Differenzen und legte optional Steuersätze im Zeitpunkt der Entstehung oder der Umkehrung der Differenzen zugrunde. Vgl. Cairns, in: Ordelheide/KPMG (1995), S. 1725 - 1727; vgl. auch Wollmert, in: Dörner/Wollmert (1995), S. 83 - 98; IDW (1995), S. 203 ff. Vgl. hierzu auch den Beitrag von Ernsting/Schröder, IStR 1997, S. 184 - 190 u. 212 - 220 mit einer empirischen Analyse von 50 deutschen Konzernabschlüssen, von denen ein Teil internationale Bilanzierungsgrundsätze angewandt hat.
66 Vgl. die Einschätzungen von Förschle/Kroner, DB 1996, S. 1639 und Gröner/Marten/Schmid, WPg 1997, S. 488.
67 Von Gröner/Marten/Schmid, WPg 1997, S. 488, neben der Qualifikation von Forschungs- und Entwicklungskosten als Problem benannt.
68 Vgl. Wollmert, in: Dörner/Wollmert (1995), S. 85.

Kennzeichnend für IAS 12 (revised)[69] ist das Temporary-Konzept und der balance-sheet-approach.[70] Sämtliche temporary differences sind einzubeziehen, und zwar als Buchwertdifferenzen von Vermögensgegenständen und Schulden zwischen handelsrechtlichem und steuerrechtlichem Wert. Im Unterschied zur Vorgängerregelung fordert IAS 12 jetzt ein umfassendes Abgrenzungsgebot (comprehensive application).[71] Während „taxable temporary differences" zu zukünftigen Steuerbemessungsgrundlagenerhöhungen führen, liefern „deductable temporary differences" Bemessungsgrundlagenreduktionen in der Zukunft.[72] Dabei ist der Zeithorizont nicht mehr begrenzt, so daß auch quasi-permanente Differenzen Berücksichtigung finden.[73] Mit dem Wechsel von der GuV-orientierten Steuerabgrenzung zur bilanzorientierten Methode hat sich die Konzeption den US-GAAP weiter angenähert.[74]

Passive Steuerlatenzen nach IAS 12 teilen sich in timing differences, also Ergebnisunterschiede zwischen handelsrechtlicher und steuerrechtlicher Gewinnermittlung, die sich in der Zukunft wieder umkehren[75] und in andere, darüber hinausgehende Differenzen, etwa die erfolgsneutrale Neubewertung von Vermögensgegenständen. Das heißt, die in einem IAS-Abschluß zulässigen Neubewertungen ziehen ebenso Steuerlatenzen nach sich wie die nicht steuerwirksame (erst-)konsolidierungsbedingte Aufdeckung stiller Reserven bei Anwendung der Erwerbsmethode.[76] Latente Steuern sind in Übereinstimmung mit den Geschäftsvorfällen zu erfassen, aus denen sie resultieren.[77]

Für aktive Steuerlatenzen wird vorausgesetzt, daß deren Nutzung in den späteren Rechnungsperioden auch wahrscheinlich steuerwirksam sein wird: „A deferred tax asset should be recognised for all deductible temporary differences, to the extent that

---

[69] Im folgenden nur noch als IAS 12 bezeichnet.
[70] Vgl. IAS 12 (revised), Introduction; Coenenberg/Hille, in: Baetge u.a. (1997), IAS 12, Rz. 44.
[71] Vgl. Förschle/Kroner, DB 1996, S. 1633 f.
[72] Vgl. IAS 12 (revised) Definitions.
[73] Vgl. Förschle/Kroner, DB 1996, S. 1634.
[74] Vgl. Wollmert, in: Dörner/Wollmert (1995), S. 88.
[75] Vgl. IAS 12.17 (revised).
[76] Vgl. Wollmert, in: Dörner/Wollmert (1995), S. 87. Vgl. auch Förschle/Kroner, DB 1996, S. 1634, S. 1637, mit Beispiel der erfolgsneutralen Steuerabgrenzung im Rahmen der Erstkonsolidierung.
[77] Vgl. Coenenberg/Hille, in: Baetge u.a. (1997), IAS 12, Rz. 88.

it is probable that taxable profit will be available against which the deductible temporary difference can be utilised..."[78] Dabei sind wiederum Fallkonstellationen zu berücksichtigen, bei denen die Bilanzpostendifferenzen steuerwirksam entstanden sind, und andere, steuerneutral entstandene Unterschiede.

Das generelle Aktivierungsgebot latenter Steuern wird allerdings in Ausnahmefällen durchbrochen (IAS 12.24). Für Steuereffekte aus Verlustvorträgen sieht IAS 12 eine Aktivierungspflicht vor, wenn diese in der Zukunft auch wahrscheinlich genutzt werden können.[79] Im Unterschied zur Vorgängerregelung werden nicht nur Beträge bis zur Höhe vorhandener passiver Steuerlatenzen berücksichtigt, sondern auch Steuerwirkungen aus Verlustvorträgen, die nur durch künftige Gewinne entstehen.[80] Dabei müssen allerdings bestimmte Objektivierungskriterien erfüllt sein (IAS 12.36). Das Wahrscheinlichkeitskriterium wurde von „reasonable expectations" bzw. „assurance beyond any reasonable doubt" auf „probable" gesenkt.[81] Es liegt kein Vermögensgegenstand im handelsrechtlichen Sinne vor, sondern lediglich ein ökonomischer Vorteil, dessen Realisierbarkeit sich aus dem in der Vergangenheit entstandenen Verlust und dem zukünftigen positiven Einkommen begründet.[82]

Nach IAS 12 besteht eine Aktivierungs- und Passivierungspflicht für Steuerlatenzen verbunden mit einem weitgehenden Saldierungsverbot. Verrechnungen dürfen nur vorgenommen werden, wenn sich die künftigen Steuern auf die gleiche Steuerbehörde beziehen. Beispielsweise dürfen damit US-amerikanische aktive latente Landessteuern nicht mit passiven Latenzen aus Bundessteuern saldiert werden.[83]

---

[78] IAS 12.24.
[79] IAS 12.34: „A deferred tax asset should be recognised for the carryforward of unused tax losses and unused tax credits to the extent that it is *probable* that future taxable profit will be available against which the unused tax losses and unused tax credits can be utilised." (Hervorhebung durch Verf.).
[80] Vgl. Förschle/Kroner, DB 1996, S. 1639.
[81] Vgl. Ordelheide, in: FS Havermann (1995), S. 620; Gröner/Marten/Schmid, WPg 1997, S. 488.
[82] Vgl. Coenenberg/Hille, in: Baetge u.a. (1997), IAS 12, Rz. 85.
[83] Vgl. Wollmert, in: Dörner/Wollmert (1995), S. 97.

Folge der zugrundegelegten Liability-method ist die Bewertung der latenten Steuern mit den zukünftig geltenden Steuersätzen, die entweder bereits verabschiedet sind oder mit deren Rechtskraft zu rechnen ist.[84] Die Diskontierung von tax assets und tax liabilities ist nach IAS 12.53 nicht zulässig.

Als Unterschiede der Steuerabgrenzung nach IAS 12 im Vergleich mit der Konzeption des HGB sind zu nennen:[85]

- Die Steuerabgrenzung umfaßt auch quasi-permanente Differenzen, so daß die oftmals schwierige Differenzierung zwischen zeitlich bedingten Unterschieden und Differenzen, die sich erst bei Veräußerung oder Liquidation abbauen, entfällt.
- Es besteht eine Aktivierungs- und Passivierungsverpflichtung.
- Grundsätzlich ist der Bruttoausweis vorgeschrieben; die Saldierungsmöglichkeiten sind begrenzt.
- Die Aktivierungspflicht der Steuereffekte aus Verlustvorträgen ist mit zusätzlichen Objektivierungserfordernissen verbunden.

93.4 Ausweis und Berichterstattung

Aktive und passive Steuerlatenzen sind in der Bilanz gesondert auszuweisen. Eine Aufspaltung der Beträge in kurz- und langfristige Komponenten ist im Gegensatz zu SFAS 109 allerdings nicht zwingend.[86]

Gefordert werden von IAS 12.79 ff. detailliertere Informationen hinsichtlich des verrechneten Steueraufwands und der zugrundeliegenden Bemessungsgrundlagen vergleichbar mit den Berichterstattungspflichten nach US-GAAP. Der Umfang der nach IAS 12 offenzulegenden Einzelinformationen hat sich gegenüber der Vorgängerrege-

---

[84] Vgl. IAS 12.47 - 52.
[85] Vgl. Baukmann/Mandler (1997), S. 115 f.
[86] Vgl. Gröner/Marten/Schmid, WPg 1997, S. 488.

lung noch ausgeweitet.[87] Dabei ist nicht nur über steuerliche Sachverhalte der laufenden Rechnungsperiode zu berichten, sondern auch über zukünftige Steuereffekte (Verlustvortragspotential, Verfallsdaten).

Hinzuweisen ist insbesondere auf die verfeinerte Überleitungsrechnung, eine „numerical reconciliation"[88], die den fiktiven, auf dem handelsrechtlichen Ergebnis basierenden Steueraufwand und den tatsächlichen Steueraufwand miteinander verknüpft. Im einzelnen werden gefordert:[89]

- Angabe von Bestandteilen des Steueraufwands/-ertrags (IAS 12.79, 12.80),
- Angabe der kumulierten laufenden und latenten Steuerbeträge bezogen auf Posten, die mit dem Eigenkapital verrechnet wurden (IAS 12.81a),
- Steueraufwand/-ertrag, der sich auf außerordentliche Posten der Periode bezieht (IAS 12.81b),
- Erläuterung des Verhältnisses zwischen dem Steueraufwand und dem Jahresüberschuß (IAS 12.81c),
- Erläuterung von Steuersatzänderungen (IAS 12.81d),
- Höhe und Verfallsdaten von aktivierten Steuereffekten aus Verlustvorträgen und Steuergutschriften sowie des ungenutzten Verlustvortragspotentials (IAS 12.81e),
- kumulierter Betrag von bisher nicht genutzten temporary differences im Zusammenhang mit bestimmten Unternehmenszusammenschlüssen (IAS 12.81f),

---

[87] Vgl. die Checkliste der Berichterstattungen für Bilanz und GuV bei Wollmert, in: Dörner/Wollmert (1995), S. 101 f., S. 108. Vgl. auch Gröner/Marten/Schmid, WPg 1997, S. 488.
[88] IAS 12.81 (c) fordert: „an explanation of the relationship between tax expense (income) and accounting profit in either or both of the following forms: (i) a numerical reconciliation between tax expense (income) and the product of accounting profit multiplied by the applicable tax rate(s), disclosing also the basis on which the applicable tax rate(s) is (are) computed; or (ii) a numerical reconciliation between the average effective tax rate and the applicable tax rate, disclosing also the basis on which the applicable tax rate is computed."
[89] Vgl. Ernsting, BBK Fach 20, S. 556 (2.5.1997).

- Betrag der aktiven bzw. passiven Steuerabgrenzungen sowie des in der Rechnungsperiode erfaßten Steueraufwands/-ertrags für die einzelnen Arten von temporary differences, ungenutzten Verlustvorträgen und Vorträgen für Steuergutschriften (IAS 12.81g),
- Steueraufwand bei nicht fortgeführten Aktivitäten (IAS 12.81h),
- Betrag der aktiven Steuerabgrenzungsposten sowie der Gründe für die Aktivierung, wenn die Realisierung von künftigen zu versteuernden Gewinnen abhängig ist, die nicht aus der Auflösung von Steuerrückstellungen resultieren oder wenn das Unternehmen in der Berichts- oder Vorperiode im Bereich derselben Steuerbehörde einen Verlust erlitten hat (IAS 12.82).

Da IAS 12 zwingend erst für Geschäftsjahre ab dem 1.1.1998 anzuwenden ist, enthalten die im Einklang mit den gültigen IAS erstellten Konzernabschlüsse von Bayer und Schering für das Geschäftsjahr 1996 die nach IAS 12 (reformatted 1994) geforderten Angaben.[90]

94. Zusammenfassung

Die von SFAS No. 109 und IAS 12 zugrundegelegte Steuerabgrenzungskonzeption in Verbindung mit den geforderten Offenlegungspflichten erscheint der Abbildung latenter Steuern nach HGB überlegen.[91] Positiv zu bewerten sind die Ansatzpflicht aktiver und passiver Latenzen und das prinzipielle Saldierungsverbot. Akzeptiert man den möglichen Einbezug von Steuereffekten aus Verlustvorträgen in die Steuerabgrenzung, dann können auch die geforderten Objektivierungserfordernisse überzeugen.

---

90 Vgl. Geschäftsbericht Bayer 1996, S. 68 f., S. 74 f.; Geschäftsbericht Schering 1996, S. 45, S. 51.
91 Obwohl sich die Konzepte der Steuerabgrenzung nach IAS und US-GAAP fundamental von der Abgrenzung nach HGB unterscheiden, kommt der Arbeitskreis „Externe Rechnungslegung" (1997) zum Schluß, daß sich nur in Ausnahmefällen zwischen den nach IAS/US-GAAP gebotenen und den nach HGB zulässigen latenten Steuern Unterschiede ergeben.

Zusammenfassend bleibt festzuhalten, daß die Offenlegungspflichten nach US-GAAP und IAS die Berichterstattungspflichten nach HGB bei weitem übersteigen. Die in beiden Rechnungslegungen geforderte Überleitungsrechnung vom fiktiven auf den tatsächlichen Steueraufwand verbessert den Informationswert des Jahresabschlusses, da wichtige Komponenten zur Steuerbemessung offengelegt werden. Auch ohne die Übernahme internationaler Rechnungslegungsstandards könnte über eine freiwillige Berichterstattung hier eine Informationsverbesserung erreicht werden.[92]

---

[92] Die Siemens AG legt einen nach HGB und AktG erstellten Konzernabschluß für das Geschäftsjahr 1996 vor, dessen Anhang um Erläuterungen, die internationaler Praxis entsprechen, erweitert worden ist. Allerdings bleibt die Berichterstattung über die Erfolgsteuern weit hinter den Erwartungen zurück. Gezeigt werden Erfolgsteuerspaltungen Inland/Ausland, laufende und latente Steuern, Steuern auf das Ergebnis der gewöhnlichen Geschäftstätigkeit und auf das a.o. Ergebnis (S. 41).

10. Kapitel: Zusammenfassung der Ergebnisse

Zentrales Anliegen der Arbeit waren die Fragen, wie derzeit Besteuerungsvorgänge in der externen Rechnungslegung nach Handelsrecht abgebildet werden, welche Reichweiten Ansatz- und Bewertungswahlrechte haben und inwieweit sich Analysemöglichkeiten für Externe eröffnen.

Die Untersuchung hat gezeigt, daß Steuern in der Rechnungslegung trotz ihres materiellen Gewichts bislang keinen geschlossenen Untersuchungsgegenstand bildeten, mithin spezifische Fragestellungen nicht in einem größeren Zusammenhang, sondern allenfalls singulär und meistens unbefriedigend beantwortet wurden.

Ausgehend von der Zwecksetzung der externen Rechnungslegung als Schutzinstrument für Kapitalgeber liefert der Jahresabschluß Tatsachenwissen über die abgelaufene Rechnungsperiode, deren Mittelpunkt der Periodenerfolg bildet. Dem geltenden Bilanzrecht ist vorzuwerfen, daß dem Bilanzierenden in weiten Bereichen Wahlrechte und Ermessensspielräume zugestanden werden und damit Möglichkeiten zur jahresabschlußpolitischen Gestaltung bestehen. Die Forderung nach einer informationsorientierten Rechnungslegung korrespondiert daher mit einer möglichst weitgehenden Einschränkung oder Beseitigung von informationszielfeindlichen Optionen. Dies gilt auch bei Abbildungsvorgängen für Steuern. Generell ist eine pauschale, vereinfachende Ermittlung abzulehnen, denn der Bilanzleser erwartet bei der Abbildung von Besteuerungsvorgängen besondere Präzision. Wahlrechte, die die Finanzverwaltung für die Steuerbilanz zugesteht, bilden im allgemeinen keine GoB.

Gestaltungsabhängigkeit, Rechtsformdifferenzen, Komplexität, Änderungsgeschwindigkeit und Verflechtungen der Steuerarten untereinander kennzeichnen das derzeitige Steuersystem. Neben der denkbaren Entscheidung, Steuern überhaupt nicht abzubilden, die allerdings mit dem Vollständigkeitsgrundsatz des § 246 Abs. 1 Satz 1 HGB kollidiert, bestehen hinsichtlich der Erfolgswirkung die Möglichkeiten einer erfolgsneutralen oder -wirksamen Erfassung und bezüglich des Ausweises deren separate Abbildung als Steuern oder eine Bilanzierung, die die Steuern mit anderen Größen verknüpft.

Das Besondere an den Erfolgsteuern besteht neben den Rechtsformdifferenzierungen, die auch das Bilanzrecht respektieren muß, nun darin, daß sich deren Bemessungsgrundlagen aus dem modifizierten Periodenergebnis ableiten lassen und daß das Bilanzrecht in bestimmten Fällen sogar zur Abbildung fiktiver Steuern zwingt. Im allgemeinen wird die Schwierigkeit für den Bilanzierenden wie für den Abschlußprüfer vor allem darin bestehen, sämtliche steuerlichen Vorgänge im Jahresabschluß zutreffend zu erfassen. Neben der möglichen Vielfalt von Steuerbelastungen für das Unternehmen sind Rechtsanwendungsprobleme, insbesondere bei grenzüberschreitenden Sachverhalten hervorzuheben.

Das Vorsichtsprinzip zwingt zur Antizipation von Steuerrisiken, andererseits sollten latente Körperschaftsteuerguthaben oder -lasten, die zukünftig realisiert werden können, den Adressaten des Jahresabschlusses auch gezeigt werden. Die Finanzrechtsprechung ist zu restriktiv, wenn die Abbildung von Steuerrisiken in Frage steht, ihre Beurteilung kann für den handelsrechtlichen Jahresabschluß keine allgemeine Gültigkeit beanspruchen. Hinsichtlich der Darstellung intertemporaler Körperschaftsteuerwirkungen sollte der handelsrechtliche Jahresabschluß die Gliederung des verwendbaren Eigenkapital bekanntgeben. Aus der hier vorgetragenen Sicht besteht für den Aktionär ein diesbezügliches Auskunftsrecht im Rahmen der Hauptversammlung. Zwecks Erhöhung des Informationswerts des Jahresabschlusses könnten die Unternehmen freiwillig ihre Berichterstattung im Anhang insoweit ergänzen.

Seit Inkrafttreten der Körperschaftsteuerreform 1977 wird die Anrechnungskörperschaftsteuer im Jahresabschluß unzutreffend abgebildet. Sie stellt aus ökonomischer Sicht keinen Aufwand der Gesellschaft, sondern Einkommen der Anteilseigner dar. Der KSt-Aufwand im Jahresabschluß wird somit überhöht dargestellt, die Vergleichbarkeit der Abschlüsse mit ausländischen Unternehmen leidet darunter. Die Auswirkungen der unzutreffenden Qualifikation zeigen sich auch im Jahresabschluß von Personengesellschaften bei der Abbildung von Beteiligungserträgen an Kapitalgesellschaften und in der Wertschöpfungsrechnung. Generell besteht die Problematik darin, daß das geltende Handelsbilanzrecht keine Regelungen bereithält, die eine Ableitung des EE-Steueraufwands aus dem handelsbilanziellen Ergebnis gestatten.

Bei der Abbildung von Verbrauchsteuern, Zöllen und der USt auf Anzahlungen hat sich das Bilanzrichtlinien-Gesetz auf eine steuerneutrale Lösung eingelassen, obwohl die Voraussetzungen zur (eigenständigen) Aktivierung nicht gegeben sind, sondern ein Einbezug in die Herstellungskosten angebracht wäre. Für steuerliche Nebenleistungen wurden Abbildungslösungen erarbeitet, die ihrer ökonomischen Qualifikation Rechnung tragen, eine Erfassung unter dem Steueraufwand ist mit dem Informationsziel der Rechnungslegung nicht zu vereinbaren.

Es verwundert schon, daß die in der jüngeren Vergangenheit verstärkte Informationsorientierung der Rechnungslegung nicht auch zu einer weitergehenden Öffnung des Steuerfensters geführt hat. Die Berichterstattung über Steuern ist auch bei den großen Publikumskapitalgesellschaften wenig ergiebig. IAS und US-GAAP verpflichten die Unternehmen zwar zu einer umfassenderen, stärker objektivierten Steuerabgrenzung und zu umfangreicheren Anhangangaben, die sich allerdings überwiegend auf latente Steuern beziehen. Die offenzulegende Überleitungsrechnung vom fiktiven zum tatsächlichen Steueraufwand erhöht den Informationswert des Jahresabschlusses und könnte für deutsche Abschlüsse ein Element freiwilliger Berichterstattung darstellen.

Da das inländische Subjektsteuerprinzip an der einzelnen Unternehmung und nicht am Konzern festmacht, andererseits mit der erfolgsteuerlichen Organschaft dennoch eine übergeordnete Besteuerungseinheit akzeptiert wird, entstehen Probleme, ob und wie Steuerumlagen als ökonomische Äquivalente der Erfolgsteuern abgebildet werden. Die hier vorgetragene Lösung fordert auf der Ebene der Organgesellschaft die Erfassung als Steuern vom Einkommen und vom Ertrag, auf der Ebene des Organträgers für die Körperschaftsteuer eine Erfassung unter den Erträgen aus Gewinnabführungsverträgen und für die Gewerbesteuer die offene Kürzung vom Steueraufwand.

Eine externe Ableitung des Steuerbilanzergebnisses aus dem Einzelabschluß von Kapitalgesellschaften gelingt aufgrund der Komplexität einerseits und der mangelnden Informationsbereitstellung der Unternehmen andererseits nur unter Setzung restriktiver Annahmen. Die geltenden Berichtspflichten im Anhang von Kapitalgesellschaften betreffen trotz des materiellen Gewichts nur in ganz stark eingeschränktem Maß die Besteuerung. Die bevorstehenden gesetzlichen Änderungen geben Anlaß, auch die Berichterstattung über Steuern zu erweitern.

Quellenverzeichnis

1. Literaturverzeichnis

Adler, Hans/Düring, Walther/Schmaltz, Kurt: Rechnungslegung und Prüfung der Unternehmen, Kommentar zum HGB, AktG, GmbHG, PublG nach den Vorschriften des Bilanzrichtliniengesetzes, 5. Auflage, bearbeitet von Karl-Heinz Forster, Reinhard Goerdeler, Josef Lanfermann, Hans-Peter Müller, Welf Müller, Günter Siepe, Klaus Stolberg und Siegfried Weirich, Stuttgart 1987 - 1992.

Adler, Hans/Düring, Walther/Schmaltz, Kurt: Rechnungslegung und Prüfung der Unternehmen, Kommentar zum HGB, AktG, GmbHG, PublG nach den Vorschriften des Bilanzrichtliniengesetzes, 6. Auflage, bearbeitet von Karl-Heinz Forster, Reinhard Goerdeler, Josef Lanfermann, Hans-Peter Müller, Günter Siepe und Klaus Stolberg, Stuttgart 1995 - 1997.

Albach, Horst: Die Rolle der Zentrale, in: ZfB-Ergänzungsheft 1/94, Neue Konzernstrukturen bei Großunternehmen und im Mittelstand, S. 1 - 17.

Altman, Edward I.: Financial Ratios, Discriminant Analysis and the Prediction of Corporate Bankruptcy, JoF 1968, S. 589 - 609.

Aptiz, Wilfried/Elfert, Hans-Joachim: Der GmbH-Abschluß. Erstellung und bilanzpolitische Gestaltungsmöglichkeiten mit zahlreichen Mustern, Beispielen und Checklisten, Loseblatt, Kissing 1993 ff. (1997).

Arbeitskreis „Das Unternehmen in der Gesellschaft" im Betriebswirtschaftlichen Ausschuß des Verbandes der Chemischen Industrie e.V.: Das Unternehmen in der Gesellschaft, DB 1975, S. 161 - 173.

Arbeitskreis „Externe Unternehmensrechnung" der Schmalenbach-Gesellschaft: Ergebnis je Aktie, ZfbF 1988, S. 138 - 148.

Arbeitskreis „Externe Unternehmensrechnung" der Schmalenbach-Gesellschaft: Empfehlungen zur Vereinheitlichung von Kennzahlen in Geschäftsberichten, DB 1996, S. 1989 - 1994.

Arbeitskreis „Externe Unternehmensrechnung" der Schmalenbach-Gesellschaft: Vereinbarkeit internationaler Konzernrechnungslegung mit handelsrechtlichen Grundsätzen, Düsseldorf 1997.

Arnold, Uli: Beschaffung, in: Lexikon der Betriebswirtschaft, hrsg. v. Wolfgang Lück, Landsberg a. L. 1993.

Bachem, Rolf Georg: Uneingeschränkte Anwendung der 9/10-Methode zur Berechnung der Gewerbesteuerrückstellung?, BB 1992, S. 460 - 465.

Baetge, Jörg: Möglichkeiten der Früherkennung negativer Unternehmensentwicklung mit Hilfe statistischer Jahresabschlußanalysen, ZfbF 1989, S. 792 - 811.

Baetge, Jörg: Latente Steuern im deutschen handelsrechtlichen Jahresabschluß, in: Aktuelle Fragen der Finanzwirtschaft und Unternehmensbesteuerung, Festschrift für Erich Loitlsberger, hrsg. v. Dieter Rückle, Wien 1991, S. 27 - 45.

Baetge, Jörg: Grundsätze ordnungsmäßiger Buchführung und Bilanzierung, in: Handwörterbuch des Rechnungswesens, hrsg. v. Klaus Chmielewicz und Marcell Schweitzer, 5. Auflage, Stuttgart 1993, Sp. 860 - 870.

Baetge, Jörg: Konzernbilanzen, Düsseldorf 1994.

Baetge, Jörg: Bilanzen, 3. überarbeitete und aktualisierte Auflage, Düsseldorf 1994.

Baetge, Jörg: Bilanzen, 4. überarbeitete Auflage, Düsseldorf 1996.

Baetge, Jörg u.a. (Hrsg.): Rechnungslegung nach International Accounting Standards (IAS). Kommentar auf der Grundlage des deutschen Bilanzrechts, Stuttgart 1997.

Ballwieser, Wolfgang (Hrsg.): US-Amerikanische Rechnungslegung. Grundlagen und Vergleiche mit dem deutschen Recht, 2. Auflage, Stuttgart 1996.

Ballwieser, Wolfgang: Zur Begründbarkeit informationsorientierter Jahresabschlußverbesserungen, ZfbF 1982, S. 772 - 793.

Ballwieser, Wolfgang: Grundsätze ordnungsmäßiger Buchführung und neues Bilanzrecht, ZfB-Sonderheft 1/1987, S. 3 - 24.

Ballwieser, Wolfgang u.a. (Hrsg.): Bilanzrecht und Kapitalmarkt. Festschrift zum 65. Geburtstag von Adolf Moxter, Düsseldorf 1994.

Ballwieser, Wolfgang: Chancen und Gefahren einer Übernahme amerikanischer Rechnungslegung, in: Handelsbilanzen und Steuerbilanzen, Festschrift zum 70. Geburtstag von Heinrich Beisse, hrsg. v. Wolfgang Dieter Budde/Adolf Moxter/Klaus Offerhaus, Düsseldorf 1997, S. 25 - 43.

Bareis, Hans Peter: Latente Steuern in bilanzieller Sicht - Bemerkungen zu dem Beitrag von Hartung (BB 1985, S. 632), BB 1985, S. 1235 - 1242.

Bareis, Peter u.a.: Lifo, Jahresabschlußziele und Grundsätze ordnungsmäßiger Buchführung - Mit Replik von Norbert Herzig, DB 1993, S. 1249 - 1254.

Bauch, Günter/Oestreicher, Andreas: Handels- und Steuerbilanzen: einschließlich der Systematik betrieblicher Ertrag- und Substanzsteuern und der Vermögensaufstellung, 5. Auflage, Heidelberg 1993.

Baukmann, Dirk/Mandler, Udo: International Accounting Standards, IAS und HGB im Konzernabschluß, München/Wien 1997.

Baumbach/Hueck: GmbH-Gesetz, Kommentar, hrsg. v. Götz Hueck/Joachim Schulze-Osterloh/Wolfgang Zöllner, 16., erweiterte und völlig neubearbeitete Auflage, München 1996.

Beaver, William H.: Financial Ratios as Predictors of Failure, Illinois 1965.

Beck'scher Bilanzkommentar: Handels- und Steuerrecht - §§ 238 - 339 HGB - , bearbeitet von Wolfgang Dieter Budde, Hermann Clemm, Helmut Ellrott, Gerhart Förschle und Christian Schnicke, 3. Auflage des von Max Pankow und Manfred Sarx mitbegründeten Kommentars, München 1995.

Beck'sches Handbuch der Rechnungslegung (BeckHdR): hrsg. von Edgar Castan u.a., Loseblatt, München 1987 ff.

Beine, Frank: Bedeutung von Steuersatzänderungen für die Bildung latenter Steuern in Einzel- und Konzernabschluß, DStR 1995, S. 542 - 547.

Beisse, Heinrich: Zum Verhältnis von Bilanzrecht und Betriebswirtschaftslehre, StuW 1984, S. 1 - 14.

Beisse, Heinrich: Wandlungen der Rechnungsabgrenzung, in: Rechenschaftslegung im Wandel, FS für Wolfgang Dieter Budde, hrsg. v. Gerhart Förschle u.a., München 1995, S. 67 - 85.

Bender, Jürgen: Grundsatzfragen der Ergebnisbereinigung nach DVFA/SG, Möglichkeiten und Grenzen der Ermittlung einer aktienanalytischen Erfolgsgröße, Stuttgart 1996 (Diss. Univ. Saarbrücken 1995).

Beránek, Axel: Zur Berechnung der effektiven Gewerbeertragsteuer nach dem neuen Staffeltarif des § 11 Abs. 2 GewStG, BB 1992, S. 1832 - 1834.

Berlage, Hans: Einzelveräußerungsstatik und Bilanzierung latenter Steuern, Hamburg 1993.

Berndt, Ralf: Preisbildung bei öffentlichen Aufträgen, WISU 1983, S. 11 - 16.

Bernards, Oliver: Segmentberichterstattung diversifizierter Unternehmen. Theoretische und empirische Analyse, Bergisch-Gladbach/Köln 1994.

Bernards, Oliver: Segmentberichterstattung in den Geschäftsberichten deutscher Unternehmen - theoretische und empirische Ergebnisse, DStR 1995, S. 1363 - 1368.

Bernstein, Leopold A.: Financial Statement Analysis.Theory, Application, and Interpretation, Fifth Edition, Burr Ridge/Boston/Sydney 1993.

Berthel, Jürgen: Information, in: Handwörterbuch der Betriebswirtschaft, hrsg. v. Erwin Grochla und Waldemar Wittmann, 4. Auflage, Stuttgart 1974, Sp. 1865 - 1873.

Biener, Herbert/Berneke, Wilhelm: Bilanzrichtlinien-Gesetz, Textausgabe des Bilanzrichtlinien-Gesetzes vom 19.12.1985 (BGBl. I, S. 2355) mit Bericht des Rechtsausschusses des Deutschen Bundestages, Regierungsentwürfe mit Begründung, EG-Richtlinien mit Begründung, Entstehung und Erläuterung des Gesetzes, Düsseldorf 1986.

Biener, Herbert: Können IAS als GoB in das deutsche Recht eingeführt werden?, in: Rechnungslegung, Prüfung und Beratung, FS zum 70. Geburtstag von Rainer Ludewig, Düsseldorf 1996, S. 85 - 121.

Binz, Hans-Bert/Vogel, Holmer: Gewerbeertragsteuerberechnung bei Personengesellschaften ab 1993, BB 1993, S. 1710 - 1711.

Bitz, Horst: Belastung von Kapitalgesellschaft und Gesellschaftern durch verdeckte Gewinnausschüttungen aus EK 45 bzw. aus EK 01-03 im Vergleich zu offenen Gewinnausschüttungen anhand einer Beispielsrechnung, GmbHR 1995, S. 108 - 109.

Bitz, Horst: Die Wirkung des Solidaritätszuschlags im körperschaftsteuerlichen Anrechnungsverfahren, DB 1995, S. 594; Korrektur DB 1995, S. 794.

Bitz, Michael/Schneeloch, Dieter/Wittstock, Wilfried: Der Jahresabschluß. Rechtsvorschriften, Analyse, Politik, 2. Auflage, München 1995.

Bömelburg, Peter: Grundsätze ordnungsmäßiger Abschlußprüfung für latente Steuern im Konzernabschluß: unter besonderer Berücksichtigung von Rechnungslegungsaspekten, München 1993.

Bonner Handbuch der Rechnungslegung (BoHR), hrsg. von Max A. Hofbauer u.a., Loseblatt, Bonn 1986 ff.

Borggräfe, Joachim: Chancen und Risiken einer Konzernbesteuerung, WPg 1995, S. 129 - 140.

Born, Karl: Bilanzanalyse international. Deutsche und ausländische Jahresabschlüsse lesen und beurteilen, Stuttgart 1994.

Bössmann, Eva: Information, in: Handwörterbuch der Wirtschaftswissenschaft, hrsg. v. Hans Albers u.a., Stuttgart u.a. 1976, S. 184 - 200.

Brezing, Klaus: Verrechnungsentgelte und Umlagen zwischen Kapitalgesellschaften und Gesellschaftern im Steuerrecht, Köln 1975.

Brezing, Klaus: Konzernumlagen im Steuerrecht, StBp 1976, S. 274 - 279.

Bridts, Christian: Zwischenberichtspublizität, Düsseldorf 1990.

Brönner, Herbert/Bareis, Peter: Die Bilanz nach Handels- und Steuerrecht, 9 Auflage, Stuttgart 1991.

Budde, Wolfgang Dieter/Moxter, Adolf/Offerhaus, Klaus (Hrsg.): Handelsbilanzen und Steuerbilanzen, Festschrift zum 70. Geburtstag von Heinrich Beisse, Düsseldorf 1997.

Bühner, Rolf: Management Holding in der Praxis, DB 1993, S. 285 - 290.

Bühner, Rolf: Diversifikation, in: Handwörterbuch der Betriebswirtschaft (HdB), hrsg. v. Waldemar Wittmann u.a., 5. Auflage, Stuttgart 1993, Sp. 806 - 820.

Buhleier, Claus/Helmschrott, Harald: Die neue Strategie der Europäischen Union zur Harmonisierung der Rechnungslegung und ihre möglichen Auswirkungen auf Deutschland, DStR 1996, S. 354 - 360.

Büschgen, Hans E.: Gewinn pro Aktie, WPg 1967, S. 85 - 95.

Bullinger, Michael: Der Ausweis von Steuerumlagen in der Gewinn- und Verlustrechnung von Kapitalgesellschaften, DB 1988, S. 717 - 718.

Burger, Anton: Jahresabschlußanalyse, München/Wien 1995.

Busse von Colbe, Walther: Die Entwicklung des Jahresabschlusses als Informationsinstrument, in: Ökonomische Analyse des Bilanzrechts-Entwicklungslinien und Perspektiven, hrsg. von Franz W. Wagner, ZfbF-Sonderheft 32/1993, Düsseldorf 1993, S. 11 - 29.

Busse von Colbe, Walther: Zur Anpassung der Rechnungslegung von Kapitalgesellschaften an internationale Normen, BFuP 1995, S. 373 - 391.

Busse von Colbe, Walther: Zur Internationalisierung der Konzernrechnungslegung deutscher Unternehmen, WPK-Mitteilungen 1996, S. 137-143.

Busse von Colbe, Rechnungslegungsziele und Ansätze zur internationalen Harmonisierung der Rechnungslegung deutscher Unternehmen, in: Ballwieser, Wolfgang (Hrsg.), US-Amerikanische Rechnungslegung, 2. Auflage, Stuttgart 1996, S. 301 - 318.

Busse von Colbe, Walther (Hrsg.) unter Mitarbeit von Bernhard Pellens und Jürgen Brüggerhoff: Lexikon des Rechnungswesens. Handbuch der Bilanzierung und Prüfung, der Erlös-, Finanz-, Investitions- und Kostenrechnung, 3. Auflage, München/Wien 1994.

Busse von Colbe, Walther/Reinhard, Herbert (Hrsg.): Zwischenberichterstattung nach neuem Recht für börsennotierte Unternehmen. Empfehlungen des Arbeitskreises „Externe Unternehmensrechnung" der Schmalenbach-Gesellschaft, Deutsche Gesellschaft für Betriebswirtschaft e.V., Stuttgart 1989.

Busse von Colbe u.a. (Hrsg.): Ergebnis nach DVFA/SG: gemeinsame Empfehlung, DVFA, SG earnings, 2. Auflage, Stuttgart 1996.

Castan, Edgar: Rechnungslegung in der Europäischen Gemeinschaft. Besonderheiten des Jahresabschlusses und Lageberichts in den 12 EG-Staaten, München 1993.

Castan, Edgar/Heymann, Gerd/Müller, Eberhard u.a. (Hrsg.): Beck'sches Handbuch der Rechnungslegung, Loseblatt, München 1987 ff.

Chmielewicz, Klaus: Segmentierte Erfolgsrechnung, in: Handwörterbuch des Rechnungswesens, hrsg. v. Klaus Chmielewicz und Marcell Schweitzer, Stuttgart 1993, Sp. 1790 - 1801.

Chmielewicz, Klaus/Schweitzer, Marcell (Hrsg.): Handwörterbuch des Rechnungswesens, 3. Auflage, Stuttgart 1993.

Choi, Frederick D. S./Mueller Gerhard G.: International Accounting, Englewood Cliffs/New Jersey 1992.

Coenenberg, Adolf G.: Jahresabschluß und Jahresabschlußanalyse, 14. Auflage, Landsberg a. L. 1993.

Coenenberg, Adolf G.: Einheitlichkeit oder Differenzierung von internem und externem Rechnungswesen: Die Anforderungen der internen Steuerung, DB 1995, S. 2077 - 2083.

Coenenberg, Adolf G.: Jahresabschluß und Jahresabschlußanalyse, 16. Auflage, Landsberg a. L. 1997.

Coenenberg, Adolf G./Bridts, Christian: Die Verrechnung von Ertragsteuern in der Zwischenberichterstattung deutscher börsennotierter Unternehmen, in: Aktuelle Fragen der Finanzwirtschaft und der Unternehmensbesteuerung, FS für Erich Loitlsberger zum 70. Geburtstag, hrsg. v. Dieter Rückle, Wien 1991, S. 119 - 144.

Coenenberg, Adolf G./Hille, Klaus: Latente Steuern, in: Handbuch des Jahresabschlusses in Einzeldarstellungen, hrsg. v. Klaus von Wysocki und Joachim Schulze-Osterloh, Abt. I/13, 2. Auflage, Köln 1994.

C&L Deutsche Revision (Hrsg.): Konzernabschlüsse '95, Ausweis - Gestaltung - Berichterstattung, Ergebnisse einer Untersuchung von 100 großen Konzernen, Düsseldorf 1997.

Dahl, Gabriele: Zwischenberichterstattung börsennotierter Unternehmen, Wiesbaden 1995 (zugl. Univ. Hagen Diss. 1994).

Dautzenberg, Norbert/Heyeres, Ralf: Verlängerte Maßgeblichkeit, Steuerbarwertschätzungen und Bilanzpolitik, DB 1993, S. 1729 - 1733.

Döring, Ulrich: Zum Einfluß der Scheingewinnbesteuerung auf Preisuntergrenzen, DBW 1981, S. 583 - 595.

Döring, Ulrich: Kostensteuern. Der Einfluß von Steuern auf kurzfristige Produktions- und Absatzentscheidungen, Stuttgart 1984.

Döring, Ulrich: Kostenrechnung und Steuern, in: Handwörterbuch der Betriebswirtschaft (HdB), hrsg. v. Waldemar Wittmann u.a., 5. Aufl., Stuttgart 1993, Sp. 2340 - 2351.

Dörner, Dietrich/Wollmert, Peter (Hrsg.): IASC-Rechnungslegung. Beiträge zu aktuellen Problemen, Düsseldorf 1995.

Dörner, Dietrich/Schwegler, Iren: Anstehende Änderungen der externen Rechnungslegung sowie deren Prüfung durch den Wirtschaftsprüfer, DB 1997, S. 285 - 289.

Dötsch, Ewald u.a. (Hrsg.): Die Körperschaftsteuer, Kommentar zum Körperschaftsteuergesetz und zu den einkommensteuerrechtlichen Vorschriften des Anrechnungsverfahrens, Loseblatt, Stuttgart 1995 ff. (7.97).

Dommermuth, Thomas/Ramminger, Harald L.: Verdeckte Gewinnausschüttungen bei der Verletzung von Wettbewerbsverboten durch Geschäftsführer und Gesellschafter einer GmbH, FR 1992, S. 353 - 364.

Dornfeld, Robert Ernst: Stellt die wirtschaftliche Eingliederung ein überflüssiges Tatbestandselement der körperschaftsteuerlichen Organschaft dar?, FR 1969, S. 349 - 351.

Dornfeld, Robert/Telkamp, Heinz-Jürgen: Konzernunternehmung und Organschaftsvoraussetzungen - Zur wirtschaftlichen Eingliederung und zu den Anforderungen an die Organträger bei Holdingesellschaften und Betriebsaufspaltung, StuW 1971, S. 67 - 82.

Draspa, Petra: Solidaritätszuschlag und Ausschüttungsvolumen 1995, DB 1995, S. 742.

Dusemond, Michael/Hayn, Benita: Latente Steuern im Rahmen der Erstellung der Handelsbilanz II, BB 1997, S. 407 - 411.

Dusemond, Michael/Hayn, Benita: Latente Steuern aus Konsolidierungsmaßnahmen, BB 1997, S. 983 - 988.

Ebeling, Ralf Michael: Die Einheitsfiktion als Grundlage der Konzernrechnungslegung, Aussagegehalt und Ansätze zur Weiterentwicklung des Konzernabschlusses nach deutschem HGB unter Berücksichtigung konsolidierungstechnischer Fragen, Stuttgart 1995.

Ebisch, Hellmuth/Gottschalk, Joachim: Preise und Preisprüfungen bei öffentlichen Aufträgen einschließlich Bauaufträgen, Kommentar, 3. Auflage, München 1973.

Eckhardt, Walter: Die Regelung der körperschaftsteuerlichen Organschaft, BB 1969, S. 925 - 928.

Ernsting, Ingo: Die Bilanzierung latenter Steuern nach International Accounting Standards, BBK Fach 20, S. 461 - 466.

Ernsting, Ingo/Schröder, Martin: Die Bilanzierung latenter Steuern nach HGB und IAS vor dem Hintergrund des Kapitalaufnahmeerleichterungsgesetzes, IStR 1997, S. 184 - 190 u. S. 212 - 221.

Euler, Roland: Das System der Grundsätze ordnungsmäßiger Bilanzierung, Stuttgart 1996.

Euler, Roland: Bilanzrechtstheorie und internationale Rechnungslegung, in: Handelsbilanzen und Steuerbilanzen, FS zum 70. Geburtstag von Heinrich Beisse, hrsg. v. Wolfgang Dieter Budde, Adolf Moxter und Klaus Offerhaus, Düsseldorf 1997, S. 171 - 188.

Ewert, Ralf: Rechnungslegung, Gläubigerschutz und Agency-Probleme, Wiesbaden 1986.

Feldhoff, Michael/Langermeier, Claudia: Zur Aktivierbarkeit des Steuereffekts aus Verlustvortrag nach § 10d EStG, DStR 1991, S. 195 - 197.

Fiedler, Stefan: Verdeckte Vermögensverlagerungen bei Kapitalgesellschaften: Zivilrechtlicher Ausgleich und Konsequenzen für die Besteuerung verdeckter Gewinnausschüttungen, Köln 1994.

Fingerhut, Andrea: Der Cash Flow als Leistungsindikator, Kiel 1991 (zugl. Univ. Kiel Diss. 1991).

Fischer, Monika: Aktualisierung der Wertschöpfungsrechnungen nach dem Bilanzrichtlinien-Gesetz, Frankfurt a.M. u.a. 1994.

Förschle, Gerhart/Kroner, Matthias/Mandler, Udo: Internationale Rechnungslegung: US-GAAP, HGB und IAS, Bonn 1994.

Förschle, Gerhart/Glaum, Martin/Mandler, Udo: Ergebnisse einer Umfrage unter deutschen Rechnungslegungsexperten, BFuP 1995, S. 392 - 413.

Förschle, Gerhart/Kroner, Matthias: International Accounting Standards: Offene Fragen zur künftigen Steuerabgrenzung, DB 1996, S.1633 - 1639.

Freidank, Carl-Christian: Steuern in der Kostenrechnung, in: Handbuch Finanz- und Rechnungswesen, hrsg. v. Joachim S. Tanski, Loseblatt, 2. Auflage, Landsberg a. L. 1992 ff.

Frey, Günther: Die Behandlung steuerlicher Sachverhalte nach der 4. EG-Richtlinie, BB 1978, S. 1225 - 1230.

Fuchs, Markus: Jahresabschlußpolitik und International Accounting Standards, Wiesbaden 1997 (zugl. Diss. Univ. Siegen 1997).

Gail, Winfried: Rechtliche und faktische Abhängigkeiten von Steuer- und Handelsbilanzen, in: Internationale Wirtschaftsprüfung, FS für Hans Havermann, hrsg. v. Josef Lanfermann, Düsseldorf 1995, S. 109 - 141.

Gail, Winfried/Greth, Michael/Schumann, Roland: Die Maßgeblichkeit der Handelsbilanz für die Steuerbilanz in den Mitgliedstaaten der Europäischen Gemeinschaft, DB 1991, S. 1389 - 1400.

Geese, Wieland: Steuern im entscheidungsorientierten Rechnungswesen, Opladen 1972.

Gelhausen, Hans Friedrich/Gelhausen, Wolf: Die „Zuweisung des Gewinns - eine neue bilanzrechtliche Kategorie? - Anmerkungen zum Urteil des EuGH vom 27.6.1996 in der Rechtssache C-234/94 Tomberger ./. Gebrüder von der Wettern GmbH, WPg 1996, S. 573 - 580.

Geßler, Ernst u.a. (Hrsg.): Aktiengesetz, Kommentar, Band II, §§ 76 - 147, München 1974.

Giere, Marco: Teilsteuerrechnung: Die ab dem 1.1.1996 gültigen Teilsteuersätze, DB 1996, S. 337 - 341.

Glade, Anton: Praxishandbuch der Rechnungslegung, 2. Auflage, Herne/Berlin 1995.

Glaum, Martin/Mandler, Udo/Förschle, Gerhart: Ergebnisse einer Umfrage unter deutschen Rechnungslegungsexperten, BFuP 1995, S. 392 - 413.

Goebel, Andrea: Möglichkeiten der Entschlüsselung von Konzernkrisen mit der Methodik der integrativen Konzernabschlußanalyse, Bergisch-Gladbach/Köln 1995.

Gräfer, Horst: Bilanzanalyse. Eine Einführung mit Aufgaben und Lösungen, 6. Auflage, Herne/Berlin 1994.

Gräfer, Horst/Demming, Claudia: Internationale Rechnungslegung, Stuttgart 1994.

Grefe, Cord: Schütt-aus-hol-zurück-Verfahren. Finanzwirtschaftliche und steuerliche Aspekte, BBK, Fach 29, S. 797 - 808.

Grefe, Cord: Auswirkungen des Solidaritätszuschlags auf die Dividendenbesteuerung, BB 1995, S. 1446 - 1450.

Greif, Martin/Reinhardt, Gerd: Der Ausweis der Körperschaftsteuervergütung nach § 36 Abs. 2 Nr. 3 EStG im Jahresabschluß, DB 1996, S. 2237 - 2240.

Grotherr, Siegfried: Zur gegenwärtigen Bedeutung der Organschaft in der Konzernsteuerplanung, BB 1993, S. 1986 - 2001.

Grotherr, Siegfried: Kritische Bestandsaufnahme der steuersystematischen und betriebswirtschaftlichen Unzulänglichkeiten des gegenwärtigen Organschaftskonzepts, StuW 1995, S. 124 - 150.

Grotherr, Siegfried: Übertragung von Konzernrechnungslegungsgrundsätzen ins Konzernsteuerrecht, WPg 1995, S. 81 - 97.

Gröner, Susanne/Marten, Kai-Uwe/Schmid, Sonja: Latente Steuern im internationalen Vergleich, WPg 1997, S. 479 - 488.

Grund, Matthias: Internationale Entwicklung und Bilanzrecht - Reform oder Resignation?, DB 1996, S. 1293 - 1295.

Günkel, Manfred: Die Prüfung der steuerlichen Verrechnungspreise durch den Abschlußprüfer, WPg 1996, S. 839 - 857.

Gutenberg, Erich: Grundlagen der Betriebswirtschaftslehre. Erster Band: Die Produktion, 2. Auflage, Berlin/Göttingen/Heidelberg 1955.

Haase, Klaus Dittmar: Segmentbilanz, in: Handwörterbuch des Rechnungswesens (HdRech), hrsg. v. Klaus Chmielewicz und Marcell Schweitzer, 3. Auflage, Stuttgart 1993, Sp. 1782 - 1789.

Haase, Klaus Dittmar: Segment-Rechnung, in: Lexikon des Rechnungswesens, hrsg. v. Walther Busse von Colbe, 3. Auflage, München/Wien 1994, S. 553 - 557.

Haberstock, Lothar/Breithecker, Volker: Einführung in die Betriebswirtschaftliche Steuerlehre. Mit Fallbeispielen, Übungsaufgaben und Lösungen, 9 Auflage, Hamburg 1997.

Haeger, Bernd: Der Grundsatz der umgekehrten Maßgeblichkeit in der Praxis. Bilanzierungsprobleme unter besondere Berücksichtigung des Sonderpostens mit Rücklageanteil, Stuttgart 1989.

Haeger, Bernd: Angabe der Ergebnisbeeinflussung durch steuerrechtliche Sachverhalte, WPg 1989, S. 441 - 454.

Hahn, Volker/Kortschak, Hans-Peter: Lehrbuch der Umsatzsteuer, 6. Auflage, Herne/Berlin 1993.

Haller, Axel: Die Grundlagen der externen Rechnungslegung in den USA, 4. unveränderte Auflage, Stuttgart 1994.

Haller, Axel: Wertschöpfungsrechnung. Ein Instrument zur Steigerung der Aussagefähigkeit von Unternehmensabschlüssen im internationalen Kontext, Stuttgart 1997.

Handbuch der Rechnungslegung (HdR), Kommentar zur Bilanzierung und Prüfung, hrsg. von Karlheinz Küting und Claus-Peter Weber, 4. Aufl., Stuttgart 1995.

Handbuch des Jahresabschlusses in Einzeldarstellungen (HdJ), hrsg. v. Klaus von Wysocki und Joachim Schulze-Osterloh, Loseblatt, Köln 1984 ff.

Handwörterbuch der Betriebswirtschaft (HdB), hrsg. v. Waldemar Wittmann u.a., 3 Teilbände, 5. Auflage, Stuttgart 1993.

Handwörterbuch der Wirtschaftswissenschaften (HdWW), hrsg. v. Hans Albers u.a., Stuttgart u.a. 1977 - 1983.

Handwörterbuch des Rechnungswesens (HdRech), hrsg. v. Klaus Chmielewicz und Marcell Schweitzer, 3. Auflage, Stuttgart 1993.

Harms, Jens E./Küting, Karlheinz: Perspektiven der Konzernbesteuerung. Einheitsbesteuerung versus Einzelbesteuerung, BB 1982, S. 445 - 455.

Haselmann, Detlev/Schick, Rainer: Phasengleiche Aktivierung von Dividendenansprüchen: Das Verwirrspiel im EuGH-Verfahren ist noch nicht beendet, DB 1996, S. 1539 - 1532.

Hauschildt, Jürgen: Erfolgs- und Finanzanalyse, 2. Auflage, Köln 1987.

Hauschildt, Jürgen: Überlegungen zu einem Diagnosesystem für Unternehmenskrisen, in: Hauschildt, Jürgen (Hrsg.): Krisendiagnose durch Bilanzanalyse, Köln 1988, S. 115 - 152.

Hauschildt, Jürgen: Erfolgsanalyse, in: Handwörterbuch des Rechnungswesens hrsg. v. Klaus Chmielewicz und Marcell Schweitzer, 3. Auflage, Stuttgart 1993, Sp. 543 - 553.

Havermann, Hans: Der Konzernabschluß nach neuem Recht - Ein Fortschritt?, in: Bilanz- und Konzernrecht, Festschrift zum 65. Geburtstag von Reinhard Goerdeler, hrsg. v. Hans Havermann, Düsseldorf 1987, S. 173 - 197.

Hebestreit, Gernot: Zwischenberichterstattung in Großbritannien und Deutschland. Eine theoretische und emprische Analyse, Bergisch-Gladbach/Köln 1992.

Heinen, Edmund: Betriebswirtschaftliche Kostenlehre, 3. Auflage, Wiesbaden 1970.

Heinhold, Michael: Zum Einfluß der verlängerten Maßgeblichkeit auf eine rationale Steuerpolitik, DBW 1993, S. 331 - 344.

Hennig, Bettina: Bilanzierung latenter Steuern, Bochum 1982.

Herrmann/Heuer/Raupach, Einkommensteuer- und Körperschaftsteuergesetz, hrsg. v. Arndt Raupach u.a., Kommentar, 21. Auflage, Köln 1996 f.

Herzig, Norbert: Funktionsweise des körperschaftsteuerlichen Anrechnungsverfahrens auf der Gesellschaftsebene - Überblick und Analyse, FR 1976, S. 441 - 449.

Herzig, Norbert: Verwendbares Eigenkapital und verdeckte Gewinnausschüttungen nach dem Körperschaftsteuergesetz 1977, StuW 1976, S. 329 - 339.

Herzig, Norbert: Die Steuerbelastung verdeckter Gewinnausschüttungen auf der Gesellschaftsebene, FR 1977, S. 237 - 241.

Herzig, Norbert: Das verwendbare Eigenkapital - eine zentrale Größe des körperschaftsteuerlichen Anrechnungsverfahrens, BFuP 1977, S. 326 - 345.

Herzig, Norbert: Divergenzeffekt verdeckter Gewinnausschüttungen und Ausschüttungsverhalten, DB 1985, S. 353 - 356.

Herzig, Norbert: Verlängerte Maßgeblichkeit und Bilanzpolitik, DB 1992, S. 1053.

Herzig, Norbert (Hrsg.): Europäisierung des Bilanzrechts. Konsequenzen der Tomberger-Entscheidung des EuGH für die handelsrechtliche Rechnungslegung und für die steuerliche Gewinnermittlung, Köln 1997.

Herzig, Norbert/Schiffers, Joachim: Belastungswirkung aktueller Steuersatzänderungen, DSWR 1994, S. 123 - 127.

HFA IDW: Stellungnahme 1/85, Zur Behandlung der Umsatzsteuer im Jahresabschluß, WPg 1985, S. 257 - 258.

HFA IDW: Stellungnahme 3/76, Zur Bilanzierung von Beteiligungen an Personengesellschaften, WPg 1976, S. 591 - 594.

HFA IDW: Stellungnahme 2/77, Zu den Auswirkungen der Körperschaftsteuerreform auf die Rechnungslegung, WPg 1977, S. 463 - 464.

HFA IDW: Stellungnahme 2/93, Zur Bilanzierung bei Personenhandelsgesellschaften, WPg 1994, S. 22; ergänzt um Anm. in WPg 1995, S. 706.

HFA IDW: Stellungnahme 2/91, Änderung von Jahresabschlüssen und Anpassung der Handelsbilanz an die Steuerbilanz, WPg 1992, S. 89 - 91.

Hild, Dieter: Die betriebliche Wertschöpfung, DB 1973, S. 981 - 982.

Hille, Klaus: Latente Steuern im Einzel- und Konzernabschluß, Frankfurt am Main/Bern 1982.

Hintze, Stefan, Zur Bilanzierung latenter Steuern im Konzernabschluß, DB 1990, S. 845 - 850.

Hoffmann, Wolf-Dieter: Verdeckte Gewinnausschüttung: Steuerbelastungswirkungen und Gegenmaßnahmen, DStR 1995, Beihefter zu Heft 26, S. 1 - 12.

Hoffmann, Wolf-Dieter: Anmerkung zur Entscheidung des EuGH v. 27.6.1996, BB 1996, S. 1493 - 1495.

Hüffer, Uwe: Aktiengesetz, Kommentar, 2.Auflage, München 1995.

Institut der Wirtschaftsprüfer in Deutschland e.V. (Hrsg.): Wirtschaftsprüfer-Handbuch 1992, Handbuch für Rechnungslegung, Prüfung und Beratung, Band I, 10. Auflage, Düsseldorf 1992.

Institut der Wirtschaftsprüfer in Deutschland e.V. (Hrsg.): Rechnungslegung nach International Accounting Standards. Praktischer Leitfaden für die Aufstellung IAS-konformer Jahres- und Konzernabschlüsse in Deutschland, Düsseldorf 1995.

Institut der Wirtschaftsprüfer in Deutschland e.V. (Hrsg.): Wirtschaftsprüfer-Handbuch 1996, Handbuch für Rechnungslegung, Prüfung und Beratung, Band I, 11. Auflage, Düsseldorf 1996.

Institut der Wirtschaftsprüfer in Deutschland e.V. (Hrsg.): Stellungnahme zum Entwurf eines Kapitalaufnahmeerleichterungsgesetzes, WPg 1996, S. 593 - 597.

International Accounting Standards Committee (Hrsg.): International Accounting Standards 1997, London 1997.

Jacobi, Michael: Technische Aspekte bei der Umstellung auf eine IASC-Rechnungslegung am Beispiel der Ciba, in: IASC-Rechnungslegung, hrsg. v. Dietrich Dörner u. Peter Wollmert, Düsseldorf 1995, S. 41 - 55.

John, Gerd: Bemerkungen zum Rechtsinstitut der verdeckten Gewinnausschüttung, ZfbF 1984, S. 432 - 463.

Jonas, Heinrich H.: Die EG-Bilanzrichtlinie. Grundlagen und Anwendung in der Praxis, Freiburg i. Br. 1980.

Kammann, Evert: Stichtagsprinzip und zukunftsorientierte Bilanzierung, Köln 1988 (Diss. Erlangen-Nürnberg).

Kamprad, Balduin: Informations- und Auskunftspflicht über die steuerliche Tarifbelastung der Rücklagen im Jahresabschluß der AG?, AG 1991, S. 396 - 398.

Karrenbrock, Holger: Latente Steuern in Bilanz und Anhang, Düsseldorf 1991.

Karrenbrock, Holger: Angaben im Anhang bei steuerrechtlich begründeten Bilanzierungsmaßnahmen, BB 1993, S. 534 - 544.

Karrenbrock, Holger: Angaben im Anhang über künftige Belastungen auf Grund der Inanspruchnahme von Steuervergünstigungen, BB 1993, S. 1045 - 1052.

Karsten, Johann-Friedrich: Die Deformierung der handelsrechtlichen Rechnungslegung durch steuerliche Maßnahmen der Wirtschaftsförderung, BB 1967, S. 425 - 428.

Keller, Michael: Betriebliche Wertschöpfung. Ermittlung anhand veröffentlichter Jahresabschlüsse, DB 1973, S. 289 - 291.

Kessler, Harald: Die Wahrheit über das Vorsichtsprinzip?!, DB 1997, S. 1 - 7.

Kempka, Bettina: Die Wirkung des Solidaritätszuschlags im körperschaftsteuerlichen Anrechnungsverfahren, DB 1995, S. 4 - 6.

Kieso, Donald E./Weygandt, Jerry J.: Intermediate Accounting, 8. Auflage, New York u.a. 1995.

Kirchgesser, Karl: Die verdeckte Gewinnausschüttung als Entgelt-Differenz. Alternative zivil- und steuerrechtliche Folgen, Wiesbaden 1996 (zugl. Diss. Univ. Trier 1995).

Kirchgesser, Karl: Die verdeckte Gewinnausschüttung als Entgelt-Differenz, DB 1996, S. 703 - 707.

Klein, Franz/Orlopp, Gerd: Abgabenordnung - einschließlich Steuerstrafrecht, 5. Auflage, München 1995.

Klussmann, Günther: Der Rechtsanspruch auf Konzernsteuerumlagen, DB 1971, S. 349 - 351.

Knoll, Leonhard/Knoesel, Jochen/Probst, Uwe: Aufsichtsratsvergütungen in Deutschland: Empirische Befunde, ZfbF 1997, S. 236 - 254.

Knop, Wolfgang: Die Gliederungskonzeption des Bilanzrichtlinie-Gesetzes, DB 1984, S. 569 - 577.

Koch, Karl/Scholtz, Rolf-Detlev (Hrsg.): Abgabenordnung, AO, Kommentar, 5. Auflage, Köln 1996.

König, Rolf Jürgen/Kunkel, Patricia/Stegmair, Wolfgang: Auswirkungen der Einführung des Staffeltarifs bei der Gewerbeertragsteuer, DStR 1992, S. 922 - 927.

Kölner Kommentar zum Aktiengesetz, hrsg. v. Wolfgang Zöllner, 2. Aufl., Köln u.a. 1987 ff.

Köster, Harald: Grundsätze ordnungsmäßiger Zwischenberichterstattung börsennotierter Aktiengesellschaften, Düsseldorf 1992.

KPMG Deutsche Treuhand Gruppe (Hrsg.): Rechnungslegung nach US-amerikanischen Grundsätzen, Düsseldorf 1997.

Krabbe, Helmut: Vollverzinsung im Steuerrecht, 2. Auflage, Wiesbaden 1992.

Krause, Clemens: Kreditwürdigkeitsprüfung mit Neuronalen Netzen, Düsseldorf 1993.

Krawitz, Norbert: Zur Erweiterung der deutschen Segmentberichterstattung unter Berücksichtigung internationaler Entwicklungen, in: Jahresabschluß und Jahresabschlußprüfung, Probleme, Perspektiven, internationale Einfllüsse, Festschrift zum 60. Geburtstag von Jörg Baetge, hrsg. v. Thomas R. Fischer und Reinhold Hömberg, Düsseldorf 1997, S. 551 - 599.

Krebühl, Hans-Herbert: Reform der körperschaftsteuerlichen und gewerbesteuerlichen Organschaft, DB 1995, S. 743 - 748.

Kreile, Reinhold: Gedanken zu einer gesetzlichen Regelung der körperschaftsteuerlichen Organschaft, FR 1966, S. 273 - 278.

Kreile, Reinhold: Der Gesetzentwurf zur Regelung der körperschaftsteuerlichen Organschaft, FR 1968, S. 456 - 460.

Kreile, Reinhold: Zum Vorentwurf einer EG-Richtlinie über die Harmonisierung der steuerrechtlichen Gewinnermittlungsvorschriften, DB 1988, Beilage 18, S. 1 - 19.

Kroenlein, Günter: Die Wertschöpfung der Aktiengesellschaft und des Konzerns, Untersuchungen zu einem Merkmal für die Messung der Unternehmungskonzentration, Berlin 1975.

Kruse, Heinrich Wilhelm: Grundsätze ordnungsmäßiger Buchführung, Rechtsnatur und Ermittlung, Köln 1970.

Kübler, Friedrich: Institutioneller Gläubigerschutz oder Kapitalmarkttransparenz, ZHR 1995, S. 550 - 566.

Kühn, Rolf/Hofmann Ruth: AO, FGO, Nebengesetze, Kommentar, 17. Auflage, Stuttgart 1997.

Küting, Karlheinz: Möglichkeiten und Grenzen einer betragsmäßigen Ergebnisanalyse, DStR 1992, S. 369 - 374, S. 406 - 410.

Küting, Karlheinz/Weber, Claus-Peter: Die Bilanzanalyse, 2. Auflage, Stuttgart 1994 (zitiert als 1994a).

Küting, Karlheinz/Weber, Claus-Peter unter Mitarbeit von Sven Hayn und Joerg Pfuhl: Internationale Bilanzierung. Rechnungslegung in den USA, Japan und Europa, Herne/Berlin 1994 (zitiert als 1994b).

Küting, Karlheinz/Weber, Claus-Peter (Hrsg.): Handbuch der Rechnungslegung, Kommentar zur Bilanzierung und Prüfung, 4. Auflage, Band I a, Stuttgart 1995.

Küting, Karlheinz/Weber, Claus-Peter: Die Bilanzanalyse, 3. Auflage, Stuttgart 1997.

Kuhlewind, Andreas-M.: Die amerikanische Gewinn- und Verlustrechnung: Ermittlung und Darstellung des Unternehmenserfolgs im amerikanischen Jahresabschluß, in: US-amerikanische Rechnungslegung, hrsg. v. Wolfgang Ballwieser, 2. Auflage, Düsseldorf 1996, S. 183 - 214.

Kupsch, Peter/Eder, Dieter: Anmerkungen zu Grundsatzfragen der Steuerabgrenzung, WPg 1988, S. 521 - 528.

Lammerding, Jo: Abgabenordnung und Finanzgerichtsordnung, 12. Auflage, Achim 1993.

Lang, Joachim: Grundsätze ordnungsmäßiger Buchführung I, - Begriff, Bedeutung, Rechtsnatur, in: Handwörterbuch unbestimmter Rechtsbegriffe des Bialnzrechts des HGB (HURB), hrsg. v. Ulrich Leffson, Dieter Rückle und Bernhard Großfeld, Köln 1986, S. 221 - 240.

Lang, Joachim: Grundsätze ordnungsmäßiger Buchführung II, - Überblick über die Hauptgrundsätze ordnungsmäßiger Buchführung, in: Handwörterbuch unbestimmter Rechtsbegriffe des Bialnzrechts des HGB (HURB), hrsg. v. Ulrich Leffson, Dieter Rückle und Bernhard Großfeld, Köln 1986, S. 240 - 247.

Lang, Joachim: Besteuerung der Unternehmen in Staaten der Europäischen Union - Resümee, in: Jahrbuch der Deutschen Steuerjuristischen Gesellschaft (DStJG), Bd. 16: Unternehmensbesteuerung in EU-Staaten, hrsg. v. Joachim Lang, Köln 1994, S. 295 - 317.

Lange, Joachim: Verdeckte Gewinnausschüttungen: Systematische Darstellung der Voraussetzungen und Auswirkungen, 6. Auflage, Herne/Berlin 1993.

Lange, Joachim/Reiß, Wolfram: Lehrbuch der Körperschaftsteuer, 8. Auflage, Herne/Berlin 1996.

Lange, Reinhard: Steuern in der Preispolitik und bei der Preiskalkulation, Wiesbaden 1989 (zugl.: Augsburg, Univ., Diss. 1988).

Lehmann, Matthias: Zur Theorie der Zeitpräferenz, Berlin 1975.

Lehmann, Matthias: Summarische Steuerabgrenzung oder das Bilanzieren latenter Steuern: Zwei unvereinbare Konzepte zur Anwendung des § 274 HGB, Trier 1986.

Lehmann, Matthias: Finanzierung - Ein Beispiel für die Zusammenarbeit zwischen Betriebswirtschaftslehre und Recht, in: Aktuelle Fragen der Finanzwirtschaft und der Unternehmensbesteuerung, FS zum 70. Geburtstag von Erich Loitlsberger, hrsg. v. Dieter Rückle, Wien 1991, S. 399 - 446.

Lehmann, Matthias: „Verdeckte Gewinnausschüttungen" - Eine Analyse aus Sicht der betriebswirtschaftlichen Steuerlehre, in: Bilanzrecht und Kapitalmarkt, Festschrift für Adolf Moxter, hrsg. v. Wolfgang Ballwieser u.a., Düsseldorf 1994, S. 1027 - 1068.

Lehmann, Matthias/Kirchgesser, Karl: Meinungsverschiedenheiten zur verdeckten Gewinnausschüttung, DB 1994, S. 2052 - 2058.

Lehmann, Max Rudolf: Leistungsmessung durch Wertschöpfung, Essen 1954.

Leffson, Ulrich: Die Grundsätze ordnungsmäßiger Buchführung, 1. Auflage, Düsseldorf 1964.

Leffson, Ulrich: Wesentlich, in: Handwörterbuch unbestimmter Rechtsbegriffe des Bilanzrechts (HURB), hrsg. v. Ulrich Leffson, Bernhard Großfeld und Dieter Rückle, Köln 1986, S. 434 - 447.

Leffson, Ulrich: Die Grundsätze ordnungsmäßiger Buchführung, 7. Auflage, Düsseldorf 1987.

Leffson, Lexikon des Rechnungswesens.

Leffson, Ulrich/Bönkhoff, Franz: Zu Materiality-Entscheidungen bei Jahresabschlußprüfungen, WPg 1982, S. 389 - 397.

Leonardi, Hildegard: Externe Erfolgsanalysen auf der Grundlage handelsrechtlicher Jahresabschlüsse, Bergisch Gladbach/Köln 1990.

Lexikon des Rechnungswesens (Lexikon des ReWe), hrsg. v. Walther Busse von Colbe, 3. Auflage, München/Wien 1994.

Lexikon der deutschen und internationalen Besteuerung, hrsg. v. Wilhelm H. Wacker, 3. Auflage, München 1994.

Lührmann, Volker: Latente Steuern im Konzernabschluß, Düsseldorf 1997 (zugl. Diss. rer.pol. Göttingen 1996).

Marks, Peter: Zu den Auswirkungen der Körperschaftsteuerreform auf die Rechnungslegung, WPg 1977, S. 197 - 200.

Marx, Franz Jürgen: Steuervermeidung mit zivilrechtlichen Vermögenssonderungen, Heidelberg 1990 (zugl. Diss. rer. pol. Trier 1989).

Marx, Franz Jürgen: Wirtschaftliche Eingliederung als Voraussetzungsmerkmal der (körperschaftsteuerlichen) Organschaft, SteuerStud 1990, S. 340 - 343.

Marx, Franz Jürgen: Ergänzungsbilanzen bei schenkweise begründeten Kommanditgesellschaften, FR 1991, S. 3 - 6.

Marx, Franz Jürgen: Die Abbildung von Steuern im handelsrechtlichen Jahresabschluß, WiSt 1994, S. 604 - 610.

Marx, Franz Jürgen: Objektivierungserfordernisse bei der Bilanzierung immaterieller Anlagewerte, BB 1994, S. 2379 - 2388.

Marx, Franz Jürgen: Steuerliche Ergänzungsbilanzen - Anwendungsbereich, Ermittlungsproblematik und Gestaltungsaspekte aus Sicht der Betriebswirtschaftlichen Steuerlehre, StuW 1994, S. 191 - 203.

Marx, Franz Jürgen: Rechtfertigung, Bemessung und Abbildung von Steuerumlagen, DB 1996, S. 950 - 958.

Marx, Franz Jürgen: Steuerliche Nebenleistungen im handelsrechtlichen Jahresabschluß, DB 1996, S. 1149 - 1152.

Marx, Franz Jürgen: Verdeckte Einlagen als Problemfälle der Rechnungslegung und Besteuerung, FR 1995, S. 453 - 460.

Marx, Franz Jürgen: Verlängerte Maßgeblichkeit und Steuerbilanzpolitik, SteuerStud 1996, S. 490 - 498.

Marx, Franz Jürgen: Subventionen, Finanzierungshilfen, in: Handbuch für das Geld-, Bank- und Börsenwesen, Frankfurt 1997 (im Druck).

Marx, Franz Jürgen/Recktenwald, Roland: Periodengerechtes Bilanzieren von unterverzinslichen Ausleihungen, BB 1992, S. 1526 - 1532.

Marx, Franz Jürgen/Bohlen, Volker/Weber, Matthias: Steuerwirkungen und Divergenzeffekte infolge verdeckter Gewinnausschüttungen, DB 1996, S. 2397 - 2403.

Meilicke, Heinz: Zur Berechnung von Steuerumlagen bei Organschaft, MStB 1960, S. 69 - 70.

Meilicke, Heinz: Ist die Tarifbelastung des verwendbaren Eigenkapitals im Jahresabschluß der AG und gegenüber dem Aktionär offenzulegen?, BB 1991, S. 241 - 242.

Meilicke, Heinz/Heidel, Thomas: Das Auskunftsrecht des Aktionärs in der Hauptversammlung, Teil I und Teil II, DStR 1992, S. 72 - 75, S. 113 - 118.

Melchior, Jürgen: Neueste Rechtslage der Vollverzinsung gem. § 233a AO, DStR 1995, S. 82 - 86.

Menichetti, Marco J.: Aktien-Optionsprogramme für das Top-Management, DB 1996, S. 1688 - 1692.

Merl, Franz: Die Bilanzierung latenter Steuerverpflichtungen als Problem bei der Trennung von Handels- und Steuerbilanz, München 1979.

Meyer-Arndt, Lüder: Veränderungen an der Substanz der Anteilsrechte - Neuralgische Punkte des Anrechnungsverfahrens, StbJb 1976/77, S. 349 - 394.

Meyer-Arndt, Lüder: Die Strafsteuer auf verdeckte Gewinnausschüttungen muß abgeschafft werden!, GmbHR 1994, S. 34 - 39.

Mielke, Axel: Vollausschüttung und Ausschüttungsbemessung unter Berücksichtigung des Solidaritätszuschlages, DStR 1995, S. 386 - 389.

Mielke, Axel: Berechnung der GewSt-Rückstellung bei gestaffelten Meßzahlen, NWB Aktuelles v. 5.12.1994, S. 4051 - 4055.

Michaelis, Hans/Rhösa, Carl Artur (hrsg.): Preisbildung bei öffentlichen Aufträgen einschließlich Bauaufträgen, Loseblatt-Kommentar, Heidelberg 1955 ff.

Möller, Rolf: Was bringt eine Holding-Struktur?, ZfB-Ergänzungsheft 1/94, S. 41 - 50.

Monopolkommission (Hrsg.): Hauptgutachten 1980/81. Fortschritte bei der Konzentrationserfassung, Baden-Baden 1982.

Monopolkommission (Hrsg.): Hauptgutachten 1988/89. Wettbewerbspolitik vor neuen Herausforderungen, Baden-Baden 1990.

Morgenstern, Christian: Gedichte, Verse, Sprüche, Limassol 1993.

Moxter, Adolf: Bilanzlehre, Band II, 3. Auflage, Wiesbaden 1986.

Moxter, Adolf: Bilanzauffassungen, in: Handwörterbuch der Betriebswirtschaft (HdB), hrsg. von Waldemar Wittmann u.a., 5. Auflage, Stuttgart 1993, Sp. 500 - 510.

Moxter, Adolf: Bilanzrechtsprechung, 4. Auflage, Tübingen 1996.

Moxter, Adolf: Zum Sinn und Zweck des handelsrechtlichen Jahresabschlusses nach neuem Recht, in: Bilanz- und Konzernrecht, Festschrift zum 65. Geburtstag von Reinhard Goerdeler, hrsg. von Hans Havermann, Düsseldorf 1987, S. 361 - 374.

Moxter, Adolf: Zur Prüfung des „true and fair view", in: Rechnungslegung, Prüfung und Beratung - Herausforderungen für den Wirtschaftsprüfer, FS zum 70. Geburtstag von Rainer Ludewig, hrsg. v. Jörg Baetge u.a., Düsseldorf 1996, S. 671 - 682.

Müller, Heinz Peter: Steuern im Konzern, in: WP-Handbuch der Unternehmensbesteuerung (HdU), hrsg. v. Institut der Wirtschaftsprüfer in Deutschland e.V., 2. Auflage, Düsseldorf 1994, S. 2083 - 2132.

Müller, Welf: Die Begrenzung der Zulässigkeit von Steuerumlagen im Aktienkonzern durch die Vorschriften des Aktiengesetzes, in: Handelsbilanzen und Steuerbilanzen, FS zum 70. Geburtstag von Heinrich Beisse, hrsg. v. Wolfgang Dieter Budde, Adolf Moxter und Klaus Offerhaus, Düsseldorf 1997, S. 363 - 376.

Müller, Michael A.: Ertragsteuerliche Behandlung der Grunderwerbsteuer in Umstrukturierungsfällen, DB 1997, S. 1433 - 1436.

Neumann, Patrik, Die Steuerabgrenzung im handelsrechtlichen Jahresabschluß, Frankfurt am Main u.a. 1992.

Nicklisch, Heinz: Die Betriebswirtschaft, 7. Auflage der wirtschaftlichen Betriebslehre, Stuttgart 1932.

Niethammer, Georg: Einzelfragen zur Organschaftsbesteuerung, BB 1964, S. 380 - 381.

Oechsle, Eberhard/Janke, Raimund: Ausweis von Steuerzinsen DB 1996, S. 486 - 487.

Ordelheide, Dieter: Aktivische latente Steuern bei Verlustvorträgen im Einzel- und Konzernabschluß - HGB, SFAS und IAS, in: Internationale Wirtschaftsprüfung, FS für Hans Havermann, hrsg. v. Josef Lanfermann, Düsseldorf 1995, S. 602 - 623.

Ordelheide, Dieter: Internationalisierung der Rechnungslegung deutscher Unternehmen - Anmerkungen zum Entwurf eines Kapitalaufnahmeerleichterungsgesetzes, WPg 1996, S. 545 - 552.

Ordelheide, Dieter/KPMG Deutsche Treuhand-Gesellschaft (Hrsg.): Transacc, Transnational Accounting, 2 Bände, Stuttgart 1995.

Orth, Manfred: Gewerbesteuerrecht, in: WP-Handbuch der Unternehmensbesteuerung 1994, hrsg. v. Institut der Wirtschaftsprüfer in Deutschland e.V., 2. Auflage, Düsseldorf 1994, S. 1161 - 1251.

Ossadnik, Wolfgang: Grundsatz und Interpretation der „Materiality", WPg 1993, S. 617 - 629.

Pache, Sven: Die körperschaftsteuerliche Organschaft im GmbH-Vertragskonzern, Pfaffenweiler 1995.

Palitzsch, Werner: Konzernsteuerumlagen im Blickwinkel der neueren Rechtsprechung, BB 1993, S. 432 - 435.

Pauka, Dietmar: Berechnung der Gewerbesteuer-Rückstellung bei Anwendung des Staffeltarifs, DB 1992, S. 1837 - 1839.

Pauka, Dietmar: Replik zu dem Beitrag von Stüttgen, DB 1993, S. 952.

Peavey, Dennis E./Nurnberg, Hugo: FASB 109: Auditing Considerations of Deferred Tax Assets. There are no magic formulas for determining the need for a valuation allowance, JoA 1993, S. 77 - 81.

Peemöller, Volker H.: Bilanzanalyse und Bilanzpolitik: Einführung in die Grundlagen, Wiesbaden 1993.

Pel, Uwe: Anmerkung zum Urteil des BFH vom 26.4.1989 - I R 152/84, GmbHR 1989, S. 528 - 529.

Pellens, Berhard: Der Informationswert von Konzernabschlüssen. Eine empirische Untersuchung deutscher Börsengesellschaften, Wiesbaden 1989.

Pellens, Bernhard unter Mitarbeit von Andreas Bonse, Rolf Uwe Füllbier und Silke Sürken: Internationale Rechnungslegung, Stuttgart 1997.

Pensel, Jens: Investitionszulagen, in: Lexikon der deutschen und internationalen Besteuerung, hrsg. v. Wilhelm H. Wacker, München 1994, S. 367 - 368.

Pezzer, Heinz-Jürgen: Die verdeckte Gewinnausschüttung im Körperschaftsteuerrecht, Köln 1986.

Pfaff, Dieter: Internes Rechnungswesen - Zur Notwendigkeit einer eigenständigen Kostenrechnung-Anmerkungen zur Neuorientierung des internen Rechnungswesens im Hause Siemens, ZfbF 1994, S. 1065 - 1084.

Pickert, Gisela: Steuerbelastungsvergleich zwischen einer Kommanditgesellschaft und einer Gesellschaft mit beschränkter Haftung unter Berücksichtigung des FKPG und des StandOG, DStR 1994, S. 517 - 520.

Pohlmann, Bettina: Systematik und Probleme latenter Steuern, ZfbF 1983, S. 1094 - 1105.

Prinz, Ulrich: Aktuelle Entwicklung und Beratungsfragen im steuerlichen Organschaftsrecht, FR 1993, S. 725 - 735.

Pullen, Michael: Körperschaftsbesteuerung nationalenr und internationaler deutscher Konzerne. Eine kritische Analyse aus ökonomischer Sicht, Hamburg 1994 (Diss. rer. pol. Duisburg 1994).

Rädler, Albert J.: Überlegungen zur Harmonisierung der Unternehmensbesteuerung in der Europäischen Gemeinschaft, in: DStJG 1994, Bd. 16, S. 277 - 293.

Ranft, Eckhart: Gesetz zur Änderung des Körperschaftsteuergesetzes und anderer Gesetze - Organschaftsgesetz, FR 1969, S. 331 - 338.

Read, William/Bartsch, Robert A. J.: Accounting for deferred taxes under FASB 109, JoA 1992, S. 36 - 41.

Rehkugler, Heinz/Poddig, Thorsten: Bilanzanalyse, 3. Auflage, München u.a. 1993.

Reinhard, Herbert: Zwischenbericht, in: Lexikon des Rechnungswesens, hrsg. v. Busse von Colbe, 3. Auflage, München/Wien 1994, S. 678 - 680.

Reinhardt, Frank: Wertschöpfungssteuer, in: Lexikon der deutschen und internationalen Besteuerung, hrsg. v. Wilhelm Wacker, 2. Auflage, München 1994, S. 827 - 828.

Reuter, Hans-Peter: Gewerbesteuerliche Organschaft und Aktiengesetzt, in: Der Bundesfinanzhof und seine Rechtsprechung, Grundfragen - Grundlagen, FS für Hugo von Wallis, hrsg. v. Franz Klein und Klaus Vogel, Bonn 1985, S. 427 - 483.

Robisch, Martin: Optimale Schütt-aus-hol-zurück-Politik von Kapitalgesellschaften und Wandel der Tarifstruktur, DStR 1994, S. 334 - 339.

Robisch, Martin/Treisch, Corinna: Neuere Entwicklungen des Verhältnisses von Handelsbilanz und Steuerbilanz, WPg 1997, S. 156 - 169.

Roebruck, Christel: Die Bilanzierung und Erläuterung steuerlicher Sachverhalte im handelsrechtlichen Jahresabschluß der Kapitalgesellschaft, Frankfurt am Main 1984.

Rose, Gerd: Die Konzern-Steuerumlagen in Organkreisen, DB 1965, S. 261 - 269.

Rose, Gerd: Grundzüge der Teilsteuerrechnung, Wiesbaden 1973.

Rose, Gerd: Verteilung von Steueraufwendungen und -erträgen innerhalb eines Organkreises, DB 1961, S. 418 - 421.

Rose, Gerd: Betriebswirtschaftliche Steuerlehre, 3. Auflage, Wiesbaden 1992.

Rose, Gerd: Die Ertragsteuern, 15. Auflage, Wiesbaden 1997.

Roser, Frank D.: Anrechenbare Körperschaftsteuern im Jahresabschluß einer Holding-Personengesellschaft, DB 1992, S. 850 - 854.

Russ, Wolfgang: Der Anhang als dritter Teil des Jahresabschlusses: eine Analyse der bisherigen und der künftigen Erläuterungsvorschriften für die Aktiengesellschaft, Bergisch Gladbach 1986 (zugl. Diss. Univ. Köln 1984).

Rüther, Monika/Reinhardt, Michael C.: Die Belastungswirkungen des Solidaritätszuschlags, DStR 1994, S. 1023 - 1026.

Schaufenberg, Stefan/Tillich, Peggy: Berechnung des Solidaritätszuschlags bei Ausschüttung unter Beachtung der Verwendungsreihenfolge gem. § 28 Abs. 3 KStG, DB 1996, S. 589 - 591.

Schedlbauer, Hans: Erfolgsbereinigung um stille Reserven, in: Bilanzanalyse nach neuem Recht, hrsg. v. Adolf G. Coenenberg, 2. Auflage, Landsberg a. L. 1990, S. 135 - 152.

Scheibe-Lange, Ingrid: Wertschöpfung und Verteilung des Unternehmenseinkommens, ZfB 1978, S. 631 - 637.

Scheibe-Lange, Ingrid, in Baetge: Der Jahresabschluß im Widerstreit der Interessen: Vortragsreihe des Instituts für Revisionswesen an der Westfälischen Wilhelms-Universität Münster, Sommersemester 1982, Wintersemester 1982/83, Düsseldorf 1983, S. 47 - 63.

Scherrer, Gerhard/Heni, Bernhard: Liquidationsrechnungslegung, 2. Auflage, Düsseldorf 1996.

Scherrer, Gerhard: Konzernrechnungslegung, München 1994.

Scheuchzer, Marco: Zur Notwendigkeit einer Europäisierung der Organschaft, RIW 1995, S. 35 - 48.

Schierenbeck, Henner: Grundzüge der Betriebswirtschaftslehre, 11. Auflage, München/Wien 1993.

Schildbach, Thomas: Jahresabschluß und Markt, Berlin u.a. 1986.

Schildbach, Thomas: Ingangsetzungsaufwendungen und latente Steuern, DB 1988, S. 57 - 61.

Schildbach, Thomas: Der Konzernabschluß als Ausschüttungsbemessungsgrundlage, Teil I und Teil II, WPg 1993, S. 53 - 63 u. S. 94 - 98.

Schildbach, Thomas: Der handelsrechtliche Konzernabschluß, 3. Auflage, München 1994.

Schildbach, Thomas: Internationale Rechnungslegungsstandards auch für deutsche Einzelabschlüsse?, in: Bilanzrecht und Kapitalmarkt, Festschrift für Adolf Moxter, hrsg. v. Wolfgang Ballwieser u.a., Düsseldorf 1994, S. 699 - 721.

Schildbach, Thomas: Rechnungslegungsideale, Bilanzkulturen, Harmonisierung und internationaler Wettbewerb, BB 1995, S. 2635 - 2644.

Schildbach, Thomas: Der handelsrechtliche Jahresabschluß, 5. Auflage, Herne/Berlin 1997.

Schildbach, Thomas/Feldhoff, Michael: Adressaten, in: Handwörterbuch des Rechnungswesens, hrsg. v. Klaus Chmielewicz und Marcell Schweitzer, 3. Auflage Stuttgart 1993, Sp. 30 - 36.

Schmid, Reinhold: Kostensteuern - Diskussion des Kostencharakters einzelner Steuerarten, KRP 1991, S. 311 - 315.

Schmidt, Ludwig (Hrsg.): Einkommensteuergesetz, Kommentar, 14. Auflage, München 1995.

Schmidt, Ludwig (Hrsg.): Einkommensteuergesetz, Kommentar, 16. Auflage, München 1997.

Schmidt, Ludwig /Müller, Thomas/Stöcker, Ernst E.: Die Organschaft im Körperschaftsteuer-, Gewerbesteuer- und Umsatzsteuerrecht, 4. Auflage, Herne/Berlin 1993.

Schmidt, Reinhard H.: Rechnungslegung als Informationsproduktion auf nahezu effizienten Kapitalmärkten, ZfbF 1982, S. 728 - 748.

Schmidt, Reinhard H.: Grundzüge der Investitions- und Finanzierungstheorie, Wiesbaden 1983.

Schneeloch, Dieter: Probleme der Steuerabgrenzung im Einzelabschluß, WPg 1986, S. 517 - 528.

Schneeloch, Dieter: Besteuerung und betriebliche Steuerpolitik, Bd. 1: Besteuerung, München 1994.

Schneider, Dieter: Allgemeine Betriebswirtschaftslehre, München/Wien 1987.

Schneider, Dieter: Grundzüge der Unternehmensbesteuerung, 6. Auflage, Wiesbaden 1994.

Schneider, Dieter: Betriebswirtschaftslehre, Band 2: Rechnungswesen, München/Wien 1994.

Scholtz, Rolf-Detlev: Zur Verdeckten Gewinnausschüttung - eine oder vier Definitionen?, FR 1990, S. 321 - 324.

Scholtz, Rolf-Detlev: Die neue Definition der verdeckten Gewinnausschüttung im Körperschaftsteuerrecht - kein Beitrag zur Vereinfachung des Steuerrechts, FR 1990, S. 386 - 389.

Schoor, Hans Walter: Berechnung der Körperschaftsteuerrückstellung, BBK Fach 14, S. 4413 - 4424.

Schreiber, Ulrich: Die Angleichung der steuerlichen Gewinnermittlung in der Europäischen Gemeinschaft, ZfbF-Sonderheft 32/93, S. 139 - 173.

Schubert, Werner/Küting, Karlheinz: Unternehmungszusammenschlüsse, München 1981.

Schult, Eberhard: Bilanzanalyse. Möglichkeiten und Grenzen externer Unternehmensbeurteilung, 8. Auflage, Freiburg i. Br. 1991.

Schumann, Helmut: Organschaft, Bielefeld 1994.

Schumann, Helmut: Zum Verständnis des BFH von der verdeckten Gewinnausschüttung, FR 1994, S. 309 - 315.

Schüppen, Matthias: Die „Zuweisung von Gewinnen im Jahresabschluß" - Delphisches Orakel oder Salomonische Lösung? - Anmerkungen zum Urteil des EuGH v. 27.6.96 - Rs C 234/94, DB 1996, S. 1481 - 1484.

Schulze-Osterloh, Joachim: Jahresabschluß, Abschlußprüfung und Publizität der Kapitalgesellschaft nach dem Bilanzrichtlinien-Gesetz, ZHR 1986, S. 532 - 569.

Schulze-Osterloh, Joachim: Verdeckte Gewinnausschüttungen im Grenzgebiet zwischen Handels- und Steuerrecht, StuW 1994, S. 131 - 137.

Schulze zur Wiesch, Dietrich/Schulze zur Wiesch, Richard: Körperschaftsteueranrechnung und Jahresabschluß einer Personenhandelsgesellschaft, in: Rechnungslegung, Prüfung und Beratung, FS zum 70. Geburtstag von Rainer Ludewig, hrsg. v. Jörg Baetge u.a., Düsseldorf 1996, S. 981 - 1006.

Sebiger, Heinz/Dechant, Josef: Zielsetzung und Wirkungen der Vollverzinsung, in: Festgabe für Günther Felix, hrsg. v. Carlé, Dieter/Korn, Klaus und Rudolf Stahl, Köln 1989, S. 365 - 392.

Seer, Roman: Steuergerechtigkeit durch Steuervereinfachung, StuW 1995, S. 184 - 193.

Selchert, Friedrich Wilhelm: Möglichkeiten einer Schätzung des Steuerbilanzgewinns anhand des handelsrechtlichen Jahresabschlusses einer Aktiengesellschaft nach der Körperschaftsteuerreform, BB 1978, S. 509 - 516.

Selchert, Friedrich Wilhelm: Latente Steuern in der Konzernbilanzpolitik, DStR 1994, S. 34 - 40.

Selchert, Friedrich Wilhelm: Grundlagen der betriebswirtschaftlichen Steuerlehre. Übersichtsdarstellungen, 4. Auflage, München/Wien 1996.

Selchert, Friedrich Wilhelm: Jahresabschlußprüfung der Kapitalgesellschaften. Grundlagen - Durchführung - Bericht, 2. Auflage, Wiesbaden 1996.

Siebert, Henning: Grundlagen der US-amerikanischen Rechnungslegung. Ziele und Inhalte der Verlautbarungen der SEC und des FASB sowie ihre Unterschiede zum deutschen Bilanzrecht, Köln 1996.

Siegel, Theodor: Latente Steuern, 4. EG-Richtlinie und Bilanzrichtlinien-Gesetz, insbesondere eine Replik zu einer Stellungnahme von Harms/Küting, BB 1985, S. 495 - 502.

Siegel, Theodor: Latente Steuern: Konzeptionsprobleme und Anwendungsfragen zur Bilanzierung nach § 274 HGB, ZfB-Ergänzungsheft 1/1987: Bilanzrichtlinien-Gesetz, Wiesbaden 1987, S. 137 - 174.

Siegel, Theodor: Zur Bilanzierung latenter Steuern nach § 274 HGB, DStR 1986, S. 587 - 594.

Siegel, Theodor: Gewinnverwendungsvorschlag und Körperschaftsteueraufwand in der Aktiengesellschaft, DB 1990, S. 1980 - 1981.

Siener, Friedrich, Der Cash-Flow als Instrument der Bilanzanalyse. Praktische Bedeutung für die Beurteilung von Einzel- und Konzernabschluß, Stuttgart 1991.

Siepe, Günter: Steuerorientierter Jahresabschluß - anlegerorientierter Jahresabschluß, Aktien- und Bilanzrecht, FS für Bruno Kropff, hrsg. v. Karl-Heinz Forster u.a., Düsseldorf 1997, S. 619 - 638.

Sonderausschuß Bilanzrichtlinien-Gesetz, Stellungnahme SABI 3/1988 , WPg 1988, S. 683 - 684.

Statistisches Bundesamt (Hrsg.), Finanzen und Steuern, Fachserie 14, Reihe 8, Umsatzsteuer 1992, Wiesbaden 1994.

Statistisches Bundesamt (Hrsg.): Finanzen und Steuern, Fachserie 14, Reihe 4, Steuerhaushalt, 4. Vj. u. Jahr 1995, Wiesbaden 1996.

Statistisches Bundesamt (Hrsg.): Finanzen und Steuern, Fachserie 14, Reihe 4, Steuerhaushalt, 4. Vj. u. Jahr 1996, Wiesbaden 1997.

Statistisches Bundesamt (Hrsg.): Finanzen und Steuern, Fachserie 14, Reihe 8, Umsatzsteuer 1994, Wiesbaden 1997.

Stobbe, Thomas, Die Verknüpfung handels- und steuerrechtlicher Rechnungslegung: Maßgeblichkeitsausprägungen de lege et ferenda, Berlin 1991.

Streck, Michael: Körperschaftsteuergesetz mit Nebengesetzen, Kommentar, 5. Auflage, Köln 1997.

Streim, Hannes: Grundzüge der handels- und steuerrechtlichen Bilanzierung, Stuttgart u.a. 1988.

Streim, Hannes: Meinungen zum Thema: Neue Entwicklungen in der Harmonisierung der Rechnungslegung, BFuP 1992, S. 444 - 455.

Streim, Hannes: Die Generalnorm des § 264 Abs. 2 HGB - Eine kritische Analyse, in: Bilanzrecht und Kapitalmarkt, Festschrift für Adolf Moxter, hrsg. v. Wolfgang Ballwieser u.a., Düsseldorf 1994, S. 391 - 406.

Strobel, Wilhelm: Neuregelungen des Handelsrechts in Richtung auf Internationale Normen, BB 1996, S. 1601 - 1606.

Stüttgen, Hans-Gerd: Die Berechnung der Gewerbesteuerrückstellung ab dem 1.1.1993 - Erwiderung zu dem Beitrag von Pauka, DB 1992, S. 1837, DB 1993, S. 950 - 952.

Swoboda, Peter: Investition, in: Lexikon der Betriebswirtschaft, hrsg. v. Wolfgang Lück, Landsberg a. L. 1983.

Teß, Wolfgang: Die Änderungen des Bewertungsgesetzes und des Vermögensteuergesetzes im Steueränderungsgesetz 1992, BB 1992, S. 1602 - 1603.

Teubner, Gunther: Recht als autopoietisches System, Frankfurt a.M. 1989.

Thiel, Jochen: Die Besteuerung des Gesellschafters - eine Crux des Körperschaftsteuer-Anrechnungsverfahrens, StbJb 1996/97, S. 79 - 110.

Tipke, Klaus: Die Steuerrechtsordnung, 3 Bände, Köln 1993.

Tipke, Klaus/Lang, Joachim: Steuerrecht: ein systematischer Grundriß, 15. Auflage, Köln 1996.

Tipke, Klaus/Kruse, Heinrich Wilhelm: Abgabenordnung - Finanzgerichtsordnung, Loseblatt-Kommentar, 14. Auflage, Köln 1973.

Tischer, Frank: Der Einfluß der Besteuerung auf die Gestaltung des Preisentscheidungsprozesses in der Unternehmung, Wiesbaden 1974.

Treuarbeit (Hrsg.): Konzernabschlüsse '89. Ausweis, Gestaltung, Berichterstattung, Ergebnisse einer untersuchung von 100 großen Konzernen, Düsseldorf 1990.

Tries, Hermann-Josef: Verdeckte Gewinnausschüttungen im GmbH-Recht: gesellschaftsrechtliche Schranken und Rechtsfolgen unter Hervorhebung des Sondervorteilsverbots, Köln 1991.

Uhlig, Annegret: Grundsätze ordnungsmäßiger Bilanzierung für Zuschüsse. Zur Konkretisierung von Grundsätzen ordnungsmäßiger Buchführung für Zuschüsse, Zulagen, Prämien und Beihilfen des Bundes und der Länder, Düsseldorf 1989.

Veit, Klaus-Rüdiger/Bernards, Oliver: Anforderungen an die Semgentberichterstattung im internationalen Vergleich, WPg 1995, S. 493 - 498.

Vogt, Stefan: Die Maßgeblichkeit des Handelsbilanzrechts für die Steuerbilanz, Düsseldorf 1991.

Volk, Gerrit: Jahresabschluß und Information. Zur formalen Struktur des Jahresabschlusses einer Kapitalgesellschaft, Heidelberg 1990.

Wacker, Wilhelm H.: Das System der Vollverzinsung im Steuerrecht, WiSt 1991, S. 351 - 355.

Wagenhofer, Alfred: Vorsichtsprinzip und Managementanreize, ZfbF 1996, S. 1051 - 1074.

Wagner, Franz W.: Steueraufwand, Prüfung, in: Handwörterbuch der Revision (HdRev), hrsg. v. Adolf G. Coenenberg u. Klaus von Wysocki, 2. Auflage, Stuttgart 1992, S. 1828 - 1836.

Wagner, Franz W./Heyd, Reinhard: Ertrag- und Substanzsteuern in der entscheidungsbezogenen Kostenrechnung, ZfbF 1981, S. 922 - 935.

Wangemann, Birgit: Die Berücksichtigung ungewisser Verpflichtungen innerhalb der US-amerikanischen Rechnungslegung, WPg 1997, S. 194 - 200.

Wassermeyer, Franz: Einige grundsätzliche Überlegungen zur verdeckten Gewinnausschüttung, DB 1987, S. 1113 - 1120.

Wassermeyer, Franz: Reform der „ungerechten" Vorschriften über verdeckte Gewinnausschüttungen, GmbHR 1994, S. 27 - 33.

Weber, Hans: Wertschöpfung, in: Lexikon des Rechnungswesens, hrsg. v. Walter Busse von Colbe, 3. Auflage, München/Wien 1994, S. 661 - 664.

Weber, Helmut Kurt: Wertschöpfung, in: Handwörterbuch der Betriebswirtschaft, hrsg. v. Walter Wittmann u.a., 5. Auflage, Stuttgart 1993, Sp. 2173 - 2180.

Weber, Helmut Kurt.: Die Wertschöpfungsrechnung auf der Grundlage des Jahresabschlusses, in: Handbuch des Jahresabschlusses in Einzeldarstellungen, hrsg. v. Wysocki, Klaus v./Schulze-Osterloh, Joachim, Abt. IV/7, 2. Neubearbeitung, Köln 1994.

Weber, Helmut Kurt: Wertschöpfungsrechnung, Stuttgart 1980.

Weber, Hans: Das Rechnungswesen, die Rechenschaftslegung und die Jahresabschlußprüfung von Kapitalgesellschaften, BFuP 1977, S. 345.

Wenzel, Birgit: Die latenten Steuern im Einzelabschluß, Diss. Bamberg 1987.

Wehrheim, Michael: Dokumentation ergebniswirksamer Konsequenzen der Umkehrmaßgeblichkeit im Anhang, BB 1994, S. 1458 - 1461.

Weyand, Stefan: Die Bilanzierung latenter Steuern nach § 274 HGB, DB 1986, S. 1185 - 1189.

Wiechers, Elmar W.: Externe Erfolgsanalyse anhand handelsrechtlicher Jahresabschlüsse - rechtliche Änderungen durch das Bilanzrichtlinien-Gesetz und deren erfolgsanalytische Konsequenzen, Münster/Hamburg 1994 (zugl. Diss. Univ. Hagen).

Wiegand, Klaus: Bilanzierung latenter Steuern im Einzel- und Konzernabschluß, Sandhausen 1990.

Williams, Jan R.: Miller GAAP Guide 1997. A comprehensive restatement of current promulgated GAAP, San Diego/New York/London 1997.

Wimmer, Helmut: Die Anpassung der externen Rechenschaftslegung von Aktiengesellschaften an die Körperschaftsteuerreform, Frankfurt am Main/Bern 1982.

Wimmer, Helmut: Körperschaftsteueraufwand und aktienrechtliche Gewinnverwendung, DB 1982, S. 1177 - 1184.

Wittig, Thomas: Steuerneutralität und Bilanzrichtlinien-Gesetz, Frankfurt am Main u.a. 1988.

Wittmann, Waldemar: Unternehmung und unvollkommene Information, Köln/Opladen 1959.

Wöhe, Günter unter Mitarbeit von Ulrich Döring: Bilanzierung und Bilanzpolitik, Betriebswirtschaftlich - Handelsrechtlich - Steuerrechtlich, 8. Auflage, München 1992.

Wöhe, Günter unter Mitarbeit von Ulrich Döring: Einführung in die Allgemeine Betriebswirtschaftslehre, 19. Auflage, München 1996.

Wöhe, Günter/Bieg, Hartmut unter Mitarbeit von Christoph Kneip: Grundzüge der Betriebswirtschaftlichen Steuerlehre, 4. Auflage, München 1995.

Wollmert, Peter: Gegenwärtige und künftige Behandlung latenter Steuern im IASC-Abschluß, in: IASC-Rechnungslegung, hrsg. v. Dietrich Dörner u. Peter Wollmert, Düsseldorf 1995, S. 83 - 98.

Wündisch, Fritz: Zur Problematik der Erhebung einer „Konzernumlage für Gewerbesteuer", DB 1970, S. 1192 - 1193.

Wysocki, Klaus von: Einflüsse der Körperschaftsteuerreform 1977 auf die aktienrechtliche Rechnungslegung, Teil I, DB 1977, S. 1909 - 1913, Teil II, S. 1961 - 1964.

Wysocki, Klaus von: Fragen zur passiven Steuerabgrenzung nach § 274 Abs. 1 HGB, ZfbF 1987, S. 829 - 839.

Wysocki, Klaus von/Wohlgemuth, Michael: Konzernrechnungungslegung, 4. Auflage, Düsseldorf 1996.

Wysocki, Klaus von: Sozialbilanzen, Stuttgart/New York 1981.

Ziegler, Hasso: Neuorientierung des internen Rechnungswesens für das Unternehmens-Controlling im Hause Siemens, ZfbF 1994, S. 175 - 188.

Zielke, Rainer: Vorteile der Schütt-aus-hol-zurück-Politik im Jahre 1994, BB 1994, S. 2177 - 2185.

Zitzelsberger, Heribert: Grundlagen der Gewerbesteuer, Köln 1990.

2. Sonstige Quellen

2.1 Geschäftsberichte

Allianz Holding AG 1996
Audi AG 1994
BASF AG 1994
BASF AG 1995
BASF AG 1996
Bayer AG 1994
Bayer AG 1996
Bayerische Hypotheken-
　und Wechselbank AG 1996
Bayerische Motorenwerke AG 1995
Bayerische Motorenwerke AG 1996
Bayerische Vereinsbank AG 1996
Commerzbank AG 1996
Daimler-Benz AG 1992
Daimler-Benz AG 1993
Daimler-Benz AG 1996
Degussa AG 1995/96
Deutsche Bank AG 1996
Deutsche Lufthansa AG 1995
Deutsche Lufthansa AG 1996
Deutsche Telekom AG 1996
Dresdner Bank AG 1996
Henkel KGaA 1996
Hoechst AG 1995
Hoechst AG 1996
Linde AG 1996
Karstadt AG 1996
Knoll AG 1994
KWU AG 1994
MAN AG 1995/96
Mannesmann AG 1996
Mercedes Benz AG 1992
Metro AG 1996
Münchener Rück AG 1995/96
Preussag AG 1995/96
Rheinbraun AG 1994
RWE AG 1993/94
RWE AG 1994/95
RWE AG 1995/96
SAP AG 1996
Schering AG 1994

Schering AG 1996
Siemens AG 1993/94
Siemens AG 1995/96
Stinnes AG 1994
Thyssen AG 1995/96
VAW AG 1994
VEBA AG 1994
VEBA AG 1996
VIAG AG 1994
VIAG AG 1996
Volkswagen AG 1994
Volkswagen AG 1996

2.2 Informationsdienst des Instituts der deutschen Wirtschaft

iwd-Mitteilungen Nr. 46 vom 13.11.1997.

2. 3 Publikationen der Deutschen Bundesbank

Monatsbericht November 1994

Monatsbericht November 1995

Monatsbericht November 1996

Monatsbericht November 1997

Jahresabschlüsse westdeutscher Unternehmen 1971 bis 1991, Frankfurt a.M. 1993.

3. Rechtsprechungsverzeichnis

Urteil des Europäischen Gerichtshofs:

Datum	Aktenzeichen	Fundstelle	
EuGH vom 27.06.1996,	Rs C - 234/94,	BB 1996,	S. 579 - 582.

Urteil des Bundesverfassungsgerichts:

Datum	Aktenzeichen	Fundstelle	
BVerfG vom 19.10.1966,	2 BvR 652/65,	BStBl. III 1967,	S. 166.

Urteile des Bundesgerichtshofs:

Datum	Aktenzeichen	Fundstelle	
BGH vom 03.11.1975,	II ZR 67/73,	BGHZ 65,	S. 230 - 238.
BGH vom 30.01.1995,	II ZR 42/94,	ZIP 95,	S. 462 - 465.
BGH vom 22.10.1992,	IX ZR 244/91,	BGHZ 120,	S. 50 - 60.

Urteil des Bayerischen Oberlandesgerichts:

Datum	Aktenzeichen	Fundstelle	
BayOLG vom 23.08.1996,	3Z BR 130/96,	DB 1996,	S. 2170 - 2172.

Urteil des Landgerichts Düsseldorf:

Datum	Aktenzeichen	Fundstelle	
LG Düsseldorf vom 26.02.1988,	40 O255/80,	AG 1989,	S. 140 - 142.

Urteile des Bundesfinanzhofs:

Datum	Aktenzeichen	Fundstelle	
BFH vom 06.10.1953,	I 29/53 U,	BStBl. III 1953,	S. 329 - 330.
BFH vom 05.08.1958,	I 70/57 U,	BStBl. III 1958,	S. 392 - 394.
BFH vom 30.05.1962,	I 199/60,	DB 1962,	S. 1029.
BFH vom 13.01.1966,	IV 51/62,	BStBl. III 1966,	S. 189 - 190.
BFH vom 31.05.1967,	I 208/63,	BStBl. III 1967,	S. 607 - 609.

Datum	Aktenzeichen	Fundstelle	
BFH vom 15.05.1968,	I 197/65,	BStBl. II 1968,	S. 606 - 608.
BFH vom 30.07.1969,	I R 21/67,	BStBl. II 1969,	S. 629 - 630.
BFH vom 08.12.1971,	I R 3/69,	BStBl. II 1972,	S. 289 - 291.
BFH vom 24.08.1972,	VIII R 21/69	BStBl. II 1973,	S. 55 - 57.
BFH vom 18.04.1973,	I R 120/70,	BStBl. II 1973,	S. 740 - 742.
BFH vom 18.07.1973,	I R 11/73,	BStBl. II 1973,	S. 860 - 862.
BFH vom 26.02.1975,	I R 72/73,	BStBl. II 1976,	S. 13 - 16.
BFH vom 21.01.1976,	I R 21/74,	BStBl. II 1976,	S. 389 - 390.
BFH vom 26.10.1977,	II R 115/69,	BStBl. II 1978,	S. 201 - 202.
BFH vom 26.06.1979,	VIII R 145/78,	BStBl. II 1979,	S. 625 - 627.
BFH vom 30.04.1980,	II R 133/77,	BStBl. II 1980,	S. 521 - 522.
BFH vom 03.12.1980,	I R 125/77,	BStBl. II 1981,	S. 184 - 186.
BFH vom 02.10.1981,	III R 27/77,	BStBl. II 1982,	S. 8 - 11.
BFH-Beschl. vom 09.02.1982,	VIII B 132/81,	BStBl. II 1982,	S. 401 - 403.
BFH vom 22.07.1982,	IV R 111/79,	BStBl. II 1982,	S. 655 - 657.
BFH vom 05.05.1983,	IV R 18/80,	BStBl. II 1983,	S. 559 - 562.
BFH vom 25.01.1984,	I R 32/79,	BStBl. II 1984,	S. 382 - 384.
BFH vom 12.04.1984,	IV R 112/81,	BStBl. II 1984,	S. 554 - 557.
BFH vom 04.02.1987,	I R 58/86,	BStBl. II 1988,	S. 215 - 220.
BFH vom 20.05.1987,	II R 44/84,	BStBl. II 1988,	S. 229 - 230.
BFH vom 25.11.1987,	I R 126/85,	BStBl. II 1988,	S. 220 - 225.
BFH vom 17.09.1987,	IV R 49/86,	BStBl. II 1988,	S. 327 - 330.
BFH vom 22.04.1988,	III R 54/83,	BStBl. II 1988,	S. 901 - 903.
BFH vom 22.02.1989,	I R 44/85,	BStBl. II 1989,	S. 475 - 477.
BFH vom 26.04.1989,	I R 152/84,	BStBl. II 1989,	S. 668 - 670.
BFH vom 25.08.1989,	III R 95/87,	BStBl. II 1989,	S. 893 - 896.
BFH vom 13.09.1989,	I R 110/88,	BStBl. II 1990,	S. 24 - 28.
BFH vom 23.04.1991,	VIII R 61/87,	BStBl. II 1991,	S. 752 - 754.
BFH vom 14.01.1992,	IX R 226/87,	BStBl. II 1992,	S. 464 - 465.
BFH vom 23.01.1992,	IX R 47/89,	BStBl. II 1992,	S. 630 - 632.
BFH vom 26.03.1992,	IV R 74/90,	BStBl. II 1993,	S. 96 - 97.
BFH vom 14.10.1992,	I R 17/92,	BStBl. II 1993,	S. 352 - 356.
BFH vom 12.05.1993,	XI R 1/93,	BStBl. II 1993,	S. 786 - 787.
BFH vom 19.10.1993,	VIII R 14/92,	BStBl. II 1993,	S. 891 - 894.
BFH vom 21.10.1993,	IV R 87/92,	BStBl. II 1994,	S. 176 - 179.
BFH vom 29.06.1994,	I R 137/93,	DStR 1994,	S. 1802 - 1803.
BFH vom 05.10.1994,	I R 50/94,	BStBl. II 1995,	S. 549 - 551.
BFH vom 25.10.1994,	VIII R 65/91,	BStBl. II 1995,	S. 312 - 315.
BFH vom 07.12.1994,	I R 24/93,	BStBl. II 1995,	S. 507 - 510.
BFH vom 17.05.1995,	I R 147/93,	BStBl. II 1996,	S. 204 - 206.
BFH vom 30.08.1995,	I R 155/94,	DB 1995,	S. 2451 - 2454.
BFH vom 20.09.1995,	X R 86/94,	BStBl. II 1996,	S. 53 - 55.
BFH vom 16.02.1996,	I R 73/95,	BStBl. II 1996,	S. 592 - 594.

Urteile der Finanzgerichte:

Datum	Aktenzeichen	Fundstelle	
FG München vom 15.11.1977,	VII 161/74,	EFG 1978,	S. 110 - 111.
FG Nürnberg vom 28.10.1986,	I 74/82,	EFG 1987,	S. 139 - 141.
FG Hessen vom 29.04.1982,	XI 86/77,	EFG 1983,	S. 121 - 122.

4. Rechtsquellen der EG

RAT DER EUROPÄISCHEN GEMEINSCHAFTEN, Vierte Richtlinie des Rates vom 25. Juli 1978 aufgrund von Artikel 54 Absatz 3 Buchstabe g) des Vertrages über den Jahresabschluß von Gesellschaften bestimmter Rechtsformen (78/660/EWG), Amtsblatt der Europäischen Gemeinschaften vom 14.08.1978, Nr. L 222/11-31 (4. EG-Richtlinie).

RAT DER EUROPÄISCHEN GEMEINSCHAFTEN, Siebte Richtlinie des Rates vom 13. Juni 1983 aufgrund von Artikel 54 Absatz 3 Buchstabe g) des Vertrages über den konsolidierten Abschluß (83/349/EWG), Amtsblatt der Europäischen Gemeinschaften vom 18.07.1983, Nr. L 193/1-17 (7. EG-Richtlinie).

RAT DER EUROPÄISCHEN GEMEINSCHAFTEN, Richtline des Rates vom 15.02.1982 über regelmäßige Informationen, die von Gesellschaften zu veröffentlichen sind, deren Aktien zur amtlichen Notierung an einer Wertpapierbörse zugelassen sind (82/121/EWG), Amtsblatt der Europäischen Gemeinschaften vom 20.02.1982, Nr. L 48/26 (Zwischenberichtsrichtlinie).

5. Verzeichnis der Parlamentaria und Verwaltungsanweisungen

Bundesratsdrucksachen

BR-Drs. 583/97 vom 15.08.1997: Beschluß des Deutschen Bundestags - Gesetz zur Fortsetzung der Unternehmenssteuerreform.

Bundestagsdrucksachen

BT-Drs. 7/5458 vom 24.06.1976: Bericht des Finanzausschusses (7. Ausschuß) zu dem von der Bundesregierung eingebrachten Entwurf eines Einführungsgesetzes zur Abgabenordnung (EGAO 1974) - Drs. 7/261 - , Drucksachen Band 223.

BT-Drs. 8/4157 vom 10.06.1980: Bericht des Finanzausschusses (7. Ausschuß) zu dem von der Bundesregierung eingebrachten Entwurf eines Gesetzes zur Änderung des Einkommensteuergesetzes, des Körperschaftsteuergesetzes und anderer Gesetze - Drs. 8/3648, Drs. 8/4141 -, Drucksachen Band 265.

BT-Drs. 10/317 vom 26.08.1983: Gesetzentwurf der Bundesregierung: Entwurf eines Gesetzes zur Durchführung der Vierten Richtlinie des Rates der Europäischen Gemeinschaften zur Koordinierung des Gesellschaftsrechts (Bilanzrichtlinie-Gesetz), Drucksachen Band 294.

BT-Drs. 13/901 vom 27.03.1995: Gesetzentwurf der Fraktionen der CDU/CSU und F.D.P: Entwurf eines Jahressteuergesetzes (JStG) 1996, Drucksachen Band 524.

BT-Drs. 13/1558 vom 31.05.1995: Erste Beschlußempfehlung und erster Bericht des Finanzausschusses (7. Ausschuß) zu dem Gesetzentwurf der Fraktionen der CDU/CSU und F.D.P. -Drs. 13/901- : Entwurf eines Jahressteuergesetzes (JStG) 1996, Drucksachen Band 528.

Richtlinien

EStR 1996	Einkommensteuer-Richtlinien 1996 in der Fassung vom 28.02.1997, BStBl I 1997, Sondernummer 1.
GewStR 1990	Gewerbesteuer-Richtlinien 1990 in der Fassung vom 21.08.1990, BStBl I 1990, Sondernummer 2.
KStR 1995	Körperschaftsteuer-Richtlinien 1995 in der Fassung vom 15.12.1995, BStBl I 1996, Sondernummer 1.
VStR 1995	Vermögensteuer-Richtlinien für die Vermögensteuer-Hauptveranlagung 1995 vom 17.01.1995, BStBl I 1995, Sondernummer 2.

BMF-Schreiben

BMF vom 29.12.1975, „Anwendung des „Biersteuerurteils" des BFH" (Nichtanwendungserlaß), BMF Finanznachrichten 76/1975, S.3.

Erlasse der Finanzministerien

Datum	Aktenzeichen	Fundstelle	
FinBeh. Hamburg vom 06.02.1964,	S 2526a/L 1402-16,	DB 1964,	S. 314.
FinBeh. Hamburg vom 08.12.1964,	53 - L 1402 - 23,	DB 1965,	S. 13.
FinMin NRW vom 14.12.1964,	S 2526a - 10,	DB 1965,	S. 13.
FinMin NRW vom 19.12.1964,	S 2526a/L 1402,	DB 1964,	S. 314.

Verfügung der Oberfinanzdirektion Frankfurt/Main:

Datum	Aktenzeichen	Fundstelle	
OFD Frankfurt/Main vom 06.11.1986,	S 2710 A-9-St II 10,	WPg 1987,	S. 141.

6. Verzeichnis der Gesetze

AktG 1965	Aktiengesetz vom 06.09.1965, BGBl I 1965, S. 1089, zuletzt geändert durch Gesetz zur Bereinigung des Umwandlungsrechts vom 28.10.1994, BGBl I 1994, S. 3210.
ÄndDMBilG	Gesetz zur Änderung des D-Markbilanzgesetzes und anderer handelsrechtlicher Bestimmungen vom 25.07.1994, BGBl I 1994, S. 1682.
AO 1977	Abgabenordnung 1977 vom 16.03.1976, BGBl I 1976, S. 613, ber. BGBl I 1977, S. 269, zuletzt geändert durch Gesetz vom 20.12.1996, BGBl I 1996, S. 2049.
BGB	Bürgerliches Gesetzbuch in der Fassung vom 18.08.1896, RGBl 1896, S. 195, zuletzt geändert durch Zweites Gesetz zur Änderung des Rechtspflege-Anpassungsgesetzes und anderer Gesetze vom 20.12.1996, BGBl I 1996, S. 2090.
BewG	Bewertungsgesetz in der Fassung vom 01.02.1991, BGBl I 1991, S. 230, zuletzt geändert durch Jahressteuergesetz 1997 vom 20.12.1996, BGBl I 1996, S. 2049.
BranntwMonG	Gesetz über das Branntweinmonopol vom 08.04.1922, RGBl I 1922, S. 405, zuletzt geändert durch das Gesetz vom 12.07.1996, BGBl I 1996, S. 962.

EGAO 1977	Einführungsgesetz zur Abgabenordnung (EGAO 1977) vom 14.12.1976, BGBl I 1976, S. 3341, ber. BGBl I 1977, S. 667, zuletzt geändert durch Jahressteuergesetz 1997 vom 20.12.1996, BGBl I, S. 2049.
ErbStG	Erbschaftsteuer- und Schenkungsteuergesetz in der Fassung vom 19.02.1991, BGBl I 1991, S. 468, zuletzt geändert durch Jahressteuergesetz 1997 vom 20.12.1996, BGBl I, S. 2049.
EStDV 1990	Einkommensteuer-Durchführungsverordnung 1990 in der Fassung vom 28.07.1992, BGBl I 1992, S. 1418, zuletzt geändert durch Jahressteuergesetz 1997 vom 20.12.1996, BGBl I 1996, S. 2049.
EStG 1990	Einkommensteuergesetz 1990 in der Fassung vom 07.09.1990, BGBl I 1990, S. 1898, ber. BGBl I 1991, S. 808, zuletzt geändert durch Jahressteuergesetz 1997 vom 20.12.1996, BGBl I 1996, S. 2049.
GewStG 1991	Gewerbesteuergesetz 1991 in der Fassung vom 21.03.1991, BGBl I 1991, S. 814, zuletzt geändert durch Jahressteuergesetz 1997 vom 20.12.1996, BGBl I 1996, S. 2049.
GmbHG	Gesetz betreffend die Gesellschaften mit beschränkter Haftung vom 20.04.1892, RGBl 1892, S. 477, zuletzt geändert durch Gesetz zur Bereinigung des Umwandlungsrechts vom 28.10.1994, BGBl I 1994, S. 3210, ber. BGBl I 1995, S. 428.
GrEStG 1983	Grunderwerbsteuergesetz 1983 vom 17.12.1982, BGBl I 1982, S. 1777, zuletzt geändert durch Jahressteuergesetz 1997 vom 20.12.1996, BGBl I 1996, S. 2049.
HGB	Handelsgesetzbuch vom 10.05.1897, RGBl 1897, S. 219, zuletzt geändert durch Gesetz zur Bereinigung des Umwandlungsrechts vom 28.10.1994, BGBl I 1994, S. 3210.
InvZulG 1996	Investitionszulagengesetz 1996 in der Fassung vom 22.01.1996, BGBl I 1996, S. 60.
KraftStG 1994	Kraftfahrzeugsteuergesetz 1994 in der Fassung vom 24.05.1994, BGBl I 1994, S. 1102, zuletzt geändert durch Kraftfahrzeugsteueränderungsgesetz 1997 vom 18.04.1997, BGBl I 1997, S. 805.
KStG 1996	Körperschaftsteuergesetz 1996 in der Fassung vom 22.02.1996, BGBl I 1996, S. 340, zuletzt geändert durch Jahressteuergesetz 1997 vom 20.12.1996, BGBl I 1996, S. 2049.

PublG	Gesetz über die Rechnungslegung von bestimmten Unternehmen und Konzernen vom 15.08.1969, BGBl I 1969, S. 1189, ber. BGBl I 1970, S. 1113, zuletzt geändert durch Gesetz zur Bereinigung des Umwandlungsrechts vom 28.10.1994, BGBl I 1994, S. 3210.
StÄndG 1992	Gesetz zur Entlastung der Familien und zur Verbesserung der Rahmenbedingungen für Investitionen und Arbeitsplätze (Steueränderungsgesetz - StÄndG 1992) vom 25.02.1992, BGBl I 1992, S. 297.
StEntlG 1984	Gesetz zur Stärkung der Wettbewerbsfähigkeit der Wirtschaft und zur Einschränkung von steuerlichen Vorteilen (Steuerentlastungsgesetz - StEntlG 1984) vom 22.12.1983, BGBl I 1983, S. 1583.
StMBG	Gesetz zur Bekämpfung des Mißbrauchs und zur Bereinigung des Steuerrechts (Mißbrauchsbekämpfungs- und Steuerbereinigungsgesetz - StMBG) vom 21.12.1993, BGBl I 1993, S. 2310.
StRefG 1990	Steuerreformgesetz 1990 vom 25.07.1988, BGBl I 1988, S. 1093.
UStG 1993	Umsatzsteuergesetz 1993 in der Fassung vom 27.04.1993, BGBl I 1993, S. 565, ber. BGBl I 1993, S. 1160, zuletzt geändert durch Umsatzsteuer-Änderungsgesetz 1997 vom 12.12.1996, BGBl I 1996, S. 1851.
WoBauFG	Gesetz zur steuerlichen Förderung des Wohnungsbaus und zur Ergänzung des Steuerreformgesetzes 1990 (Wohnungsbauförderungsgesetz - WoBauFG) vom 22.12.1989, BGBl I 1989, S. 2408.

Stichwortverzeichnis

A

Abbildungsformen 32 ff.

Abbildungszeitpunkte 41 ff.

Abgrenzung
  siehe Rechnungsabgrenzung

Abkoppelungsthese 21

Abschöpfungen 32, 36

Abzinsung
  siehe Latente Steuern

Adressaten 19

Anhang 236 ff.

Anrechnungsverfahren 7, 80

Anschaffungskosten 39, 65 ff.

Anschaffungsnebenkosten 39, 71

Anschaffungspreisänderungen 74 f.

Anzahlungen, Umsatzsteuer auf 90 f.

Ausländische Steuern 101, 292

Ausschüttungsbemessungs-
  funktion 3

Ausschüttungssteuersatz 8, 113, 227, 258, 278

B

Belastungsmethode 197

Betriebsprüfungsrisiken 8, 94 f., 255

Beiträge 307

Biersteuer 21, 32, 34, 36, 89

Bilanzierungshilfe 176

Branntweinsteuer 10, 21, 32, 34, 36, 89, 160

Bruttomethode 82

C

Cash-flow 8, 282, 296 ff.

Comprehensive Application 328

D

Deferred method 183 ff.

Differenzen
  - permanente 4, 190
  - quasi-permanente 175, 190
  - zeitlich bedingte 4, 190 ff.

Divergenzeffekt 131, 133, 135 ff., 148

DVFA/SG-Ergebnis 282, 286 ff.

E

Eigenkapital, verwendbares 108, 121 ff.

Einfuhrumsatzsteuer 36

Einkommen, zu versteuerndes 111 ff.

Einkommensteuer 33, 34, 257

Einzelabschluß 31

Ergänzungsbilanz 282

Ergebnis der gewöhnlichen
Geschäftstätigkeit 100, 230
Ergebnisbeeinflussung, steuerliche
238 ff.
Ergebnisverwendung 301
Ertragsteuerspaltung 249 ff.

Grundsätze ordnungsmäßiger
Buchführung
- Rechtsnatur 44 ff.
- Ermittlung 46 ff.
- Systematisierung 51 ff.
GuV-Ausweis 158, 160 ff., 167

F

FAS, Steuerabgrenzung nach 319
Funktionen des Jahresabschlusses
17 ff.

H

Haftung 235 f.
Halbjahresbericht 26
Hebesatz 102, 148, 210, 291
Herstellungskosten 40, 65 ff., 75 ff.,
214 ff.

G

Gebühren 307
Generalnorm 3, 17, 44
Gewerbeertragsteuer 101 f., 214
Gewerbekapitalsteuer 5, 40, 102, 214
Gewerbesteuer 33, 34, 101 ff.
Gewinnausschüttungen, verdeckte 42, 130 ff.
Gewinnsteuern 10
Going-concern-Prinzip 47, 316, 325
Grundsteuer 10, 33, 34, 40
Grunderwerbsteuer 34, 36, 39, 72, 308

I

IAS, Steuerabgrenzung nach 324 ff.
Informationsanspruch 124 ff.
Informationsfunktion 3, 6, 17 f., 20 ff., 24, 43, 164, 181, 263
Investitionszulagen 73

J

Jahresabschluß 1 ff., 5 f., 29 ff.
Jahresabschlußadressaten 19 f.

K

Kaffeesteuer 32, 89
Kapitalaufnahmeerleichterungs-
gesetz 27
Kapitalertragsteuer 33, 101, 308

Kapitalgeberschutz 17 ff.

Klarheit 55 ff.

Körperschaftsteuer 8, 10, 33, 34, 108 ff., 214

Konzern 31, 262

Konzernabschluß 5, 9, 31, 196, 261 ff.

Kosten 35

Kostensteuer 42 f.

Kraftfahrzeugsteuer 10, 33, 85 f.

L

Lagebericht 254 f.

Latente Steuern
- Ausweis 56, 195, 280, 298 f., 321 ff., 330 ff.
- Begriff 174 ff.
- Ermittlung 182 ff., 268, 270 ff., 319, 327

Liability method 183 ff.

Lohnsteuer 33, 308

M

Maßgeblichkeitsprinzip 4 f., 180, 313 f.

Matching principle 319

Mineralölsteuer 10, 32, 33, 36, 89, 160

Mischsteuersatz 186, 264

N

Nebenleistungen, steuerliche 35, 162 ff.

Net of tax method 183

Nettomethode 80 f.

O

Organgesellschaft, Steuerausweis bei 229 ff., 231 f.

Organschaft 6, 112, 196, 263

Organträger, Steuerausweis bei 229 ff., 232 ff.

P

Personensteuern 34

Publizitätsgesetz, Steueraufwand nach 156 ff.

Q

Quellensteuer 80, 109, 308

R

Rechnungsabgrenzungsposten 43, 84 ff.

Rechnungslegungsziele 16 ff.

Richtigkeit 53 f.

S

Sachsteuern 34

Säumniszuschläge 35, 162, 166, 171 ff.

Schaumweinsteuer 36, 89, 160

Saldierungsverbot 57 ff.

Segmentberichterstattung 293 ff.

Siebte EG-Richtlinie 16, 31, 262

Solidaritätszuschlag 33, 113, 128 ff.

Sonderabgaben 35, 307

Steuerabgrenzung

    siehe Latente Steuern

Steuerbilanz 175, 180

Steuerbilanzergebnis, externe

    Ermittlung 256 ff.

Steuerlastquote 11 ff., 261

Steuern, ausländische 292, 310

Steuern, latente

    siehe Latente Steuern

Steuern, sonstige 10, 159 ff.

Steuerneutralität 78

Steuerrückstellungen,

    - Ansatz 8, 41 f., 55, 61, 92 f.

    - Bewertung 93, 101 ff., 110 ff.

    - Ausweis 56, 98

Steuersatz,

    - gespaltener 113 ff.

    - bei latenten Steuern 278 f., 320

Steuerumlagen

    - Zulässigkeit 201 ff.

    - Bemessung 216 ff.

    - Abbildung 228 ff., 257, 310

Steuerverbindlichkeiten 99, 158

T

Tabaksteuer 32, 33, 34, 36, 89, 160

Teilsteuerrechnung 151

Thesaurierungssatz 108, 227

Timing differences

    siehe Differenzen, zeitlich bedingte

U

Übersichtlichkeit 55 ff.

Umlagen

    siehe Steuerumlagen

Umsatzsteuer 33, 34, 36, 38, 39 f., 67 ff., 150 f., 160, 308

V

Verbrauchsteuern 10, 32, 34, 78 f., 84, 87 ff.

Vergleichbarkeit 54 f.

Verkehrsteuern 34

Vermögensteuer 5, 10, 33, 34

Verrechnung

    siehe Saldierungsverbot

Verrechnungspreisrisiken 60

Versicherungsteuer 33, 34, 86, 308

Verspätungszuschläge 35, 166, 169

Verteilungsmethode 197

Verursachung 64

Vierte EG-Richtlinie 16

Vollständigkeit 60 f.

Vorsichtsprinzip 63 f.

Vorsteuer 38, 308

W

Wertschöpfungsrechnung
- Zweck 8, 303 ff.
- additive 304, 306
- subtraktive 304 f.

Wesentlichkeit 62 f., 87

Wirtschaftlichkeit 61 ff.

Z

Zahlungsbemessungsfunktion 6, 22 f., 24, 181

Zinsabschlagsteuer 32

Zinsen 35, 162, 166, 169 ff.

Zölle 32, 72, 78 f., 84, 87 ff.

Zwangsgelder 35, 163, 166, 172 f.

Zwischenberichterstattung 26, 282 ff.

Zwischenerzeugnissteuer 89